Curso de gramática
histórica española

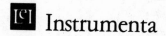 Instrumenta

Letras e Ideas

Colección dirigida por
FRANCISCO RICO

THOMAS A. LATHROP

CURSO DE GRAMÁTICA HISTÓRICA ESPAÑOLA

Con la colaboración de
JUAN GUTIÉRREZ CUADRADO

EDITORIAL ARIEL, S. A.
BARCELONA

Título original:
The Evolution of Spanish.
An Introductory Historical Grammar

Traducción de
JUAN GUTIÉRREZ CUADRADO y ANA BLAS

1.ª edición: mayo 1984
2.ª edición: enero 1989
1.ª reimpresión de la 2.ª edición: julio 1992
2.ª reimpresión: septiembre 1995

ISBN: 84-344-8375-0

Depósito legal: B. 36.922 - 1995

Impreso en España

A mis padres

DONALD C. LATHROP
y
ETHEL M. LATHROP

por su estímulo y entusiasmo

PRÓLOGO

Hace años, cuando empecé a estudiar la evolución de la lengua española, me hubiera gustado disponer de una gramática histórica concisa y escrita pensando en el principiante. La busqué con empeño, pero sin éxito. Más tarde, siendo ya profesor de esta asignatura, seguí interesándome por un libro así para mis estudiantes, pero tampoco conseguí encontrarlo. Fue entonces cuando me decidí a escribir yo mismo este volumen.

A menudo, los estudiantes universitarios que descubren la necesidad de seguir un curso de gramática histórica carecen de conocimientos de latín. Por ello, el primer capítulo del libro trata de los rasgos principales de esta lengua, especialmente de los que tienen importancia para la evolución del español. Al mismo tiempo describe también el funcionamiento del latín vulgar —la lengua hablada por el pueblo—. No hay que olvidar que no fue el latín clásico, sino aquella otra forma hablada la que dio origen a las lenguas románicas.

El segundo capítulo trata de fonética histórica —la evolución de los sonidos— del latín al español. Parte del supuesto de que el lector no conoce las definiciones, ni los mecanismos de los diferentes procesos que provocan el cambio fonético, por lo que se van definiendo los nuevos rasgos o términos técnicos a medida que aparecen. Este capítulo incluye, además, numerosos ejemplos que ilustran de manera clara los diferentes puntos.

En el capítulo tercero y último se estudia la morfología histórica —la evolución de los sustantivos, adjetivos, verbos, etc.— del latín al español, también con explicaciones y ejemplos que espero sean claros y suficientes.

Lo difícil a la hora de preparar el manuscrito fue decidir qué entregar a la imprenta y qué omitir; qué explicar en detalle, qué simplificar y qué aspectos mencionar simplemente de pasada. Si tenemos en cuenta que el lenguaje es la invención más compleja del hombre, es evidente que la evolución de una lengua debe ser necesariamente una materia extraordinariamente complicada, merecedora de toda una serie de volúmenes; este breve manual no puede, por lo tanto, resolver todas las dudas. Su único propósito es dar a conocer al principiante en gramática histórica algunos de los hechos y problemas relativos a la evolución del español y prepararle para un estudio más detallado de las obras especializadas de gramática histórica española.

Como el objetivo de este libro es describir la evolución del español estándar, estaría fuera de lugar estudiar las evoluciones dialectales; sólo serviría para complicar y hacer más confusos los resultados. Por ello, los rasgos dialectales se mencionan únicamente en contadas ocasiones y siempre de pasada. Por el contrario, me ha parecido apropiado y útil presentar evoluciones del español antiguo cuando contrastan con las formas modernas o las aclaran.

De igual modo, y puesto que el objetivo de la gramática histórica es seguir la evolución de la lengua, este libro se centra, de manera casi exclusiva, en las evoluciones "tradicionales", obviando casi por completo los "cultismos", ya que éstos no contribuyen, por definición, a la comprensión de la evolución de la lengua. La palabra "tradicional" es aquella que ha estado constantemente en uso (y por lo tanto en constante evolución) desde la época en que se hablaba el latín hasta nuestros días. Por el contrario, "cultismo" es la palabra que se ha tomado del latín clásico en época relativamente reciente y que se ha integrado en el idioma moderno simplemente con algún cambio en la forma escrita para adaptarse a las normas vigentes. Es frecuente encontrar en español moderno una evolución "tradicional" junto a un "cultismo", derivados ambos de la misma palabra latina. *Por ejemplo, la evolución tradicional del latín* artĭcŭlŭm *es* artejo *(después de una serie regular de cambios fonéticos). La misma palabra latina ha dado también el cultismo* artículo, *sustituyendo simplemente por -o la terminación latina -um. El lector no debe, por lo tanto, extrañarse de encontrar* artejo *como única evolución de* artĭcŭlŭm *(§§ 9, 77, 98, 102, 142 a), y de que no se mencione el cultismo* artículo.

Hay que señalar, por último, que aunque el latín constituye la base del español, otras lenguas, en particular el árabe, el vascuence y el grupo germánico, han contribuido de manera considerable a la formación del vocabulario español. Pero como el objetivo de este libro abarca únicamente el elemento latino, espero que el lector consultará otras obras para informarse de las influencias no latinas en el español. Para ello, algunas fuentes excelentes son: W. J. Entwistle, The Spanish Language; *R. K. Spaulding,* How Spanish Grew. *La* Historia de la lengua española *de Rafael Lapesa es el texto clásico.*

Quisiera dar las gracias a todos los que con su estímulo y comentarios me ayudaron a lo largo de las diferentes etapas de elaboración de esta obra. Las personas que han leído el manuscrito completo son los profesores: Gerhard Probst, de la Universidad de Berlín, que me ayudó especialmente en lo referente a la cultura del latín clásico; Richard Abraham, de la Universidad de Miami, que me estimuló con sus amables palabras; Richard Kinkade, de la Universidad de Arizona, que leyó el manuscrito en su versión primitiva (sus críticas me ayudaron a darle la forma definitiva), y Martha Shopmyer, que era entonces una de mis estudiantes y que me hizo observaciones desde el punto de vista del alumno. Cuando estaba redactando el capítulo sobre el latín, la profesora Marie Helmer, humanista e investigadora que trabaja en Madrid, me aclaró numerosas dudas sobre la morfología del latín clásico. Una vez concluido el capítulo lo leyeron los profesores Richard O. Hale, de la Universidad de Dakota del Norte, y Howard Marblestone, de Lafayette College. El profesor Fredrick Agard, de Cornell University, me hizo una valiosa crítica de una variante del capítulo sobre el latín. El profesor Frede Jensen, de la Universidad de Colorado, que fue mi mentor en Filología Románica, leyó los dos últimos capítulos.

Quiero también agradecer los comentarios que me llegaron después de la edición inglesa, en revistas o en cartas de mis colegas. Las reseñas publicadas son de Ronald M. Barasch (Modern Language Journal, *65, 1981, pp. 446-447), Steven Dworkin (*La Corónica, *10, 1981), John M. Lipski (*Hispania, *65, pp. 318-319, 1982) y Ralph Penny (*Bulletin of Hispanic Studies, *59, 1982, pp. 147-148). Estoy particularmente agradecido al profesor Steven Lee Hartman, de Southern Illinois University, que me enseñó su reseña antes de entregarla a* Romance Philology, *y que me envió otros dos comentarios por carta. Después de haber utilizado el* *libro en clase, los profesores Joseph R. Jones, de la Universidad de Kentucky, y Daniel Eisenberg, de Florida State University, me mandaron algunas sugerencias útiles. El profesor David Gies, de la Universidad de Virginia, me hizo a su vez valiosas observaciones sobre la parte española, y el profesor Thomas Suits, de la Universidad de Connecticut, me presentó nuevos aspectos sobre la parte latina de la obra. Estoy igualmente agradecido a mi colega Gerald Culley, de la Universidad de Delaware, que me ha resuelto también dudas del latín. Sin embargo, debo reconocer que no siempre he seguido todas y cada una de las sugerencias de las reseñas o de mis colegas, por lo que soy el único responsable de los desaciertos que aparezcan en el texto.*

Quiero igualmente expresar mi gratitud a los estudiosos de cuyas obras e ideas tanto he tomado. En la Bibliografía cito los libros de los profesores Väänänen, Da Silva Neto, Maurer y Elcock, de los que he sacado muchos datos sobre latín clásico y vulgar. Para los capítulos segundo y tercero me he servido a menudo y con toda libertad de las obras de Ramón Menéndez Pidal; en realidad me pregunto si de no haber sido por este erudito dispondríamos hoy de una historia de la lengua española. Deseo igualmente dar las gracias al profesor Samuel G. Armistead, de la Universidad de Pennsylvania, que en sus brillantes clases de gramática histórica me proporcionó una base en este campo.

T. A. L.
Newark, Delaware
Enero, 1983

ADVERTENCIAS DE LOS ADAPTADORES *

El manual que hemos traducido y revisado lo había destinado su autor a los universitarios norteamericanos. Guiaron sus pasos dos características básicas de ese público: el desconocimiento generalizado del latín y el valerse del inglés como lengua materna. Entre los estudiantes de nuestro país, en cambio, raro es el que accede a una facultad de Letras sin haber seguido algún curso de latín, por más elemental que haya sido. Y es evidente, también, que para cualquier hablante cuya lengua materna sea románica sobran algunas de las explicaciones necesarias para el anglófono y faltan algunas referencias a las otras lenguas hermanas. Nuestra tarea ha sido doble. En primer lugar, de limpieza; en segundo lugar, de apuntalamiento: ampliar referencias a otras lenguas románicas e incluir aspectos de la tradición de esta disciplina entre nosotros.

El autor, con criterio bastante plausible, concibió un manual autónomo. Casi todo lo necesario para alcanzar el grado elemental propuesto está en su libro. Nada se da por sabido. En escasas ocasiones remite a otros textos. Hemos reforzado esta tendencia reuniendo al final en un glosario todos los términos que usa el autor. Con estos añadidos el lector español tendrá a mano la terminología fonética o filológica que se utiliza y que, a veces, entiende sólo de una manera intuitiva. Solamente hemos prescindido de los términos gramaticales comunes que año tras año se van repitiendo desde la escuela a la universidad, como sujeto, substantivo, etc. La primera vez que aparece un término del glosario en el texto lo hemos señalado con versalitas. Además, hemos organizado tres apéndices: I) Breve esquema de fonética. II) Ojeada concisa

---

* Ana Blas se ha encargado sobre todo de la traducción; Juan Gutiérrez de los apéndices, comentarios y revisión del original *al tránsito del español medieval al moderno. III) Comentarios de texto, que ayudarán a enraizar en la práctica muchos conceptos teóricos estudiados. En el primero se incluyen los conceptos elementales de fonética articulatoria sobre todo. El segundo apéndice ayuda a comprender algunas de las evoluciones que se han expuesto antes en la gramática histórica y que, por no complicar allí la exposición, se desarrollan con más merecida atención aquí.*

Además de traducir, hemos revisado con cuidado la doctrina del autor. Muchas veces ha aceptado con mentalidad abierta nuestras correcciones. Otras ha defendido sus propios puntos de vista. Somos nosotros responsables solamente de los apéndices y comentarios de texto.

Toda esta tarea no hubiera sido posible sin la ayuda leal de varios amigos. Carmen Pensado, de Salamanca, nos permitió consultar, antes de que la publicara, su tesis doctoral El orden histórico de los procesos fonológicos: Cronología relativa del castellano, *que conmoverá a los estudiosos de nuestra disciplina. José Antonio Pascual, amigo ejemplar, ha leído nuestro manuscrito y ha mejorado con sus correcciones el resultado final. Si, a pesar de sus sugerencias, todavía hay lunares en el texto, se debe a nuestra irremediable incapacidad. Paz Battaner, colega siempre atenta a nuestro trabajo, ha aguantado con inteligente paciencia la revisión de nuestros comentarios y nos ha sugerido pertinentes observaciones. A todos ellos, y a algunos otros amigos y colegas más, que tanto nos han animado, como Enrique Miralles y Sebastià Serrano, gracias de corazón.*

Barcelona, 23 de junio de 1983

JUAN GUTIÉRREZ
ANA BLAS

ABREVIATURAS Y SIGNOS

1. ABREVIATURAS

abl.	ablativo
ac.	acusativo
cat.	catalán
dat.	dativo
esp.	español
esp. a.	español antiguo
esp. m.	español moderno
fr.	francés
f.	femenino
gen.	genitivo
h.	hacia
it.	italiano
m.	masculino
nom.	nominativo
pl.	plural
port.	portugués
pres.	presente
pret.	pretérito
sing.	singular
voc.	vocativo
LC.	latín clásico
LV.	latín vulgar

2. SIGNOS

a-, *e-*, *v-*	*a* inicial, *e* inicial, *vocal* inicial.
-a, *-e*, *-v*	*a* final, *e* final, *vocal* final.
b-, *d-*, *t-*	*b* inicial, *d* inicial, *t* inicial.

-b, -d, -t . . . . *b* final, *d* final, *t* final.

-b-, -d-, -t- *b* intervocálica, *d* intervocálica, *t* inter-vocálica.

c, i, z . . . . . . grafía *c*, grafía *i*, grafía *z*. (Hay algunos soni-dos que se escriben así: *c, i, z*).

[k], [i], [θ], sonido [k], sonido [i], sonido [θ]. (Hay en la lengua unos sonidos, [k], [i], [θ], sin tener en cuenta cómo se escriban.)

/k/, /i/, /θ/, fonema /k/, fonema /i/, fonema /θ/. En la lengua existen estos fonemas, /k/, /i/, /θ/, sin tener en cuenta ni su realización fonética ni su ortografía.

lj > [ʎ]; *k* > *g* *lj* ha evolucionado hasta [ʎ]; *k* ha evolucio-nado hasta *g*.

[ʎ] < *lj*; *g* < *k* [ʎ] procede, es producto, de la transforma-ción de *lj*.
    g procede, es producto, de la transforma-ción de *k*.

oc(u)lu . . . . la palabra se sincopó y la *u* intermedia desa-pareció.

oc'lu . . . . . . ' está señalando el lugar que ocupaba una vocal que desapareció al sincoparse una palabra.

c'l . . . . grupo de consonantes formado en época romance o latino-vulgar al desaparecer una vocal interior por síncopa.

= . . . . las dos expresiones a ambos lados de este signo son equivalentes.

*leon . . . . . . la forma con el signo * es supuesta.

'hombre' . . . ' ' señalan el significado de una expresión.

ø . . . . resultado nulo de una evolución.

p + s . . . . . hay que sumar *p* y *s*. En algún contexto, *p* ante *s*.

de + post . . . hay que sumar *de* y *post*.

pó . . . . la sílaba *pó* y la vocal *ó* son tónicas.

[k] ~ [g] . . . pueden alternar las formas a ambos lados del signo.

Alfabeto fonético

Vocales

[i̦], [e̦], [o̦], [u̦]	*cerradas*
[i̦], [e̦], [o̦], [u̦]	*abiertas*
[í], [é], [á], [ó], [ú]	*tónicas*
[a]	*media*
[a̦]	*velar*
[ĩ], [ẽ], [ã], [õ], [ũ]	*nasales*

Semiconsonantes

[j]	; j representa también la *yod*.
[w]	; w representa también el *wau*.

Semivocales

[i̯], [u̯]

Consonantes

[b]	*bilabial oclusiva sonora [b]ueno*
[ƀ]	*bilabial fricativa sonora ca[ƀ]ar*
[ĉ]	*palatal africada sorda no[ĉ]e*
[θ]	*interdental fricativa sorda [θ]ielo*
[d]	*dental ocluvisa sonora [d]on*
[đ]	*dental fricativa sonora ca[đ]a*
[f]	*labiodental fricativa sorda [f]nego*
[g]	*velar oclusiva sonora [g]ato*
[g̶]	*velar fricativa sonora Á[g̶]ata*
[k]	*velar oclusiva sorda [k]ada*
[l]	*alveolar sonora lateral [l]a*
[l̨]	*palatal lateral sonora aque[l̨]a*
[m]	*bilabial nasal sonora [m]onte*

[n]   *alveolar nasal sonora [n]o*
[ŋ]   *palatal nasal sonora ca[ŋ]a*
[p]   *bilabial oclusiva sorda [p]ájaro*
[r]   *alveolar vibrante simple ca[r]o*
[r̄]   *alveolar vibrante múltiple ca[r̄]o*
[s]   *alveolar fricativa sorda [s]i*
[š]   *prepalatal fricativa sorda cat. [š]ar[š]a*
[ŝ]   *dental africada sorda it. an[ŝ]i*
[t]   *dental oclusiva sorda [t]odo*
[x]   *velar fricativa sorda [x]aén*
[y]   *palatal fricativa sonora ma[y]o*
[ŷ]   *palatal africada sonora [ŷ]unque*
[z]   *alveolar fricativa sonora a[z]no*
[ẓ]   *interdental fricativa sonora ha[ẓ]lo*
[ž]   *prepalatal fricativa sonora cat. Jordi [ž]ordi*
[ẑ]   *dental africada sonora it. pran[ẑ]o*
[t'j]   *grupo t+j asibilado*
[k'j]   *grupo k+j asibilado*
[k̇]   *oclusiva velar palatalizándose*
[c̣]   *africada mediopalatal sorda*
[h]   *aspirada sorda faríngea*

CAPÍTULO 1

LA HERENCIA DEL LATÍN VULGAR

§ 1. Los romanos cultos hablaban y escribían según las reglas del latín clásico *(sermo urbanus)*, mientras que el pueblo inculto, que era más numeroso —militares de baja graduación (clase de tropa), comerciantes y trabajadores— hablaban (y escribían, si habían aprendido esta habilidad) un tipo de lengua más ordinaria y menos complicada que conocemos con el nombre de latín vulgar *(sermo vulgaris)*.[1]

A la caída de Roma, hacia finales del siglo IV d.C., la clase dirigente culta desapareció, y con ella la lengua de cultura hablada y escrita, el latín clásico. Sin embargo, el latín vulgar, que hablaban las masas en la amplia zona comprendida entre Lusitania y Dacia (actualmente Portugal y Rumania) podía fácilmente sobrevivir a la caída de la lejana capital, por lo que la desaparición de la lengua clásica —VARIEDAD que únicamente dominaba una pequeña parte de la población del imperio— pasó en general inadvertida por las masas. Por lo tanto, será el latín vulgar y **no** el clásico el que día a día y siglo tras siglo, evolucione hasta originar las modernas LENGUAS ROMÁNICAS.

El latín vulgar se diferenciaba del clásico en todos los NIVELES LINGÜÍSTICOS. Sus vocales eran muy diferentes de las clásicas, y también las consonantes presentaban ciertas diferencias. Los nombres y verbos del latín vulgar se organizaban de manera más sencilla que sus equivalentes clásicos o diferían de

---

1. El latín vulgar se divide tradicionalmente en occidental y oriental. El oriental dio lugar a las lenguas románicas orientales (italiano y rumano) mientras que el occidental dio lugar a las occidentales (francés, español, portugués y catalán, entre otras).

ellos. Necesariamente estas diferencias se ponen de relieve en la sintaxis del latín vulgar, que ofrece también ciertos cambios. En cuanto al léxico, el latín vulgar aceptó numerosos vocablos ENFÁTICOS y expresivos, inconcebibles en la rígida norma clásica, así como diminutivos, etc. Por ello, aunque se perdieron muchas de las palabras clásicas consideradas menos expresivas o menos pintorescas, las lenguas romances han conservado muchas voces inexistentes en los mejores escritores clásicos. Por último, el latín vulgar asimilaba fácilmente vocablos extranjeros de orígenes diversos, frente al latín clásico que únicamente había aceptado algunos, en su mayoría griegos.

Sin embargo, ¿cómo podemos hacernos una idea de esta lengua **hablada,** que era la que utilizaban hablantes muy **incultos,** gente de tropa, trabajadores de mercados, obreros de la construcción? Sorprendentemente, existe bastante información sobre el latín vulgar en numerosas fuentes escritas, aunque incompletas y fragmentarias, en gran parte. Parecería lógico pensar que las obras de autores clásicos no podrían proporcionar datos sobre el latín vulgar pero, sin embargo, hay algunas que son fuentes de cierta importancia. En las comedias de Plauto (hacia 254-184 a.C) algunos personajes reflejan al "hombre de la calle" y, al hablar, dejan entrever algo del latín vulgar. El escritor satírico Petronio, del siglo I, describe en su famosa *Cena Trimalchionis,* un banquete al que asisten las clases bajas de la sociedad. En la lengua obscena que emplean los personajes descubrimos rasgos del latín vulgar.

Si nos fijamos en las obras de autores inexpertos que surgieron del pueblo, es lógico pensar que el lenguaje propio del autor se refleje en sus obras, como efectivamente sucede. Un buen ejemplo de ello lo tenemos en la *Peregrinatio ad loca sancta,* descripción de los viajes de una monja a Tierra Santa en los primeros siglos de nuestra era. La prosa de la autora latina anticipa ya algunas de las estructuras sintácticas que adoptarán las lenguas románicas y descarta otras que estas mismas lenguas rechazarán más tarde.

Existían algunos tratados escritos por especialistas cualificados en sus propios campos, pero no tanto en el latín clásico, y de ellos podemos obtener, igualmente, datos sobre el habla vulgar. El veterinario Quirón escribió en el siglo IV un manual, *Mulomedicina Chironis,* en el que explica cómo reconocer y curar algunas de las afecciones que puede padecer una mula. Un cocinero de la misma época, Apicio, escribió un libro de cocina, *De re coquinaria,* de interés a la vez lingüístico y culinario. (De hecho, el profesor Veikko Väänänen, autoridad reconocida en el latín vulgar, informa de que las recetas que contiene la obra son efectivamente cocinables.) A principios de la época de Augusto (43 a.C.-13 d.C), el arquitecto Vitrubio compuso el tratado *De Architectura,* diez libros breves en los que tocaba prácticamente todos los aspectos de la arquitectura romana y de la planificación urbana. Aunque indicaba que un arquitecto debía tener muchos conocimientos, la gramática no era necesariamente uno de ellos: "Non architectus potest esse grammaticus."

Una fuente extraordinariamente rica de latín vulgar la constituyen los diferentes tipos de inscripciones. La erupción del Vesubio, en el año 79 d.C., destruyó y sepultó con su torrente de lava las ciudades de Pompeya y Herculano. Sin embargo, de este terrible desastre natural salió beneficiada más tarde la lingüística, ya que se conservaron más de 5 000 *graffiti* (inscripciones) de gran valor, normalmente muy frágiles, que se han descubierto en casi todas las paredes de Pompeya. Por todas partes han aparecido pintadas de proclamas, chistes, imprecaciones, listas de compras, informes de campaña y las inevitables frases soeces. Era el pueblo quien escribía la mayoría de estas "inscripciones" que encierran una buena cosecha de datos sobre el latín vulgar.

Otro tipo de inscripciones son los epitafios que aparecen en las lápidas (a menudo grabados por algún pariente escasamente letrado del difunto).

Finalmente, las *defixionum tabellae* contenían un tipo bastante especial de inscripción en latín vulgar. Se grababan en tablas de plomo maldiciones destinadas a atraer la desgracia sobre el enemigo o el rival, y después se colocaban estas *defixionum tabellae* en tumbas, o se tiraban a pozos desde donde pudieran captar la atención de las fuerzas oscuras.

Las listas de palabras medievales, los glosarios, son también una fuente de información valiosa (aunque tardía) sobre el latín vulgar. El Glosario de Reichenau (llamado así por el monasterio en que se conservaba el documento) es quizá el más importante para las lenguas románicas. La finalidad de esta lista era explicar alrededor de 3 000 palabras de la Vulgata, la Biblia latina,[2] que los lectores del siglo VIII ya no podían entender. En los márgenes se glosaban (es decir, se **traducían**) con equivalentes "contemporáneos" (siglo VIII) de latín vulgar, las palabras arcaicas del texto bíblico latino.

Sin embargo, el más valioso documento del latín vulgar es el famoso *Appendix Probi,* una lista de 227 formas "correctas" de latín clásico, seguidas de las formas "incorrectas" del latín vulgar *(hay que decir esto ... no esto ...).* Esta obra la preparó un maestro de escuela romano para corregir la pronunciación y la habilidad de declinar de sus alumnos. Sin embargo, este maestro de escuela anónimo ha legado a los estudiosos modernos una gran riqueza de datos sobre la LENGUA COMÚN de la época. De manera casual, la lista de palabras apareció encuadernada junto con un manuscrito de Probo, gramático del siglo I; por ello, la lista se ha llamado *Appendix Probi.*

A lo largo de este capítulo aparecerán ejemplos de las fuentes que acabamos de citar, para ilustrar los diferentes rasgos del latín vulgar.

Conviene insistir, a pesar de todo, en que muchas veces, una palabra de latín vulgar que a los filólogos les hubiera **gustado** encontrar, no aparece en ninguna fuente conocida. En tales casos, por medio de la comparación crítica de formas tomadas de dialectos románicos antiguos y modernos, los estudiosos han podido reconstruir lo que **debió ser** la forma perdida de latín vulgar. Al citar estas formas reconstruidas, se antepone normalmente un asterisco para señalar que la forma es hipotética, o todavía no atestiguada. Muchas formas que en un principio se utilizaban con asterisco, i.e., reconstruidas, se encuentran ahora atestiguadas exactamente iguales a como se suponía, al haberse descubierto después en algún nuevo manuscrito.[3]

2. La Vulgata es la Biblia latina que san Jerónimo preparó alrededor del año 400 d.C. Se venía utilizando ya en todo el mundo católico durante un milenio, cuando en el Concilio de Trento, en 1546, fue declarada Biblia oficial de la Iglesia católica. Está todavía vigente, y en la actualidad está siendo revisada a fondo.

3. En esta introducción elemental al desarrollo de la lengua, nos ha parecido que para el principiante de gramática histórica tenía poca utilidad pedagógica el diferenciar las formas hipotéticas y las atestiguadas, y por ello no aparecen formas precedidas de asteriscos en este libro. A medida que aumenten los conocimientos filológicos y la curiosidad del lector, consultará obras más detalladas que distingan las formas no atestiguadas.

EL SISTEMA VOCÁLICO DEL LATÍN VULGAR

§ 2.   En latín clásico había diez vocales: cinco largas y cinco breves.[4] La diferencia de cantidad entre las vocales era decisiva para el significado de las palabras (era fonológicamente pertinente), como claramente muestran los siguientes ejemplos: *lēgit* (con *ē* larga) significaba 'él leyó', mientras que *lĕgit* (con *ĕ* breve) significaba 'él lee'. El substantivo *ōs* (con *ō* larga) significaba 'boca', mientras que *ŏs* (con *ŏ* breve) significaba 'hueso'. La cantidad vocálica afectaba tanto a las tónicas como a las átonas, según se puede comprobar en este ejemplo: *frŭctūs* (con vocal final átona y larga) significaba 'frutos', frente a *frŭctŭs* (con vocal fina átona y breve) que significaba 'fruto'.

§ 3.   Sin embargo, en latín vulgar las vocales no se distinguían por la cantidad, sino por el timbre, de manera que la vocal clásica **larga** se convirtió en **cerrada** en latín vulgar, y la **breve** en **abierta.** Para que se pudiera producir tal cambio, en algún momento debieron de convivir ambos rasgos en las vocales. Uno de ellos era **redundante,** en principio el timbre, y otro **distintivo,** la cantidad. Dentro de las posibles explicaciones, por tanto, esta concepción nos explicaría el paso de cantidad a timbre en el latín vulgar, aunque no se concibe hoy día este paso como simple evolución cronológica. La variedad de latín vulgar convivía al lado de la variedad más culta del latín que conservaba la cantidad. Sobre la fonética vocálica, cf. abajo, pp. 208-209.

§ 4.   A continuación presentamos las diferencias entre el sistema vocálico tónico del latín clásico y el del latín vulgar.[5] Las nueve vocales del triángulo vocálico [cf. p. 209] representan el

4.   Los autores clásicos no utilizaban signos diacríticos. Son una ayuda para el lector moderno. Hoy en día se utiliza generalmente para las largas el signo ⁻, y en eso seguimos la norma; sin embargo, como el signo para las breves, ˇ, es útil pedagógicamente, se incluye también aquí. Se usan, por ello mismo, tildes en algunos apartados que tratan problemas de acentuación.

5.   Se ha levantado una polémica: puesto que el latín vulgar y el latín clásico se hablaban en la misma época histórica, ¿puede el latín vulgar haber realmente evolucionado partiendo del latín clásico?, ¿o se trataba de dos variantes de la misma lengua (que mostraban el tipo de diferencias que vemos hoy entre el habla de las personas educadas y el de las incultas)? Probablemente, más que de una evolución del latín clásico al latín vulgar debiéramos hablar de dos variantes, literaria y hablada, de una misma lengua, el latín.

resultado inicial del latín vulgar occidental, pero esta etapa tuvo una duración breve, ya que las dos series de vocales contiguas se simplificaron rápidamente.[6] La *i* abierta [į] se confundió con la *e* cerrada [ẹ], y la *u* abierta [ų] con la *o* cerrada [ọ].

En el cuadro siguiente vemos las diferencias entre el latín clásico y el latín vulgar. Después de lo expuesto debe quedar claro que es una correspondencia lógica, no cronológica, la que presentamos, pues la etapa del latín vulgar y la del clásico eran variantes que convivían en el tiempo.

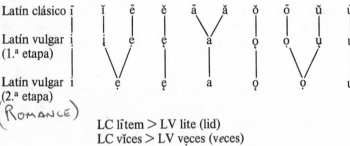

LC lītem > LV lite (l*i*d)
LC vĭces > LV vẹces (v*e*ces)
LC plēnum > LV plẹnu (ll*e*no)
LC pĕdem > LV pẹde (p*ie*)
LC prātum > LV pratu (pr*a*do)
LC nŏvem > LV nọve (n*ue*ve)
LC flōrem > LV flọre (fl*o*r)
LC bŭccam > LV bọcca (b*o*ca)
LC mūrum > LV muru (m*u*ro)

§ 5. Los tres diptongos del latín clásico *(ae, oe, au)* se comportaron de manera diferente en latín vulgar. Los dos primeros se simplificaban siempre, aunque con soluciones no siempre idénticas: -*ae* > ẹ, fundamentalmente, pero también en algunos casos ae > ẹ.

6. Es importante mostrar aquí los dos niveles de las vocales en latín vulgar, ya que la mayoría de las inscripciones se componían utilizando las vocales indicadas en la primera etapa de la evolución, mientras que en la lengua hablada se articulaban, sin duda, de acuerdo con la *segunda* etapa. Téngase, además, en cuenta lo señalado en § 3. El lector deberá tener presente esta inconsecuencia desconcertante al examinar los ejemplos del latín vulgar que presentamos en este libro, muchos procedentes de inscripciones. La mejor manera de manejar el latín vulgar sería, quizá, reconstruir una pronunciación transcrita fonéticamente, pero los manuales usuales no utilizan este sistema, por lo que creemos que es preferible seguir la misma línea.

Ejemplos de ę:

> LC caelum > LV cęlu > esp. cielo
> LC caecum > LV cęcu > esp. ciego

Ejemplos de ę:

> LC saetam > LV sęta > esp. seda
> LC caespitem > LV cęspite > esp. césped

-oe > ę:

> LC foedum > LV fędu > esp. feo
> LC foenum > LV fęnu > esp. heno

El diptongo *au* se simplificaba con regularidad, si era tónico y ya existía en latín clásico, en algunas zonas de la ROMANIA. Esta *o* no ha seguido la evolución de ǫ (LC ŏ) sino de ọ. En otras zonas nunca llegó a simplificarse. Si *au* se había formado tardíamente presentaba soluciones diversas (§ 145). Ejemplos de *au* > o:

> LC c*au*sam > LV causa (cosa)
> LC *au*riculas > LV oriclas (orejas)

Este último ejemplo está tomado del *Appendix Probi: auriculas non oriclas.*

a. Añadiremos algo más sobre *au*. Cuando, en latín vulgar, iba seguido un *au* átono de una sílaba con la vocal *u*, perdía *au* normalmente el elemento [u̯] y se simplificaba en *a*:

> LC *au*scultare > LV *a*scultare (escuchar)
> LC *au*gustum > LV *a*gustu (agosto)
> LC *au*gurium > LV *a*guriu (agüero)

El español *escuchar* presenta un "cambio de prefijo" (§ 157c) que explica la *e* inicial.

b. Finalmente, en latín vulgar se produjo *au* por la pérdida de *-i-* en la tercera persona del singular del pretérito perfecto de indicativo (fundamentalmente el equivalente del pretérito indefinido español) en los verbos de la primera conjugación (§ 58a):

LC *laudāvit* > LV *laudaut* (esp. loó), LC *cantāvit* > *cantaut* (esp. cantó).

§ 6.   Había un caso en latín vulgar en el que aparecía una vocal donde no había ninguna en latín clásico. En palabras que empezaban por *s + consonante* comenzó a aparecer una *i-*, que más tarde se convertiría en *e-* en las lenguas románicas occidentales por medio de una evolución fonética normal. El primer ejemplo conocido data del año 79 d.C. en Pompeya: LC *Smyrna* > LV *Ismurna*; era el nombre de una prostituta local, escrito fuera del burdel. Existen muchos otros ejemplos de palabras más corrientes atestiguados en diferentes partes del Imperio romano: LC *schola* > LV *iscola* (escuela), LC *statuam* > LV *istatua* (estatua), LC *scrīptam* > LV *iscripta* (escrita).

¿Cómo ocurrió este cambio? La razón es que en todos los otros casos en que había una *s + consonante* en latín, la *s* trababa la sílaba precedente: *pas-tor* (pastor), *aus-cul-ta-re* (escuchar), *do-mes-ti-cus* (doméstico). La adición de la *i-* (vocal PROTÉTICA) debe de haberse iniciado con el fin de regularizar el sistema fónico, permitiendo a la *s* trabar la sílaba, como es lo normal cuando le sigue una consonante. Los hablantes del latín vulgar generalmente no aceptaban irregularidades externas y trataban de "corregirlas", como en este caso.

§ 7a.   En latín clásico, cuando una *e* formaba **hiato** con otra vocal (es decir, cuando la *e* estaba en contacto con otra vocal), cada una de las vocales se contabilizaba como una sílaba separada: *vī-ne-a* (viña) tenía tres sílabas, al igual que *lan-ce-a* (lanza) y que *ca-ve-a* (jaula). En latín vulgar, la *e* átona se convirtió en la **yod** [j], y como resultado de este proceso las palabras perdieron una sílaba, puesto que la yod semiconsonante se fundió con la vocal que la seguía formando una sola sílaba: LV *vinia* (vi-nja), *lancia* (lan-cja), *cavia* (ca-vja). Estos tres ejemplos proceden del *Appendix Probi:*

> vīnea non vinia
> lancea non lancia
> cavea non cavia

En Pompeya se puede leer también el bisílabo *abiat* [a-bjat] en vez del trisílabo *habeat* [a-be-at].

La creación de la semiconsonante [j], llamada yod con el nombre del correspondiente sonido hebreo, iba a producir cambios de consideración en el sistema vocálico y consonántico español. A lo largo de la historia del latín al romance se desarrollaron yodes de diferentes fuentes. Ésta fue la primera.

b. Cuando una *e* o una *i* tónicas formaban hiato, podían ocurrir dos cosas:

— El acento se desplazaba hacia la vocal más abierta en la mayoría de las palabras. Este cambio acentual produjo una yod al quedar el elemento más cerrado átono y formar parte de la misma sílaba:

> LC mulíerem > LV muliére (mujer)
> LC lintéolum > LV lintiólu (lenzuelo) 'pañuelo'.
> LC paríetem > LV pariéte (pared)

La secuencia *ié* era muy inestable en latín vulgar. En algunos casos pudo rápidamente EMBEBERSE en la consonante precedente como en *muliére,* que evolucionaría a *muller* temprano. En otros casos desapareció, como en *pared* o *abeto* < *abiéte.* No sólo desapareció la *j* en estos ejemplos, sino que, además, las vocales que recibieron el acento se comportaron como cerradas, aunque en *abiéte* era abierta. Se ha explicado el hecho por la influencia de la *r* precedente en *pared.* Mejor parece tener en cuenta que el latín vulgar en un momento dado rechaza la secuencia *ie,* como sucede también en formas verbales, según veremos en el § 57b, o en *quiḗtus* > *quḗtus* (quedo).

— En palabras cortas, como el latín no admitía acentuaciones agudas, no podía darse el desplazamiento acentual. La vocal tónica se cerró como atestiguamos en estos ejemplos:

> LC mĕa > mẹa (etimología real) > LV mia
> LC vĭa > LV via

Normalmente, la *ẹ* tenía que haberse conservado en latín vulgar, y la *ĭ* del latín clásico se transformaba en *ẹ* en latín vulgar, no en *i.*

§ 8.   Dos vocales iguales en hiato se CONTRAÍAN:

> LC lībrariī > LV librari (copistas)
> LC lignariī > LV lignari (leñadores)
> LC mortuus > LV mortus (muerto)
> LC ingenuus > LV ingenus (libre)
> LC carduus > LV cardus (cardo)

En el siglo IV, el gramático Charisius comentaba "*Carduus* trium syllabarum est", indicando de este modo que *cardus* (con sólo dos sílabas), "incorrecto" en latín clásico, era al parecer la forma de uso corriente en su época.

§ 9.   Por último, una característica del sistema vocálico del latín vulgar occidental que iba a tener mucho peso en la evolución de las consonantes españolas, fue que las vocales átonas en interior de palabra empezaron a perderse. Esta caída de vocales se conoce como SÍNCOPA y existen numerosos ejemplos de este rasgo en el *Appendix Probi*:

> speculum non speclum (espejo)
> masculus non masclus (macho)
> vetulus non veclus (viejo)
> articulus non articlus (artejo)
> oculus non oclus (ojo)

a.   Al desaparecer la vocal, su ausencia producía a veces grupos consonánticos desconocidos en interior de palabra latina, como *-scl-* y *-cl-*. Al evolucionar el latín vulgar tuvo que hacer frente como pudo a estos nuevos grupos consonánticos; los resultados en español indican que estos grupos tuvieron que pasar por diferentes etapas hasta llegar a ser fonéticamente estables. Hay que señalar que la caída de la vocal en la forma latina clásica *vetulus* "debería haber dado" *vetlus* en latín vulgar; pero el grupo *-tl-*, extraño al latín, se transformó rápidamente en el grupo *-cl-*, que se estaba convirtiendo en muy corriente (*oclu, articlu*).

b.   Muy a menudo después de producirse la síncopa, aparecía un grupo consonántico que ya había existido en latín clásico y que no presentaba complicaciones fonéticas:

LC áridus > LV ardus (árido)
LC sólidus > LV soldus (sueldo)
LC víridis > LV virdis (verde)
LC pósitus > LV postus (puesto)

EL SISTEMA CONSONÁNTICO EN LATÍN VULGAR

APÓCOPE

§ 10.   Una evolución que iba a tener efecto de largo alcance sobre la gramática del latín vulgar fue la pérdida general de la *m* final en las palabras de más de una sílaba; este fenómeno data del siglo III a.C. A continuación presentamos algunos ejemplos del *Appendix Probi:*

pridem non pride (hace tiempo)
olim non oli (en tiempos pasados)
idem non ide (lo mismo)
numquam non numqua (nunca)

Ya veremos en el § 24 cómo la pérdida de la *m* final influyó en la gramática del latín vulgar.

En los monosílabos, se conservó generalmente en todo el latín vulgar la *m* final: LC *quem* > LV *quem* (quien), LC *cum* > LV *cum* (con), LC *tam* > LV *tam* (tan), LC *rem* > LV *rem* (esp. a. *ren,* 'cosa').

§ 11a.   Otro rasgo fonético del latín vulgar occidental fue el cambio de los sonidos *p, t, y k* por *b, d* y *g* cuando estaban situados entre vocales (es decir, en posición **intervocálica** o entre vocal y *r*). Este proceso, conocido como SONORIZACIÓN, queda ilustrado en los siguientes ejemplos atestiguados en inscripciones:

LENICIÓN = debilitación

LC trí*t*icum > LV tri*d*icum (trigo)
LC ló*c*us > LV logus (lugar)
LC pu*t*orem > LV pu*d*ore (pudor)
LC le*p*ra > LV le*b*ra (lepra)
LC fri*c*āre > LV fregare (fregar) 'frotar'
LC mī*c*at > LV migat (él tiembla)

b.   Al evolucionar *p, t,* y *k* a *b, d* y *g* en latín vulgar, hay que preguntarse: ¿qué ocurrió con *b, d* y *g* intervocálicas del latín clásico? La *-b-* permaneció más firme en Hispania y también la *-d-*, aunque tenían tendencia a perderse. La *-g-* se perdía en ocasiones: *austo* < *augusto; eo* < *ego; frualitas* < *frugalitas.* Sobre todo, se empezó a perder la *g* ante vocal palatal, después de convertirse en yod:

LENICIÓN

LC magister > LV maester (maestro)
LC rēgīna > LV reína (reina)
LC magis > LV mais (más)
LC vīgintī > LV viinti (veinte)
LC trīgintī > LV triinta (treinta)

§ 12.   Al principio, la *v* en latín clásico era una semivocal que se pronunciaba [w]; *vīvŏ* se pronunciaba [wíwo] y *vīnum* [wínum]. Entre otras pruebas, este hecho está corroborado por transcripciones griegas de palabras latinas. El nombre del emperador romano Nerva (32-98 a.C) aparece transcrito *Νερουας* [Néruas]. El nombre masculino Valerius se transcribía *Ουαλε-ριος* [ualérios], y el del volcán Vesuvius *Ουεσυιον* [uesúion]. Sin embargo, a partir del siglo I de nuestra era, encontramos la *v* clásica transcrita como beta [ϐ = *b*]: Nerva > *Νερϐας,* Vesuvius > *Βεσϐιον.*

En latín vulgar, esta [b] se convirtió en la pronunciación normal tanto para *b* como para *v,* lo que originó una confusión total entre ambas a la hora de escribirlas. El maestro de escuela que escribió el *Appendix Probi* trató en vano de corregir esta confusión:

baclus non vaclus (báculo) 'bastón'
vapulo non baplo (soy azotado)
plebes non plevis (clase plebeya)

Se encuentran otros ejemplos en inscripciones latinas clásicas grabadas por personas medianamente cultas: LC *ūniversis* > LV *unibersis*; LC *cīvitātis* > LV *cibitatis* (de la ciudad); LC *vīxit* > LV *bixit* (él vivió).

§ 13.   En latín clásico la *c* se pronunciaba [k] delante de todas las vocales. Nuestra idea moderna de que la *c* clásica se pronunciaba [ĉ] delante de *e* y de *i* proviene de la manera en que se pronunciaba, debido a una evolución fonética normal, en tiempos del renacimiento carolingio (hacia 800 d.C), cuando se hicieron grandes esfuerzos para restaurar el latín clásico como lengua general de cultura. Sin embargo, existen numerosas pruebas que demuestran claramente que la *c* clásica se pronunciaba [k]. En el dialecto LOGUDORÉS del SARDO, el más conservador de todos los románicos, se ha mantenido [k] delante de *e* y de *i*: LC *cervum* (ciervo) > Log. *kerbu*; LC *cēram* (cera) > Log. *kera*; latín tardío *circare* (andar alrededor) > Log. *kircare*; LC *caelum* (cielo) > Log. *kelu*.

Durante la época del Imperio romano, el ANTIGUO GERMÁNICO tomó palabras del latín clásico que todavía conservan la antigua [k] en alemán moderno: LC *cellārium* (despensa) > alemán *keller;* LC *ceraseam* > alemán *kirsch* (cereza); LC *Caesar* > alemán *kaiser.*

Los romanos conquistaron la península Ibérica alrededor del año 197 a.C., y desde el primer momento algunas palabras latinas pasaron al VASCO, lengua prerromana del norte de la península. Una de las que primero se incorporaron fue el LC *pacem* (paz) > Vasco *bake*. Vemos ahí la [k] conservada todavía.

En latín vulgar, la *c* siguió pronunciándose [k] delante de vocal media o posterior, pero delante de vocal anterior se PALATALIZÓ (i. e., avanzó su punto de articulación hasta el paladar) y se ASIBILÓ y confundió con *tj* y *kj* en [ŝ]. La evolución parece haber actuado de esta manera: *centu* (kęntu) > [kęntu] > [ĉęntu] > [ŝęntu]. *pasa con los sonoros entre el Rumano y Español Antiguo*

a. Confluyó también en la fase última, [ŝ], del ejemplo que acabamos de presentar, *t + yod,* ya en latín vulgar. Existen inscripciones del siglo III con errores ortográficos debidos a la confusión entre *tj* y *cj*, ya que ambas se pronunciaban de parecida manera: *terminaciones* en lugar de *terminationes, definiciones* en vez de *definitiones* y *terciae* por *tertiae*. Una palabra de latín vulgar que pasó al germánico, probablemente en el siglo V d.C., confirma también la pronunciación de [ŝ]; Germ. *Zins* [ŝins] del LC *census* (censo).

b. El grupo *qu,* que en latín clásico se había pronunciado [kw] en todos los casos, en amplias zonas de la Romania se simplificó en [k] delante de todas las vocales (excepto *a*) en latín vulgar:

LC sequī [sékwi] > LV sequire [sekíre] (seguir)
LC quem [kwęm] > LV quem [kęm] (quien)
LC quiētum [kwiétum] > LV quetu [kétu] (quedo)
LC quōmodo [kwómodo] > LV comodo [kómodo] (como)

¿Cuándo se simplificó [kw] en [k]? Tiene que haber sido forzosamente **después** de que la [k] latina empezara a palatalizarse ante *e* y ante *i,* ya que, de otro modo, el resultado en español de los dos primeros ejemplos que hemos visto habría sido *seciry cien,* que no existen. (El numeral *cien* tenía en LC K−.)

Sin embargo, hay un ejemplo en el que *qu* delante de *i* se convirtió en [ŝ]. El LC *quīnque* [kwínkwe] dio en LV *cinque* [ŝiŋke] (cinco), perdida la primera *u* por DISIMILACIÓN (§ 149). Es decir que, como a veces una lengua no admite dos sonidos similares en la misma palabra (y esto es particularmente cierto en español), uno de los sonidos puede cambiar de alguna manera, o incluso desaparecer, como aquí al cambiarse *kw - kw* en *k - kw,* y lo suficientemente pronto, además, para que la primera *k* evolucione a [ŝ].

c. [kw] se conservó generalmente intacto delante de *a:* LC *quando* [kwándo] > LV [kwándo] (cuando).

En el español suele conservarse [kw + á], pero no [kw] + *a* átona: LC *quassĭcắre > cascar.* En cambio, *cantidad* y *calidad* son CULTISMOS.

§ 14. El sonido *h* desapareció muy pronto, incluso antes de que el latín clásico se convirtiera en lengua literaria, aunque la *h* se conservó en la ortografía del latín clásico. En latín vulgar, no se escribía la *h,* puesto que no se pronunciaba. En Pompeya se encuentra *abiat* en lugar de *habeat* (en español se ha repuesto la *h: haya*); *anc* en lugar de *hanc* (esta); *omo* en vez de *homo* (hombre); *ora* por *hora* ('hora', con *h* repuesta, también en español). El *Appendix Probi* advierte para la ortografía:

hostiae non ostiae (víctimas)
adhuc non aduc (hasta aquí)

§ 15. En latín vulgar se simplifican muchos grupos consonánticos. Estos ejemplos están atestiguados:

a) ns > s

>> ansa non asa (asa) *[Appendix Probi]*
>> mensa non mesa (mesa) *[Appendix Probi]*
>> LC considerate > LV cosiderate (considerad)
>> LC monstrat > LV mostrat (muestra)
>> LC Romanenses > LV Romaneses (romanos)
>> LC sponsae > LV ispose (esposa)

Como -*ns*- se simplificó bastante pronto en -*s*-, las palabras de español antiguo y moderno que conservan -*ns*- tienen que haber sido tomadas directamente del latín clásico; *pensar* y *consentir* son ejemplos de ello.

b) ps > ss

>> LC ïpse > LV isse (ese)
>> LC ïpsam > LV issa (esa)
>> LC scrïpsit > LV scrisset (él escribió)

c) pt > tt

>> LC sĕptem > LV sette (siete)

d) rs > ss

>> LC cŭrsus > LV cosso (coso)
>> LC dōrsum > LV dossu (dorso)
>> LC ŭrsum > LV ussu (oso)
>> LC sūrsum > LV susu (esp. a. suso)
>> LC persona > LV pessona (persona)

Persona en español es un cultismo, como nos demuestra el port. *pessoa*. *Dorso* también lo es, como *curso* y *corso* frente al a. esp. *cosso,* la solución TRADICIONAL.

e) nct > nt

>> LC cinctus > LV cintus (cinto)
>> LC defunctus > LV defuntus (difunto)
>> LC sanctum > LV santu (santo)

f) mn > nn

> LC alumnus > LV alunnus (alumno)
> LC damnum > LV dannu (daño)

Alumno en español es un cultismo.

g) gr > r

> LC integrum > LV interu (entero)
> LC pigritia > LV piritia (pereza)

LA ACENTUACIÓN EN LATÍN VULGAR

§ 16.   Para entender el esquema de acentuación en latín vulgar es necesario hacer previamente unas indicaciones sobre la acentuación en **latín clásico.** Los monosílabos se acentuaban:

> mĕ́l (miel)
> ṓs (boca)
> nŏ́x (noche)
> mū́s (ratón)

Las palabras acentuadas en la última sílaba se llaman **oxítonas.** No hay más oxítonas que las monosílabas.

En las palabras bisílabas se acentúa siempre la primera sílaba:

> ĕ́mō (yo compro)
> cănĭs (perro)
> ĕ́rrăt (él yerra)
> hṓra (hora)

Los filólogos utilizan el término **paroxítono** para indicar que el acento recae sobre la penúltima sílaba. Un gran porcentaje de palabras en latín clásico son paroxítonas.

Las palabras de más de dos sílabas pueden ser paroxítonas o **proparoxítonas,** es decir, acentuadas en la antepenúltima sílaba, siguiendo esta sencilla regla: si la penúltima vocal es larga, la palabra será paroxítona; si es breve, será proparoxítona:

acento proparoxítono	*acento paroxítono*
sátĭra (sátira)	natŭra (naturaleza)
fácĭlis (fácil)	servīle (servil)
cónvĕnit (él se reúne)	convēnit (él se reunió)
líbĕri (niños)	extrēmus (extremo)

Existe una excepción a esta regla. A efectos de acentuación **se considera** larga una sílaba breve si la sílaba termina en consonante. En este caso, los filólogos llaman a esta sílaba **larga por posición,** aunque la vocal sea breve, como se verá en los siguientes ejemplos:

> extĕrnus (ex-tĕr-nus) (externo)
> invĭctus (in-vĭc-tus) (invicto)
> contĭngit (con-tĭn-git) (acontece)
> tempĕstas (tem-pĕs-tas) (tempestad)

Hay que advertir que el timbre vocálico se relaciona con la cantidad por naturaleza, como señalamos en el § 4.

§ 17.   La regla general es que la vocal acentuada en latín clásico se conserva acentuada en latín vulgar, incluso si hay síncopa: LC *vírĭdis* > LV *vírdis*; LC *ócŭlus* > LV *óclus*.

a.   Sin embargo, se dan tres casos en los que el acento **sí** cambió de lugar en latín vulgar. El primer caso ya lo vimos en el apartado sobre el hiato (§ 7b): LC *parietem* > LV *pariéte*; LC *lintéolum* > LV *lintiólu*.

b.   El segundo cambio de acento afecta a numerosos verbos con PREFIJO. Antes de presentar el cambio de acento, es importante hacer algunas observaciones sobre el efecto de los prefijos. En latín clásico, cuando el prefijo aparecía unido a un verbo (o a un nombre o adjetivo, en lo referente a esta cuestión), tenía generalmente un efecto fonético sobre la vocal de la raíz, cerrándola (APOFONÍA):

> tángō (yo toco); contĭngit (acontece)
> fáciō (yo hago); perfĭciō (yo termino)
> cláudō (yo cierro); inclūdō (yo encierro)

Si las reglas lo permitían, el acento se desplazaba hacia el prefijo:

> cádŏ (yo caigo); óccĭdŏ (yo muero)
> tĕnet (él tiene); rétĭnet (él retiene)
> prĕmŏ (yo aprieto); cómprĭmŏ (yo comprimo)

Aquí es donde se produjo un cambio acentual: en latín vulgar, cuando los hablantes reconocían que el verbo era compuesto, reponían la vocal **original** de la raíz y el acento volvía también a la RAÍZ:

> LC récipit > LV recípit (recibe)
> LC cóntinet > LV conténet (contiene)
> LC rétinet > LV reténet (retiene)
> LC cónvenit > LV convénit (se reúne)

Pero cuando **no** se reconocía el verbo como compuesto, el acento permanecía en el mismo lugar que en latín clásico: LC *cóllocat* (= cum + locat) > LV *cóllocat* (cuelga); LC *cómputat* (= cum + putat) > LV *cómputat* (cuenta). No es necesario decir que *coloca* y *computa* son cultismos en español.

c.   El tercer cambio de acento no afecta a muchas palabras. Cuando una palabra proparoxítona tenía una *oclusiva + r* en la última sílaba, el acento se desplazaba a la penúltima sílaba. Este fenómeno es fácil de captar en los siguientes ejemplos:

> LC ínte*gr*um > LV inté*gr*u (entero)
> LC cáthe*dr*a > LV caté*dr*a (cadera)
> LC cólu*br*a > LV colú*br*a (culebra)
> LC téne*br*as > LV tené*br*as (tinieblas)

SISTEMA DE DECLINACIÓN EN LATÍN VULGAR

§ 18.   Si se quieren entender las DECLINACIONES del latín vulgar es necesario hablar primero de las declinaciones clásicas. Del fondo indo-europeo, el latín clásico heredó tres géneros, unas TERMINACIONES gramaticales ricas y cinco grupos de declinaciones.

Los tres géneros clásicos eran el **masculino**, el **femenino** y el **neutro**. Salvo en el caso de los seres vivos (*hōmo*, m. 'hombre' y *mulier*, f. 'mujer', por ejemplo), los géneros se distribuían de manera arbitraria, como se refleja en los siguientes ejemplos:

masculino	*femenino*	*neutro*
pēs (pie)	manus (mano)	caput (cabeza)
sūcus (jugo)	aqua (agua)	lāc (leche)
panis (pan)	mēnsa (mesa)	vīnum (vino)

En latín clásico, los SUFIJOS unidos a los nombres indicaban su función gramatical. Había seis sufijos para el singular y seis para el plural. Como ejemplo de las diferentes posibilidades presentamos a continuación la declinación de *amīcus*, m. (amigo):

	singular	*plural*
nominativo	amīcus	amīcī
genitivo	amīcī	amīcōrum
dativo	amīcō	amīcīs
acusativo	amīcum	amīcōs
ablativo	amīcō	amīcīs
vocativo	amīce	amīcī

Sin intentar ser exhaustivos, señalemos que el CASO **nominativo** indica que el nombre es el **sujeto** de la oración: *Amicus est hic* (un amigo está aquí). Puede también indicar el **atributo**. El **genitivo** es el caso específico de lo que podemos llamar el **complemento del nombre**: *Domus amici* (la casa del amigo). El **dativo** indica a menudo que el nombre es el complemento indirecto: *Do panem amico* (le doy pan a un amigo). El **acusativo** indica generalmente que el nombre es el objeto directo: *Video amicum* (veo a un amigo). El **ablativo** tiene diferentes funciones. Suele construirse con preposición y suele significar instrumento o compañía: *Vado cum amico* (voy con un amigo). Significa otras veces el punto de partida, el origen, etc., con o sin preposiciones también. El **vocativo** se utiliza en discurso directo: *O, amice!* (¡Oh, amigo!).

§ 19.   Los sustantivos del latín clásico se integran en conjunto en cinco declinaciones. La primera declinación se compone casi exclusivamente de nombres femeninos y se caracteriza por una -*a* en la mayoría de las terminaciones. Son muchos los sustantivos de la primera declinación:

	puella, -ae[7]	*f 'muchacha'*
nom.	puella	puellae
gen.	puellae	puellārum
dat.	puellae	puellīs
ac.	puellam	puellas
abl.	puellā	puellīs

El vocativo es igual que el nominativo en todas las declinaciones, salvo en el singular de la segunda. Su función se deduce del contexto.

§ 20. La segunda declinación comprende nombres masculinos y neutros, y se caracteriza por las terminaciones que indicamos a continuación. Existen, igualmente, muchos nombres de la segunda declinación.

	m 'siervo' *servus, -ī*		*n 'don'* *dōnum, -ī*	
	singular	*plural*	*singular*	*plural*
nom.	servus	servī	dōnum	dōna
gen.	servī	servōrum	dōnī	dōnōrum
dat.	servō	servīs	dōnō	dōnīs
ac.	servum	servōs	dōnum	dōna
abl.	servō	servīs	dōnō	donīs
voc.	serve	servī	dōnum	dona

Unos cuantos nombres de la segunda declinación, como *puer, -i, m.,* (niño) no tienen -*us* en nominativo singular, pero en los restantes casos siguen la norma común regularmente.

Hay que señalar que los neutros, de ésta y de todas las declinaciones, tienen la misma forma en acusativo y en nominativo.

7. En las gramáticas y diccionarios latinos los sustantivos se enuncian con el nominativo singular y el genitivo: *puella, -ae.* Esto es muy importante, porque el genitivo es la forma más útil para saber a qué declinación pertenece el sustantivo, especialmente en la tercera, que veremos completa más tarde.

§ 21. A la tercera declinación pertenecen nombres masculinos, femeninos y neutros, y es más compleja que las dos primeras. Su dificultad se debe a cuatro causas. 1.ª) El género de los nombres no es automático, como lo es casi siempre en las dos primeras declinaciones. 2.ª) Esta declinación dispone de varios conjuntos de terminaciones casuales. 3.ª) La sílaba acentuada varía a veces entre las formas singulares de la declinación (el acento aparece siempre en el mismo lugar en el singular de las dos primeras declinaciones). Las reglas de acentuación en latín clásico nos explican los porqués (§ 16). 4.ª) El nominativo singular tiene casi siempre una sílaba menos que las otras formas del singular. Se conoce este tipo de declinación como **imparisílabo.** (Cuando el número de sílabas permanece constante a lo largo de todo el singular, la declinación es **parisílaba).** La tercera declinación, al igual que la primera y la segunda, comprende muchos nombres.)

a. A continuación presentamos algunos ejemplos de la tercera declinación imparisílaba. El primer ejemplo *(rēx)* no tiene cambio de acento, pero sí lo tiene el segundo *(cīvĭtās)*. El tercer ejemplo (cŏrpus), que es un neutro, muestra las terminaciones neutras; el nominativo y el acusativo, iguales, son característicos de todos los ejemplos.

	rēx, regis, m 'rey'		*cīvitas, cīvitātis, f 'ciudad'*	
nom.	rĕx	rḗges	cī́vitās	cīvitā́tes
gen.	rḗgis	rḗgum	cīvitā́tis	cīvitā́tum
dat.	rḗgī	rḗgibus	cīvitā́ti	cīvitā́tibus
acc.	rḗgem	rḗges	cīvitā́tem	cīvitā́tes
abl.	rḗge	rḗgibus	cīvitā́te	cīvitā́tibus

	córpus, córporis, n 'cuerpo'	
nom.	córpus	córpora
gen.	córporis	córporum
dat.	córporī	corpóribus
acc.	córpus	córpora
abl.	córpore	corpóribus

b. Finalmente, presentamos dos ejemplos parisílabos, de entre los varios que existen en la tercera declinación:

	núbēs, -is f 'nube'		máre, -is n 'mar'	
nom.	núbēs	núbēs	máre	mária
gen.	núbis	núbium	máris	márium
dat.	núbī	núbibus	márī	máribus
acc.	núbēs	núbēs	máre	mária
abl.	núbe	núbibus	márī	máribus

Estos ejemplos últimos ilustran otra complicación más de la tercera declinación: el genitivo plural termina en ambos ejemplos en -*ium* (en lugar de -*um,* como ocurre en otros nombres de la tercera). Los ejemplos como *nubes* y *mare* se denominan "nombres de la tercera declinación de tema en *i*", ya que la raíz termina en *i* en el genitivo plural.

§ 22. La cuarta declinación contaba únicamente con unos cuantos nombres, y se caracterizaba por una *u* en la mayoría de las terminaciones. Tanto el masculino como el femenino de esta declinación tenían las mismas terminaciones, mientras que las del neutro eran diferentes:

	mánus, -ūs f 'mano'		córnu, -ūs n 'cuerno'	
nom.	mánus	mánūs	córnu	córnua
gen.	mánūs	mánuum	córnūs	córnuum
dat.	mánuī	mánibus	córnū	córnibus
acc.	mánum	mánūs	córnū	córnua
abl.	mánū	mánibus	córnū	córnibus

Otras palabras frecuentes de esta declinación eran *dómus, -ūs, f.* (casa); algunos nombres de parentesco: *sócrus, -ūs, f.* (suegra), *núrus, -ūs, f.* (nuera); la palabra 'fruto' (*frúctus, -ūs, m*) y los nombres de algunos árboles, todos femeninos: *pínus, -ūs* (pino); *fícus, -ūs* (higuera).

§ 23. La quinta declinación comprendía muy pocos nombres y se caracterizaba por -*e* en todas las terminaciones. Todos los nombres de esta declinación eran femeninos, salvo *dīēs, -ēī* (día) que podía ser masculino o femenino. Un rasgo peculiar de esta declinación es que pocos nombres (*dīēs, -ēī, rēs, -ěi* 'cosa', y algunos otros) tenían formas de plural; todos los demás se declinaban únicamente en singular.

	díēs, -ēī	*m + f 'día'*	*matériēs, -ēī f 'materia'*
nom.	díēs	díēs	mātériēs
gen.	diéī	diérum	mātériéī
dat.	diéī	diébus	mātériéī
acc.	díem	díēs	mātériem
abl.	díē	diébus	mātériē

Otros nombres de esta declinación son *fídēs, -ēī, f* (fe) y *spēs, -ēī, f* (esperanza).

§ 24.   En latín vulgar los sustantivos se organizaron de manera muy diferente al latín clásico. Primeramente, de los cinco casos principales del latín clásico, sólo **dos** (nominativo y acusativo) se usaban en latín vulgar. Segundo, solamente las tres primeras declinaciones del latín clásico tuvieron continuidad en latín vulgar; y, tercero, el género neutro desapareció.

Probablemente por dos razones, relacionadas entre sí, los cinco casos latinos clásicos se redujeron a dos. En primer lugar, las terminaciones se habían mezclado irremediablemente debido a la evolución fonética normal del latín vulgar (§§ 4, 5, 10). Los ejemplos elegidos que damos a continuación muestran cómo el claro sistema gramatical basado en las terminaciones habría desaparecido si se hubieran mantenido todos los casos en latín vulgar. Los casos de genitivo, dativo y ablativo que indicamos no existieron **nunca** y los proponemos sólo como demostración. Hay también que señalar que la transcripción se ha hecho tal y como los sonidos debían pronunciarse (en las inscripciones, los lapicidas mantenían en latín vulgar la *u* final, aun cuando la pronunciaban *o*).

	primera declinación		*segunda declinación*	
	LC	LV	LC	LV
nom.	puella	puella	servus	servos
gen.	puellae	puelle	servī	servi
dat.	puellæ	puelle	servō	servo
ac.	puellam	puella	servum	servo
abl.	puellā	puella	servō	servo

En la primera declinación, las cuatro formas diferentes se habrían reducido a sólo dos; nominativo, acusativo y ablativo, antes diferentes entre sí, se habrían confundido. En la segunda declinación, las cinco formas diferentes se habrían reducido a tres. En este caso, dativo, acusativo y ablativo se habrían mezclado.

§ 25. Se podría pensar que debido a la confusión fonética que existía en la terminación de los casos, el latín vulgar no habría sido ya capaz de distinguir las funciones gramaticales, pero esto no era bajo ningún concepto cierto. El sistema que utilizaba el latín vulgar para diferenciar las funciones gramaticales es la segunda razón por la que se redujeron los casos. Pero antes de explicarla, tenemos que aclarar las diferencias entre lenguas SINTÉTICAS y ANALÍTICAS. Una lengua sintética, como lo era fundamentalmente el latín clásico, es aquella en la que la información gramatical está ligada a las terminaciones de las palabras (*serv-ī* = del siervo), mientras que en una lengua analítica, como el latín vulgar, el inglés o el francés, la información gramatical suele preceder a las palabras o se deduce de la posición sintáctica.

§ 26. Al principio, el latín vulgar se mostró como lengua analítica en nombres, adjetivos y verbos. Del sistema de declinación, el latín vulgar conservó en gran parte el nominativo (uno de los dos casos más frecuentes) en la función nominativa, es decir, como sujeto de la oración. Conservó igualmente el acusativo (el otro caso más frecuente) en diversas funciones. En latín vulgar, el acusativo, aparte de su utilización como complemento directo, se usaba también detrás de algunas preposiciones sustituyendo así, de manera analítica, a los otros casos clásicos: *de* + *acusativo* sustituía al genitivo clásico; *ad* + *acusativo* sustituía al dativo; y cualquiera de las otras preposiciones + *acusativo* sustituía a la *preposición* + *ablativo* que se empleaba en latín clásico.

Dos cuestiones se plantean partiendo del razonamiento que acabamos de ver: ¿fue la confusión fonética la que hizo que el latín vulgar se convirtiera en una lengua analítica, o el latín vulgar habría tenido una estructura analítica incluso si no se hubieran confundido las formas fonéticamente? La evidencia parece imponer una respuesta favorable a la segunda pregunta.

§ 27. En latín vulgar la primera declinación era la siguiente:

porta 'puerta'

	singular	*plural*
nom.	porta	porte (portas)
ac.	porta	portas

A causa de la EVOLUCIÓN FONÉTICA NORMAL, las dos formas de singular tenían la misma pronunciación en la primera declinación (§ 10). En plural, *porte* es el resultado de la forma clásica *portae*. Ahora bien, existía también una forma *portas,* que era un nominativo antiguo y dialectal, que afloró en latín vulgar con fuerza. El éxito de esta forma se debió, también, sin duda a la igualación del acusativo y nominativo del propio singular, *porta,* tras la pérdida de la *-m.*

En el *Corpus Inscriptionum Latinarum,* III, 3351, figura una famosa inscripción lapidaria, a menudo mal interpretada, que muestra cómo esta forma se iba imponiendo en la función nominativa: *«Hic quescunt duas matres, duas filias; numero tres facunt.»* "Aquí yacen dos madres, dos hijas; hacen tres." Los estudiantes de latín clásico hubieran esperado encontrar *duae filiae,* puesto que "dos hijas" forma parte del sujeto de la oración, pero aquí la forma en *-as* ha desplazado a la en *-ae* [ę]. (Hay que observar también cómo las formas verbales clásicas *quiescunt* y *faciunt* han sido substituidas por otras del latín vulgar. La inscripción en latín clásico hubiera sido así: "Hic quiescunt duae matres, duae filiae; numero tres faciunt".)

Muchos piensan que dos madres más dos hijas hacen **cuatro** personas, y no tres. Pero si reflexionamos, nos damos cuenta de que el sentido de la inscripción reside en el hecho de que están enterradas juntas una abuela, su hija y su nieta: "dos madres y dos hijas suman tres".

§ 28. Los masculinos de la segunda declinación pasaron casi intactos al latín vulgar, mientras que los neutros sufrieron algunos cambios. A continuación presentamos una evolución típica de nombre masculino en latín vulgar. Una vez más, las palabras están transcritas tal y como debían pronunciarse y no como aparecían grabadas:

amicos 'amigo'

	singular	*plural*
nom.	amicos	amici
ac.	amico	amicos

El nominativo singular y el acusativo plural evolucionaron de la misma manera, y no como las formas de latín clásico, que eran diferentes *(amīcus, amicōs);* esto contribuyó indudablemente a que el acusativo tomase definitivamente, de manera generalizada, la función del nominativo.

b.   Los neutros de la segunda declinación presentaban dos tipos de cambios. Los que se utilizaban normalmente en singular pasaron al masculino por la semejanza formal:

LC cŏllum > LV collus (cuello)
LC nasum > LV nasus (nariz)
LC vīnum > LV vinus (vino)

c.   Por el contrario, los que se utilizaban generalmente en plural se integraron en el singular de la primera declinación (femenina), ya que la *-a* del neutro plural (§ 20) se confundía fácilmente con el singular de la primera:

LC 2.ª decl.	*LV 1.ª decl. fem.*
neutro pl.	*singular*
pĭrum, *pl.* pĭra	pira (pera)
fĕstum, *pl.* fĕsta	festa (fiesta)
fŏlium, *pl.* fŏlia	folia (hoja)
lĭgnum, *pl.* lĭgna	lĭgna (leña)
sĭgnum, *pl.* sĭgna	sĭgna (seña)

En latín clásico, el neutro plural *castra* significaba 'campamento', que para nosotros, y para los hablantes del latín vulgar, es un concepto *singular.* Como los hablantes del latín vulgar pensaban que *castra* era singular de la 1.ª declinación, se creó un nuevo genitivo (acabado en *-ae*) singular. Así nos lo ejemplifica el *Appendix Probi: «Vico castrorum non Vico castrae.»* Castro-

rum, 'del campamento', es el genitivo plural del latín clásico *castra - castrorum; Vico* se refiere a la 'ciudad'.

§ 29.   La tercera declinación había heredado del latín clásico ciertas complicaciones de construcción, y tenía necesariamente que sufrir algunos cambios en latín vulgar.

a.   Algunos nombres de la tercera declinación cambiaron de género, pues las terminaciones eran las mismas para el masculino y para el femenino. A continuación damos algunos ejemplos de nombres masculinos clásicos que pasaron a ser femeninos en el latín vulgar de Hispania:

masculino	*femenino*
LC frŏntem	LV fronte (frente)
LC fŏntem	LV fonte (fuente)
LC parĭĕtem	LV parẹte (pared)
LC serpĕntem	LV serpẹnte (serpiente)

b.   Los neutros de la tercera declinación pasaron a ser masculinos o femeninos en el latín vulgar de Hispania, pero, como se puede ver en los ejemplos de otras lenguas románicas modernas, las preferencias no fueron las mismas en otras zonas en las que se hablaba el latín vulgar. (El artículo portugués *o* que aparece en los ejemplos es masculino):

neutro	*masculino o femenino*
LC mare	LV mare (esp. *el mar,* ptg. *o mar,* fr. *la mer*)
LC salem	LV sale (esp. *la sal,* ptg. *o sal,* fr. *le sel*)
LC lac	LV lacte (esp. *la leche,* ptg. *o leite,* fr. *le lait*)
LC mĕl	LV mẹle (esp. *la miel,* ptg. *o mel,* fr. *le miel*)

Lacte en latín vulgar, dejada la raíz *lac* del nominativo, es un acusativo sobre los otros casos.

Una inscripción de Pompeya muestra que el neutro *cadaver* había pasado a ser masculino, pues el adjetivo que le sigue es masculino también: *cadaver mortuus.*

c.   El neutro de la tercera declinación *opus,* pl. *opera,* tenía ya en latín clásico un doblete de la primera declinación, puesto que el nominativo plural de la forma original, *opera,* se utilizaba también como nuevo nominativo singular. *Opera* pasó a las lenguas románicas como femenino y dio *obra* en español.

§ 30.   En la tercera declinación imparisílaba había dos tendencias. Los nombres con acento fijo (§ 21a) añadían una sílaba al nominativo (y así se igualaban formalmente con el antiguo genitivo) con el fin de adaptar la declinación al modelo parisílabo. Éste era un recurso utilizado para "regularizar" el latín vulgar.

	latín clásico	*latín vulgar*
nom.	mons	móntis (monte)
ac.	móntem	mónte
nom.	bos	bóvis (buey)
ac.	bóvem	bóve

El *Appendix Probi* "corrigió" algunos de estos nominativos reconstruidos: *grus non gruis,* 'cigüeña'; *pectin non pectinis,* 'peine'; *glis non gliris,* 'lirón'.

Los imparisílabos de acento variable (§ 21a) mantuvieron la forma nominativa original:

	latín clásico	*latín vulgar*
nom.	sérmo	sérmo 'conversación'
ac.	sermónem	sermóne
nom.	dólor	dólor (dolor)
ac.	dolórem	dolóre
nom.	rátio	rátio (razón)
ac.	ratiónem	ratióne

En latín vulgar, la tercera declinación de los nombres quedaría normalmente así:

	acento fijo		*acento variable*	
	singular	*plural*	*singular*	*plural*
nom.	móntis	móntes	dólor	dolóres
ac.	mónte	móntes	dolóre	dolóres

§ 31.   La cuarta declinación desapareció por completo y sus casos se asimilaron a los de la segunda, con los que guardaban semejanzas formales. La mayoría de las palabras eran neutras o femeninas, pero al cambiar de declinación se convirtieron casi exclusivamente en masculinas:

latín clásico	latín vulgar	
4.ª declinación	2.ª declinación	
cornu, *n*	cornus	(cuerno)
gelu, *n*	gelus	(hielo)
genu, *n*	genus	(rodilla)
pinus, *f*	pinus, *m*	(pino)
manus, *f*	manus, *f*	(mano)

Hubo dos palabras de la cuarta declinación, ambas nombres de seres vivos femeninos, que se vieron prácticamente forzadas a pasar a la primera declinación, y que están atestiguadas en el *Appendix Probi:*

nŭrus non nura (nuera)
sŏcrus non socra (suegra)

§ 32.   La primera y la tercera declinación asimilaron las pocas palabras que pertenecían a la quinta. Ya en latín clásico algunos nombres de la quinta tenían dobletes en la primera: LC 5.ª decl. *materiēs, 1.ª* decl. *materia;* LC 5.ª decl. *luxuriēs,* 1.ª decl. *luxuria.*

A causa de estos dobletes, el camino estaba preparado para que la mayor parte de los nombres de la quinta declinación pasaran a la primera. Las semejanzas existentes entre los nominativos y los acusativos de la quinta y la tercera declinación hicieron que los restantes nombres pasaran a la tercera.

latín clásico	latín vulgar	
5.ª declinación	1.ª o 3.ª declinación	
materiēs	materia, 1.ª decl.	(madera)
diēs, *m*	dia, 1.ª decl.	(día)
rabiēs	rabia, 1.ª decl.	(rabia)
saniēs	sania, 1.ª decl.	(saña)
faciēs	facie, 3.ª decl.	(haz)
fidēs	fides, 3.ª decl.	(fe)

§ 33.   El latín vulgar, contrariamente al clásico, tenía predilección por los nombres con terminación de **diminutivo,** incluso cuando no tenían tal valor. Esto se debe a una serie de razones:

a. El latín vulgar buscaba la EXPRESIVIDAD, y para ello añadía sufijos diminutivos a los nombres:

> LC neptis > LV nepticula (nieta)
> LC culter > LV cultellus (cuchillo)
> LC agnus > LV agnellus [it. agnello (cordero)]

b. Al añadir un sufijo diminutivo a un nombre era fácil cambiar el género de los neutros, ya que los sufijos eran siempre masculinos o femeninos, pero nunca neutros:

> LC auris, *n* > LV oricla, *f* (oreja)
> LC genu, *n* > LV genuculu, *m* (hinojo)
> LC caput, *n* > capitia, *f* (cabeza)

c. El latín vulgar evitaba las palabras muy cortas; al añadir un sufijo de diminutivo se aumentaban una o dos sílabas, con lo que las palabras cortas alcanzaban una longitud más aceptable:

> LC acus > LV acucula (aguja)
> LC avus > LV aviolu (abuelo)
> LC apis > LV apicula (abeja)
> LC cḗpa > LV cepulla (cebolla)
> LC ovis > LV ovicula (oveja)

§ 34. El latín clásico, al contrario del griego, no tenía artículos y, según Quintiliano, no los necesitaba: *"Noster sermo articulōs non desiderat"*, *Inst. Ora*, I, 4, 9. Sin embargo, por necesidades de claridad y de fuerza expresiva, en el latín vulgar de Hispania se empezaron a usar las formas débiles de los demostrativos clásicos *illum* e *illam* como artículos determinados, y los numerales *ūnum* y *ūnam* como artículos indeterminados.

DECLINACIÓN DE LOS ADJETIVOS

§ 35a. En latín clásico los adjetivos concordaban en género, en número y en caso con los nombres que modificaban.

Había dos tipos de adjetivos. Los de la primera clase utilizaban las terminaciones de la primera y de la segunda declinación: de la primera, si modificaban a un nombre femenino; de la segunda, si el nombre era masculino, y las variantes neutras, si el nombre era neutro. En los manuales este tipo de adjetivo se enuncia con las terminaciones del nominativo singular de los tres géneros: *bonus, -a, -um* (bueno).

b. La segunda clase de adjetivos utilizaba las terminaciones de la tercera declinación en *-i* (§ 21b). Empleaba las mismas terminaciones para los nombres masculinos que para los femeninos (ya que la correspondiente declinación nominal tampoco distinguía géneros). Para el neutro disponía de una forma diferente, igual en el nominativo y en el acusativo. Suelen enunciarse en los manuales así: *fortis, -e* (fuerte). La primera forma corresponde al nominativo masculino-femenino y la segunda al neutro.

En latín vulgar, y en las lenguas románicas, se mantuvieron los dos tipos de adjetivos aunque, como es natural, la forma neutra desapareció en latín vulgar (también en romance, por tanto) como lo hicieron todos los casos, salvo el nominativo y el acusativo.

c. Unos cuantos adjetivos de la tercera declinación trataron de pasarse a la clase de los de la primera-segunda, aunque raramente lo consiguieron, como muestran estos ejemplos del *Appendix Probi*:

> tristis non tristus (triste)
> pauper mulier non paupera mulier (pobre mujer)
> acer non acrum (agrio)

En latín vulgar, ejemplos típicos de adjetivos serían:

	bellus -a	*(hermoso)*	*fortis*	*(fuerte)*
	sing.	*pl.*	*sing.*	*pl.*
nom.	bellus, -a	belli, -e	fortis	fortes
ac.	bellu -a	bellos, -as	forte	fortes

§ 36. Los grados comparativo y superlativo de los adjetivos tenían formas sintéticas en latín clásico; es decir, se añadía al adjetivo un sufijo con ese valor.

a.   En el grado comparativo, todos los adjetivos tenían en latín clásico terminaciones de la tercera declinación normal (no de la que terminaba en -*i*) (§ 21a). Esto hacía que un adjetivo de la primera clase (primera-segunda declinación) pasara automáticamente a la *tercera* cuando iba en comparativo:

primera clase	*grado comparativo*
béllus, -a, -um (hermoso)	béllior, -ius (más hermoso)

segunda clase	
fórtis, -e (fuerte)	fórtior, -ius (más fuerte)

Las formas *bellior* y *fortior* representan el nominativo singular masculino y femenino, mientras que *bellius* y *fortius* representan el neutro correspondiente. No hace falta decir que el grado comparativo se declinaba en todos los casos, en singular y en plural.

b.   En latín clásico, los superlativos, al contrario que los comparativos, llevaban las terminaciones del primer tipo de adjetivos. Por ello, en superlativo, los adjetivos de la tercera declinación pasaban a la primera-segunda:

primera clase	*grado superlativo*
béllus, -a, -um (hermoso)	bellíssimus, -a, -um (el más hermoso)

segunda clase	
fórtis, -e (fuerte)	fortíssimus, -a, -um (el más fuerte)

c.   Por último, algunos adjetivos clásicos (los que tenían una raíz terminada en vocal) formaban el comparativo y el superlativo de manera diferente a las que acabamos de indicar. En lugar de añadir terminaciones al adjetivo, se colocaban delante las palabras *magis* (más) o *maxime* (el más):

idoneus (idóneo)
magis idoneus (más idóneo)
maxime idoneus (el más idóneo)

§ 37.   En latín vulgar, las construcciones de comparativo y de superlativo eran analíticas y no sintéticas como en latín clásico. De hecho, el sistema analítico que acabamos de ver (§ 36c) para los adjetivos con raíz terminada en vocal fue el que adoptaron algunas lenguas románicas. Hispania y Dacia, por ej., utilizaban, generalmente, *magis + adjetivo,* frente a Galia e Italia que usaban *plus + adjetivo* (aunque en ocasiones competían ambos usos):

> LC altior > LV magis altus (más alto)
> LC severior > LV magis severus (más severo)

§ 38.   En latín clásico había unos cuantos comparativos que tenían formas totalmente irregulares. Cuatro de ellos pasaron al latín vulgar:

> LC meliŏrem > LV melióre (mejor)
> LC maiŏrem > LV maióre (mayor)
> LC peiŏrem > LV peióre (peor)
> LC minŏrem > LV minóre (menor)

El superlativo clásico en *-ĭssimus* (§ 36b) se perdió en latín vulgar. Se utilizó en su lugar una construcción analítica basada en el comparativo del latín vulgar. El español actual utiliza el sufijo *-ísimo,* pero es un cultismo tomado directamente del latín clásico y restaurado por los escritores de la Edad Media.

PRONOMBRES LATINOS

§ 39a.   El latín clásico era rico en pronombres demostrativos. *Hic, haec, hoc*[8] señalaban algo que estaba cerca del que hablaba. Para señalar algo que estaba cerca del oyente se utilizaba *iste, ista, istud.* Para aludir a algo lejano y, secundariamente, a alguna persona u objeto conocidos, se echaba mano de *ille, illa, illud.* Se destacaba por su capacidad anafórica *is, ea, id:* *is qui...* = "el que..."; *is homo qui...* = "aquel (hombre) que". *Idem, eadem, idem* era un pronombre de identidad: "el mismo, la misma, lo mismo". *Ipse, ipsa, ipsum* marcaba la identidad adversativa: "él mismo (y no otro)".

---

8.   Las tres formas dadas y las de los siguientes ejemplos son el masculino, femenino y neutro del nominativo singular. Casi todos los pronombres se declinaban en todos los casos de todos los géneros, en singular y plural.

b. El latín vulgar no conservó todos los demostrativos clásicos. Quizá por su falta de substancia fonética se perdieron *hic, haec, hoc* y también *is, ea, id,* en gran parte. Lo mismo sucedió con *idem, aeadem, idem.* La reorganización de los demostrativos fue diferente en cada zona de la Romania. En el dominio del español quedó así:

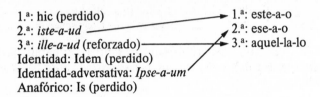

1.ª: hic (perdido)   1.ª: este-a-o
2.ª: *iste-a-ud*   2.ª: ese-a-o
3.ª: *ille-a-ud* (reforzado)   3.ª: aquel-la-lo
Identidad: Idem (perdido)
Identidad-adversativa: *Ipse-a-um*
Anafórico: Is (perdido)

Hay que advertir que *ipse* perdió absolutamente su capacidad de señalar la identidad a la manera latina.

§ 40. En latín clásico los pronombres relativos y los interrogativos se distinguían solamente en el nominativo, resto evidente de su distinto origen:

relativo (nom.)	*interrogativo (nom.)*
m. -qui, f. -quae, n. -quod.	m. -quis, f. -quis, n. -quĭd

En latín vulgar el proceso de confusión de las formas de ambos pronombres continúa. *Qui* invade los usos de *quis* y *quid* los de *quod.* Además las formas femeninas son eliminadas en favor de los masculinos *qui* (nom.) y *quem* (ac.). Por tanto, en un momento avanzado el latín vulgar pudo tener este tipo de pronombre único relativo-interrogativo, en algunas zonas:

	m.	*f.*	*n.*
nom.	ki	ki	kẹd[9]
ac.	kẹn	kẹn	kẹd

En algunas zonas de la Romania se conservó el antiguo adjetivo-relativo *cujus-a-um* en el latín vulgar, también con el

9. Ofrecemos las formas tal y como debían de pronunciarse. La grafía, naturalmente, era clásica, en muchos casos: *qui, quœ, quid, quem...*

sentido del genitivo del pronombre relativo, con el que coincidía formalmente. De ahí las formas castellanas *cuyo, cuya*.

§ 41. La evolución del latín clásico al vulgar de los pronombres personales de primera y segunda persona presenta algunos rasgos interesantes y sorprendentes.

a. Al contrario que los sustantivos, los pronombres personales conservaron el dativo además del nominativo y acusativo:

	latín clásico	latín vulgar	latín clásico	latín vulgar
	singular		*plural*	
nom.	ĕgo (yo)	ęo	nōs (nosotros)	nos
dat.	mĭhi	mi	nōbis	nobes, nos
ac.	mē	me	nōs	nos
nom.	tū (tu)	tu	vōs (vosotros)	vos
dat.	tĭbi	ti	vōbis	vobes, vos
ac.	tē	te	vōs	vos

En latín vulgar existía una forma paralela más enfática para el nominativo *nos* y *vos: nos alteros* y *vos alteros*. (En español moderno *nosotros* y *vosotros*.)

La forma *ti* no es continuación directa de *tibi,* sino analogía de *mi.*

El dativo *nos* y *vos* está atestiguado en el *Appendix Probi*:

> nobiscum non noscum 'con nosotros'
> vobiscum non voscum 'con vosotros'

(La preposición *cum* se colocaba generalmente detrás de algunos pronombres personales en latín clásico.)

b. Lo curioso de estos pronombres es que en el latín vulgar de Hispania *mi, me* y *ti, te* sufrieron un cambio revolucionario en su función. Los derivados de los dativos *mi* y *ti* dejaron de usarse exclusivamente como dativos para convertirse en pronombres *tónicos,* tanto para dativo *como* para acusativo: "me lo dio a mí" (*mí* = dat. acentuado); "me vio a mí" (*mí* = ac. acentuado). Los derivados de los acusativos latinos *me* y *te* dejaron de utilizarse exclusivamente como acusativos y se convirtieron en acusativos o dativos *átonos:* "te lo dieron" (te = dat. átono); "te vieron" (*te* = ac. átono).

§ 42.   El latín clásico no disponía de pronombres personales exclusivos para la tercera persona, por lo que utilizaba, cuando era necesario, el demostrativo *is, ea, id*. En el latín vulgar de Hispania *is, ea, id* fue sustituido por *ille, illa, illud,* excepto en zonas orientales, por *ipse, ipsa, ipsum:*

		latín clásico	latín vulgar	español
			singular	
nom.	*m*	ílle	ílle	él
	f	ílla	ílla	ella
dat.	*m + f*	íllī	illí	le
ac.	*m*	íllum	illú	lo
	f	íllam	illá	la
			plural	
nom.	*m*	íllī	íllos	ellos
	f	íllae	íllas	ellas
dat.	*m + f*	íllīs	illís	les
ac.	*m*	íllōs	illós	los
	f	íllās	illás	las

Hay que señalar que en latín vulgar las formas de nominativo *íllos* e *íllas* eran analógicas, basadas en las de acusativo, y no en evoluciones de los nominativos clásicos. Por fonética sintáctica se produjeron cambios acentuales en algunas formas del latín vulgar que continuaron en español.

§ 43.   Por último, hay que mencionar los pronombres reflexivos. Como este tipo de pronombre "reflejaba" el sujeto, no tenía forma de nominativo. El dativo y el acusativo, que indicamos a continuación, eran los casos más corrientes:

	latín clásico	latín vulgar	español
dat.	mihi	mi	mí
ac.	mē	me	me
dat.	tibi	ti	ti
ac.	tē	te	te
dat.	sibi	si	sí
ac.	sē	se	se
dat.	nōbis	nos	nos
ac.	nōs	nos	nos
dat.	vōbis	vos	os
ac.	vōs	vos	os

En la mayoría de los casos estas formas eran idénticas a los pronombres personales de primera y segunda personas (§ 41a) y evolucionaron de manera parecida. Las formas *si* y *se* son singulares y plurales a la vez. Son, propiamente, los únicos reflexivos de origen latino con forma propia. Como *ti,* puede ser *si* analogía sobre *mi.*

§ 44.   En latín clásico los posesivos se declinaban como los adjetivos de la primera clase (*meus, -a, -um* 'mío', por ejemplo). El latín vulgar sólo mantuvo el acusativo masculino y femenino, y los otros casos se perdieron. Los ejemplos que siguen se han tomado del singular, aunque existía también una forma de plural:

latín clásico	latín vulgar
meum, meam	meu, mia (§ 7b) (mío)
tuum, tuam	tuu, tua (tuyo)
suum, suam	suu, sua (suyo)
nostrum, -am	nostru, -a (nuestro)
vestrum, -am	vostru, -a (vuestro)

El LV *vostru* es analogía de *nostru.*

§ 45a.   En latín clásico, la mayoría de los numerales hasta 100 no se declinaban; es decir, tenían la misma forma para el masculino, femenino y neutro. Sin embargo, 'uno', 'dos' y 'tres' sí lo hacían. Naturalmente, 'uno', *ūnus, -a, -um,* se declinaba únicamente en singular. 'Dos', *duo, -ae, -o,* se declinaba con algunas formas irregulares (incluidos el masculino y el neutro *-o* que aparecen en el modelo). 'Tres', *trēs, trēs, tria,* se declinaba como el plural de la tercera declinación. El resultado en latín vulgar fue que únicamente "1" y "2" mantuvieron distinción de género, ya que el neutro desapareció. Los ejemplos se indican en acusativo, que fue el caso conservado:

latín clásico	latín vulgar
ūnum, -am, -um '1'	unu, una
duo, duae, duo '2'	duos, duas
trēs, trēs, tria '3'	tres, tres

De cuatro a diez los numerales presentaban pocas diferencias:

latín clásico	latín vulgar
quattuor '4'	quattor
quīnque '5'	cinque (§ 13b)
sex '6'	sex
septem '7'	septe
octō '8'	octo
novem '9'	nove
decem '10'	dece

En latín vulgar *quattor* presenta la pérdida de la última *u* del latín clásico *(quattuor)*; la pérdida de *u* átona, disimilada, era un rasgo corriente del latín vulgar.

b.   El latín vulgar de la península Ibérica realizó algunos cambios importantes en los números 11 al 19. Aunque conservó del latín clásico la serie del 11 al 15, rechazó la fórmula latina clásica del 16 al 19 y la sustituyó por una PERÍFRASIS propia, excepto en el dominio oriental, pues el catalán conserva derivados de *sēdecim* '16' (que también se usaron en el aragonés e, incluso, en el castellano en algunos textos medievales como la *General Estoria*):

latín clásico	latín vulgar
ūndecim '11'	undece
duodecim '12'	duodece
tredecim '13'	tredece
quattuordecim '14'	quattordece
quīndecim '15'	quindece
sēdecim '16'	dece et sex
septendecim '17'	dece et sette
duodēvīgintī '18'	dece et octo
ūndēvīgintī '19'	dece et nove

c.   El cambio más importante que se observó en la evolución de las decenas fue la pérdida normal de la -*g*- ante *i* (§ 11b):

latín clásico	latín vulgar
vīgintī '20'	viinti
trīginta '30'	triinta

quadrāginta '40'	quadraenta
quīnquaginta '50'	cinquaenta
sexaginta '60'	sexaenta
septuaginta '70'	settaenta
octōginta '80'	octoenta
nonaginta '90'	novaenta

En latín vulgar *cinquaenta* es analogía de *cinque* "5" y *novaenta* de *nove* "9".

d. "Cien", *centum,* no se declinaba. Los múltiplos de 100 se declinaban como el plural de los adjetivos de la primera clase: *dŭcentī, -ae, -a,* por ejemplo; *mīlle,* "1000", tampoco se declinaba en "singular", pero los múltiplos se declinaban como los neutros de los nombres de la tercera declinación en *-i* (§ 21b): *duo mīlia,* "2000", por ejemplo.

Hay que observar que la mayoría de los numerales citados del latín vulgar no están atestiguados, pues normalmente se escribían letras con valor numérico, no palabras.

EL SISTEMA DE CONJUGACIÓN LATINA

§ 46. En latín clásico únicamente las formas del verbo sobrepasaban en número a las formas declinables del nombre. El nombre ordinario tenía doce formas declinadas, mientras que el verbo tenía más de 125. Las terminaciones de los verbos facilitaban más información que las de los nombres; indicaban si el sujeto era de primera, segunda o tercera persona; singular o plural; identificaban el **tiempo** y el **modo,** y distinguían entre verbo **activo** y **pasivo.**

a. En latín clásico había cuatro conjugaciones, que se identifican escolarmente por la terminación del presente de infinitivo activo. La primera conjugación termina en *-āre* (*amăre,* 'amar', *laudăre* 'alabar'); la segunda termina en *-ēre* (*vidēre* 'ver', *habēre* 'haber'); la tercera en *-ĕre* (*pŏnĕre* 'poner', *fúgĕre* 'huir'); y la cuarta en *-īre* (*venīre* 'venir', *audīre* 'oír').[10]

La tercera conjugación se componía de dos grupos diferentes: los que terminaban en *-ō* en la primera persona del singular del presente de indicativo (*pōnō* "pongo") y los que terminaban

---

10. Esta clasificación tiene solamente un valor pedagógico. Según muchos autores, podría servir, como mucho, para los tiempos de presente.

en -*iō* (*fugiō,* "huyo"). El segundo tipo mantenía la -*i*- en algunos tiempos.

Solamente tres de las cuatro conjugaciones clásicas se mantuvieron en el latín vulgar de parte de Hispania. Más tarde hablaremos de ellas (§ 51a).

b. En latín clásico cualquier verbo **activo** (*vídeō* 'veo', *laudō* 'alabo') podía convertirse en **pasivo,** si se sustituían las terminaciones de activa por las de pasiva (*vídeor* 'soy visto', *láudor* 'soy alabado'). Existía una complicación relacionada con las conjugaciones activa y pasiva: había un tipo de verbo (llamado DEPONENTE) que tenía forma pasiva (es decir, terminaciones de verbo pasivo) pero significado activo: *fábulor,* con terminación de pasiva, significaba 'hablo', y *séquor,* igualmente con forma pasiva, significaba 'sigo'.

En latín vulgar, se perdió completamente la conjugación pasiva clásica sintética (excepto el participio) y se formó una nueva (§ 61). Todos los verbos clásicos deponentes se perdieron o se modificaron según un modelo activo (§ 62).

§ 47.　En latín clásico había seis tiempos de indicativo. Presentaremos los ejemplos con *audīre* (oír): **presente** *audiō* (oigo), **perfecto** *audīvī* (oí), **imperfecto** *audiēbam* (oía), **pluscuamperfecto** *audīveram* (había oído), **futuro** *audiam* (oiré) y **futuro perfecto** *audīverō* (habré oído). En latín vulgar se perdieron los dos tiempos clásicos de futuro y aparecieron nuevas formas para expresarlos.

Había cuatro tiempos de subjuntivo activo: presente, *audiam* 'que yo oiga'; perfecto, *audiverim,* 'que yo haya oído'; imperfecto, *audirem,* 'que oyera'; pluscuamperfecto, *audivissem,* 'hubiera oído'. El valor temporal de estos tiempos era muy relativo en utilizaciones independientes y la traducción que ofrecemos es una aproximación bastante imperfecta. En oraciones subordinadas los tiempos de subjuntivo se regían por la CONSECUTIO TEMPORUM. Cuando en una oración principal el verbo figuraba en presente o en futuro, en la subordinada el presente de subjuntivo señalaba la SIMULTANEIDAD de la acción y el pretérito perfecto la ANTERIORIDAD. Cuando en una oración principal el verbo figuraba en pasado, el imperfecto de subjuntivo de la subordinada marcaba la simultaneidad y el pluscuamperfecto la anterioridad. En latín vulgar se perdieron los tiempos de perfecto y pluscuamperfecto, substituidos por perífrasis, y el imperfecto de subjuntivo a su vez se substituyó por el pluscuamperfecto.

Aquí habría que hacer mención del imperativo; sólo tenía formas para las segundas personas del singular y del plural (*audī, audīte,* 'oye', 'oíd'). En latín vulgar se conservaron estas formas y, además, hubo que crear un imperativo negativo.

El indicativo pasivo tenía los mismos seis tiempos que el activo: presente, *audior* (soy oído); perfecto, *audītus sum* (he sido oído); imperfecto, *audiēbar* (era oído); pluscuamperfecto, *audītus eram* (había sido oído); futuro, *audiar* (seré oído); y futuro perfecto, *audītus erō* (habré sido oído).

El subjuntivo pasivo tenía igualmente los mismos cuatro tiempos que el activo: presente *audiar* (yo sea oído), imperfecto *audīrer* (yo fuera oído), perfecto *audītus sim* (yo haya sido oído) y pluscuamperfecto *audītus essem* (yo hubiera sido oído). Todos los tiempos pasivos clásicos, tanto de indicativo como de subjuntivo, desaparecieron prácticamente sin dejar rastro y el latín vulgar construyó sus propias formas de pasiva.

En latín clásico había cuatro participios. Los activos eran el de presente (*audiēns* "oyente") y el de futuro (*auditurus* 'el que está para oír'). Los participios pasivos eran el perfecto (*auditus* 'oído') y el de futuro (*audiendus,* 'el que ha de ser oído').[11] Los participios activos se perdieron en latín vulgar.

En latín clásico había seis tipos diferentes de infinitivo: presente activo *audīre* (oír), perfecto activo *audīvisse* (haber oído), futuro activo *audītūrum esse* (estar para oír), presente pasivo *audiri* (ser oído), perfecto pasivo *audītum esse* (haber sido oído) y futuro pasivo *audītum īri* (estar para ser oído). De los seis infinitivos clásicos, solamente el presente activo pasó al latín vulgar.

Cada tiempo tenía únicamente seis personas: tres en singular (yo, tú y él/ella) y tres en plural (nosotros/as, vosotros/as y ellos/ellas). El latín clásico y el vulgar, como, por ej., el inglés moderno, no distinguía entre las formas familiares y de respeto de la segunda persona; sólo existían *tū* para el singular y *vōs* para el plural.

---

11. Hay que tener en cuenta que, en realidad, nunca funcionó como tal sistema en latín este que aquí presentamos. El participio de futuro era un *gerundivo* y se traducía como "apto para, digno de...". Las otras traducciones resultan también bastante aproximadas.

§ 48. Antes de entrar en los detalles de la conjugación, conviene resaltar que en los verbos latinos clásicos se distinguían cuatro partes principales. Ciertos tiempos, participios o infinitivos se construían con la raíz de cada una de las partes principales. La primera de ellas es la forma 'yo' del presente de indicativo activo (*audiō*, por ejemplo); la segunda es el presente de infinitivo activo *(audīre);* la tercera es la primera persona del singular del perfecto de indicativo activo *(audīvī),* y la cuarta es el acusativo del substantivo verbal, SUPINO, que se enuncia *(audītum).* Al estudiar latín clásico es importante aprender las partes principales, ya que la mayoría de los verbos no tienen raíces tan regulares como *audīre (audiō, audīre, audīvī, audītum);* a continuación damos algunos ejemplos de verbos que presentan partes principales diferentes: *cádo, cádĕre, cécidī, cásum* (caer); *dīcō, dīcĕre, dīxĭ, díctum* (decir); *fáciō, fácĕre, fḗcī, fáctum* (hacer), y, por último, el verbo que tiene menos partes principales relacionadas entre sí: *férō, férre, túlī, lắtum* (llevar). El latín vulgar mantuvo en general la continuidad de las cuatro partes principales de los verbos clásicos.

§ 49. Por último, el latín clásico tenía un tipo de verbos llamados INCOATIVOS O INGRESIVOS. Cualquier verbo podía referirse generalmente al desarrollo de una acción, pero los verbos incoativos se referían al *comienzo* de la acción: *hortus flōret* 'el jardín está floreciendo', mientras que *hortus flōrḗscit* (incoativo) 'el jardín empieza a florecer'; *tremō* 'tiemblo', *tremḗscō* 'empiezo a temblar'.

Todos los verbos incoativos pertenecían a la tercera conjugación, independientemente de la conjugación a que pertenecieran los verbos básicos. Al pasar al sistema incoativo, los infinitivos de la primera conjugación terminaban en *-āscĕre,* los de la segunda y la tercera en *-éscĕre,* y los de la cuarta en *-ĭscĕre:*

I amắre 'amar' > III amắscĕre 'empezar a amar'
II flōrḗre 'florecer' > III flōrḗscĕre 'empezar a florecer'
III trémĕre 'temblar' > III tremḗscĕre 'empezar a temblar'
IV dormĭre 'dormir' > III dormĭscĕre 'empezar a dormir' (dormirse)

El sistema incoativo se mantuvo en latín vulgar, pero perdió la noción de comienzo de la acción que tenía en latín clásico. Cierto gramático, tratando de explicar a sus lectores que estaban utilizando mal los verbos incoativos, escribía: "*Calesco* no quiere decir 'tengo calor', sino más bien 'empiezo a tener calor'" ("*Calesco* non est *caleo,* sed *calere incipio*". Citado por Väänänen, p. 146). El latín vulgar creó incluso nuevos **incoativos** basados en verbos clásicos que no tenían significado incoativo: LC *parēre* pasó a ser en LV *parescere* (parecer), LC *oboedīre* pasó a ser en LV *obedescere,* en Hispania, "obedecer"; LC *merēre* pasó a ser en LV *merescere* (merecer).

§ 50.   La evolución del presente activo clásico al latín vulgar presenta enormes cambios, sobre todo en la tercera conjugación; a continuación indicamos las conjugaciones completas en latín clásico, con el fin de que se pueda seguir más fácilmente su evolución:

	I *laudăre*	II *vidĕre*	III *pónĕre*	III -iō *fúgĕre*	IV *audīre*
ego	láudō	vídeō	pŏnō	fúgiō	áudiō
tū	láudās	vídēs	pŏnis	fúgis	áudīs
(is)	láudat	vídet	pŏnit	fúgit	áudit
nōs	laudámus	vidémus	pŏnimus	fúgimus	audímus
vōs	laudátis	vidétis	pŏnitis	fúgitis	audítis
(eī)	láudant	vídent	pŏnunt	fúgiunt	áudiunt

En la tercera conjugación, algunas primeras personas del singular terminaban en *-o* y otras en *-io*. Este último grupo se conoce como los verbos en *-iō.*

§ 51a.   En la península Ibérica, excepto en el dominio catalán, los cuatro grupos de conjugación del latín clásico se redujeron a tres por la pérdida de la tercera conjugación clásica *(-ĕre)*. Por lo general, los verbos de la tercera conjugación clásica pasaron en esta zona a la segunda conjugación, como veremos en seguida. Conviene observar el cambio de acento en latín vulgar:

LC cápĕre > LV capére (caber)
LC comprehéndĕre > LV comprendére (comprender)
LC fácĕre > LV facére (hacer)

LC légĕre > LV legére (leer)
LC pónĕre > LV ponére (poner)
LC sápĕre > LV sapére (saber)
LC véndĕre > LV vendére (vender)

b. Algunos verbos en -iō- de la tercera conjugación clásica pasaron en latín vulgar a la conjugación en -ire. Este tipo de verbos de la tercera conjugación se parecía mucho a la cuarta conjugación clásica (-ire) en la mayoría de los tiempos, y era exactamente igual en el presente activo (salvo en la cantidad vocálica), por lo que el cambio pareció muy natural:

LC concípĕre (concípiō) > LV concipíre (concebir)
LC fúgĕre (fúgiō) > LV fugíre (huir)
LC párĕre (páriō) > LV paríre (parir)
LC recípĕre (recípiō) > LV recipíre (recibir)
LC succŭtĕre (succŭtiō) > LV succutíre (sacudir)

Sin embargo, no todos los verbos en -io cambiaron así. *Cápere (capio), fácere (fácio)* (§ 51a) y *sápere (sápio)* pasaron en latín vulgar a la conjugación en -ére: *capére, facére, sapére.*

c. Unos cuantos verbos de la *segunda* conjugación cambiaron también en latín vulgar a la conjugación en -ire. Por medio de una evolución fonética normal (§ 7a), la primera persona del singular en -eō se convirtió en -io en latín vulgar, por lo que estos verbos pasaron al grupo en -ire junto con los verbos de la tercera conjugación en -io:

LC implére (ímpleō = LV -io) > LV implíre (henchir)
LC lūcére (lúceō = LV -io) > LV lucíre (lucir)
LC ridére (rídeō = LV -io) > LV ridíre (reír)

§ 52. En latín vulgar el indicativo muestra algunos cambios. Los pocos verbos clásicos que terminaban en -io en la primera persona del singular (algunos de la tercera conjugación y todos los de la cuarta), perdían a menudo la yod por analogía con los verbos que no la tenían (*laudō, vendō,* etc.), como por ejemplo LC *faciō* > LV *faco* > esp. *hago.* Este cambio afectaba también al subjuntivo (LV *faca* en lugar del LC *faciam*). Algunos verbos de la 2.ª en -eo (que se hizo -io) también sufrieron este cambio: LC *débeo* > LV *debo* > esp. *debo.*

Las formas de primera y segunda personas del plural de la tercera conjugación clásica se acentuaban en la raíz, al contrario de las otras conjugaciones *(véndimus, vénditis,* pero *laudámus, laudátis).* Al perderse la tercera conjugación clásica, el acento se desplazó a las terminaciones en *vendémus, vendétis,* para seguir los modelos generales de acentuación.

Las terminaciones en *-unt* de la tercera persona del plural tendieron a convertirse en *-ent.* La *Peregrinatio* presenta ejemplos como *absolvent* (en lugar del clásico *absolvunt), accipient* (en vez de *accipiunt),* y *exient* (por *exiunt).* Las formas españolas debieron derivar de las terminaciones en *e: legent > leen.* Una forma como *legunt* habría desembocado, probablemente, en **léon.*

§ 53.   En latín clásico el imperativo era fácil de construir, pero sólo tenía forma positiva. El singular se formaba quitando la *-re* del infinitivo activo, y el plural añadiendo simplemente *-te* a la forma singular:

sing.	láudā (alaba)	vídē (mira)	áudī (escucha)
plur.	laudắte	vidĕte	audīte

El imperativo positivo del latín vulgar era como el clásico. Para expresar la prohibición el latín clásico tenía que recurrir a una forma compuesta por el imperativo de *nốlō,* 'no querer', y el infinitivo del verbo que se conjuga:

Nốlī laudare! = "No quieras alabar" = "No alabes"
Nōlīte vidēre! = "No queráis mirar" = "No miréis"

Nōlō no pasó al latín vulgar. La prohibición se formó con el subjuntivo negativo (§ 66) como en español, o, en otras ocasiones tardíamente, con la negación y el infinitivo de presente (francés e italiano).

§ 54.   El futuro clásico era un tiempo con características fonéticas inestables y en latín vulgar desapareció prácticamente sin dejar rastro,[12] como se verá en los siguientes ejemplos:

---

12.   La segunda persona del singular del futuro de *esse* (ser) era *eris.* Esta forma ha originado el esp. *eres,* si es cierto ese origen, como parece que lo es. Nos encontramos con el único resto en español del antiguo futuro.

I	II	III	IV
laudā re	*vidē re*	*ponĕre*	*audī re*
'alabar'	'ver'	'poner'	'oír'
laudắbō	vidḗbō	pṓnam	áudiam
laudắbis	vidḗbis	pṓnēs	áudiēs
laudắbit	vidḗbit	pṓnet	áudiet
laudắbimus	vidḗbimus	pōnḗmus	audiḗmus
laudắbitis	vidḗbitis	pōnḗtis	audiḗtis
laudắbunt	vidḗbunt	pṓnent	áudient

a.   La tercera persona del singular de la primera conjugación *(laudā bit)* pasó a pronunciarse de la misma manera que la misma persona del perfecto de indicativo *(laudā vit)* (§ 12). Los futuros de la primera y de la segunda conjugación, con su -*b*-característica, propia también del imperfecto, eran los únicos que mantenían su identidad. La primera persona del singular del futuro, en las conjugaciones tercera y cuarta, era exactamente igual a las formas del presente de subjuntivo (futuro *dīcam*, pres. subj. *dīcam;* futuro *audiam,* pres. subj. *audiam*). La evolución fonética normal haría que las formas de futuro de la tercera conjugación se pronunciasen igual que las formas correspondientes de presente; el futuro LC *dīcĕs, dīcĕt* se pronunciaría como el presente LV *dices* (= LC *dīcĭs*), LV *dicet* (= LC *dīcĭt*).

Por último, no había unidad de conjugación en el futuro clásico; es decir, la primera y la segunda conjugación tenían unas formas *(laudā bō, vidē bō),* mientras que la tercera y la cuarta tenían otras *(pōnam, audiam).*

b.   La tendencia más analítica que sintética del latín vulgar hizo que la lengua encontrara una construcción analítica, ya en uso, con la que podía sustituir la forma ambigua del futuro clásico. Esta construcción era del tipo *"scrī bĕre habeō"* (he de escribir), *"facĕre habet"* (ha de hacer). Como lo que se debe hacer hay *forzosamente* que hacerlo en el futuro, la transferencia semántica es relativamente sencilla, y la nueva forma analítica de futuro pasó a ser universal en las lenguas románicas occidentales.

Conviene indicar que en latín vulgar la conjugación de *habere* (haber) tenía formas más cortas que en latín clásico, probablemente por analogía con otros verbos usuales cortos (*das, dat,* de *dare* 'dar'; *stās, stat,* de *stāre* 'estar de pie') y, sobre todo, por su nueva función de auxiliar no acentuado:

áio (LC hábeō)	(ab)émus (LC habḗmus)
as (LC hábes)	abétis (LC habḗtis)
at (LC hábet)	ant (LC hábent)

A continuación damos un ejemplo de este tipo de futuro, tomado de la Biblia Vulgata (cf. nota 2), que muestra la ortografía clásica de este auxiliar:

"Tempestas... tollere habet"
"La tempestad... se llevará..."

(S. Juan, 4, 1, 2)

Hay un ejemplo antiguo que muestra la fusión de ambas formas, como ocurre en las lenguas románicas modernas:

"Iustinius dicebat: «Daras»" [= dare + as]
"Justinio decía: «Darás»"

Fredegarii Chronica, 85, 27

§ 55.   Esta afortunada construcción de *habere + infinitivo* iba incluso a dar origen a un tiempo de condicional (que era desconocido en latín clásico). En este caso, es el imperfecto de *habere* el que se utilizaba detrás de un infinitivo:

"Sanare te habebat Deus"
"Dios te curaría"

Ps.-Aug. *Serm.* 253, 4

§ 56.   El imperfecto de *habere,* con el participio pasado (= participio perfecto pasivo en latín clásico), se utilizaba como alternativa analítica del pluscuamperfecto: LC *posuḕrant* = LV *posita habebant* = esp. *habían puesto.* Este ejemplo del latín vulgar está tomado de la *Peregrinatio.*

§ 57a.   En latín clásico las conjugaciones de imperfecto de indicativo se caracterizaban por terminaciones en -*ba*-:

I	II	IV
laudábam	vidébam	audiébam
laudábas	vidébas	audiébas
laudábat	vidébat	audiébat
laudābámus	vidēbámus	audiēbámus
laudābátis	vidēbátis	audiēbátis
laudábant	vidébant	audiébant

Los verbos normales en -*ĕre* tenían las terminaciones de imperfecto de la segunda conjugación *(pōnēbam),* mientras que los del tipo -*iō* utilizaban los de la cuarta *(fugiēbam).* Después comentaremos un cambio de acento en estas formas de primera y segunda persona del plural.

b.   En latín vulgar el imperfecto de indicativo presentaba algunas diferencias notables. La primera conjugación, con terminaciones en -*āba*-, permaneció intacta; sin embargo, las demás conjugaciones empezaron por perder la *b,* probablemente por disimilación (§ 149c) de las dos *b* en los verbos usuales: LC *habēbam* y LC *debēbam* dan en LV *habea* y *debea*; estas terminaciones producidas por disimilación se extendieron después en latín vulgar a todos los demás verbos de las conjugaciones en -*ere* e -*ire.* Por último, -*éa* cambió en -*ía* según lo indicado en el § 7b.

En latín vulgar -*iēbam,* de la cuarta conjugación, perdió la -*i*- por analogía con los verbos en -*ēbam,* que eran muy numerosos, y por el desarrollo fonético normal del grupo (§ 7b); se encuentran ejemplos de la pérdida de esta -*i*- en inscripciones: LV *audeba* (en lugar del LC *audiēbam*), *refugebat* (en vez del LC *refugiēbat*), y *custodebat* (en lugar del LC *custodiēbat*).

Aunque en latín clásico el acento retrocedía una sílaba en la primera y la segunda persona del plural del imperfecto (*laudábam,* pero laudabámus), en el latín vulgar de Hispania el acento recaía sobre la misma vocal a lo largo de toda la conjugación *(laudába, laudábas, laudábat, laudábamus, laudábatis, laudábant).*

Los imperfectos irregulares *eram* (de *esse* 'ser') e *ībam* (de *īre* 'ir') se mantuvieron en latín vulgar.

§ 58. En latín clásico, el perfecto se utilizaba con dos significados diferentes. El primero era el propio del perfecto: "he visto, he dicho". El segundo era el significado de lo que los gramáticos clásicos llaman AORISTO, o "pasado simple" (el indefinido español, "yo vi, yo dije").

En latín vulgar, sin embargo, el perfecto pasó a utilizarse únicamente en su significado de aoristo, de indefinido ("invité", por ejemplo). Con el fin de rellenar el vacío semántico, el latín vulgar empleó el presente de *habere + participio pasado*. De esta manera podemos ver en Gregorio de Tours (h. 538-h. 594): "Episcopam invitatum habes." = "Has invitado al obispo."

El perfecto era el tiempo más complicado, ya que se componía de tres grupos diferentes, **débil, fuerte** y **reduplicado.**

Débil es, simplemente, el que en todas las formas se acentúa en la terminación y no en la raíz *(laud-ắvi, aud-ĭvi)*. Estos verbos se caracterizan además por una *v* en la terminación. Por el contrario, el perfecto fuerte se acentuaba en la raíz (en tres de las seis formas): (*vĭd-ī* 'vi', *háb-uī* 'hube', *pós-uī* 'puse', *vĕnī* 'vine').[13] El reduplicado es el que tiene la primera sílaba repetida (generalmente con ALTERNANCIA VOCÁLICA): *cắdo* (caigo), *cécidī* (caí).

a. En latín clásico, la mayoría de los perfectos débiles eran de la primera y de la cuarta conjugación:

I	IV
laudắvī	audĭvī
laudāvístī	audīvístī
laudắvit	audĭvit
laudắvimus	audĭvimus
laudāvístis	audīvístis
laudāvḗrunt	audīvḗrunt

La tercera conjugación no tenía perfectos débiles. Era fuerte por naturaleza, como prueban los infinitivos: *pŏnĕre, fúgĕre.* Los pocos perfectos débiles de la segunda mantenían la vocal *-e-* del

13. *Débil* y *fuerte* están traducidos directamente del alemán. En esta lengua si la raíz de un verbo puede ir sola, sin terminación, se considera "fuerte" *(Ich kam),* mientras que si necesita una terminación que complete su significado, se considera "débil" (es decir, incapaz de aparecer sola).

infinitivo delante de la *v* (*delḗre* 'destruir', *delḗvi* 'destruí'; *implḗre* 'llenar', *implḗvi* 'llené').

En latín vulgar los perfectos débiles muestran cambios importantes. Los de la primera y la cuarta conjugación pasaron al latín vulgar, pero se modificaron las terminaciones. En latín vulgar, la primera conjugación perdió la *-v-* y la *-i-* (o la *-e-*) que le sigue, en las terminaciones de la mayoría de las personas, aunque en la primera persona del singular sólo perdió la *-v-* y en la tercera persona del singular o la *-v-* (dominio catalán, por ejemplo) o la *-i-* (castellano):

> laudā́(v)ī > laudái
> laudā(ví)stī > laudásti
> laudā́v(i)t > laudáut/laudáit
> laudā́(vi)mus > laudámus
> laudā(ví)stis > laudástis
> laudā(vḗ)runt > laudárunt

La terminación de la tercera persona del singular de la primera conjugación, con la *-v-* que ha pasado a *-u-* (*áv[i]t* > *áut*), está atestiguada en Pompeya.

La cuarta conjugación mostraba en singular los mismos cambios que acabamos de ver, pero en plural tuvo una doble evolución: o bien perdió únicamente la *-v-*, o bien desaparecieron tanto la *-v-* como la *-i-* (o la *-e-*) que la seguía:

> audī́(v)ī > audíi
> audī(ví)stī > audísti
> audī́v(i)t > audíut/audít < audī́(v)it
> audī́(v)imus > audiémus
> audī́(vi)mus > audímus
> audī(v)ístis > audiéstis
> audī(ví)stis > audístis
> audī(v)ḗrunt > audiérunt
> audī(vḗ)runt > audírunt

Ya en latín clásico la cuarta conjugación tenía dos posibles terminaciones para la primera persona del singular: *-īvī* o *-īī*. Esta última forma sirvió de base analógica para que el LC *-āvī* > LV *-ai*.

b.   Los perfectos fuertes se dividían en tres grupos. Primero, los que llevaban *u* entre la raíz del verbo y las terminaciones normales. Este tipo era característico de la segunda conjugación, si bien existían también algunos perfectos con *u* en la primera, en la tercera y en la cuarta conjugación (*sápĕre* 'saber', *sápuī* 'supe'; *aperīre* 'abrir', *apéruī* 'abrí').

habĕre	tenĕre	timĕre
'haber'	'tener'	'temer'
hábuī	ténuī	tímuī
habuístī	tenuístī	timuístī
hábuit	ténuit	tímuit
habúimus	tenúimus	timúimus
habuístis	tenuístis	timuístis
habuĕrunt	tenuĕrunt	timuĕrunt

En latín vulgar, este tipo de perfecto o bien se mantuvo, y en ese caso la -*u*- invirtió su posición con la consonante que la precedía (LC *sápuī* > LV *sáupi* > esp. a. *sope*; LC *hábuī* > LV *háubi* > esp. a. *ove*), o bien pasó a ser débil, tanto en latín vulgar como en español (LC *tímuī* > LV *timii* > esp. *temí;* LC *apéruī* > LV *aperíi* > esp. *abrí*).

c. El segundo grupo de perfectos fuertes se denomina **sigmático** (de la letra griega Σ, 'sigma' = *s*). En este tipo de perfecto aparece una *s* (o una *x*) delante de la terminación. El perfecto sigmático es característico de la tercera conjugación, aunque unos cuantos verbos de la segunda conjugación tienen también perfectos sigmáticos (*manēre* 'permanecer', *mansī* 'permanecí').

míttĕre	scrībĕre	dīcĕre
'enviar'	'escribir'	'decir'
mīsī	scrīpsī	dīxī
misístī	scrīpsístī	dīxístī
mīsit	scrīpsit	dīxit
mīsimus	scrīpsimus	dīximus
misístis	scrīpsístis	dīxístis
misĕrunt	scrīpsĕrunt	dīxĕrunt

Los perfectos sigmáticos se mantuvieron en latín vulgar y se crearon algunos más, como LC *quaesīvi* > LV *quési* > esp. *quise*.

Podemos comprobar en este ejemplo cómo en latín clásico el acento recae sobre la terminación (después de la *s*) y en latín vulgar delante de la *s* (por eso es fuerte).

d.   El tercer grupo de perfectos fuertes no intercalaba nada entre la raíz y la terminación, pero generalmente alargaba la vocal de la raíz o cerraba su articulación. Este tipo de perfecto se repartía regularmente entre la segunda y la tercera conjugación, si bien existían también algunos perfectos de este tipo en la cuarta conjugación, como, por ejemplo, *venīre* 'venir', *vénī* 'vine'.

fácĕre	*vĭdĕre*	*lĕgĕre*
'hacer'	'ver'	'leer'
(ă > ē)	(ĭ > ī)	(ĕ > ē)
fēcī	vīdī	lēgī
fēcístī	vīdístī	lēgístī
fēcit	vīdit	lēgit
fēcimus	vidimus	lēgimus
fēcístis	vīdístis	lēgístis
fēcērunt	vīdērunt	lēgērunt

Este grupo se mantuvo prácticamente intacto en latín vulgar: LC *fēci* > LV *féci*; LC *vīdī* > LV *vídi*; LC *lēgī* > LV *légi;* LC *vēni* > LV *véni.*

e.   Por último, estaban los perfectos **reduplicados.** Este tipo era el normal en griego antiguo, pero no había tantos ejemplos de él en latín clásico. La mayoría pertenecía a la tercera conjugación, aunque *dos* verbos de la primera, *dáre* 'dar' (que conjugamos a continuación) y *stáre* 'estar de pie', *stēti* 'estuve de pie', tenían también perfectos reduplicados. Éstos, además, mostraban alternancia vocálica:

cádere	*cúrrere*	*dáre*
'caer'	'correr'	'dar'
cécidī	cucúrrī	dédī
cecidístī	cucurrístī	dedístī
cécidit	cucúrrit	dédit
cecídimus	cucúrrimus	dédimus
cecidístis	cucurrístis	dedístis
cecidērunt	cucurrērunt	dedērunt

Todos los perfectos de este tipo, salvo *dédī* (de *dáre*) y *stĕtī* (de *stắre*), se modificaron para integrarse en los modelos débiles regulares: LC *cucúrrī* pasó al latín vulgar como *currii* y en español *corrí*. LC *cécidī* se modificó en latín vulgar, *cadíi,* y en español *caí*.

§ 59. En latín clásico el participio perfecto pasivo, al igual que el tiempo de perfecto, podía ser débil o fuerte, y con la misma distribución: la primera y la cuarta conjugación tenían generalmente el participio perfecto pasivo débil; la mayoría de los verbos de la segunda y de la tercera, fuerte.

a. El participio perfecto de la primera y de la cuarta conjugación tenía la raíz como la del infinitivo. A la raíz se le añadía *-tus* (*laudā tus,* 'alabado', *audī tus,* 'oído'). Los participios se declinaban totalmente, según el sistema de la primera clase de adjetivos (§ 35a).

Los verbos de la segunda conjugación que tenían el participio pasivo débil añadían simplemente *-tus* a la raíz: *dē lĕ̄re* (destruir), *dē lĕ̄tus* (destruido); *implĕ̄re* (llenar), *implĕ̄tus* (lleno).

Los pocos participios débiles de la tercera conjugación cambiaban la vocal ŭ de la raíz en ū y añadían *-tus*: *consúĕre* (coser), *consū̆tus* (cosido); *battúĕre* (batir), *battū̆tus* (batido).

b. Los participios perfectos fuertes tenían normalmente la raíz diferente del infinitivo o del perfecto, y por lo general no llevaban ninguna vocal (-ā-, -ē-, -ū-, -ī-) entre la raíz y la terminación:

> cápĕre 'coger', cáptus (cogido)
> cláudere 'cerrar', cláusus (cerrado)
> dĭ́cĕre 'decir', dĭ́ctus (dicho)
> légĕre 'leer', lĕ́ctus (leído)
> míttĕre 'enviar', míssus (enviado)
> pŏ́nĕre 'poner', pósitus (puesto)
> scrĭ́bĕre 'escribir', scrĭ́ptus (escrito)
> víncĕre 'vencer', víctus (vencido)
> miscĕ́re 'mezclar', míxtus (mezclado)
> vidĕ́re 'ver', vĭ́sus (visto)

Sin embargo, unos cuantos verbos de la segunda y de la tercera conjugación sí tenían participios perfectos fuertes "regulares" terminados en *-ĭtus* (aunque esta *i* era breve y no larga):

habēre (haber), *hábĭtus* (habido) y *bibĕre* (beber), *bibĭtus* (bebi-do).

Había un verbo de la cuarta conjugación que tenía también el participio perfecto fuerte: *venīre* (venir), *véntus* (venido).

§ 60.   El latín vulgar prefería los participios débiles a los fuertes; muchos participios clásicos fuertes se sustituyeron por débiles en latín vulgar: LC *sénsus* > LV *sentítu* > esp. *sentido*; LC *sáltus* > LV *salítu* > esp. *salido*; LC *véntus* > LV *venítu* > esp. *venido*. Sin embargo, algunos participios perfectos fuertes pasaron al latín vulgar: LV *fáctu* (esp. hecho), LV *díctu* (esp. dicho), LV *pósitu* (esp. puesto), LV *scríptu* (esp. escrito), LV *mórtu* [LC *mórtuus*] (esp. muerto), LV *rúptu* (esp. roto), LV *vístu* [LC *vīsus*] (esp. visto).

Generalmente, los participios débiles en *-ātus, -ūtus* e *-ītus* se conservaron, mientras que los que terminaban en *-ētus* (que pertenecían a la segunda conjugación clásica) se perdieron, pues los verbos de la segunda conjugación con participio débil cayeron en desuso o cambiaron de conjugación.

§ 61a.   En latín clásico la pasiva se formaba de dos maneras, según el tiempo de que se tratara. Algunos tiempos (el presente de indicativo y de subjuntivo, el imperfecto de indicativo y de subjuntivo, y el futuro) tenían una "pasiva sintética", es decir, un MORFEMA FLEXIVO (terminación) señalaba que el verbo estaba en pasiva:

> vídeō 'veo'
> vídeor 'soy visto'
> audiēmus 'oiremos'
> audiēmur 'seremos oídos'

b.   Las pasivas "analíticas", compuestas, utilizaban la combinación de *esse* (ser) y el participio perfecto pasivo. El funcionamiento de este tiempo puede resultar algo confuso hoy en día para el estudiante de latín clásico, ya que el tiempo de *esse* parece guardar poca relación con el significado del tiempo de pasiva. Por ejemplo, el **perfecto** pasivo se construía con el **presente** de *esse* más el participio perfecto pasivo, y el **pluscuamperfecto** pasivo con el **imperfecto** de *esse* y el participio perfecto. Los siguientes ejemplos muestran esta aparente incongruencia:

> sum 'soy'
> audītus sum 'he sido oído' (fui oído)
> erās 'eras'
> missus erās 'habías sido enviado'

Sin embargo, si hacemos una traducción más literal, sí aparece el sentido lógico de estas pasivas: *audītus* es un participio perfecto *pasivo,* por lo que tiene que traducirse como 'en el estado de haber sido oído'. Por lo tanto, *audītus sum* significa 'yo estoy en el estado de haber sido oído', o, con menos palabrería, 'yo *fui* oído'; *missus erās* = 'Tú estabas (en el estado de) [haber sido] enviado' = 'Tú habías sido enviado'.

En latín vulgar se perdieron todas las pasivas **sintéticas** (del tipo de *audior*), y se construyó una nueva pasiva basada en la forma **analítica** clásica *(audītus sum).* Con ello el participio pasado perdió el sentido de perfectivo pasivo que tenía en latín clásico; así, *audītus sum,* que había significado en latín clásico 'yo fui oído', pasó a significar en latín vulgar 'yo soy oído'. Para los hablantes del latín vulgar la construcción clásica resultaba exactamente igual de "ilógica" que hoy en día para los estudiantes que empiezan a aprender latín clásico.

Por ello, en latín vulgar el perfecto pasivo pasó a ser *laudatus fui* 'fui alabado'.

§ 62.   Los verbos deponentes (§ 46b), que en latín clásico se conjugaban como pasivos pero tenían significado activo, pasaron generalmente a tener forma activa en latín vulgar. (Los infinitivos que indicamos a continuación, y que llevan -*i* final larga, son ejemplos de la formación del infinitivo presente pasivo en latín clásico.)

latín clásico	latín vulgar
fabulor 'hablo'	fabulo
fabulārī 'hablar'	fabulare (hablar)
luctor 'lucho'	lucto
luctārī 'luchar'	luctare (luchar)
morior 'muero'	morio
morī 'morir'	morire (morir)

sequor 'sigo'	sequo
sequī 'seguir'	sequire (seguir)

Los deponentes clásicos que no se integraron en las conjugaciones regulares pasaron al sistema incoativo (§ 49): LC *patior* (sufrir), *patī* (sufró) se convirtió en LV *patescere* (esp. padecer).

§ 63.   Había unos cuantos verbos clásicos que tenían más de una raíz para el *mismo* tiempo, y otros con tiempos que aparentemente no se construían con *ninguna* de las partes principales (en particular el presente y el imperfecto de *esse* 'ser', el presente de *velle* 'desear', y el presente y el imperfecto de *īre* 'ir'). Los gramáticos clásicos latinos los denominaban verbos irregulares; sumaban en total unos seis.

A continuación damos una muestra de los tiempos de cuatro de ellos. Las partes principales son:

> *sum, ésse, fúī* ser
> *póssum, pósse, pótuī* poder
> *vólō, vélle, vóluī* querer, desear
> *éō, íre, íī, ítum* ir

Hay que destacar en los tres primeros el infinitivo especial (ausencia de -*r*-), y la carencia de participios perfectos pasivos.

presente de indicativo, activo

sum	póssum	vólō	éō
es	pótes	vīs	īs
est	pótest	vult	it
súmus	póssumus	vólumus	ímus
éstis	potéstis	vúltis	ítis
sunt	póssunt	vólunt	éunt

imperfecto de indicativo, activo

éram	póteram	volébam	íbam
érās	póterās	volébās	íbas
érat	póterat	volébat	íbat
erámus	poterámus	volēbámus	ībámus
erátis	poterátis	volēbátis	ībátis
érant	póterant	volébant	íbant

pretérito perfecto de indicativo, activo

fúī	pótuī	vólui	íī
fuístī	potuístī	voluístī	ī́stī
fuít	pótuit	vóluit	íit
fúimus	potúimus	volúimus	íimus
fuístis	potuístis	voluístis	ī́stis
fuḗrunt	potuḗrunt	voluḗrunt	iḗrunt

El latín vulgar no permitía tantas irregularidades como el latín clásico, y tendía a la regularidad siempre que podía: por ello, con el fin de que encajasen dentro de patrones '**regulares**', se reconstruyeron fácilmente los infinitivos, de acuerdo con otras formas conjugadas. En latín vulgar, *esse* pasó a ser *éssere*; *velle* > LV *voláre* (reconstruido a partir de su forma de perfecto *vóluī*); y *posse* > LV *potére* (esp. poder) reconstruido igualmente a partir del perfecto, *pótuī*. El presente de *potére* se basaba en el nuevo infinitivo: *póteo, pótes, pótet, potémus, potétis, pótent*. Aunque la conjugación de *ire* ya entraba dentro de los patrones normales, sus formas conjugadas eran demasiado cortas, consistían únicamente en terminaciones. En latín vulgar las formas de *ire* se remplazaron en la mayoría de los tiempos por las de *vadére* 'caminar' (LC *vádĕre*).

Ferre, 'llevar', que era el verbo clásico más irregular (§ 48), se perdió, como era de esperar, en latín vulgar; en algunas zonas se sustituyó por *portare*, y en la península Ibérica por *levare* (esp. llevar). Sin embargo, los compuestos de *ferre* consiguieron mantenerse integrándose en la conjugación de *-ire;* LC *sufferre* > LV *sufferire*; LC *offerre* > LV *offerire* (más tarde tomó el sufijo incoativo: *ofrecer* en español).

§ 64.   Otros verbos clásicos se perdieron, porque aparentemente no tenían suficiente sustancia fónica, y en latín vulgar se sustituyeron por equivalentes más largos. LC *édere* dio *comedére* en Hispania (esp. comer); LC *scīre* se convirtió en *sapére* (< LC *sápĕre*); LC *flēre* se perdió y en su lugar se utilizó *plorare* en latín vulgar (esp. llorar); LC *émĕre* desapareció y se sustituyó por LV *comperare* (esp. comprar).

§ 65.   El presente de subjuntivo se basaba realmente en la primera persona del singular del presente de indicativo, sin la *-ō*

(I *laud-*, II *vide-*, III *pōn-, fugi-*, IV *audi-*). La tercera conjugación, que ahora dejamos a un lado, tenía las mismas terminaciones que la segunda y la cuarta conjugación:

I	II	IV
láudem	vídeam	áudiam
láudēs	vídeās	áudiās
láudet	vídeat	áudiat
laudēmus	videāmus	audiāmus
laudētis	videātis	audiātis
láudent	vídeant	áudiant

Este tiempo se mantuvo básicamente en latín vulgar con pocos cambios. Los restantes tiempos del subjuntivo sufrieron importantes cambios. El imperfecto de subjuntivo (LC *laudā-rem, audīrem*) y el perfecto de subjuntivo, con pérdida de *-ve-* en la primera y en la cuarta conjugación (LC *laudā[ve]rim, audī[ve]rim*) pasaron a pronunciarse de la misma manera en latín vulgar, puesto que LC *-rem* y *-rim* se convirtieron los dos en LV *-re*. Por razones sintácticas, además, se perdieron *los dos* tiempos, y el *pluscuamperfecto* de subjuntivo, con pérdida de *-vi-* (*laudā[vi]ssem, audī[vi]ssem*) pasó a desempeñar la función del perfecto y del imperfecto de subjuntivo perdidos (Väänänen § 307).

El perfecto de subjuntivo, *laudá(ve)rim,* y el futuro perfecto de indicativo, *lauda(ve)ro,* se confundieron y se utilizaron como futuro de subjuntivo en algunas zonas del español (*amare,* ahora en desuso) y en portugués.

§ 66.   Para la negación verbal, el latín clásico utilizaba las palabras *nōn* o *nē,* según el contexto gramatical. *Nōn* se utilizaba para la negación normal del "indicativo":

> Ego Romanus nōn sum. 'No soy romano'
> Ea amīca mea nōn est. 'No es amiga mía'

Para el tipo de negación que indicaba prohibición, el latín clásico utilizaba *nē:*

> Monuit eōs nē hoc facerent. 'Les advirtió que no lo hicieran'
> Hortor eum nē veniat. 'Le aconsejo que no venga'

Sin embargo, a veces, el empleo de *nōn* penetraba dentro del terreno de *nē*. Hay una cita de Terencio (185-159 a.C) que implica claramente prohibición, y que muestra esta penetración: *"Non tē credas Davom ludere."* "No creas que estás burlándote de Davos." Petronio (siglo I a.C.), que introducía conscientemente en su estilo gramática y léxico del latín vulgar (§ 1), escribió este ejemplo en el que *nōn* sustituye a *nē*: "...*et mē nōn facias ringentem"*: '...y no me hagas rechinar los dientes'. Sin embargo, en el latín vulgar de Hispania la complicación se resolvió cuando *non* tomó ambas funciones.

El latín vulgar occidental prefirió *nec* 'ni', para la coordinación negativa. Desarrolló también, frente al latín clásico, negaciones reforzadas con otras palabras: «*non... gutta*», «*non... ficus*», «*non... faba*»...

Otro tipo de negaciones se perdió en Hispania. Así, los pronombres *nullus* 'ninguno', *nemo* 'nadie' y *nihil* 'nada'. Sobrevivió el adverbio *numquam* 'nunca'.

El latín clásico no tenía ninguna palabra que significara 'sí'. En respuesta afirmativa, se repetía el verbo de la pregunta en forma positiva para contestar 'sí', de la misma manera que en portugués moderno. A continuación damos un ejemplo de Plauto (254-184 a.C): *"Tuus servus est? —Meus est".* '¿Es tu esclavo? —Sí.'

A veces, en la contestación se usaba una palabra de refuerzo, como *certē* 'ciertamente', *verum* 'en verdad', o *sīc* 'así es'. A menudo estas palabras pasaron a constituir ellas solas la contestación. El siguiente ejemplo de Terencio muestra la génesis del español *sí*: *"Illa maneat? —Sīc."* '¿Se quedará ella? —Sí.'

ADVERBIOS

§ 67a. Los adverbios de modo se formaban de dos maneras diferentes, según la clase de adjetivos sobre la que se construían. Para formar un adverbio basado en la primera clase de adjetivos (1.ª o 2.ª declinaciones), se añadía -*ē* a la raíz del adjetivo:

> līberus 'libre'–līberē 'libremente'
> Romanicus 'romano'–románicē 'a la romana'

Para formar un adverbio sobre un adjetivo de la segunda clase (3.ª declinación) se añadía -*iter* a la raíz del genitivo:

nominativo	genitivo
fórtis 'fuerte'	fórtis—fórtiter 'fuertemente'
félīx 'feliz'	felícis—fēlíciter 'felizmente'
céler 'rápido'	céleris—celériter 'rápidamente'

b. El comparativo y el superlativo de los adverbios se formaban de la siguiente manera: para hacer el comparativo se sustituía -ē o -iter por -ius, y para hacer el superlativo se sustituían esas mismas terminaciones por -íssimē:

fórtiter	fórtius	fortíssimē
'fuertemente'	'más fuertemente'	'lo más fuertemente'

Había unos cuantos adverbios con formas de comparativo y de superlativo irregulares, en particular *bene* y *male*:

béne 'bien'—mélius 'mejor'—óptimē 'óptimamente'
mále 'mal'—péius 'peor'—péssimē 'pésimamente'

§ 68. Por regla general, en latín vulgar no se mantuvo la manera de construir los adverbios añadiendo -ē o -iter a los adjetivos, que era lo normal en latín clásico. Curiosamente, hay un resto de adverbio en -e que pasó al español como nombre. *Fabulā ri romanicē* 'hablar a la romana' (es decir, 'hablar latín') pasó al español como *hablar romance*.

El latín vulgar prefería formar los adverbios de modo de la siguiente manera: *mente,* el ablativo del nombre femenino *mens* (mente), se utilizaba detrás de un adjetivo (que naturalmente también tenía que tener forma femenina). Al principio, las dos partes aparecían separadas: *bona mente* ('con una buena mente' = 'bien'), *devota mente* ('con mente devota' = 'devotamente'), *intrepida mente* ('con mente intrépida' = 'intrépidamente'). En latín vulgar los adverbios formaban el comparativo y el superlativo como los adjetivos: precedidos de *magis* o *plus* y de *maxime*.

Algunos adverbios clásicos (de tiempo, de lugar, etc.) no derivaban de adjetivos: *étiam* (aún), *iam* (ya), *sīc* (así), *támen* (sin embargo), *sémper* (siempre), *únde* (de donde), *quŏ́modo* (de qué manera), *súbitō* (de repente), *sémel* (una vez), *pósteā* (después), *hic* (aquí), etc. Algunos de estos *(iam, sīc, semper, unde, quō modo)* pasaron al español.

Preposiciones

§ 69.   Muchas de las preposiciones clásicas no se usaron nunca en la lengua popular, y por ello desaparecieron. *Apud* cedió ante *ad* (esp. a) (excepto en el dominio de la Galia, donde llegó a sustituir a *cŭm*); *ex* (cuando iba sola) ante *de* (esp. de) y *ob* ante *pro* (esp. por). A veces en latín vulgar se combinaban dos o tres preposiciones con el mismo significado, con fines enfáticos; entre ellas se encontraban *de ex post* (esp. después), *de trans* (esp. detrás), *de in ante* (esp. delante).

Sintaxis latina

§ 70.   En latín clásico las palabras llevaban su propia marca gramatical, por lo que el orden en la oración no era tan riguroso como tiene que serlo en una lengua analítica como es, por ejemplo, el inglés contemporáneo. Así, fuese cual fuese el lugar de la oración en el que apareciera, la palabra *pater* (padre) sólo podía ser sujeto, ya que iba en nominativo. Lo mismo ocurría con la palabra *filium* (hijo), que forzosamente tenía que ser objeto directo, puesto que iba en acusativo. Y también pasaba lo mismo con *videt* (él ve), que siempre tendría como sujeto a la palabra que iba en nominativo. Por ello, todos los órdenes que indicamos a continuación eran posibles, aunque cada uno de ellos tenga un ligero matiz enfático diferente:

1. Pater filium videt.
2. Pater videt filium.
3. Filium pater videt.
4. Filium videt pater.
5. Videt pater filium.
6. Videt filium pater.

§ 71.   Sin embargo, en la práctica, para una oración corriente, el primer ejemplo *(Pater filium videt)* era el orden normal: sujeto, objeto directo, verbo. Si había otros elementos en la oración, éste era el orden normal: 1) sujeto, 2) objeto indirecto, 3) objeto directo, 4) modificadores adverbiales, 5) verbo. Por ejemplo, *"Cicero amicis litteras saepe scripsit"*, 'Cicerón escribió a menudo cartas a sus amigos'.

La sintaxis clásica colocaba al final de la oración el elemento más importante, como lo hace también el español moderno; en la mayoría de las oraciones enunciativas, el verbo era el elemento más importante y a ello se debe el que, a menudo, se encuentre en posición final. Por el contrario, en la respuesta a la pregunta *"Quem videt pater?"* (¿A quién ve el padre?), el elemento más importante será la palabra de contestación *(filium),* por lo que, en este caso particular, el segundo ejemplo de la lista que hemos dado será la mejor solución *(Pater videt filium).*

De cualquier modo, aunque había una gran cantidad de combinaciones sintácticas posibles, y todas ellas se **podían** entender, la lengua hablada corriente no las utilizaba todas.

El latín vulgar no permitía una sintaxis tan flexible como la clásica, y, como todas las lenguas analíticas, se apoyaba en un orden de palabras bastante rígido. De igual modo, las relaciones gramaticales estaban en gran parte marcadas (como en las lenguas analíticas) por preposiciones que precedían a los nombres y no por sufijos flexionales, como se verá en los ejemplos atestiguados que indicamos en los apartados que siguen.

§ 72. Poco a poco el acusativo fue desempeñando las funciones de los demás casos OBLICUOS (§ 27) al convertirse en objeto de diferentes preposiciones. La función de genitivo aparecía normalmente como *de + acusativo:*

> LC gen. mulieris = LV de muliere 'de la mujer'
> LC gen. multōrum = LV de multos 'de muchos'

La de dativo como *ad + acusativo:*

> LC dat. carnificī = LV *ad carnifice* 'al verdugo'

Aunque en latín clásico el ablativo era el caso que aparecía más a menudo regido por una preposición, también aquí el acusativo sustituyó al ablativo en latín vulgar. Además, ambos casos se habían confundido fonéticamente al perderse la *-m:*

> LC abl. ab hortō = LV ab hortu 'del huerto'
> LC abl. cum iūmentō = LV cum iumentu 'con el burro'

§ 73. Puesto que el latín clásico no tenía un orden absolutamente rígido, es de suponer que necesitaba algún recurso para diferenciar una oración enunciativa de una interrogativa. Y ese recurso existía efectivamente.

Para transformar una oración enunciativa en interrogativa, se agregaba la partícula -ne a la primera palabra de la pregunta:

> Venīsne? '¿Vienes?'
> Vidistīne meum fratrem? '¿Viste a mi hermano?'

Si se esperaba una respuesta afirmativa, la pregunta empezaba con la palabra *nonne (non + ne)*:

> Nonne venīs? '¿No vienes?'
> Nonne vidistī fratrem meum? '¿No viste a mi hermano?'

Cuando se esperaba una contestación negativa, la pregunta comenzaba con la palabra *num*:

> Num venīs? '¿Quizá quieres venir?'
> Num vidistī fratrem meum? '¿Por casualidad viste a mi hermano?'

Estas marcas de interrogación se perdieron en latín vulgar, y se sustituyeron por el orden de las palabras (junto, probablemente, con una variación de entonación).

§ 74a. Una construcción característica del latín clásico era la de **infinitivo** con **acusativo sujeto.** Cuando la acción de un sujeto con verbo (*ego veniō* 'yo vengo', *tū remanēs* 'tú te quedas') dependía de un verbo de entendimiento, sentido o lengua, el sujeto aparecía en acusativo y el verbo se presentaba en infinitivo:

> Ego veniō. Dīcunt mē venīre.
> 'Vengo. Dicen que yo vengo'
>
> Tū remanēs. Crēdunt tē remanēre.
> 'Te quedas. Creen que te quedas'

Si la acción relatada había ocurrido en el pasado, se utilizaba el infinitivo perfecto:

Ego vēnī. Dīcunt mē vēnisse.
'Vine. Dicen que vine'

Tū remansistī. Crēdunt tē remansisse.
'Te quedaste. Creen que te quedaste'

b.   Esta construcción también se usaba a veces con verbos de *voluntad*:

Coēgērunt mē īre. 'Me obligaron a marcharme'
Coēgimus eōs remanēre. 'Los obligamos a quedarse'

c.   Una construcción tan característica del latín clásico como aquella primera desapareció por completo en latín vulgar. En su lugar se empleó *quia* o *quod* seguidos de un verbo conjugado. Los ejemplos que damos a continuación están muy cerca de sus equivalentes románicos:

Nesciebat quia Jesus erat. 'No sabía que Jesús existía'
Credimus quod mentis. 'Creemos que mientes'

§ 75a.   Otra de las construcciones típicas del latín clásico implicaba la utilización del **supino.** En su origen era un sustantivo verbal que se confundió fonéticamente con el perfecto pasivo, tenía dos casos: el acusativo terminaba en *-um* y el dativo-ablativo en *-ū*. La primera forma de supino se utilizaba después de un verbo de movimiento para indicar finalidad y se traduce por un infinitivo:

Veniō lectum 'vengo a leer'
Eunt victum 'van a vencer'

b.   La segunda forma de supino se empleaba detrás de un adjetivo como *difficilis* (difícil), *facilis* (fácil), *ū tilis* (útil), *turpis* (vergonzoso) y *bonus* (bueno), y también se traduce por un infinitivo:

facilis dictū 'fácil de decir'
bonus visū 'bueno de ver'
ū tilis factū 'útil de hacer'

En latín vulgar, el supino desapareció también. El primer tipo de supino, *veniō lectum* (esp. 'vengo a leer'), empezó a sustituirse, incluso ya en latín clásico, por una construcción con el gerundio (§ 47), *veniō ad legendum*. Esta construcción serviría de base para la solución que se dio en latín vulgar, *venio ad legere* (esp. 'vengo a leer'). El segundo tipo de supino, *facilis dictū* ('fácil de decir'), se sustituyó en latín vulgar por *facile ad dicere* (esp. 'fácil de decir' igualmente).

§ 76.   El subjuntivo clásico no usaba las mismas conjunciones de subordinación que utilizan las lenguas románicas modernas. Empleaba, sobre todo, *ut* (que, para, de tal manera que...) y *nē* (para que no).

Imperat nōbis ut veniāmus. 'Nos manda que vengamos.'
Imperat nōbis nē remaneāmus. "Nos manda que.no nos quedemos.'

Hoc legimus ut discāmus. 'Lo leemos para aprender.'
Hoc dīcunt nē eum offendant. 'Dicen esto para no ofenderlo.'

Las conjunciones *ne* y *ut* se perdieron en latín vulgar y se sustituyeron por *quod*. Por ejemplo, LC *imperat nobis ut veniamus* sería en LV *imperat nos quod veniamus*. Por otro lado, el infinitivo sustituía a veces al subjuntivo:

LC *Vadunt ut orent* = LV *Vadent orare*. 'Van a orar.'
LC *Venit aliquis ut audiat* = LV *Venit aliquis audire*. 'Viene a oír.'

Con este resumen de los rasgos del latín clásico y del vulgar que fueron más importantes para el desarrollo del español, hemos sentado unas bases lingüísticas que más tarde necesitaremos. A continuación vamos a ver de qué manera fue evolucionando la fonología y la morfología del latín vulgar hasta llegar al español moderno.

CAPÍTULO 2

FONÉTICA HISTÓRICA: EVOLUCIÓN DE LOS SONIDOS

VOCALISMO

§ 77a.   Dentro de una palabra polisílaba no todas las sílabas se pronuncian con la misma intensidad. La sílaba tónica es el centro dinámico de la unidad de la palabra. En torno a ella se agrupan las otras sílabas, átonas. La tónica es muy estable y fuerte en intensidad. Las átonas son de intensidad más débil, aunque con notables diferencias entre ellas. Entre las protónicas, la inicial de palabra solía llevar un acento secundario y se articulaba con intensidad inmediatamente inferior a la de la sílaba tónica. La sílaba final, entre las postónicas, se beneficiaba, a veces, de una intensidad, también secundaria, inferior a la inicial. El resto de las átonas, se situaran antes del acento (protónicas), o después (postónicas), eran de intensidad muy débil. Para comprender la evolución del vocalismo latino-vulgar hasta el romance, tenemos que distinguir estas distintas situaciones de las vocales en el interior de la palabra latina.

b.   El acento del latín vulgar pasó de una manera regular al español moderno, fueran cuales fueran los cambios fonéticos que sufriera la palabra, como podemos ver en los ejemplos siguientes:

latín vulgar	*español*
mátre	mádre
cóllocat	cuélga
artículu	artéjo

muliére (§ 7b)	mujér
convénit (§ 17b)	conviéne
tenébras (§ 17c)	tiniéblas

VOCALES TÓNICAS

§ 78. El cuadro que ofrecemos ahora muestra la evolución del triángulo vocálico con las vocales tónicas del latín clásico al español.[1]

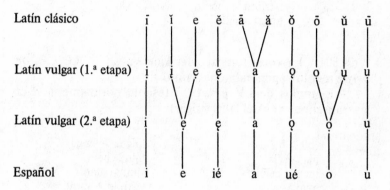

Latín clásico   ī ĭ e ĕ ā ă ŏ ō ŭ ū

Latín vulgar (1.ª etapa)   i i̧ e ẹ a ǫ o u u

Latín vulgar (2.ª etapa)   i e ẹ a ǫ o u

Español   i e ié a ué o u

Damos la evolución completa del latín al español moderno por dos razones: primero, porque en los apartados que siguen aludiremos frecuentemente a ejemplos del latín clásico y, segundo, porque los ejemplos de latín vulgar aparecen escritos con arreglo a la *primera etapa,* como explicamos en la nota 6 del primer capítulo.

Debemos señalar que la simetría de la evolución de las vocales tónicas, en contra de lo que sucedió en algunos dominios de la Romania, ha pasado al español. Las dos vocales de los extremos del triángulo vocálico, así como la del centro, se han mantenido intactas; las que flanqueaban la central se han DIPTONGADO. Como veremos después, también han evolucionado simétricamente las vocales españolas en las restantes posiciones: inicial, final, protónica o postónica.

Los apartados que siguen muestran en general lo que

1. Téngase presente lo señalado en el § 3 y § 4.

sucedió con las vocales tónicas individuales. Se tratan también unos cuantos casos especiales y las excepciones más comunes. Las INFLEXIONES provocadas por una yod que siga a la vocal se estudiarán más adelante (§ 104-110).

§ 79. La vocal tónica i̯ del latín vulgar (LC ī) se mantuvo sin cambios:

fi̯cu > higo	lixi̯va > lejía
fi̯lu > hilo	vi̯nea > viña
fi̯liu > hijo	vi̯nu > vino
iscri̯ptu > escrito	vi̯te > vid
li̯tigat > lidia	

§ 80a. La vocal tónica ẹ del latín vulgar (< LC ĭ, ē, oe, ae) se mantuvo generalmente como e:
— Ejemplos de LV ẹ < LC ĭ (escrita normalmente i en las transcripciones del latín vulgar):

bi̯bit > bebe	li̯ngua > lengua
ci̯lia > ceja	pi̯lu > pelo
ci̯ppu > cepo	si̯nu > seno
ci̯rca > cerca	vi̯r(i)de > verde
istri̯ctu > estrecho	vi̯tta > veta

— Ejemplos de LV ẹ < LC ē:

aliẹnu > ajeno	rẹte > red
monẹta > moneda	tẹla > tela
plẹnu > lleno	

— Ejemplos de LV ẹ < LC oe:

fẹdu (LC foedum) > feo
pẹna (LC poenam) > pena

— Ejemplos de LV ẹ < LC ae:

sẹta (LC saetam) > seda
cẹspi̯te (LC caespĭtem) > césped

Sobre estos dos últimos casos hay que hacer varias consideraciones. Parece ser que el diptongo del LC *ae* se MONOPTONGABA en ę. Sin embargo, como demuestran los ejemplos españoles, también debió de pasar, en ocasiones, a ę.

En contra de lo normal, el LC *nĭvem* > nęve en el latín vulgar de algunas zonas de la Romania. Esta última forma dio lugar a *nieve* en español.

b. En hiato, la ę del LV (< LC *ĭ*) dio *i*:

vęa (LC *vĭa*) > vía

§ 81a. La ę tónica del latín vulgar (< LC ĕ, *ae*) se diptongó generalmente en *ié*. El proceso que produjo este resultado ha sido muy discutido. De todas maneras, parecen haberse dado dos tipos de fenómenos: en primer lugar, un cierto alargamiento de la vocal y una incipiente diferenciación en su timbre (ę > ęę > ęę); en una segunda etapa los dos elementos se diferenciarían progresivamente. El primero se convertiría en una semiconsonante, [j], y el segundo se podía abrir hasta [a]. La acentuación, en uno u otro elemento, ha sido también muy debatida.

— Ejemplos de LV ę (< LC ĕ):

cęntu > ciento	mętu > miedo
cęrtu > cierto	nębula > niebla
cęrvu > ciervo	pęde > pie
ęremu > yermo	pęlle > piel
ęqua > yegua	pęrdo > pierdo
fęsta > fiesta	pętra > piedra

— Ejemplos de latín vulgar ę < LC *ae*:

cęcu (LC *caecum*) > ciego	gręcu (LC *graecum*) > griego
cęlu (LC *caelum*) > cielo	quęro (LC *quaero*) > quiero

La diptongación en español se produjo tanto si la sílaba era **abierta** (i.e., terminaba en vocal: *pé*-de, *né*-bu-la) como si era **cerrada** (i.e., terminaba en consonante: *pér*-do, *fés*-ta). Es un rasgo peculiar del español frente a otras lenguas románicas que solamente diptongan las sílabas abiertas (francés o italiano, por ejemplo).

b. En algunos casos, la ę tónica del latín vulgar pasó primero a *ié* como era lo normal y se redujo luego a *i* en la época del español antiguo.

I) Cuando en latín vulgar la ę tónica aparecía en hiato, diptongaba primero, y se producía un grupo vocálico, simplificado después al desaparecer la vocal intermedia:

mẹu > mieo > mío
iudẹu > iudieo > judío

II) Las terminaciones del latín vulgar -*ęllu* y -*ęlla* evolucionaron a -*iello* [jeļo] y -*iella* [jeļa] en español antiguo. Por la particular agrupación fonética fundamentalmente, la situación de la [e] entre dos elementos palatales, la semiconsonante [j] y la lateral [ļ], el elemento intermedio fue ABSORBIDO por el contorno o fue eliminado: -*iello*, -*iella* > *illo* [iļo], *illa* [iļa]:

LV castęllu > esp. a. castiello > esp. castillo
LV cultęllu > esp. a. cuchiello > esp. cuchillo
LV martęllu > esp. a. martiello > esp. martillo
LV sęlla > esp. a. siella > esp. silla

c. El diptongo *ié* del español antiguo también se simplificó en una serie de casos:
I) Ante una *s* agrupada, quizá por el matiz palatal de la *s* apical castellana:

prẹssa > esp. a. pri*e*ssa > esp. m. prisa
vẹspera > esp. a. vi*e*spera > esp. m. víspera
rẹste > esp. a. ri*e*stra > esp. m. ristra

Hay que señalar, frente a estos casos, la continuidad del diptongo en palabras como *fiesta, siesta.*
La solución moderna de otras palabras con el mismo diptongo puede obedecer a causas diferentes: analogía, cultismo...
II) Otros casos de más difícil explicación parecen ser los semicultismos *sieglo* y *entriego,* que modernamente se han reducido a *siglo* y *entrego,* formas también habituales en la etapa del español antiguo.

§ 82. La vocal tónica *a* del LV (< LC ǎ o ā) se mantuvo como *a* en español:

ánnu > año

cápra > cabra

cáput > cabo

flámma > llama

mánu > mano

mátre > madre

pátre > padre

plátea > plaza

plánu > llano

sánguine > sangre

§ 83a. La vocal tónica ǫ del latín vulgar (< LC ŏ) se diptongó en *ué*:

bǫnu > bueno

cǫrvu > cuervo

cǫva > cueva

fǫrte > fuerte

mǫla > muela

mǫrte > muerte

nǫve > nueve

pǫnte > puente

pǫrta > puerta

sǫrte > suerte

Los mecanismos de este cambio, aunque parecidos, son más complejos que los de ę > *ié*. Después de alargarse y diferenciarse, el primer elemento desembocó en la semiconsonante [w]; el segundo llegó hasta ǫ, con lo que el diptongo presentaba la forma [*wó*] (fase en la que se ha mantenido el italiano moderno: *buono, nuovo*). Ésta también es la solución actual de algunos puntos dialectales de Asturias, Zamora... ([r̄woka] en Sanabria), etc. En el castellano primitivo también está atestiguada esta fase: *puode, tuorto*. Después el elemento *o* se fue diferenciando del elemento [w], siguiendo el esquema del triángulo vocálico (véase el apéndice I): pasó primero a [wá] y, en seguida, a su fase final [wé]: *puede, tuerto*. En algunas zonas dialectales del leonés y en el castellano primitivo se atestiguan palabras con la forma *uá*: *puarta* (puerta), *uamne* (hombre).

En este caso también el español diptonga tanto las sílabas abiertas como las cerradas.

b. En algunas ocasiones una consonante nasal (i.e. *m* o *n*) impidió la diptongación de la ǫ tónica cerrándola en ọ.

cọmite > conde

họmine > hombre

mọnte > monte

En los dialectos del español antiguo los dos primeros ejemplos aparecían con vocales diptongadas, pero ninguno ha pasado al castellano moderno (esp. a. *cuende, uemne* [hombre]).

También en italiano, por ej., se cierra la ǫ ante nasales que traban su sílaba cǫnte y mǫnte.

Sin embargo, en la mayoría de los casos la ǫ se diptongó ante un sonido nasal:

sǫmnu > sueño	pǫnte > puente
dǫmnu > dueño	frǫnte > esp. a. fruente
fǫnte > fuente	

c.   El elemento [w] del diptongo resultaba a veces absorbido, en condiciones poco claras, cuando se encontraba en agrupaciones de labiales (f, b) y líquidas (r, l). La pérdida del elemento [w] puede acercarse a la reducción *ié > i,* pero los contextos no son exactamente iguales (§ 81c, I).

frǫnte > fruente > frente
flǫccu > flueco > fleco

§ 84.   El latín clásico *au* se conservó en amplias zonas de la Romania, pero en otras empezó, ya en latín vulgar, a monoptongar en *o* a través de la fase intermedia *óu,* que es la que permaneció en el portugués. Así, en esta última lengua se atestiguan *ouro, mouro, pouco, touro.* La fase del español es la última, la *o:*

auca > oca
auru > oro
caule > col
causa > cosa
mauru > moro
paucu > poco
paup(e)re > pobre
tauru > toro
thesauru > tesoro

Hay que tener en cuenta, sin embargo, que en las palabras del español con *o < LC au,* las consonantes oclusivas intervocálicas no se han hecho sonoras. Por tanto, en el momento en que en el latín vulgar la *-k-* intervocálica se hacía *-g-,* el elemento [u̯] del diptongo *au* se comportó como una consonante. Así, han evolucionado igual *ar-cu > ar-co* y *pau-cu >*

po-co (§ 124b, 125b, 126b, 138b). Solamente *paupere* > *pobre,* porque ya en latín clásico atestiguamos *popere.*

También debemos tener en cuenta que esta *o* no se diptongó como la *ǫ* del latín vulgar (§ 83a).

§ 85.   La *ǫ* tónica del latín vulgar (< LC *ō* y *ŭ*) dio *o* en español.

— Ejemplos de latín vulgar *ǫ* < LC *ŭ* (que aparece como *u* en las inscripciones):

cepųlla > cebolla	pųteu > pozo
cųppa > copa	pųtre > podre
lųmbu > lomo	rųptu > roto
mųsca > mosca	tųrre > torre
pųllu > pollo	

— Ejemplos de latín vulgar *ǫ* < LC *ō*:

hǫra > hora	tǫtu > todo
ratiǫne > razón	vǫta > boda

El LC *nŭcem* tendría que haber dado *noz* en español. El español *nuez* se remonta a una forma de latín vulgar con *o*: *nǫce.*

§ 86.   La *ų* tónica del latín vulgar (< LC *ū*) generalmente pasó al español:

acųtu > agudo	mųtu > mudo
dųru > duro	scųtu > escudo
fųmu > humo	sųcidu > sucio
legųm(i)ne > legumbre	tų > tú
mųru > muro	ųnu > uno

VOCALES INICIALES

§ 87.   Una vocal inicial es la vocal átona que aparece en la primera sílaba de una palabra (*ra*-tió-ne, *sus*-péc-ta); no es necesario que la vocal esté en posición absolutamente inicial, aunque esto ocurre a menudo (*a*-rá-nea, [h]*i*-bér-nu).

Después de las vocales tónicas, las iniciales formaban el

grupo más fuerte; raramente se perdían. El cuadro que presentamos a continuación muestra la evolución de las vocales iniciales del latín al español:

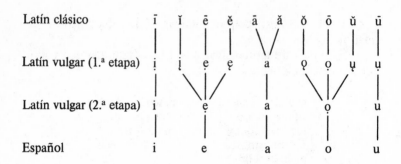

La evolución de las vocales iniciales del latín al español es también perfectamente simétrica. Conviene observar que las vocales protónicas *e* y *o* eran, en definitiva, cerradas en latín vulgar.

§ 88.   La *i* inicial del LV (< LC *ī*) pasó intacta al español:

civitáte > ciudad   limitáre > lindar
filáre > hilar   ripária > ribera
hibérnu > invierno   titióne > tizón

Las formas del latín clásico *rīdere* y *dīcěre* dieron excepcionalmente *reír* y *decir*. En el latín vulgar de la península Ibérica, los dos verbos cambiaron de grupo de conjugación para convertirse en *ridíre* y *dicíre*. A partir de esta fase, las vocales iniciales se disimilaron en *e* (§ 149d), de acuerdo con parte de los verbos que tenían *e* TEMÁTICA, como *competir, concebir*.

§ 89.   La *e* inicial (< LC *ĭ, ē, ě, ae*) se mantuvo como *e* en español:
    — Ejemplos del LV *į* < LC *ĭ* (que aparece como *i* en las transcripciones):

circáre > cercar   piscáre > pescar
minútu > menudo   plicare > llegar

— Ejemplos del LV ẹ < LC ē:

lẹntíc(u)la > lenteja   sẹcúru > seguro

— Ejemplos del LV ẹ < LC ae:

prẹcóne (LC *praecónem*) > pregón
cẹpúlla (LC *caepullam*) > cebolla

§ 90.   La *a* inicial del LV (< LC ā y ă) pasó intacta:

*a*ránea > araña	m*a*tur(i)cáre > madrugar
c*a*bállu > caballo	p*a*réte > pared
c*a*ntáre > cantar	p*a*rtíre > partir
cl*a*máre > llamar	r*a*tióne > razón

§ 91.   La *o* inicial del LV (< LC ŭ, ŏ, ō, au) dio *o* en español:
— Ejemplos del latín vulgar *ụ* < LC ŭ (escrita *u* en las transcripciones):

lụcráre > lograr   sụpérbia > soberbia
mụndare > mondar   sụspécta > sospecha

El cambio del LC *dŭbitāre* al español *dudar* (en lugar de *dodar* que hubiera sido lo esperado) ha sido explicado de maneras diferentes: semicultismo, por un lado, e inflexión vocálica *(dobdar > doudar > dudar)* por otro (como *douce > duz = dulce)*.
— Ejemplos del LV ọ < LC ō:

nọmináre > nombrar   fọrmáceu > hormazo

— Ejemplos del LV ọ < LC ŏ:

cọróna > corona   sọnáre > sonar
cọrtícia > corteza

— Ejemplos del < LC *au*:

*au*túmnu > otoño   r*au*bare > robar
p*au*sare > posar

§ 92.   La u̞ inicial del latín vulgar (< LC ŭ) pasó intacta al español:

curáre > curar   nu̞b(i)láre > nublar
du̞rítia > dureza   pu̞rítia > pureza
ju̞d(i)cáre > juzgar   su̞dáre > sudar
mu̞táre > mudar

VOCALES FINALES

§ 93.   Una vocal final es la vocal átona situada en la última sílaba de una palabra (fé-*ci,* amí-*cas*). No tiene forzosamente que ser el último sonido de la palabra, aunque a menudo ocurra así.

De los grupos vocálicos que hemos examinado hasta ahora, el final es el más débil. Las siete vocales finales del latín vulgar (segunda etapa) se redujeron a tres en español, y muy a menudo la *e* final del latín vulgar se perdió completamente en el camino hacia el español moderno. El cuadro que presentamos a continuación muestra la evolución simétrica de las vocales finales del latín al español moderno:

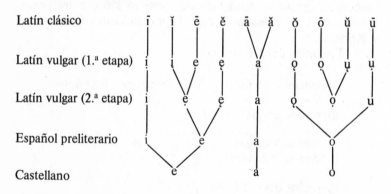

§ 94.   La -*i* final del latín vulgar (< LC ī) pasó a *i,* ya caben pocas dudas, en el español preliterario:

hábui̯ > ovi (esp. m. hube)   pótui̯ > pudi (esp. m. pude)
féci̯ > fizi (esp. m. hice)   díxi̯ > dixi (esp. m. dije)
pósui̯ > pusi (esp. m. puse)

En el antiguo riojano (obras de Berceo) y en puntos dialectales modernos (Asturias) aparecen derivados de esta *-i*. En
Berceo, además de los ejemplos señalados, la *-i* se extiende a
otras palabras en contextos no etimológicos, como *tardi* < *tarde̦*
con *-e̦* en latín vulgar.

En castellano antiguo esta *-i* se confundió con la *-e,* probablemente por la pérdida de una y otra en muchas palabras.

Las palabras españolas actuales con *-i* átona como *taxi,*
gratis, tesis no son tradicionales. Son cultismos o de origen
extranjero.

§95a.   La *e* final del latín vulgar (< LC *ĭ, ē, ĕ*) desapareció, se
APOCOPÓ,generalmente durante el período del español antiguo,
cuando iba precedida de una consonante **dental** o **alveolar:** *-d, -l,*
-n, -r, -z [ẑ], y *s.* En los dialectos de español antiguo, la *-e* final se
perdía también generalmente cuando iba precedida de otras
consonantes *(noch, nuef),* pero en todos los casos se volvió a reponer en castellano *(noche, nueve):*
Después de la *d* romance:

> etáte > eda*d*e > edad
> caritáte > carida*d*e > caridad
> civ(i)táte > cibda*d*e > ciudad
> lite > li*d*e > lid
> paréte > pare*d*e > pared
> réte > re*d*e > red
> salúte > salu*d*e > salud
> site > se*d*e > sed
> tenéte > tene*d*e > tened
> virtute > virtu*d*e > virtud

Después de *l*:

> cáule > col   sále > sal
> fidéle > fiel   sóle > sol
> mále > mal   víle > vil

En el caso de que una *l* doble [l̦] pasase a ser final por la pérdida de *-e* (lo que no era corriente), la [l̦] > [l] (perdía su articulación palatal): *pelle > piel; valle > val.*

Después de *n*:

bastóne > bastón	ratióne > razón
páne > pan	titióne > tizón
precóne > pregón	

Después de *r*:

colóre > color	potére > poder
flóre > flor	vendére > vender
máre > mar	veníre > venir
pastóre > pastor	

Después de *s*:

mése > mes	tússe > tos

Después de una [ć] en proto-español:

crúce > cruze > cruz
déce > dieze > diez
lúce > luze > luz
nóce > nueze > nuez
páce > paze > paz
perdíce > perdize > perdiz

b.   Debido a su papel de terminación verbal, la *e* final se mantuvo en los verbos, aun cuando las condiciones fonéticas hubieran permitido que cayera:[2]

substantivos	*verbos*
tusse > tos	tussit > tose
colore > color	coloret > colore
luce > luz	lucet > luce
sale > sal	salit > sale

2.   Durante cierto tiempo en la Edad Media la *e* final se perdió en algunas terminaciones verbales, pero en castellano se volvió a reponer en todos los casos. Éstos son algunos ejemplos del presente: *faz, diz, sal, pon, tien, vien, quier;* y del pretérito: *fiz, pus, quis, vin.* En portugués se han mantenido algunos de estos verbos en esta etapa de la evolución.

c.   Cuando la *e* final del latín vulgar iba precedida de dos consonantes se conservaba normalmente:

d(e) ŭ*nd*e > donde	pa*rt*e > parte
fo*rt*e > fuerte	pa*tr*e > padre
le*pr*e > liebre	po*nt*e > puente
ma*tr*e > madre	vul*t*(u)*re* >,buitre
no*b*(i)*le* > noble	

Sin embargo, durante los siglos XII y XIII el castellano toleraba como finales grupos como -*nd* (dond); -*rt* (part), etc.

d.   Si caía la consonante de la sílaba final, la *e* final quedaba en hiato con la vocal precedente, y entonces se cambiaba en yod:

bove > buee > buey	lege > lee > ley
grege > gree > grey	rege > ree > rey

Sin embargo, en el caso de los verbos, aunque cayese la consonante, la *e* final, que tenía valor de terminación verbal, debía quedar intacta debido a las necesidades del sistema de conjugación (§ 173b):

legit > lee	trahit > trae
credit > cree	

A pesar de todo, alternaban en la Edad Media las formas *ve* y *vee* < *videt*.

§ 96.   La *a* final del latín vulgar (< LC ā, ă) se conservó en español:

ám*as* > amas	fóli*a* > hoja
amíc*a* > amig*a*	ispíc*a* > espiga
cíli*a* > ceja	língu*a* > lengua

§ 97.   La *u* final del latín vulgar (< LC ū) y la *o* (< LC ŭ, ō, ŏ) dieron *o* en español:

— Ejemplo del latín vulgar < LC ū:

córnū > cuerno

— Ejemplos del latín vulgar < LC *ŭ*:

lácų > lago	témpų > tiempo
mútų > mudo	vínų > vino
táurų > toro	

— Ejemplos del latín vulgar < LC *ō*:

ámo > amo	plícọ > llego
mútọs > mudos	quandọ > cuando

— Ejemplo del latín vulgar < LC *ŏ*:

citọ > cedo

Palabras como *espíritu* y *tribu* son cultismos.

VOCALES INTERNAS PROTÓNICAS Y POSTÓNICAS

§ 98.   Las vocales protónicas, como su nombre indica, son las que están situadas entre la vocal inicial y la vocal tónica; las vocales postónicas se encuentran entre la vocal tónica y la vocal final. Las vocales internas protónicas y postónicas comenzaron ya a caer en latín vulgar, como hemos visto en los ejemplos del *Appendix Probi* (§ 9).

Al evolucionar el latín vulgar al español, se perdieron casi todas las vocales internas átonas, excepto la *a*. A esta pérdida de vocales se deben dos de los rasgos más importantes del sistema fonético español. Primero, la pérdida de la vocal interna postónica hizo del español una lengua en la que el acento de las palabras recae normalmente en la penúltima sílaba. El italiano, por el contrario, mantuvo la mayoría de las vocales internas postónicas, por lo que generalmente el acento recae en la antepenúltima sílaba, como muestra el siguiente cuadro comparativo:

latín vulgar	*italiano*	*español*
dódeci	dódici	doce
mánica	mànica	manga

léttera	lèttera	letra
nóbile	nòbile	noble
sémita	sèmita	senda

Segundo, la pérdida de las vocales internas átonas tuvo como consecuencia el que muchas consonantes que nunca habían estado juntas se encontrasen ahora en contacto. Algunos de estos nuevos grupos crearon problemas fonéticos que la lengua tuvo que resolver de una manera o de otra, como se ve a continuación:

artíc(u)*l*u > arte*j*o   lu*m*(i)*n*áre > lu*mbr*ar
có*mp*(u)*t*o > cue*nt*o   má*sc*(u)*l*u >ma*ch*o
commu*n*(i)cáre > comu*l*gar   rá*p*(i)tu > rau*d*o
cú*b*(i)*t*u > co*d*o   ré*t*(i)*n*a > rie*nd*a
lí*m*(i)*t*e > li*nd*e

Las soluciones consonánticas que acabamos de ver se discutirán en su momento en este capítulo.

El cuadro que presentamos a continuación muestra la evolución general de las vocales átonas internas:

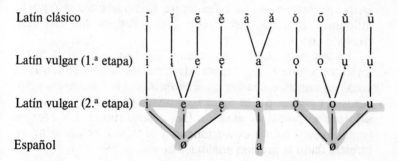

§1 99a. En latín vulgar, las vocales internas protónicas (excepto *a*) se perdieron en la mayoría de los casos:

lim(i)táre > lindar   ver(e)cúndia > vergüenza
lum(i)náre > lumbrar   lab(o)ráre > labrar
sem(i)táriu > sendero   hon(o)ráre > honrar
cat(e)nátu > candado   cos(u)túra > costura
comp(e)ráre > comprar   pop(u)láre > poblar
litt(e)rátu > letrado   fab(u)láre > hablar
mal(e)díco > maldigo

Algunos ejemplos con *a* protónica nos muestran que se conserva:

cal*a*méllu > caramillo   par*a*dísu > paraíso

b. Cuando había **dos** vocales internas protónicas, se perdía la que estaba más cerca del acento:

cab*a*llicáre > cabalgar   hum*i*litáte > humildad
comm*u*nicáre > comulgar   ing*e*neráre > engendrar
cum*i*nitiáre > comenzar   rec*u*peráre > recobrar

§ 100.   Sin embargo, hay dos casos en los que la vocal interna protónica se mantuvo, incluso cuando las circunstancias fonéticas hubieran permitido que cayera. Ambos casos están relacionados con la analogía.

En primer lugar, están los infinitivos que, naturalmente, tienen que estructurarse según las formas de su conjugación. Por ello, aunque *rezbir* sería la evolución fonética normal del LV *recipíre*, la vocal interna protónica se vio forzada a mantenerse en el infinitivo, por analogía con las formas conjugadas como *recibo, recíbes,* en las que la *i* es tónica. (Si no hubiera sido por la influencia de otros verbos con *i,* el resultado hubiera sido *recebir,* con *e.*)

En segundo lugar, una palabra puede conservar la vocal interior protónica, si existe otra de la misma familia en la que la vocal en cuestión sea tónica. Por ejemplo, LV *maturáre* (esp. *madurar*) podría haber dado fácilmente *madrar,* de no haber sido por el primitivo *maduro.* Del mismo modo, LV *olorósu* (esp. *oloroso*) habría evolucionado a *oldroso* u *orloso* si no se hubiera dado la presión analógica de *olór.*

§ 101.   En ocasiones la *d* y la *g* intervocálicas se perdieron muy pronto (§ 11b). Si caían estando en contacto con una *i* protónica interna, ésta se mantenía forzosamente como yod.

cogitáre > cuidar   tra*d*itóre > traidor
litigáre > lidiar

§ 102a.   Todas las vocales interiores postónicas cayeron normalmente (a excepción de alguna *a*):

cál(i)du > caldo	vénd(i)ca > venga
cóm(i)te > conde	vír(i)de > verde
cúb(i)tu > codo	ált(e)ru > otro
déc(i)mu > diezmo	ér(e)ma > yerma
díg(i)tu > dedo	héd(e)ra > hiedra
dóm(i)na > dueña	lítt(e)ra > letra
fém(i)na > hembra	lép(o)re > liebre
fráx(i)nu > fresno	rób(o)re > roble
gáll(i)cu > galgo	artíc(u)lu > artejo
lím(i)te > linde	cómp(u)to > cuento
mán(i)ca > manga	fáb(u)lat > habla
péd(i)cu > piezgo	másc(u)lu > macho
pós(i)tu > puesto	néb(u)la > niebla
ráp(i)du > raudo	óc(u)lu > ojo
rét(i)na > rienda	póp(u)lat > puebla
sáng(ui)ne > sangre	ispéc(u)lu > espejo

La *a* interna postónica (generalmente en palabras de origen griego) se mantuvo en estos ejmplos:

aspáragu > espárrago	ráphanu > rábano
órphanu > huérfano	sábana > sábana
pélagu > piélago	

b. Al perderse una *d* o una *g* intervocálicas (§ 11b), si existía una *i* postónica interna, se mantenía forzosamente como yod (§ 101 y § 108):

lĭmpidu > limpio	sū cidu > sucio
tĕpidu > tibio	

§ 103. Unas cuantas palabras perdieron la *e* final en vez de la vocal interna postónica. Quizá, porque si la vocal interna hubiera caído, el grupo consonántico que se hubiera formado habría destruido la estructura fonética de la palabra. También es posible que algunas de estas palabras sean cultismos:

árbore > árbol	júvene > joven
céspite > césped	márgine > margen

?: tambien son esdrójulas

Inflexión vocálica: la yod vocálica

§ 104.   Como hemos indicado en § 7a, en latín clásico, si una *e* o una *i* se encontraban en hiato, cada una de las vocales formaba una sílaba diferente *(pú-te-um, ál-ti-at)*; por el contrario, en latín vulgar, las dos vocales se unían en **una** sola sílaba, y el sonido de la *e* o de la *i* se cambiaba en yod [*pú-tju, ál-tjat*].

En la evolución del español, la yod, a diferencia de los demás sonidos, podía afectar a las consonantes o vocales cercanas de manera muy peculiar.

La yod podía influir en las consonantes contiguas, transformando su aspecto fonético, o también podía afectar a la vocal precedente, cerrándola un grado del triángulo vocálico (véase el apéndice I). A medida que avanzaba la evolución de la lengua algunos tipos tardíos de yod eran tan fuertes que podían hacer **ambas** cosas a la vez.

En los apartados que siguen sólo presentaremos la yod que deriva de vocales y que afecta únicamente a la vocal (a veces a ésta *y* a la consonante) que la precede.

§ 105.   Nos extrañamos a veces de que los verbos en *-ir* tengan ciertos cambios en algunas personas de determinados tiempos, que no aparecen en los verbos en *-ar* o en *-er*. Por ejemplo, *dormir* tiene una *u* en *durmieron, durmamos, durmiendo,* mientras que *volver* no presenta cambio vocálico en esas mismas formas. El motivo de este cambio vocálico es la influencia ejercida por una yod del latín vulgar, que aparecía en determinadas formas, y únicamente en la conjugación en *-ire.*

En el ejemplo que damos a continuación, la yod hizo cerrar la vocal precedente *(ẹ, ọ)* un grado del triángulo vocálico (es decir, *ẹ > i* y *ọ > u*). Hay que recordar que estas vocales iniciales eran cerradas en latín vulgar (§ 87):

sẹrvierunt > sirvieron	dọrmierunt > durmieron
sẹrvierant > sirvieran	dọrmierant > durmieran
sẹrviamus > sirvamos	dọrmiamus > durmamos
sẹrviendu > sirviendo	dọrmiendu > durmiendo

Conviene señalar que la yod se perdió más tarde en la primera persona del plural del presente de subjuntivo *(serviamus > sirvamos, dormiamus > durmamos)*. Ello se debió a la presión analógica de los numerosos verbos que no tenían yod en esta forma (LC *laudemus, ponamus*). Sin embargo, la yod no se perdió hasta después de haber tenido un efecto fonético completo sobre la vocal que la precedía.

§ 106.   Al diptongar una *ę* tónica del latín vulgar (§ 81a), se producía una yod que casi siempre cerraba la *e* átona inicial que la precedía:

> cemęntu > cem*i*entu > c*i*miento
> decęmbre > dec*i*embre > d*i*ciembre
> fervęnte > ferv*i*ente > h*i*rviente
> genęsta > gen*i*esta > h*i*niesta
> semęnte > sem*i*ente > s*i*miente

§ 107.   La yod del grupo *ai* del latín vulgar hizo que la *a > e* a través de la etapa intermedia *ei* (conservada todavía en el portugués). La yod desapareció posteriormente, asimilada a la vocal *e*. Fue un proceso paralelo al de *au > ou > o*. En español solamente encontramos la etapa *e,* excepto en zonas del leonés occidental. Otros casos se verán en § 109:

> amai > amei > amé
> laicu > leigo > lego
> pacai > paguei > pagué
> vaika > veiga > vega

§ 108.   En los casos en que se produjo una yod porque la *d* cayó pronto, la yod cerraba la vocal que la precedía. En los ejemplos que damos a continuación indicamos las palabras de latín clásico, con el fin de que aparezca la *d* que se perdería muy pronto en la península Ibérica:

> LC lĭmpidum > LV lęmp*i*u > l*i*mpio
> LC tĕpidum > LV tęp*i*u > t*i*bio
> LC tŭrbidum > LV tǫrb*i*u > t*u*rbio

Si la yod *no* hubiera actuado, habríamos tenido *lempio, tebio* y *torbio* en español.

§ 109.   Generalmente, los grupos de latín vulgar *r* + *yod, s* + *yod* y *p* + *yod* actuaban de una de dos maneras, según la vocal que les precedía. Si eran una *a* o una *o* (LC *ŭ*) las que precedían al grupo, atraían a la yod que se combinaba con ellas; se unía a la *a* y daba primero *ai,* después *ei* y finalmente *e,* o se unía a la *o* y daba primero *oi,* más tarde **oe* y por último *ué.* Por el contrario, si era una *e* la que precedía a la yod, ésta permanecía en su sitio, pero cerraba la *e* en *i,* de manera parecida a lo indicado en § 108, o se combinaba con ella y daba *ei* que se reducía, más tarde, a *e.*

r + *yod*

> a*rea* > a*ira* > eira > era
> augu*riu* > ago*iru* > agoiro > agüero
> calda*riu* > calda*iru* > caldeiro > caldero
> co*riu* > co*iru* > cuero
> mate*ria* > made*ira* > madera

s + *yod*

> ba*siu* > ba*isu* > beiso > beso
> caseu > ca*siu* > ca*isu* > queiso > queso
> cerasea > cera*sia* > cera*isa* > cereiza > cereza

p + *yod*

> ca*pio* > ca*ipo* > queipo > quepo
> sa*pia* > sa*ipa* > seipa > sepa

A continuación damos ejemplos en los que la vocal que precede es *e* > *i.*

> cereu > cer*iu* > cirio
> pre*sione* > prisión

En contacto con consonantes que no fueran *r, s, p,* la yod afectaba a veces tanto a la vocal *como* a la consonante que la precedían:

> cico*nia* > cigoi*nia* > cigüeña
> risoneu > riso*niu* > riso*inio* > risueño
> verecun*dia* > vergo*inza* > vergüenza (*dj* > [ẑ]).

§ 110. Por último, aunque no era una yod propiamente dicha, una -ī final del latín clásico podía cerrar la vocal precedente por el influjo asimilador a distancia —como en § 108—, METAFONÍA. La final -ī del latín clásico (vocal cerrada) inflexiona la vocal interior de la palabra y la cierra:

LC fēci > esp. hice
LC vēni > esp. vine

Una vez que la -ī inflexionó las vocales interiores pasó a *e*, según § 94.

EL WAU

§ 111. La yod que procedía de la vocal [i] tenía un sonido correspondiente de tipo velar en el wau, semiconsonante[3] procedente de la vocal [u]. Tomó también esta semiconsonante del hebreo su nombre y se representa fonéticamente como [w]. Ya ha aparecido en varias de las palabras que hemos manejado: a*u*rum, q*u*ando, la*u*dat...

El influjo del wau sobre las consonantes fue mínimo. Normalmente impedía la sonorización de las sordas intervocálicas (§§ 84, 124, 125, 126, 138).

Sobre las vocales el wau actuaba a distancia cerrándolas en algunos casos:

*e*guale > *i*gual

En otras ocasiones se combinaba con la vocal y la cerraba:
— En ejemplos latinos, el wau se metatizaba y entraba en contacto con la vocal:

sapui > sau̯pi > esp. a. sope
habui > hau̯bi > esp. a. ove

— En algunos casos de grupos romances que se vocalizaban, aparecía también un wau que evolucionaba así:

3. Véase el apéndice I.

saltu > saµto > souto > soto
falce > faµce > foce > foz > hoz

Un caso particular lo representa la evolución del LC *vĭduam*. En español la vocal que precedía al wau se cerró por el influjo de este sonido: basta comparar la vocal española con el resultado del it. *vedova* (con *ę* < *į* del LV). Pero antes, el wau ya se había metatizado: *viduam* > *védua* > *véuda* > *víuda*. Esta última etapa es la del español antiguo. Los patrones fonológicos del español moderno forzaron al acento a desplazarse hasta la *u,* transformando así el wau original en una vocal plena: *viúda.*

CONSONANTES

§ 112.   Al evolucionar las consonantes del latín vulgar al español, algunas sufrieron pocos cambios, mientras que otras se transformaron totalmente.

Mientras que la vocal más estable del latín vulgar al español era la que llevaba el acento, la consonante más estable era la que iniciaba la palabra. En su paso del latín vulgar al español la mayoría de las consonantes iniciales se conservaron intactas, con la única excepción notable de la mayoría de las *f* iniciales, que empezaron a desaparecer durante la Edad Media.

El siguiente grupo más fuerte lo formaban las consonantes interiores. Las oclusivas sordas [p, t, k] del latín vulgar tendieron no sólo a sonorizarse, sino también a fricativizarse [b̵, đ, ǥ] en español. Las oclusivas dobles sordas [pp, tt, kk] del latín vulgar tendieron a simplificarse en [p, t, k]; las oclusivas sonoras [b, d, g] del latín vulgar se fricativizaron y tendieron a desaparecer en su evolución al español; por otro lado, en muchas ocasiones la *g* ante *e, i* del latín clásico ya se había convertido en yod en latín vulgar, y la yod a su vez había comenzado a perderse (§ 11b).

Si una yod se producía por causa de un grupo consonántico, las consonantes sufrían generalmente cambios muy importantes, y a veces resultaban modificadas tanto en su forma **como** en su punto de articulación. Por ejemplo, en latín vulgar la [k] del grupo [kt] evolucionó hasta una yod y todo el grupo se convirtió en español en [ĉ]; el grupo del LV [lj] evolucionó hasta [ž] en español antiguo, [x] en español moderno.

La posición final era la más débil, por lo que la única consonante final del latín vulgar que se conservó fue la -*s,* y la -*n* en monosílabos. Es cierto que en español hay muchas más consonantes finales, pero se deben, en gran parte, a la caída de la *e* final.

§ 113. *d, l, m, n, p, r, t* iniciales pasaron casi sin cambios al español:

d-

damnare > dañar
deb(i)ta > deuda
digitu > dedo
dominu > dueño
duru > duro

l-

laborare > labrar
lacte > leche
lacu > lago
lupu > lobo
lectu > lecho

m-

manu > mano
minus > menos
moneta > moneda
monte > monte
mutu > mudo

n-

nebula > niebla
nepta > nieta
nominare > nombrar
nova > nueva
nutrire > nodrir

p-

pacat > paga
palu > palo
patre > padre
pectine > peine
porta > puerta

r-

rapitu > raudo
ridire > reír
rota > rueda
rotundu > redondo
rugitu > ruido

t-

tabula > tabla
tauru > toro
terra > tierra
timere > temer
turre > torre

§ 114. Desde la época del latín vulgar, tanto *b-* como *v-* se pronunciaban como [b] (§ 12), y este rasgo ha llegado hasta el español moderno:

basso > bajo	vacivu > vacío
bellu > bello	verrere > barrer
bibit > bebe	versura > basura
bonu > bueno	vinu > vino
bucca > boca	vita > vida
vacca > vaca	vult(u)re > buitre

La ortografía del español moderno, basada en la que instauró la Real Academia Española en el siglo XVIII, pretende seguir, en parte, criterios etimológicos, pero las contradicciones son abundantes. Así, *barrer, basura* y *buitre* se escriben con *b-* en lugar de con *v-,* que es lo que exigiría su etimología. Lo mismo sucede en el interior de palabra. LV *advocatu* pasa a *abogado* en contra de la etimología, como LV *aviolu* > *abuelo.*

§ 115a.   La *c-* del latín clásico mantuvo su sonido [k][4] delante de *a* o de vocal posterior *(o, u)*:

capio > quepo	colore > color
capitiu > cabezo	corvu > cuervo
castellu > castillo	cuna > cuna
carru > carro	cura > cura

b.   La *c-* latina se pronunciaba [k] delante de *e* o de *i* en latín clásico, pero en latín vulgar se empezó a palatalizar. Desde una presumible etapa común [k] evolucionó de manera diversa en las lenguas románicas (§ 13). En español antiguo llegó hasta [ŝ], africada alveolar. Cuando la reorganización fonológica del español moderno entre el siglo XVI y el siglo XVII, adelantó su punto de articulación y perdió su modo africado. Así se convirtió en un fonema fricativo e interdental [θ]. Este cambio no puede comprenderse aislado. Una serie de fonemas del español antiguo cambiaron y se reorganizaron en ese mismo tiempo. En el apéndice II ofrecemos una panorámica de esos cambios.

En el español antiguo, por tanto, existían estos resultados:

celu > cielo	cereu > cirio
centu > ciento	cerru > cierro

4.   En algunos casos la *c-* [k-] inicial ha pasado a *g-,* como en LV *cattu* > esp. *gato,* por ejemplo. El hecho lo ha estudiado F. González Ollé con bastante verosimilitud. (Véase la bibliografía.)

cepulla > cebolla   certu > cierto
cerasea > cereza   cippu > cepo

Todas estas palabras empezaban por el sonido [ŝ-] y podían escribirse a veces como *çiento, çebolla*...

En algunos casos, para el LV *ci-* ofrece al español moderno la solución [ĉ-], grafía *ch-*. Esta etapa es la que pervivía entre los mozárabes. Se supone que bajo su influencia evolucionaron palabras como:

LV cimice > esp. chinche
LV ciccu > esp. chico

En general, el sonido [ĉ-] del español no procede directamente de sonidos latinos. Proviene de otros dialectos o lenguas hispánicas (gallego, portugués, catalán) o de otras lenguas: árabe, persa, francés, inglés y lenguas de América del Sur. Las palabras con [ĉ-], grafía *ch-,* figuran con frecuencia en los diccionarios etimológicos como de origen dudoso o incierto.

§ 116.   La *f-* empezó a perderse en la época del español antiguo y, después de aspirarse, acabó desapareciendo delante de la mayoría de las vocales. Numerosas teorías tratan de explicar por qué se produce este fenómeno en castellano (mientras que no se da en portugués ni en catalán). La teoría propuesta por Menéndez Pidal, teoría del SUSTRATO, es que la sustitución de la *f-* por una aspiración es influencia directa de la lengua vasca, que no tiene *f-* inicial. La tesis de Menéndez Pidal, sin embargo, no es compartida por todos los lingüistas. Es verdad que el fenómeno progresó de norte a sur, según podemos comprobar por las grafías dominantes y por la toponimia. Pero ello no significa que necesariamente el cambio *f-* > *h-* sea un fenómeno con el epicentro en el País Vasco, sino que se difundió a medida que avanzaba la Reconquista. Por ejemplo, no se comprende por qué se produjo en Castilla y no en Navarra. Es cierto, de todas maneras, que la presentación y organización de datos que hace Menéndez Pidal, donde vemos la progresión del fenómeno, la sustitución de *f* por la aspiración y posterior pérdida, es irreprochable. Si la teoría del sustrato vasco (hablantes de ese origen que empezaron a expresarse en romance, no influencia de una cercanía geográfica) no es cierta, al menos está genialmente expresada.

faba > haba	fata > hada
fabulare > hablar	fervere > hervir
facie > haz	ficatu > hígado
factu > hecho	fictu > hito
fastidiu > hastío	ficu > higo
filiu > hijo	fovea > hoya
fungu > hongo	fumu > humo
furnaceu > hornazo	

La *f-* se mantuvo en algunas palabras por razones todavía discutidas. Fundamentalmente se mantuvo:
1. En cultismos (influencia eclesial o jurídica):

fide > fe; festa > fiesta; fidele > fiel

2. Delante del diptongo *-ué* o de la vibrante *r-*:

focu > fuego; fonte > fuente; fora > fuera
frenu > freno; fronte > frente; fraxinu > fresno

Hay que advertir que también se encuentra en el español antiguo *huego* (fuego).
3. Por influencia dialectal en algunos términos:

fedu > feo

En muchos casos, los términos con *f-* y con *h-* alternaban. Acabaron imponiéndose los más cultos con *f-*. Eso es lo que sucedió con *fierro-hierro; fuego-huego; febrero-hebrero...* Hoy *fierro* es arcaísmo, aunque está generalizado en el español de América.

§ 117a.   La *g* inicial se mantuvo como [g] delante de *a* o de vocal posterior:

gallu > gallo	gula > gola
gaudiu > gozo	gutta > gota

b.   Delante de *e,* pasó a pronunciarse [y], dando *ye-* en español antiguo, pero esta [y] se perdió en español moderno por dos razones. Primero, puesto que el diptongo *ié* deriva sobre todo de la *ę tónica* del latín vulgar, y puesto que una *ę* átona no puede diptongar, el español tiende a evitar *cualquier* diptongo *ié* átono, sea el que sea su origen. Los ejemplos que damos a continuación muestran cómo la evolución normal *ye-* del español antiguo < LV *ge-,* se vio forzada a reducirse a *e* en español moderno, al ser átona:

> geláre > esp. a. yelar > helar
> Gel(o)víra > esp. a. Yelvira > Elvira
> genésta > esp. a. yeniesta > hiniesta
> germánu > esp. a yermano > hermano
> gingíva > esp. a yencía > encía

En español moderno, la inicial de *hiniesta* procede de la *e* inicial, cerrada por la inflexión de la yod del diptongo [jé]: *heniesta* > *hiniesta.*

c.   La segunda razón por la que la [y] inicial no se mantuvo es que en los casos en que la sílaba inicial **es** tónica, como tendría con frecuencia una *ę* en latín vulgar, el diptongo *ié* y el resultado [y] procedente de la *g-* original resultaron confundidos:

> gęlu > hielo   gęn(e)ru > yerno

(Hoy transcribimos exactamente igual las dos palabras: [ye-].)

Las palabras que comienzan por *ge-* en español moderno son cultismos: *gente,*[5] *genio, género.*

§ 118a.   La *j* inicial delante de *a* mantuvo su pronunciación [y] en español:

> jacere > yacer   Jacobe > Yagüe
> jacet > yace   jam > ya

Jamás (de *jam magis*) llegó al español a través del antiguo provenzal. Fue la pronunciación provenzal de la *j-* la que evolucionó a la moderna [x] de *jamás.*

---

5.   El LC *gentem,* evolucionó a *yente* en español antiguo.

b.   Delante de una vocal posterior, la *j-* evolucionó al sonido moderno [x] por medio de un proceso que debe haber constado de estas etapas: [y] > [ž] > [š] > [x]:

jogu > juego	juntu > junto
judeo > judío	jurat > jura
judĭce > juez	juvene > joven

Hay que tener en cuenta que tanto *j* + *a-* como *j* + *o-, u-* presentan unos resultados parecidos. En el caso de *j* + *a-* se fijaron, sobre todo, los resultados tipo [y], pero algunos son [ž], luego [x]. En el caso de *j* + *o, u-* los resultados son [ž], luego [x], pero muchos también son [y]. Así se explican casos como los de *yugo* y *yunta,* entre otros muchos.

En el XVII ya se iba imponiendo el sonido [x], pero todavía existía el sonido [š]. Aunque no es muy significativo el caso de las transliteraciones francesas, porque el sistema fonológico francés, carente de [x], echaba mano del fonema más próximo, *Quijote* se transliteró como *Quichotte* [kišǫt] y *Jimena,* la esposa del Cid, por *Chimène* [šimę́n] en Corneille.

§ 119a.   La *s* inicial se mantuvo generalmente intacta:

saltu > soto	sesu > seso
seminare > sembrar	site > sed

b.   En muchos casos la *s-* del latín vulgar se transformó en el español antiguo en [š] (esp. m. [x]). Tanto esta evolución como la del apartado c) pueden deberse al carácter apical de la *s* hispana. Para el paso *s-* > [š] (esp. m. [x]) se ha pensado también en la influencia mozárabe:

LV	*esp. a.*	*esp. m.*
sapone >	xabón [šabón] >	jabón [xabón]
sepia >	xibia [šíbia] >	jibia [xíbia]
sucu >	xugo [šúgo] >	jugo [xúgo]
syringa >	xeringa [šerínga] >	jeringa [xerínga]

c.   En ocasiones la *s-* del latín vulgar se transformó en el español antiguo en [ŝ] (esp. m. [θ]). Se barajan explicaciones

particulares en muchos casos. Así LC *serare* > *cerrar* se conside-
por algunos autores influenciado por *cercar*. No parece que, de
momento, haya explicaciones plenamente satisfactorias:

> LV setaceu > cedazo
> LV soccu > zueco
> LV siccina > cecina

Hay que advertir, de todas maneras, que son frecuentes en
el esp. a. las alternancias [s]-[š] y [s]-[ŝ], no sólo en inicial sino
también en interior de palabra: *sufrir-çufrir; cessar-cexar; mosca-
moxca*.

GRUPOS INICIALES

§ 120.   La mayoría de los grupos consonánticos iniciales
permanecieron intactos al pasar del latín vulgar al español:

> blandu > blando   frax(i)nu > fresno
> blitu > bledo   fronte > frente
> bracciu > brazo   pratu > prado
> dracone > dragón

El grupo *dr*- se alteró esporádicamente: *drappu* > *trapo*;
gragea proviene de un grupo *dr-(dragea),* aunque la etimología
es discutida.
El grupo *gl*- > *l*-: LV *glandine* > esp. *landre*; LV *glattire* >
esp. *latir;* LV *glirone* > esp. *lirón.* Las palabras con *gl*- suelen ser
cultismos: *gloria, globo.*

§ 121.   Los grupos iniciales *cl, fl,* y *pl* sufrieron generalmente un proceso de palatalización, y los tres pasaron a pronunciarse [l̮]. Aparentemente la *l* de estos grupos habría tenido un
sonido palatal ya en latín vulgar y podría ser que hubiera
producido una yod que habría dado [kl̮, fl̮, pl̮], resultado que
pervive en la frontera catalano-aragonesa; después la *c*-, la *f*- y la
p- habrían caído. La grafía *ll*- se tomó del grupo interno *ll* que
tenía la misma pronunciación.

clamat > llama   plenu > lleno
clave > llave   plicare > llegar
flamma > llama   plorare > llorar
plaga > llaga   pluvia > lluvia
planu > llano

Claro, clave, flor, plaza, plato y *pluma* son probablemente cultismos.

§ 122.   La *e* protética que empezó a preceder a *s +
consonante* en latín vulgar (§ 6) se generalizó en español:

schola > escuela   sposu > esposo
scribet > escribe   stat > está
scriptu > escrito   stella > estrella
scutu > escudo   strictu > estrecho

CONSONANTES SIMPLES INTERVOCÁLICAS

§ 123.   Cuando las oclusivas sordas [p, t, k] estaban situadas entre vocales, se dejaban arrastrar por la propiedad sonora de las vocales que las rodeaban, y sonorizaban en [b, d, g]. Esta sonorización ya había empezado en latín vulgar (§ 11). Más tarde, estas oclusivas sonoras dieron un paso más en español, y en posición intervocálica pasaron a ser fricativas sonoras [ƀ, đ, ǥ]. Las oclusivas [p, t, k] sonorizaron también cuando aparecían entre vocal y *r* o *l*.

Muchos de los ejemplos que damos a continuación muestran que una vez que la oclusiva intervocálica había sonorizado, caía la vocal átona que estaba al lado: *aperire > aberire > abrir;
bonitate > bonidade > bondad*. Este testimonio muestra que la sonorización precedió a la síncopa.

§ 124a.   La *p* intervocálica sonorizó y dio la *b* fricativa en español, [ƀ]:

aperire > abrir   rapu > rabo
api(c)ula > abeja   recipire > recibir
capitia > cabeza   riparia > ribera
lep(o)re > liebre   sapere > saber

lupu > lobo   superbia > soberbia
paup(e)re > pobre

Algunos ejemplos de sonorización de *p* entre una vocal y *r* o *l* son:

apricu > abrigo   capra > cabra
aprile > abril   duplare > doblar

b.   Si la *p* estaba situada entre una semivocal y una vocal no se producía la sonorización (§ 84):

capio > ca*i*po > queipo > quepo
sapui > sa*u*pi > esp. a. sope > esp. m. supe
sapiam > sa*i*pa > seipa > sepa

c.   En algunos casos, después de que la *p* hubiera sonorizado en *b* y de que la vocal átona que la seguía hubiera caído, la *b* se encontraba en contacto con la consonante dental, *d*. Entonces la *b* se VOCALIZABA (se convertía en vocal) en *u*. La etapa -*bd*- se conservaba todavía en el siglo XV. El proceso fue sencillo, pues la *b* estaba en esta posición muy cerca del sonido [w]:

ca*p*itále > cabedale > cabdal > caudal
reca*p*itare > reca*b*edare > recabdar > recaudar
cu*p*iditia > co*b*edicia > cobdicia > codicia
ra*p*itu > ra*b*edo > rabdo > raudo

La evolución de *cupiditia* muestra cómo la *u* derivada de la *b* fue absorbida por la *o* que la precedía. El español, al revés que el portugués o el catalán, no admitió el diptongo *ou*.

Raudo es una forma muy discutida. Si procediera de *rápidu,* habría que esperar **rabio,* como *sucio* o *limpio.* Por ello, algunos autores prefieren partir de una forma como *rápitu,* o considerar como semiculta la evolución de esta palabra (§§ 101, 102, 129). De todas maneras, está claro que como la -*d*-, proceda de -*t*- o de -*d*- latinas, no se perdió, la *i* se perdió por síncopa y la *b* se vocalizó.

§ 125a.   La *t* intervocálica sonorizó en *d* [d] y llegó hasta la fricativa [đ] en español (ortografía *d,* también). En algunos ejemplos de los que presentamos, la -d- queda final, porque después de pasar la -t- > -d-, la e final se perdió:

catena > cadena	rete > red
del(i)catu > delgado	rota > rueda
litigare > lidiar	seta > seda
materia > madera	site > sed
metu > miedo	totu > todo
minutu > menudo	ver(i)tate > verdad
moneta > moneda	vita > vida
mutare > mudar	vite > vid
pratu > prado	

En el caso del LV *portáticu,* como en todas las otras palabras en las que aparece el sufijo *-áticu,* sonorizó la -t- en -d- y la -c- en -g- y, después, se perdió la i átona. El resultado fue *portadgo,* que se convertiría en *portazgo.* Según muchos fonetistas, en español moderno son sonidos muy parecidos la z ante consonante sonora, *hazlo* [aẓlo] y la -d- intervocálica fricativa [đ]: fricativas sonoras semiinterdentales. Aunque la grafía z medieval era [ẑ] fonéticamente, pudo cambiar *portadgo* a *portazgo* porque el español neutraliza a menudo diferencias fonológicas en posición implosiva. Nebrija ya usa *portazgo.*

A continuación damos algunos ejemplos de sonorización de *t* entre vocal y *r:*

latrone > ladrón	putre > podre
matre > madre	utre > odre
patre > padre	vitreu > vidrio
petra > piedra	

b. Cuando estaba situada entre una semivocal y una vocal, la *t* no sonorizaba (§ 84):

autumnu > otoño   cautu > coto

Esto demuestra que *au > o* después de que el proceso de sonorización hubiera empezado, porque de otra manera, las formas que hemos presentado serían **odoño* y **codo.*

§ 126a. La *c* intervocálica evolucionó de dos maneras

según el tipo de vocal que la seguía. Si era una *a* o una vocal posterior, la *c* se convertía en la fricativa [g] (grafía *g*); por el contrario, si la vocal que la seguía era anterior, la *c* se convertía en [ẑ], grafía *z*, normalmente. En español moderno pasó a [θ], después de adelantar su punto de articulación, ensordecerse y dejar de ser africada:

Ejemplos de *c* seguida de *a, o, u*:

acutu > agudo	focu > fuego
amicu > amigo	formica > hormiga
cecu > ciego	lactuca > lechuga
ciconia > cigüeña	pacat > paga
commun(i)care > comulgar	plicare > llegar
del(i)catu > delgado	secare > segar
dracone > dragón	securu > seguro
ficu > higo	spica > espiga
focare > hogar	vind(i)care > vengar

En estos ejemplos aparece la *c* entre vocal y *r*:

acru > esp. a. agro > esp. m. agrio	sacratu > sagrado
lucrare > lograr	socra > suegra
macru > magro	

b.   En latín vulgar, si la *c* estaba situada entre una semivocal y una vocal media o posterior, no sonorizaba (§ 84):

auca > oca   paucu > poco

La [k] intervocálica, en cambio, seguida de un *w + a* se sonorizaba y se conservaba el *w*:

equa > *yegua*, aqua > *agua*

c.   Si la *c* iba seguida de una vocal anterior, evolucionaba al sonido [ẑ], escrito *z*. En español moderno este sonido se ensordeció, adelantó el punto de articulación, perdió la africación y cambió a [θ]:

dicit > esp. a. diz(e) > dice
facere > esp. a. fazer > hacer
vicinu > esp. a. vezino > vecino

En el caso de que una *d* quedara en contacto con la [ẑ], porque una vocal se había perdido, como en los ejemplos que a continuación ofrecemos, la *d* se asimilaba a la [ẑ]:

> recito > rezdo > rezo
> placitu > plazdo > plazo

Con la nueva reorganización fonológica del XVI-XVII, [ẑ] y [ŝ] se confunden en [θ]. La mayoría de los contextos intervocálicos en los que aparecía en la Edad Media el sonido [ẑ] o el sonido [ŝ] se podían escribir con *z* o con *ce, ci*. La grafía *z* se reservaba para el final de palabra:

> dece > diez   pace > paz
> luce > luz   voce > voz

También solía utilizarse *z* en el caso de que, al perderse una vocal, quedara agrupada con una consonante: *lacerare > lazrar*.

La regularización de *ce, ci* intervocálicas para el sonido [θ] es obra del XVIII.

§ 127.   En latín la *f* intervocálica se daba únicamente en palabras compuestas *(pro-fectu, auri-fece)* o en préstamos del griego *(raphanu, Stephanu)*. Normalmente esta *f* sonorizaba en la fricativa *b*:

> áfricu > ábrego   ráphanu > rábano
> auríf(e)ce > a. esp. orebze   Stéphanu > Esteban
> cóphanu > cuévano   trífol(iu) > trébol

Si se reconocía que la palabra era compuesta, la *f* evolucionaba como si fuera inicial, y desaparecía (§ 116): *defensa > dehesa*. Una tercera posibilidad para la *f* intervocálica era que el sonido apareciese en cultismos, y en ese caso se mantenía, como en el moderno *defensa*.

§ 128.   La *b* y la *v* intervocálicas latinas, que se habían confundido en latín vulgar, se hicieron pronto fricativas: [ƀ]. La grafía normal en la Edad Media para esta fricativa era *v*, aunque también se utilizaba *b*, sobre todo en grupos *br, bl*. Solían alternar las mismas palabras con ortografía diferente. De todas maneras, solía suceder esto:

a. Se conservó normalmente esta [ƀ] ya se escribiera *b* o *v*:

bibere > beber	cavare > cavar
cibu > cebo	lavare > lavar
habere > haber	neve > nieve
lib(e)rare > librar	nove > nueve
nube > nube	novu > nuevo
nub(i)lare > nublar	vivire > vivir
probare > probar	

b. Sin embargo, en algunos casos, la *b (v)* se asimilaba a veces a la vocal posterior que la seguía y se perdía. Este fenómeno, como muestran algunos ejemplos del *Appendix Probi,* se daba ya en latín vulgar:

estiv*u* > estío	sa*bu*cu > saúco
riv*u* > río	vaciv*u* > vacío

Unas cuantas palabras que terminaban en *-iva* perdieron también la *v,* probablemente por analogía con las formas femeninas de palabras como *vacivu > vacío,* fem. *vacía* (en lugar de *vaciva,* como se hubiera podido esperar, puesto que *a* no es una vocal posterior):

gingiva > encía	lixiva > lejía

c. Si por la síncopa de una vocal, *b (v)* quedaba en contacto con *d,* la *b* se vocalizaba en *u* (como en § 124c):

bíbitu > bé*b*do > béudo > beodo
civitáte > ci*b*dad > ciudad
cúbitu > co*b*do > codo
débita > de*b*da > deuda
dúbita > du*b*da > duda
lévitu > le*b*do > leudo

El cambio de acento (y de vocal) en *beodo* no se ha explicado todavía de manera satisfactoria (compárese con *leudo* donde se aceptó el resultado normal). En las evoluciones de *codo* y *duda,* el wau fue absorbido por las vocales de la serie posterior que le precedían, como sucedió con *cobdicia* (§ 124c).

§ 129a.   La *d* intervocálica del latín vulgar se hizo fricativa y tendió a caer en muchos casos, como se indicó en § 11b.

audire > oír	limpidu > limpio
audii > oí	medullu > meollo
cadere > caer	pede > pie
crudele > cruel	rodere > roer
fastidiu > hastío	sedere > ser
fide > fe	sucidu > sucio
fidele > fiel	turbidu > turbio
fedu > feo	videre > ver
laudat > loa	

La -*d*- se perdió también entre vocal y *r,* probablemente a través de una conversión en yod, como demuestran los ejemplos portugueses y catalanes: LV *catédra* > esp. *cadera; port. cadeira;* cat. *cadira;* LV *quaraenta* > esp. *cuarenta* (ya había desaparecido la -*d*- en latín vulgar.)

b.   Muchas veces la síncopa de vocales fue anterior a la pérdida de -*d*-. Los ejemplos que indicamos a continuación muestran que al caer la vocal, la -*d*- no era ya intervocálica, por lo que tenía que conservarse:

cal(i)du > caldo	sol(i)dare > soldar
ed(e)ra > hiedra	vir(i)de > verde

Si la *d- precedía* a una vocal que caía, y por ello quedaba en contacto con una consonante sonora, cambiaba su grafía a *z,* como en § 125a:

jud(i)care > judgar > juzgar
ped(i)cu > piedgo > piezgo

c.   A veces en la posición intervocálica la -*d*- se conservó. En varios casos de los ejemplos que presentamos alternaba en la Edad Media su pérdida con su conservación. Nos encontramos con dos tipos de pronunciaciones diferentes, más cultas las conservadoras, y más populares las demás. En todos estos ejemplos, triunfó la solución conservadora:

LV crudu > esp. a. crudo-cruo > esp. m. crudo
LV grado > esp. a. grado > esp. m. grado
LV modo > esp. a. modo > esp. m. modo
LV nidu > esp. a nido-nio > esp. m. nido
LV sudare > esp. a. sudar-suar > esp. m. sudar
LV vadu > esp. a. vado > esp. m. vado

§ 130a.   La *g* intervocálica del latín clásico se convirtió en yod en latín vulgar ante vocal anterior, *e, i,* y generalmente desapareció (§ 11b).

digitu > dedo	magis > más
frigidu > frío	magistru > maestro
legis > lees	

Ante *a* solía también desaparecer, pero con frecuencia se mantenía. Así encontramos estas soluciones:

[g > ø]	[-g- > -g-]
legale > leal	castigare > castigar
regale > real	fustigare > hostigar
litigare > lidiar	plaga > llaga
fumigare > humear	rogare > rogar
rumigare > rumiar	

La -*g*- se perdía también entre vocal y *r*, a veces después de vocalizarse, como muestran el portugués y catalán, por ejemplo:

LV *integra* > esp. *entera*; port. *enteira*; cat. a. *entira*
LV *pigritia* > esp. *pereza*; pero port. *preguiça*; cat. *peresa*

En ocasiones se conservaba también la -*g*- en este contexto: *nigru* > *negro*.

En algunas palabras, al perderse una -*g*- intervocálica delante de una *i* tónica, el acento se desplazó en español moderno a la vocal más abierta de las dos:

regína > esp. a. reína > esp. m. réina
trigínta > esp. a. treínta > esp. m. tréinta
vigínti > esp. a. veínte > esp. m. véinte

La evolución de *rígidu* a *recio* permanece sin explicar. Si hubiera evolucionado como *frigidu* > *frío* (con i̯ inicial) nos habríamos encontrado con **reo* (pues la inicial de rígidu era i̯). Quizá hay que partir de un *ri̯cidu* en latín vulgar.

b.   La -g- intervocálica se mantuvo con cierta facilidad si era seguida por vocal posterior, *u, o*:

> aguriu > agüero; agustu > agosto
> legumine > legumbre

c.   La -j- latina se mantuvo como [y] ante vocal velar: *maju* > *mayo; ajunare* > *ayunar*. Se perdió también en contacto con vocal palatal: *pejore* > *peor, mejare* > *mear*.

§ 131.   Las otras consonantes simples se mantuvieron sin cambios. La -s- latina sin embargo, sonorizó, cuando iba intervocálica, en [-z-]. La grafía era *s*, frente a la sorda que se escribía intervocálica como *ss*. A lo largo del XVI-XVII, las dos se confundieron en un único sonido, [s].

l intervocálica	*r intervocálica*
palu > palo	feru > fiero
pilu > pelo	pira > pera
colore > color	tauru > toro
m intervocálica	*s intervocálica*
fumu > humo	usu > uso
ramu > ramo	ausare > osar
timore > temor	formosu > hermoso
n intervocálica	
pinu > pino	
cena > cena	
lana > lana	

CONSONANTES DOBLES INTERVOCÁLICAS

§ 132.   Las consonantes geminadas del latín vulgar en posición intervocálica se simplificaron o palatarizaron según su naturaleza fónica. El primer apartado trata de las que se simplificaron.

a. La *cc* geminada intervocálica se simplificó en *c* [k]:

bucca > boca   siccu > seco
peccare > pecar   vacca > vaca
saccu > saco

b. La *pp* geminada intervocálica se simplificó en *p*:

cippu > cepo   puppa >popa
cuppa > copa   stuppa > estopa
drappu > trapo

c. La *tt* geminada intervocálica se simplificó en *t*:

battire > batir   gutta > gota   mittere > meter
cattu > gato   littera > letra sagitta > saeta
                                   vitta > veta

d. La *ss* geminada intervocálica latina se simplificó en [s] fonéticamente. La grafía medieval era -*ss*-. Sólo cuando a partir del XV-XVI se empezó a perder la diferencia entre [s]/[z], se empezó a regularizar -*s*- para este resultado:

grassu > esp. a. grasso > esp. m. graso
passu > esp. a. passo > esp. m. paso
grossu > esp. a. gruesso > esp. m. grueso

Parece que en ocasiones -*ss*- se palatalizó en [š], grafía *x*, para evolucionar durante el XVI-XVII hasta [x], grafía *j*:

bassu > bajo; passere > pájaro

Parece probable que *rojo* < rụsseu *(-ssj-)*

La -*o* de *pájaro* es analogía de otras palabras masculinas que terminan en -*o;* la *a* átona de esta palabra data de la época de formación del romance, cuando había alternancia de *er* y de *ar* (LC *seperare* > LV *separare*).

§ 133a. La *ll* geminada intervocálica se palatalizó (como *cl, fl* y *pl* en § 121) y dio en español [ļ], grafía *ll*:

callare > callar	gallu > gallo
castęllu > castillo	mọlle > muelle
cęlla > cilla (esp. m. celda)	pụllu > pollo
cepụlla > cebolla	valle > valle
cọllu > cuello	vịllu > vello
fọlle > fuelle	

Como aparece en los ejemplos que acabamos de ver, la palatal [l̦] no actuó de ninguna manera sobre la vocal que la precedía salvo, como se ha indicado anteriormente (§ 81, b, I), en palabras como *castillo* y *cilla*.

b.   Cuando una [l̦], al perderse una vocal, quedaba en final de sílaba o de palabra, perdía su carácter palatal (§ 95a):

foll(i)care > holgar	mill(e) > mil
gall(i)cu > galgo	pell(e) > piel (pero *pellejo* con -*ll*-)

c.   El grupo *ffl* intervocálica evoluciona también a [l̦], grafía *ll*.[6]

afflare > hallar	sufflare > sollar

§ 134.   Al igual que *ll* geminada intervocálica, -*nn*- intervocálica del latín vulgar se palatalizó en [n̦] en español. En la Edad Media solía escribirse el sonido con dos *nn,* o se abreviaba, *ñ,* solución que triunfó gráficamente.

annu > año	pinna > piña
canna > caña	pannu > paño
grunnire > gruñir	

La *m* del grupo -*mn*- se asimiló aparentemente muy pronto a la *n,* por lo que el grupo pudo evolucionar como un grupo normal -*nn*-:

autumnu > otoño	dom(i)nu > dueño
damnu > daño	calumnia > caloña

6.   Si se trata del grupo *cons.* + *fl,* la solución era diversa de la intervocálica. Lo mismo sucede con *cons.* + *pl.* En ambos casos, la solución *cons.* + *[ĉ]: inflare > hinchar; implere > henchir; amplu > ancho.* (Ésta es, precisamente, la solución de los grupos portugueses iniciales *fl-* y *pl-* > *[ĉ-]: flamma >* port. *chama; plaga >* port. *chaga.*)

§ 135a. Cuando el grupo *sc* intervocálico del latín vulgar iba seguido de una vocal anterior, el resultado en español antiguo era [ŝ], escrito *ç*. En el siglo XVI desembocó en el resultado moderno [θ]:

cre*sc*ere > esp. a. creçer > crecer
mi*sc*ere > esp. a. meçer > mecer
pa*sc*ere > esp. a. paçer > pacer

b. En los casos en que la *e* final había caído detrás de *ç* en español antiguo, la grafía cambió a *z*:

fa*sc*e > esp. a. façe > haz
pi*sc*e > esp. a. peçe > pez

CONSONANTES SIMPLES + YOD

§ 136. En el latín vulgar temprano (§ 13) los grupos de *tj* y *kj* intervocálicos (o entre *r* y vocal) pasaron a pronunciarse [t´j] y [k´j]. En algunas zonas de la Romania se diferenciaron, pues *kj* debió geminarse. En otras zonas se pronunciaron confundidos. En ambos casos se asibilaron y palatalizaron. En español suele plantearse como resultado normal de *tj* el sonido medieval [ẑ], grafía *z*. Como resultado de [*kj*] el sonido [ŝ], grafía *ç*. Así lo confirmarían los ejemplos ideales de LV *puteu* > *pozo* y de LV *bracciu* > *braço,* con [ẑ] y [ŝ] respectivamente. Ahora bien, las explicaciones suplementarias sobre cultismos, geminaciones en latín vulgar, grafías primitivas confundidas y préstamos de otras lenguas románicas obligan a muchos autores a dudar de este esquema. Quizá preferible es señalar la confusión en los textos medievales de la mayoría de los diversos resultados. Después del s. XVI ambos sonidos confluyeron en el moderno [θ], grafía *z*.

	esp. a.	*esp. m.*		*esp. a.*	*esp. m.*
arcione >	arzon	> arzón	fortia >	fuerça	> fuerza
bracchiu >	braço	> brazo	mattea >	maza	> maza

coriacea >	coriaça	> coraza	puteu >	pozo	> pozo
facie >	façe (faz)	> haz	plattea >	plaça	> plaza
minacia >	[a]menaza	> amenaza	puritia >	pureza	> pureza
pellicea >	pelliça >	pelliza			

§ 137.   Como norma general, la yod de los grupos *bj (vj), dj, gj,* no se asimilaba nunca a las consonantes (como sucede en § 136), y esto permitía que pudiera cerrar la vocal que la precedía. Era una yod no excesivamente fuerte: cerraba la vocal posterior que la precedía, vacilaba en cerrar la anterior, pero nunca cerraba la *a.* Señalamos en los ejemplos siguientes el tipo de vocal del latín vulgar, pues los efectos de la inflexión no se notan en la ortografía corriente. Hay que advertir que en español el influjo de la yod sobre las tónicas breves, que en condiciones normales diptongaban, impedía su diptongación:

a) El grupo *bj, vj* se conservó en numerosas ocasiones:

> aleviare > aliviar   pluvia > lluvia
> levianu > liviano   rabia > rabia
> noviu > novio

b) Otras veces *bj, vj,* > *y*:

> fovea > hoya   rubeu > royo
> habea > haya

Parece que la solución b) es más escasa. En el caso de una *cons. + bj,* el resultado es como en a): *nerviu > nervio.*

§ 138a.   El grupo *-dj-* se convertía en *y* desde muy pronto:

> adiutare > ayudar   podiu > poyo
> hodie > hoy   sedea > esp. a. seya > sea

Si la yod quedaba en contacto con una vocal anterior, se absorbía en el grupo (§ 139):

> sedea > seya > sea; fastidiu > fastiyo > hastío

En algunas ocasiones el grupo *-dj-* pasa a [ŝ], grafía *ç,* y después (entre el XVI-XVII) pasa a [θ], grafía *z:*

badiu > baço > esp. m. bazo (también *bayo*) = 'de color moreno'
radia > raça > esp. m. raza (también *raya*) = 'defecto de una trama de tejido'

b. En el grupo *cons* + *dj,* no era intervocálico *dj* y evolucionó hasta [ẑ], grafía *z* y, después del XVI, pasó a [θ], grafía *z*:

>   verecundia > vergüenza   virdia > berza
>   hordeolu > orzuelo

El grupo *dj* se comportó tras un diptongo *au* latino como tras consonante: *gaudiu > gozo* (§ 84).

§ 139. El grupo *gj* intervocálico pasaba a *y,* probablemente como resultado de haberse fundido una yod geminada (§ 11):

arrugiu > arroyo   fugio > huyo
corregia > correya > correa   Legione > Leyón > León
exagiu > ensayo

En contacto con una vocal anterior la yod desaparece absorbida en ella, como nos muestran los ejemplos de *correa* y *León.* Para la confusión del prefijo de *ensayo* vid. § 157a.

§ 140. El grupo *n* + *yod,* como el grupo *gn,* dio [ņ] en español, y en algún caso ambos cerraron la vocal que los precedía:
a. Algunos ejemplos de *n* + *yod*:

>   aranea > araña   ingeniu > engeño
>   cunea > cuña   pinea > piña
>   extraneu > extraño   seniore > señor
>   Hispania > España

b. Aparentemente, el grupo *gn* evolucionó de la manera siguiente: [gn] > [yn] > [ņ]:

>   ligna > leña   stagnu > estaño
>   pugnu > puño   tam magnu > tamaño
>   signa > seña

Las palabras *reinar* (de *regnare*) y *reino* (de *regnu*), con su evolución interrumpida por la influencia de *rey,* atestiguan la segunda fase de la evolución fonética de este grupo. Son cultismos.

GRUPOS DE YOD QUE ORIGINARON EL SONIDO MODERNO [x]

§ 141.   El grupo *lj,* que originó la [ž] en español medieval, tuvo una evolución más compleja que la de los grupos de yod que hemos visto hasta ahora. Probablemente sucedió de la siguiente manera: [*lj*] > [ļ] > [ž] > [š] > [x]. Sólo tuvo esta yod un efecto mínimo sobre la apertura de las vocales; únicamente *hoja* y *mujer* muestran que sus vocales se han cerrado:

alienu > ajeno	folia > hoja
aliu > ajo	muliere > mujer
cilia > ceja	palea > paja
consiliu > consejo	tiliu > tejo
filiu > hijo	

Si *lj* no era intervocálico, no podía evolucionar como acabamos de ver. Como muestra el ejemplo siguiente, después de consonante pasaba a [ĉ]: *cocleare > cuchara.*

§ 142a.   Los grupos *c'l* y *g'l* evolucionaron de la misma manera que los grupos *lj.* Después de caer la vocal átona, *c* y *g* se convirtieron en yod y los dos grupos dieron [ž]. Este nuevo grupo se incorporó a la evolución de *lj.* Una vez más, este grupo afectó raramente a la vocal que le precedía (como en *ojo,* que vemos más abajo). La *e* inicial de *gen(u)culu* no se cerró por la yod, sino que fue inflexionada probablemente por la *g* inicial.

apic(u)la > abeja	lentic(u)la > lenteja
artic(u)lu > artejo	oc(u)lu > ojo
cunic(u)lu > conejo	cuag(u)lu > cuajo
genuc(u)la > hinojo	reg(u)la > reja
oric(u)la > oreja	teg(u)lla > teja

Si *mirac(u)lu* y *sec(u)lu* hubieran evolucionado en la forma normal, habrían dado *mirajo* y *sejo.* Pero como ambas formaban

parte del léxico eclesiástico, que evolucionaba de manera conservadora, dieron *milagro* (esp. a. *miraglo* [§ 151a] y *siglo*).

b. Si estos grupos iban precedidos de *l, n, s* o *c* generalmente evolucionaban a [ĉ]:[7]

$$cacc(u)lu > cacho \qquad manc(u)la > mancha$$
$$cing(u)lu > cincho \qquad masc(u)lu > macho$$
$$conc(u)la > concha \qquad trunc(u)lu > troncho$$

Debido a que era muy raro, el grupo latino *t'l* se transformó
a veces en *c'l* en latín vulgar, y este grupo *c'l* evolucionó
normalmente. El *Appendix Probi* corrige: *vetulus non veclus*.

$$LC\ rotulare > LV\ roclare > (ar)rojar$$
$$LC\ vetulum > LV\ v\c{e}clu > viejo$$

Viejo plantea un problema que no se ha resuelto: ¿por qué
diptongó la *ę,* si se supone que la yod evitaba la diptongación?
Deberíamos haber tenido *vejo.* Generalmente se aventura que
viejo es un préstamo dialectal (en leonés y aragonés diptongó
con normalidad), pero, sin embargo, parece poco probable que
una palabra tan básica sea un préstamo. Se ha explicado por
influencia de *viedro,* semicultismo, que procede de *vet'lu.* Quizá
viejo sea simplemente el resultado normal del único ejemplo de
ę condicionada por yod procedente de *c'l.* Para otra evolución
del grupo *t'l* véase § 151b.

§ 143. El grupo [ks] del latín vulgar (grafía *x*) llegó en
español hasta [x] (grafía *j*). La posible evolución debió de ser
algo parecido a esto: [ks] > [js] > [jš] > [š] > [x]. La etapa [š], grafía
x, aparece en la Edad Media:

$$axe > eje \qquad\qquad laxus > lejos$$
$$c\c{o}xo > cojo \qquad\qquad l\j{}xiva > lejía$$
$$d\j{}xi > dije \qquad\qquad mataxa > madeja$$
$$exemplu > ejemplo \qquad maxilla > mejilla$$
$$laxare > dejar \qquad\qquad taxone > tejón$$

7. Las soluciones de *ng'l* son diversas: la más generalizada parece ser *ñ: ungula > uña;
singulos > seños; singulariu > señero; cingulu > ceño* (aro). La solución *sendos* para *singulos*
parece también normal, aunque menos extendida. Los resultados de *sc'l* son también
variados: *misculare > mezclar; musculu > muslo* y *masculu > macho.* Quizá esta última
solución sea la más general y las otras más cultas.

La yod que desgajó este grupo era tan fuerte que podía cerrar la *a* que la precedía en *e,* probablemente a través de las etapas *aiš* > *eiš* > *eš.*

Dialectalmente aparecen formas tipo *lixia.* Quizá en español *lejía* se debe a una disimilación de la inicial, y no se conservó, por ello, cerrada por la acción de la yod, como debía de haber sido: *lijía.*

En español medieval se encuentran formas como *lexar* y *dexar.* No es fácil explicar la aparición de las formas con *d-,* aunque también existía un verbo *delexar.*

La evolución de *fraxinu* muestra la combinación de *a + j* > *e,* la pérdida de la postónica y el paso de [š] > [s], algo normal, pues ya hemos señalado que en posición implosiva suceden estos cambios en la *s* (§ 119c) y en las palatales (§ 133b). De todas maneras, era frecuente la grafía *frexno* en la Edad Media.

El grupo ct

§ 144a.   El grupo *-ct-,* que evolucionó a [ĉ] en español, dio lugar también a una yod muy fuerte que podía cerrar la *a* en *e,* al conservarse mucho tiempo, pues la yod tenía dificultad para asimilarse a la consonante siguiente [t] no palatal. La evolución de [kt] parece haber sido: [kt] > [jt] > [ĉ]:

despęctu > despecho	nǫcte > noche
dįctu > dicho	pęctu > pecho
dųctu > ducho	profęctu > provecho
factu > hecho	strįctu > estrecho
iactare > echar	tęctu > techo
lacte > leche	trųcta > trucha
lactuca > lechuga	vervactu > barbecho

A pesar de ser tan fuerte, esta yod no cerraba siempre la *į* del latín vulgar como vemos en *estrecho. Iactare* no evolucionó a *yechar* por las razones que se vieron en § 117b.

b.   Cuando *-ct-* iba detrás de la vocal situada en el extremo del triángulo vocálico *(į)* (véase p. 209) la yod se absorbía o se perdía, y la *t* quedaba intacta:

$$fįctu > hito$$
$$frįctu > frito$$

En algunas palabras *(fruto < frųctu, enjuto < exsųctu)* la evolución normal se detuvo por presiones cultas. Así, en la Edad Media, existían *frucho, fruito* y *fruto; enxuto* y *ensucho*.

c. En contacto con consonante, el grupo -*ct*- no podía evolucionar de la misma manera que si era intervocálico. La *c* caía en latín vulgar (§ 15e), y a veces podía cerrar la vocal que la precedía:

$$\text{jųn(c)tu} > \text{junto} \qquad \text{pųn(c)tu} > \text{punto}$$

Pectine representa un caso interesante. Al caer la vocal átona, se produjo *pect'ne*; el grupo -*ct*-, aunque estuviera menos presionado que cuando la *n* le precedía, no pudo evolucionar completamente. La *c* se convirtió en yod y la *t* cayó: *pect'ne* > *peine*.

La palabra *collacteu* presenta una evolución interesante, que muestra cómo evolucionó el grupo *ktj*. El grupo -*kt*- resultaba normalmente [ĉ], pero el grupo *ctj* de *collacteu* se asibiló y evolucionó así: *collacteu* > *collact'jo* > *collatt'jo* > *collaço*, fonéticamente [ŝ]. Es, por tanto, un resultado paralelo al de *scj* > [ŝ], grafía medieval ç: *fascia* > *haça; asciata* > *açada*. Después del XVI esta [ŝ] > [θ] y se escribió *haza, azada, collazo*.

GRUPOS CON L

§ 145. Si una *l* del latín vulgar precedía a una consonante, la mayoría de las veces se vocalizaba en *u*, que está acústicamente cerca de *l*. Si la *l* iba precedida de *a*, el grupo evolucionaba de la siguiente manera: [al] > [au] > [o]. Si la *l* iba precedida de *u*, el grupo (salvo en *ult* que veremos más adelante) pasaba por tres etapas: [ul] > [uu] > [u]:

altariu > otero	falce > hoz
alt(e)ru > otro	falcinu > hocino
calce > coz	saltu > soto
culm(i)ne > cumbre	talpa > topo

Si, debido a la pérdida de una vocal, *al* quedaba en contacto con una consonante, el grupo daba *au*: *cal(i)ce* > *calce* > *cauce*, *sal(i)ce* > *salce* > *sauce*. *Topo* tiene un cambio de género que no es corriente.

§ 146.   El grupo -ult- se comportó de manera diferente que el grupo *lt* visto antes. En lugar de cambiar en wau (en cuyo caso se habría asimilado a la *u* que la precedía), la *l* cambió en yod por disimilación (§ 149d). Después la yod actuó sobre la *t* para formar [ĉ], y cerró la y en u. Ésta es aparentemente la evolución de este grupo: [ult] > [ujt] > [uĉ].

ascultare > escuchar   multu > mucho
cultellu > cuchillo

Si el grupo -ult- iba seguido de una consonante, como en *vult're,* no podía evolucionar como acabamos de ver. Su evolución se interrumpía en el segundo paso que hemos indicado: *vúlture* > *vúlt're* > *búitre*. Más tarde el acento se cambiaba a la *i,* lo que daba en español *buitre. Muy* (de *mult[u])* muestra también una evolución interrumpida en el segundo paso.

CONSONANTES FINALES

§ 147a.   La mayoría de las consonantes finales del latín vulgar se perdieron al pasar al español:

-d	*-t*
ad > a	aut > o
aliquod > algo	dicit > dice
illud > ello	laudat > loa
istud > esto	stat > está

-c	*-b*
dic > di	sub > esp. a. so
nec > ni	
sic > sí	

Normalmente *nec* (con ę) debería haber evolucionado a *ne.* A veces se ha explicado por analogía con otras palabras de poco cuerpo fónico que acababan en -*i* como *sí.* Pero también es probable que *nec* ante una consonante de la palabra siguiente evolucionara así: *nec* > *nei* > *ni.*

b.   La *m* final se había perdido ya en latín vulgar (§ 10). La *m* final de los monosílabos se convirtió en *n,* quizá porque el español no tenía ninguna consonante **bilabial** final:

cųm > con   tam > tan
quęm > quien

Esta falta de *m* final explica que en español terminen en -*n* préstamos como *Jerusalén, Adán* y *Belén,* aunque en la Edad Media aparecían con frecuencia con -*m.*

§ 148a.   La *l,* la *r*- y la *x* del latín vulgar se conservaron:

l final	*r final*	*x final*
fęl > hiel	inter > entre	sęx > seis
męl > miel	quattuor > cuatro	
	sęmper > siempre	

En los ejemplos que acabamos de ver, la *r* se METATIZÓ al interior de palabra y quedó final la vocal que la precedía.

La -*x* final latina evolucionó como la -*x*- intervocálica (§ 143). Por tanto, [ks] > [js] > [jš] > [js]. La razón de que la evolución del grupo se estancara en esta etapa es evidente: la [-š] se despalatalizó, como todas las palatales finales españolas (§ 133b para la -*ll*-) y la [j] no pudo embeberse en la palatal. No pudo diptongar la tónica por el influjo de la yod. Por ello *sęx* > [séjš] > [séis].

b.   La *s* final del latín vulgar se mantuvo siempre, tanto en las formas verbales como en el plural de nombres y adjetivos:

fab(u)las > hablas   patres > padres
formosos > hermosos

El español antiguo tomó algunas formas *singulares* de neutros de la tercera declinación que terminaban en *s* (§ 21a), pero al final, la lengua normalmente no toleró formas singulares con -*s,* por lo que esta *s* etimológica se consideró como morfema de plural, cuando fue posible (§ 153b).

singular

corpus > esp. a. cuerpos > cuerpo
opus > esp. a. huebos (§ 153b)
pectus > esp. a. pechos > pecho
tempus > esp. a. tiempos > tiempo

DISIMILACIÓN, ASIMILACIÓN Y METÁTESIS

§ 149.   **Disimilación** es el proceso por el cual, en una palabra
con dos sonidos similares, se altera o se elimina uno de los
sonidos.

a.   Al evolucionar la lengua española, no toleraba generalmente dos *r*, dos *l* o dos nasales en la misma palabra, y
normalmente cambiaba la articulación de la segunda, aunque a
veces se alterara la primera.

r-r > *r-l*	*n-n* > *l-n, n-l, n-r*
a*r*bo*r*e > á*r*bo*l*	de i*n* a*n*te > de*l*a*n*te
ca*r*ce*r*e > cá*r*ce*l*	i*n*g(ui)*n*e > i*n*g*l*e
ma*r*mo*r*e > má*r*mo*l*	hispa*n*io*n*e > españo*l*
robo*r*e > rob*l*e	sa*n*g(ui)*n*e > sa*n*g*r*e
ste*r*co*r*e > estié*r*co*l*	
l-l > *r-l, l-r*	*n-m* > l-m, r-m
ca*l*ame*ll*u > carami*ll*o	a*n*(i)ma > a*l*ma
*l*oca*l*e > *l*uga*r*	mi*n*(i)mare > me*r*mar

b. Cuando se sincopaba una vocal entre *m* y *n, la n* se
disimilaba la mayoría de las veces en *r*; después se generaba una
b EPENTÉTICA entre las dos que permitía pronunciar el nuevo
grupo y, al mismo tiempo, conservar la *r simple* (sin la *b,* la *r* habría
tenido que pronunciarse como múltiple, igual que en *honra*).

costu*m*(i)*n*e > costu*mbr*e	lu*m*(i)ne > lu*mbr*e
cul*m*(i)*n*e > cu*mbr*e	no*m*(i)ne > no*mbr*e
fe*m*(i)*n*a > he*mbr*a	se*m*(i)nare > se*mbr*ar
ho*m*(i)*n*e > ho*mbr*e	

En *communicare,* palabra eclesiástica, como no hubo síncopa entre *m* y *n* (99b), la *n* disimiló en *l*: *commun(i)care* >
comulgar.

c. Había otro tipo de disimilación muy fuerte, que hacía que desapareciera completamente una de las dos consonantes, en lugar de cambiar simplemente su articulación.

> *bo*be > *bo*e > buey
> pro*p*riu > pro*p*io
> tra*sve*se > travé*s*
> trem(u)lare > trem'lare > *tr*em*bl*are > tem*bl*ar

En el último ejemplo, hasta que no se generó la *b* no tuvo lugar la disimilación. Este es un caso de disimilación de dos grupos *muta cum liquida* (oclusiva+líquida).

d. En algunos casos, las vocales también se disimilaban, pero no seguían esquemas tan regulares como los que encontramos en las consonantes:

> di*c*ire > de*c*ir   ri*d*ire > reír
> f*o*rmosu > h*e*rmoso   ve*rr*ere > ba*rr*e*r*
> rot*u*ndu > red*o*ndo   vi*c*inu > ve*c*ino

§ 150a. **Asimilación** (lo contrario de *disimilación*) es el proceso según el cual dos sonidos diferentes de la misma palabra se acercan considerablemente. *Asimilación completa* es aquella en la que un sonido se aproxima hasta hacerse idéntico a otro sonido de la misma palabra; un ejemplo de ello es *il(i)cina > encina (l-n > n-n)*.

b. Asimilación *parcial* es aquella por la que un sonido, que queda en contacto con otro por síncopa de una vocal o por pérdida de una consonante, tiene que ajustar su punto de articulación para igualarlo al de la consonante que le sigue:

> co*m*(i)*t*e > co*n*de   li*m*(i)*t*are > li*nd*ar
> co*m*(pu)tare > co*n*tar   se*m*(i)*t*a > se*nd*a
> ve*n*(di) *c*are > ve*ng*ar (n = [ŋ])

c. En algunos casos, una consonante no puede ajustar realmente su punto de articulación al de la consonante que la sigue, y entonces se genera una nueva consonante entre las dos (igual que hemos visto en § 149b):

hum(e)ru > hombro   trem(u)lare > temblar
pon(e)ré > pondré   val(e)ré > valdré
sal(i)ré > saldré   ven(i)ré > vendré
ten(e)ré > tendré

Si la primera consonante es alveolar *(l, n)* se genera una *d*; si es bilabial *(m)*, se genera una *b*.

§ 151a.   **Metátesis** es el proceso por el cual uno o dos sonidos cambian de posición. Cuando es sólo una la consonante que cambia de lugar en una palabra *(crepare > quebrar)*, se llama *metátesis simple*. Cuando *dos* consonantes cambian de lugar entre sí *(animalia > alimaña)*, se llama *metátesis recíproca*.

animalia > alimaña   oblitare > olvidar
crepare > quebrar   maturicare > madrugar
integrare > entregar   parab(o)la > palabra
mirac(u)lu > milagro   peric(u)lu > peligro

b.   Al sincoparse una vocal se producen a veces grupos consonánticos difíciles. La metátesis constituye a menudo el medio más razonable de resolver estos grupos:

ac(e)re > arce   col(o)rare > corlar
capit(u)lu > cabildo   gen(e)ru > yerno
cat(e)natu > candado   ret(i)na > rienda
spat(u)la > espalda   tit(u)lare > tildar
ten(e)ru > tierno   ven(e)ris > viernes

Capit(u)lu, spat(u)lu y *tit(u)lare* muestran soluciones diferentes a la que damos en § 142b para el grupo *t'l*. En las que estamos viendo es evidente que, después de la sonorización de la *-t-*, se produjo una síncopa y, más tarde, la metátesis.

c.   En los verbos que terminaban en *-ificare* se daba una metátesis especial. La *f* sonoriza primero en *b*, después vocaliza en *u*, y es en este punto en el que tiene lugar la metátesis.

pacif(i)care > pacibgar > paciugare > [a]paciguar
santif(i)care > santibgar > santiugar > santiguar

d.   En latín *fábrica* merece una mención especial: *fábrĭca > fabriga > fábrega > frábega > frabga > frauga > fragua*.

Por tanto, la *r* se metatizó a la sílaba inicial, se produjo la síncopa, y la *b* ante consonante se vocalizó (§ 124c) y después se metatizó.

Hemos preparado esta visión simplificada de la evolución histórica de los sonidos, con el fin de proporcionar al principiante una indicación de lo que sucedió en la evolución de la fonología española. Queremos igualmente poner de relieve algunos de los puntos importantes que tratamos en el capítulo final sobre morfología.

CAPÍTULO 3

MORFOLOGÍA HISTÓRICA: LA EVOLUCIÓN DE LAS FORMAS

El desarrollo de los substantivos

§ 152a.   En latín vulgar, los nombres tenían dos casos diferentes, el nominativo y el acusativo (§§ 27-30). Sin embargo, cuando el latín vulgar de Hispania evolucionó al español antiguo, se perdió casi siempre el nominativo, y sólo se mantuvo de manera dominante el acusativo, mucho más corriente que el nominativo, por la variada gama de funciones que había acumulado en latín vulgar.

b.   A continuación damos algunos ejemplos de la primera declinación del latín vulgar. Abarcan algunas formas que la primera declinación del latín vulgar heredó de diversas fuentes del latín clásico: por ejemplo, plurales neutros de la segunda declinación (*pira, vota,* § 28c); nombres de la tercera declinación que pasaron a la primera al añadírseles un sufijo diminutivo (*apic(u)la, oric(u)la,* § 33c); nombres de la cuarta declinación con sufijos diminutivos (*acuc(u)la, capitia,* § 37b), y nombres de la quinta declinación (*dia, materia,* § 32):

acuc(u)la > aguja	oric(u)la > oreja
apic(u)la > abeja	perna > pierna
capitia > cabeza	pira > pera
cepulla > cebolla	porta > puerta
dia > día	vota > boda
materia > madera	

c.   A continuación damos algunos ejemplos de la segunda declinación del latín vulgar. Comprenden algunas formas masculinas heredadas del neutro de la segunda declinación clásica (*balneu, collu, vinu,* § 28b) y otras de la cuarta declinación (*cornu, manu,* § 31):

amicu > amigo	dom(i)nu > dueño
balneu > baño	filiu > hijo
castellu > castillo	frax(i)nu > fresno
collu > cuello	manu > mano
cornu > cuerno	vinu > vino

d.   Los ejemplos que siguen provienen de la tercera declinación del latín vulgar. Se incluyen formas que derivan de la quinta declinación del latín clásico (*facie, fide,* § 32):

calle > calle	hom(i)ne > hombre
carcere > cárcel	lacte > leche
civ(i)tate > ciudad	latrone > ladrón
dolore > dolor	mare > mar
facie > haz	parete > pared
fide > fe	ratione > razón
fonte > fuente	rege > rey

§ 153a.   Como siempre, la tercera declinación presenta más complicaciones que las otras. Muchos nombres de la tercera declinación, que servían tanto para el masculino como para el femenino, añadieron pronto una -*a* analógica al femenino en español antiguo, con el fin de diferenciar los géneros; esta diferenciación ha pasado al español moderno:

hispanione > esp. a. *f.* español > española
infante > esp. a. *f.* infante > infanta
latrone > esp. a. *f.* ladrón > ladrona
parente > esp. a. *f.* pariente > parienta
pastore > esp. a. *f.* pastor > pastora
seniore > esp. a. *f.* señor > señora

b.   Algunos neutros de la tercera declinación planteaban un cierto problema, pues el acusativo terminaba en -*s* en singular (§ 21a). Esta *s* final pasó al español antiguo a través del latín vulgar, y se puede ver en las siguientes formas:

corpus *(sing.)* > esp. a. cuerpos *(sing.)*
pectus *(sing.)* > esp. a. pechos *(sing.)*
opus *(sing.)* > esp. a. huebos *(sing.)*
tempus *(sing.)* > esp. a. tiempos *(sing.)*

A veces, en español antiguo, se los consideraba "razonable-mente" como plurales, y se creaban singulares analógicos, sin *-s: cuerpo, pecho, tiempo* (§ 148b). Todavía en el Siglo de Oro podemos encontrar ejemplos de *pechos* que parecen continuar el singular medieval, aunque parezca un plural enfático. Así lo utiliza a veces Lope de Vega. *Huebos* se perdió. Podemos indicar de pasada, que la *h-* de *huebos* no es, naturalmente, etimológica. Se usaba en español antiguo delante de una *u* vocálica, como signo ortográfico, para ayudar a distinguir la vocal [u] de la consonante [b], ambas gráficamente *u*. Otros ejemplos que suelen presentar una *h-* ortográfica añadida son: *orphanu > huérfano, ossu > hueso, ovu > huevo.* De todas maneras, también se utilizaban las grafías sin *h-*.

c.   Las formas de acusativo neutro de la tercera declinación del latín vulgar que terminaban en consonante (que no fuera *-s*) se reconstruyeron con *-e* final, por analogía con los nombres masculinos y femeninos de la tercera declinación terminados en *-e,* que eran más corrientes en latín vulgar (por ejemplo, LV ac. *hom(i)ne, civ(i)tate, dolore, ratione, monte*). En las formas de latín vulgar que indicamos a continuación, las cinco primeras se han formado siguiendo el modelo de *hom(i)ne.*

LC culmen > LV culm(i)ne > cumbre
LC examen > LV exam(i)ne > enjambre
LC inguen > LV ing(ui)ne > ingle
LC nomen > LV nom(i)ne > nombre
LC piper > LV pib(e)re > pebre
LC sulphur > LV sulph(u)re > (a)zufre

En § 149b se explica cómo, en algunos de los ejemplos que acabamos de ver, *-m(i)ne* pasó a *-mbre.* Las *n - n* de *inguine* se disimilaron en *n-l* (§ 149a).

§ 154.   Las declinaciones cuarta y quinta no han dejado huella directa en la evolución normal, porque las dos cambiaron de grupo en latín vulgar. Sin embargo, el español ha tomado directamente del latín clásico algunas formas cultas de la cuarta y quinta declinación:

cuarta declinación

espíritu
tribu

quinta declinación

especie
serie
superficie

§ 155a.   Por lo general, la forma plural de los substantivos no presentó complicaciones, ya que era casi siempre la evolución directa del acusativo plural del latín vulgar:

amicos > amigos	capitias > cabezas
calles > calles	civ(i)tates > ciudades
dom(i)nos > dueños	portas > puertas
filios > hijos	rationes > razones
pernas > piernas	ver(i)tates > verdades

b. Los singulares neutros que hacían el plural en latín clásico en *-a*, tomaron en español plurales analógicos añadiendo las terminaciones *-os* y *-es*:

LC balneum, *pl.* balnea > baño, baños
LC collum, *pl.* colla > cuello, cuellos
LC cornu, *pl.* cornua > cuerno, cuernos
LC mare, *pl.* maria > mar, mares
LC vinum, *pl.* vina > vino, vinos

c. Los plurales neutros de la segunda declinación, que en latín vulgar habían pasado a ser singulares de la primera declinación (§ 28c), construyeron plurales analógicos añadiendo *-s*:

LV cilia > ceja, *pl.* cejas
LV festa > fiesta, *pl.* fiestas
LV folia > hoja, *pl.* hojas
LV pira > pera, *pl.* peras
LV signa > seña, *pl.* señas
LV vascella > vajilla, *pl.* vajillas
LV vota > boda, *pl.* bodas

RESTOS DE CASOS LATINOS QUE NO SON ACUSATIVO

§ 156. Aunque la inmensa mayoría de los substantivos españoles ha evolucionado a partir del acusativo del latín vulgar, sin embargo existen unos cuantos restos fosilizados que provienen de otros casos y que han conseguido sobrevivir en español.

a. El nominativo se ha mantenido en unos cuantos nombres, casi siempre propios:

> Car(o)lus > Carlos
> Deus > Dios
> Marcus > Marcos

Naturalmente, existen algunos nominativos cultos que, en épocas más recientes, se tomaron directamente del latín clásico, como por ejemplo *abdomen, carácter, cráter, crisis, espécimen, régimen, tórax.*

b. El genitivo se ha fosilizado en las formas de unas cuantas palabras, particularmente en los días de la semana:

> (dies) martis > martes (esp. a. dia de martes)
> (dies) jovis > jueves (esp. a. dia de jueves)
> (dies) veneris > viernes (esp. a. dia de viernes)

Por analogía con estas formas de la tercera declinación terminadas en *-is,* la forma *(dies) lunae* (= día de la luna), de la primera declinación, pasó a ser *lunis,* lo que dio en español *lunes. (Dies) mercuri* (= día de Mercurio) pasó a *měrcuris* y dio *miércoles* en español (con disimilación de *r - r* en *r - l). (Sábado* viene del latín vulgar *sábbatu* y *domingo* procede de *(dies) domin(i)cus,* esp. a. *didomingo.)*

Otros restos de genitivo (presentados en cursiva) son:

> comite *stabuli* > condestable
> filiu *eclesiae* > feligrés
> *pedis* ungula > pesuña
> forum *judicum* > *Fuero Juzgo*
> Campi *Gothorum* > esp. a. campotoro > Toro

c.   Restos casuales han quedado, como veremos, en los pronombres personales.

d.   Existen algunos restos del ablativo fosilizados en español como adverbios:

> LC hāc horā > esp. a. agora[1]
> LC hōc annō > hogaño
> LC locō > luego
> LC quōmodo > como

PREFIJOS Y SUFIJOS

§ 157.   Los sufijos latinos que se han conservado en las lenguas románicas son todos tónicos. Algunos átonos tuvieron que hacerse tónicos para conservarse.

a.   Los diminutivos generalizados fueron -*ęllu,* que en español evolucionó hasta *iello* > *illo* (§ 81bII), y -*ǫlu,* que se hizo tónico y produjo -*uelo.* Así, por ejemplo:

> anęllu > anillo   fibęlla > hebilla
> cannęlla > canilla   filiǫlu > hijuelo
> rotęlla > rodilla   lintęǫlu > lenzuelo

b.   Solían confundirse a veces los sufijos, y prevalecían los más corrientes sobre los de menos uso:

> capellanu (+ -ane) > capellán
> foll(i)catianu (+ -ane) > holgazán
> tosoria (+ -aria) > tijera
> certitudine (+ -um[i]ne) > certidumbre
> cos(ue)tudine (+ -um[i]ne) > costumbre
> mans(u)etudine (+ -um[i]ne) > mansedumbre
> multitudine (+ -um[i]ne) > muchedumbre

El sufijo latino -*aticu* evolucionó normalmente a -*azgo* (§ 125a), como en *afflaticu* > *hallazgo; portaticu* > *portazgo.* Pero en español medieval se fue también imponiendo el resultado francés -*age,* esp. -*aje,* como se ve en los préstamos siguientes:

1.   El español moderno *ahora* proviene de *ad horam.*

portaje, salvaje, personaje, viaje, montaje... Ahora funciona también como sufijo español.

La *i* de *tijera* parece deberse a la influencia de la *i* del LV *cisoriu.*

c. Los prefijos son, al contrario de los sufijos, átonos en el español. Tendían, con relativa frecuencia, a confundirse. En nuestros ejemplos se ve cómo el prefijo *ex-* sustituyó a *a(b)s-:*

> a(b)scondere > esconder
> ascultare > escuchar

Otra tendencia del latín vulgar era la acumulación de prefijos. Los siguientes ejemplos muestran que *in-* se unió a las palabras:

> esagiu > in(e)xagiu > ensayo
> exam(i)ne > in(e)xam(i)ne > enjambre
> exemplu > in(e)xemplu > esp. a. enxiemplo

En el caso de *invierno,* el LV *hibernu* > esp. a. *ivierno.* Luego, quizá por influencia de los substantivos que empezaban con *in-,* se convirtió en *invierno.*

ARTÍCULOS

§ 158a. Los artículos determinados españoles derivan de los demostrativos latinos *ille, illa, illud,*[2] que ya en latín vulgar habían empezado a utilizarse con función de artículos determinados (§ 34).

Se ha discutido mucho si el singular masculino procede del nominativo *ille* o del acusativo *illum.* Los plurales proceden del acusativo y los singulares femeninos y neutros pueden proceder normalmente del acusativo también. Es fundamental tener en cuenta que la acentuación PROCLÍTICA y la posibilidad de aparecer ante vocal o consonante configuraron su evolución fonética (demostrativos en § 162). Por ello, la *-ll-* intervocálica se simplificó y perdieron la sílaba inicial o la final (aféresis o apócope):

---

2. Hay que señalar que la forma neutra *(illud)* se mantuvo, en contra de la tendencia de los neutros a perderse.

LC illum > LV *elo* > esp. a. *lo, el, ell* > esp. m. *el*
LC illa > LV *ela* > esp. a. *ela, la, el* > esp. m. *la (el + á-)*
LC illos > LV *elos* > esp. a. *elos, los* > esp. m. *los*
LC illas > LV *elas* > esp. a. *elas, las* > esp. m. *las*
LC illud > LV *elo* > esp. a. *elo, lo* > esp. m. *lo*

b.   Hay que decir unas palabras sobre el artículo femenino *el* (como en *el águila, el agua, el alma*); no procede de la segunda sílaba de *illa,* sino de la primera, como aparece en los ejemplos siguientes:

illa aqua (= [ilákwa]) > el agua
illa aquila (= [ilákwila]) > el águila
illa anima (= [ilánima]) > el alma

Debido a la fusión de las dos *aes,* la vocal inicial tuvo que mantenerse. Luego la solución *el,* femenino, se extendió a otras palabras que empezaban por vocal, especialmente tónica. Dentro de la utilización de *el* femenino había una escala. De menos a más: a) con palabras empezadas con cualquier vocal átona; b) con palabras empezadas con cualquier vocal tónica; c) con palabras empezadas con *a* átona; d) con palabras empezadas con *a* tónica. Con estas últimas todavía se utiliza hoy día *el* femenino.

§ 159.   Los artículos indeterminados que empezaron a utilizarse en latín vulgar (§ 34) se mantuvieron en español:

unu > uno   una > una
unos > unos   unas > unas

Unu se apocopó por su naturaleza proclítica (es decir, su utilización como palabra no acentuada que forma unidad con la palabra que la sigue). Cuando no es proclítica, la sílaba se restablece: *Yo tengo un coche bueno pero él tiene uno mejor.*

Adjetivos

§ 160.   El acusativo de los adjetivos del latín vulgar pasó al español sin complicaciones.
a.   El primer grupo de adjetivos, procedente de la primera y

de la segunda declinaciones, mantiene las diferencias entre masculino y femenino (§ 35a):

bibitu,-a > beodo,-a

bonu,-a > bueno,-a

extraneu,-a > extraño,-a

fedu,-a (LC foedum) > feo,-a

formosu,-a > hermoso,-a

grossu,-a > grueso,-a

integru,-a > entero,-a

delicatu,-a > delgado,-a

duru,-a > duro,-a

limpidu,-a > limpio,-a

mutu,-a > mudo,-a

securu,-a > seguro,-a

strictu,-a > estrecho,-a

tepidu,-a > tibio,-a

b.   La segunda clase de adjetivos, originada en la tercera declinación latina, no tiene generalmente diferencia de género:

alegre (LC *alacrem*) > alegre

crudele > cruel

equale > igual

fidele > fiel

felice > feliz

forte > fuerte

grande > grande

paup(e)re > pobre

regale > real

stab(i)le > estable

turpe > torpe

vir(i)de > verde

Delante de un nombre, *grande* se convierte en *gran,* que es un resto del español antiguo *grant.* Los adjetivos de la tercera declinación que terminaban en *-or* en español antiguo empezaron a tomar una *-a* analógica en femenino alrededor de 1300, como se indica en § 153a. Algunos ejemplos son *entendedora, habladora.* Igual se comportaron los en *-ón (ladrona)*; en *-án (holgazana)*; en *-ensis > és (burguesa).*

c.   El adjetivo *mismo* exige una breve explicación. En latín clásico, para decir "yo mismo" sólo se necesitaba añadir la partícula *-met* al pronombre: *egomet.* Para dar más énfasis se añadía el adjetivo *ipse: egomet ipse.* Con el paso del tiempo el énfasis original de esta construcción se perdió, y se pasó a utilizar el superlativo de *ipse: egomet ipsissimus.* Esta construcción se usaba tanto, que *metipsíssimus* podía utilizarse solo. (En latín clásico *-met* no podía separarse del pronombre al que iba unido). En latín vulgar esta forma evolucionó a algo como: *medissíssimu.* En este punto tuvo lugar la HAPLOLOGÍA. La haplología, que está relacionada con la disimilación, es el proceso según el cual dos sílabas iguales (*iss-iss* aquí) se reducen a una, y en este caso concreto dan *medis(i)mu.* Evolucionó a *medesmo*

(-*iss(i)mu* tenía una Y en latín) > *meismo* > *mismo, mesmo*. Esta última forma, corriente en época de Cervantes, es igualmente común en el portugués actual. La alternancia *mismo, mesmo,* procedentes de *meismo,* es normal en español, como nos muestran *mitad* y *metad,* procedentes de *meitad, tinada* y *tenada* procedentes de *teinada.*

§ 161a.   Los sistemas de comparativo y de superlativo no han cambiado básicamente desde la época del latín vulgar (§ 37):

>   magis fidele > más fiel
>   magis felice > más feliz
>   magis securu > más seguro
>   il magis fidele > el más fiel
>   la magis felice > la más feliz
>   las magis securas > las más seguras

Magis evolucionó a *mais, meis, mes,* en español antiguo. Sin duda su normal utilización proclítica contribuyó a que se generalizara la forma *más.*

b.   Los comparativos irregulares (§ 38) evolucionaron normalmente:

>   maiore > mayor   minore > menor
>   meliore > mejor   peiore > peor

Hay que señalar que estos adjetivos de la tercera declinación, aunque terminan en *-or,* no aceptaron formas femeninas analógicas en *-a* (en contra de §§ 153a, 160b).

DEMOSTRATIVOS

§ 162.   Los demostrativos que se mantuvieron en latín vulgar (§ 39ab) pasaron al español. El nominativo dio lugar a las formas singulares españolas, mientras que del acusativo procede el plural en español.

Singular nom.	*Plural ac.*
iste > este	istos > estos
ista > esta	istas > estas

ipse > ese	ipsos > esos
ipsa > esa	ipsas > esas
istud > eso	
ipsud > eso	

Se ha sugerido que la etimología de *aquel, -la, -los, -las* podría ser *eccu ille*. (*Ecce,* con el sentido de *he aquí,* se usaba en latín clásico delante de los demostrativos para dar énfasis, y sus derivados lingüísticos son corrientes en formas modernas de francés y de italiano). Al llegar a la fase *equel,* la *e* inicial pudo haberse disimilado en *a.* También se ha pensado en *atque ille,* que fonéticamente habría evolucionado más fácilmente a *aquel,* pero desde el punto de vista semántico esta solución es débil (*atque* = "e incluso"). Otras propuestas razonables parten de *atque eccum ille.*

Relativos e interrogativos

§ 163.   Las únicas formas que se mantuvieron de la declinación de los pronombres relativos e interrogativos del latín vulgar fueron el nominativo singular *qui,* el acusativo singular *quęm,* y el neutro singular *quid.* Las dos primeras evolucionaron a *qui* y *quién* en español, y **ambas** se utilizaban indistintamente en español antiguo como nominativo o acusativo, como *masculino* o *femenino* y como singular *o* plural. Sin embargo, en el siglo XIV *qui* cayó en desuso. En el siglo XVI se creó un plural analógico para *quién: quienes.* Tanto *qui* como *quien* se reservaban para personas. En cambio *que* < *quem* átono se usaba para personas y cosas (§ 40).

El neutro *quid* originó el interrogativo *qué.* Además de su empleo interrogativo fue capaz de ir tomando otro tipo de funciones, quizá por haber desplazado al relativo neutro *quod* en latín vulgar, las relacionadas con la subordinación oracional:

melius quam > mejor que
credo quia > creo que (§ 74c)

Otros interrogativos evolucionaron sin especiales complicaciones:

> de ŭnde > dónde
> quale > cuál
> quando > cuándo
> quomodo > cómo

Todos ellos podían utilizarse como relativos.

PALABRAS AFIRMATIVAS Y NEGATIVAS

§ 164.   Cierto número de palabras afirmativas y negativas del latín clásico (pronombres indefinidos, adverbios) no pasaron al latín vulgar y se formaron otras nuevas. El participio pasado *natum* (nacido) utilizado con sentido negativo dio lugar a dos de las nuevas formas en Hispania: *(res) nata* > *(cosa) nada* ('cosa nacida'), en sustitución del LC *nihil* (nada). El latín clásico *nemo* se sustituyó por una forma de *(hominem) natum* > *(hombre) nado* > nadie. El LC *etiam* se sustituyó por *tam bene*.

aliqu'unu > alguno	(res) nata > nada
aliquod > algo	semper > siempre
iam > ya	tam bene > también
numquam > nunca	tota via > todavía

Para completar esta lista, hay tres palabras que requieren alguna explicación: *alguien, ninguno* y *nadie*.

El latín clásico *áliquem* habría dado *algue en español, pero su acento cambió basándose en el modelo del monosílabo tónico *quem* (esp. *quién*), y dio *alguién*. Para unificar su acento con *algo* (y con otras palabras positivas y negativas) el acento se desplazó después a su lugar de origen: *álguien*.

Nec + unu forma la base de *ningun(o)*. *Necunu* debería normalmente haber evolucionado a *neguno,* raro en español medieval. Hay que explicar dos cosas: la *n* que produjo las formas *nenguno* y la cerrazón de la inicial *ninguno*. De entre todas las explicaciones barajadas parecen las más probables las siguientes: la sílaba inicial muestra *i* porque otra negación muy general la tenía: *ni.* La *n* se explica por *nin* frecuente como *ni* y por *non* que alternaba con *no.* Por tanto, la analogía transformó doblemente a *neguno* para pasar a *ninguno.* En la Edad Media abundaban formas como *nenguno* y en algunas zonas *niguno.*

Para explicar *nadie* se han construido hipótesis poco convincentes. En algún caso se supone que *nado* + -*i* de *qui* evolucionó hasta *nadi*, mientras que *nado* + -*e* de *ese, este* evolucionó hasta *nade*. El cruce de *nadi* y *nade* (bastante raro en español antiguo) produjo *nadie*. Más razonable parece pensar que *nado* continuó en las construcciones *omne nado, muger nada* mientras se desarrollaba *nadi* < *(homines) nati. Nadi* era la forma más general en la Edad Media. Por otro lado, existían una serie de pronombres indefinidos como *otro,* con las variantes *otri* < LC *altĕrī* (dat.) y *otre,* que **sí** se cruzaron en *otrie.* Otros pronombres que mostraban estructura paralela eran *algo, algui, alguien,* o *que, qui, quien.* No es raro, por tanto, que aparecieran formas tipo *nado, nadi, nade, nadie.* Tampoco es de extrañar que aparecieran formas como *nadie ~ nadien,* si alternaban *algui ~ alguien, qui ~ quien.*

Posesivos

§ 165.   En español moderno los posesivos evolucionaron en dos grupos diferentes: un grupo *tónico* en el que el posesivo es una palabra tónica que va a continuación del nombre *(este amigo mío),* y un grupo *átono* en el que el posesivo precede al nombre en posición proclítica *(mi amigo).* En español moderno los dos grupos se diferencian en todas sus formas, excepto *nuestro* y *vuestro,* aunque en español antiguo las formas de ambos grupos eran bastante parecidas, como se puede apreciar en el cuadro que incluimos más abajo. Se podría incluso afirmar que las formas del grupo "átono" eran en realidad tónicas en español antiguo, puesto que *meu, nostru* y *vostru,* **átonas** en latín vulgar, tienen una evolución *tónica* en español antiguo.

En latín clásico los posesivos tenían el mismo timbre vocálico en masculino y en femenino singular *(mĕum, mĕam; tŭum, tŭam; sŭum, sŭam),* mientras que en latín vulgar la forma femenina presentaba una vocal cerrada (mẹu, mẹa; tụu, tụa; sụu, sụa);[3] este rasgo afectó a los dos grupos de posesivos.

---

3. En § 80b encontramos un ejemplo atestiguado en el que la *e* de *vea* se cerró efectivamente en *i,* y dio *via* en latín vulgar.

a.   Los posesivos tónicos evolucionaron de la siguiente manera del latín vulgar al español antiguo:

mẹu > mieo (§ 81b*i*) > esp. a. mío	mẹos > mieos > esp. a. míos
mẹa > esp. a. mía	mẹas > esp. a. mías
tựu > esp. a. to	tựos > esp. a. tos
tựa > esp. a. tua	tựas > esp. a. tuas
sựu > esp. a. so	sựos > esp. a. sos
sựa > esp. a. sua	sựas > esp. a. suas
nọstru > esp. a. nuestro	nọstros > esp. a. nuestros
nọstra > esp. a. nuestra	nọstras > esp. a. nuestras
vọstru > esp. a. vuestro	vọstros > esp. a. vuestros
vọstra > esp. a. vuestra	vọstras > esp. a. vuestras

En español antiguo, *mío* existía junto con *mió,* y en realidad este último era una evolución normal, paralela a la de *Deus,* que dio *Diéos, Díos,* y finalmente *Diós.*

La forma femenina de los posesivos era dominante; basándose en las formas *tua(s)* y *sua(s),* el español antiguo *to(s)* y *so(s)* pasó a ser *tuo(s)* y *suo(s).* Estas últimas formas se encuentran raramente en la lengua antigua debido a otra analogía que afectó rápidamente a todas las formas. *Tuyo(s)* y *suyo(s)* se crearon por analogía de *cuyo* desde el principio de la lengua.

b.   En latín vulgar, algunos de los posesivos átonos empezaron a apocoparse por el uso proclítico; en español antiguo evolucionaron de la siguiente manera:

mẹu > esp. a. mío	mẹos > esp. a. míos
mẹa > esp. a. míe, mi	mẹas > esp. a. míes, mis
tự > esp. a. to	tựs > esp. a. tos
tựa > esp. a. túe, tu	tựas > esp. a. túes, tus
sự > esp. a. so	sựs > esp. a. sos
sựa > esp. a. súe, su	sựas > esp. a. súes, sus
nọstru > esp. a. nuestro	nọstros > esp. a. nuestros
nọstra > esp. a. nuestra	nọstras > esp. a. nuestras
vọstru > esp. a. vuestro	vọstros > esp. a. vuestros
vọstra > esp. a. vuestra	vọstras > esp. a. vuestras

Se ha dicho que la *e* final de *mie(s)* se debe a una asimilación de la *-a,* acercándose al punto de articulación de la *i.* En ese caso, la *e* final de *túe(s)* y de *súe(s)* sería analogía de *míe(s).* Aquí también las formas masculinas se ajustaron a la evolución femenina y dieron *mi(s), tu(s)* y *su(s)* en español moderno.

Nuestro y *vuestro,* que no presentaban problemas de hiato que complicaran su desarrollo, evolucionaron de la misma manera en los dos grupos de posesivos.

NUMERALES

§ 166.   Los números cardinales presentan pocos problemas en su evolución del latín vulgar al español. En latín vulgar los números *unu, duos* y *tres* eran declinables (§ 45a), mientras que en español solamente *uno* hace diferencia entre masculino y femenino.

a.   La evolución de 1-10 del latín vulgar al español es la siguiente:

unu, -a > uno, -a	sẹx > seis
dụos > dos	sẹtte > siete
tres > tres	octo > ocho
quatt(u)or > cuatro	nọve > nueve
cinque > cinco	dẹce > diez

Los problemas fonéticos de *cuatro* y de *seis* se explican en § 148a. La *o* final de *cinco* es analogía de la *-o* de *cuatro*.

b.   La evolución de 11-19 es la siguiente:

ụnd(e)ce > once	(sed(e)ce > esp. a. seze)
dodece > doce	dece et sex > dieciséis
tred(e)ce > trece	dece et sette > diecisiete
catordece > catorce	dece et octo > dieciocho
quind(e)ce > quince	dece et nove > diecinueve

En la Edad Media era normal la forma *dodze* o *tredze,* con la *-e* mantenida de acuerdo con § 95c, pues las dos consonantes impedían su caída. Esta explicación es más sencilla que la propuesta por Hanssen. El LC *quattuordecim* debió de perder el wau intermedio por disimilación (como en LC *quattuor* > LV *quattor*), y más tarde cayó el inicial, como era normal delante de todas las vocales excepto de la *á.*

c.   Las decenas presentan la siguiente evolución desde el latín vulgar:

viínte > veínte > véinte	sexaénta > sesenta
tríinta > treínta > tréinta	settaénta > setenta
quaraénta > cuarenta	octaénta > ochenta
cinquaénta > cincuenta	novaénta > noventa

Veinte y *treinta* necesitan una explicación. La *-ī* final larga del LC *vīgĭntī*, según lo indicado en § 110, cerró en *i* la vocal breve tónica *ĭ* (que normalmente habría evolucionado a *e*). La *i* final después pasó a *e* y el resultado fue *viínte*. Entonces se produjo una disimilación de las dos *i* (como en LC *vīcīnum >* esp. *vecino*, § 149d). En este punto, el acento se desplazó a la vocal más abierta y dio *véinte*. El LC *trīgĭnta >* LV *treginta*, por influjo de *tres*, en la mayor parte de la Romania.

d. Las centenas plurales derivan del acusativo plural (con terminaciones *-os* y *-as*), por lo que diferencian el masculino del femenino. La invariabilidad de *ciento* proviene del latín clásico.

>centu > ciento, cien
>ducentos > esp. a. dozientos > doscientos
>trecentos > esp. a. trezientos > trescientos
>quadringentos (forma perdida)
>quingentos > quinientos
>sexcentos > seiscientos
>septengentos (forma perdida)
>octingentos (forma perdida)
>nongentos (forma perdida)

Cien procede de la forma apocopada del español antiguo *cient* (del mismo modo que *gran* moderno es una continuación del español antiguo *grant*).

Por analogía con *dos* y *tres*, *dozientos* y *trezientos* dieron *doscientos* y *trescientos*. *Quinientos* y *seiscientos* reflejan la evolución normal.

Las restantes formas (*cuatrocientos, setecientos, ochocientos, novecientos*) son analogía de los números básicos a los que se añade *-cientos*. Hay que señalar que *sete-* y *nove-* pierden el diptongo de la *tónica > vocal protónica*.

e. En los millares, *mille* dio *mil* de acuerdo con lo visto en § 133b. Como es natural, se perdió el sistema latino de utilizar el plural neutro para los múltiplos de mil (*duo milia, tria milia*, § 45d). En español antiguo se expresaban de la siguiente manera: *dos vezes mil, tres vezes mil.* El español moderno ha eliminado la palabra *veces*: dos mil, tres mil. *Millón* es una "invención" italiana (it. *milione*) que el español tomó en la Edad Media.

§ 167.   El sistema ordinal español presenta formas cultas a partir de *sexto.* LC *primus* y *tertius* se sustituyeron por LV *primariu* y *tertiariu.*

primariu > primero	sextu > sexto (cultismo)
secundu > segundo	septimu > séptimo (cultismo)
tertiariu > tercero	octavu > octavo (cultismo)
quarto > cuarto	nonu > nono (cultismo); noveno
quintu > quinto	decimu > décimo (cultismo)

La lengua antigua ofrecía soluciones tradicionales sustantivadas para *septimu > sietmo*; *octavu > ochavo*; *decimu > diezmo.* (*Ochavo* se mantiene en la lengua como nombre de moneda antigua, y *diezmo* con el sentido de 'impuesto'). En español medieval existía el sufijo adjetivo ordinal *-eno,* que se aplicaba, sobre todo, desde *siete* en adelante: *seteno, noveno, deceno, centeno.* En latín *-ēnus* era un sufijo para formar los numerales distributivos. En castellano se han conservado *docena* y *decena* con ese sentido. Como ordinal normal, *noveno.*

PRONOMBRES PERSONALES

§ 168a.   Los pronombres personales proceden del latín vulgar con algunas evoluciones interesantes. Los pronombres personales de primera y segunda personas pasaron del latín vulgar al español de la siguiente manera:

> ego > ieo > yo (§§ 7a, 41a)
> tu > tú
> nos > esp. a. nos (+ otros) > nosotros
> vos > esp. a. vos (+ otros) > vosotros

Nos y *vos* tenían formas paralelas enfáticas en latín vulgar, *nos alteros* y *vos alteros,* y fueron finalmente estas formas las que se impusieron en español frente a *nos* y a *vos,* a finales de la Edad Media.

Usted procede de una evolución desgastada de *vuestra merced,* pasando por formas abreviadas como *vuasted, vuested* y *vusted. Ustedes* es un plural analógico sobre la base de *usted.*

b.   En latín vulgar, los pronombres objeto de primera y segunda personas que procedían del dativo del latín clásico (esp. *mí, ti, nos, os*) pasaron a ser pronombres **tónicos** de objeto directo *o* indirecto, mientras que los pronombres que procedían del acusativo del latín clásico (esp. *me, te, nos, os*) pasaron a ser pronombres **átonos** de objeto directo *o* indirecto (§ 41b). El español ha mantenido siempre esta distinción salvo en el plural del grupo **tónico,** donde se han sustituido los pronombres sujeto:

tónicos (< dat. latino)	*átonos (< ac. latino)*
mi > mí	me > me
ti > ti	te > te
nos > (nosotros)	nos > nos
vos > (vosotros)	vos > os

Suele pensarse que el pronombre *os < vos* se desarrolló en el sintagma *imperativo + vos.* La forma *vos* dura hasta el XVI, en competencia desde el final de la Edad Media con *os.* Efectivamente, los primeros casos de *os* aparecen tras un imperativo acabado en *-d.* En la Edad Media, por tanto, *venid-vos > venid-os;* luego se extendió *os* a otros contextos.

c.   Los pronombres de tercera persona procedían de los mismos demostrativos latinos que dieron origen a los artículos determinados (§ 158a), aunque con algunas variantes. Las distinciones del latín vulgar entre pronombres dativos y acusativos se mantuvieron en los pronombres átonos españoles, contrariamente a lo que sucedió con los del apartado anterior:

nominativo	*sujetos*	*tónicos*
il(le) > él	illos > ellos	
illa > ella	illas > ellas	
illud > ello		

dativo	*c. indirecto*	*átonos*
(il)li > le		(il)lis > les

acusativo	*c. directo*	*átonos*
(il)lu > lo	(il)los > los	
(il)la > la	(il)las > las	

Los pronombres de dativo y de acusativo perdieron una sílaba debido a su naturaleza proclítica, mientras que los pronombres de nominativo (salvo *él*) no la perdieron, ya que pertenecían al grupo tónico. Parece ser que en *il(le)* la *e* final cayó por la tendencia de la *e* final a perderse (§ 95, 133b).

Las formas del LC *illī, illīs,* por su posición proclítica pasaron a *(il)li, (il)lis*; en algunos dialectos que conservaban la -*ī* latina y en el castellano primitivo se conservan formas así. Pero en el castellano, el resultado normal fue *le, les.* Todavía en el siglo XI hay formas como *eli.*

Como **todas** las formas de dativo y de acusativo se usaban para los pronombres objeto *átonos* de tercera persona (al contrario de los pronombres del singular vistos en el apartado b), los pronombres objeto **tónicos** se tomaron de la única fuente que quedaba, es decir, de los pronombres sujeto. Un resultado afortunado de esta utilización de los pronombres sujeto es que permite distinciones que de otra forma serían imposibles: *lo veo a él; lo veo a usted.*

d. Un caso especial lo plantea *se lo* (= *le lo*).

En latín clásico, cuando dos pronombres se empleaban juntos, el dativo precedía al acusativo: LC *illī illum, illī illās.* Al evolucionar estos pronombres, el primero perdió su vocal inicial, como ocurría cuando se empleaba solo. Pero, como los dos pronombres estaban prácticamente fusionados, la *i* "inicial" del segundo no se perdía, puesto que en realidad no se encontraba en posición inicial. Al llegar a este punto los ejemplos en latín vulgar podrían haber sido *lielo, lielas.* Al evolucionar al español antiguo, la *l* inicial + yod pasó a [ž] (como lo hizo ese mismo grupo en *muliere* > esp. a. *muger* [mužẹr]. Los grupos antes citados dieron en español antiguo *gelo, gelas* [žélo], [žélas]. Desde la etapa *gelo* la [ž] > [s], como *cogecha* > *cosecha.* Bien por un proceso disimilatorio, o bien por la analogía con el reflexivo *se,* que se presenta en modelos sintácticos similares: *gelo dio (a él), se lo dio (a sí mismo).* La forma plural, que se ve en unos cuantos ejemplos de español antiguo en variantes de *leslo* (evolución normal puesto que en el plural no había yod, como la había en singular), cedió pronto ante la forma singular y en español moderno *se lo* significa tanto *le + lo* como *les + lo*.

e. *Mecum, tecum* y *secum* (§ 41a) evolucionaron a *micum, ticum* y *sicum* en el latín vulgar de Hispania, según lo que hemos visto en el apartado b) referente a los pronombres objeto tónicos. Éstos evolucionaron fonéticamente de manera normal y dieron *migo, tigo* y *sigo*. De esta manera, *cum* se transformó en *go* y no se parecía en nada a *con* (que era el resultado fonético normal cuando se utilizaba sola, § 147b), se colocó la preposición *con* como prefijo ante *migo, tigo* y *sigo,* y aparecieron las formas modernas *conmigo, contigo* y *consigo*; es decir, en estas formas de español moderno el LC *cum* está representado *dos veces*.

EVOLUCIÓN DE LOS VERBOS

Infinitivos

§ 169. La mayoría de los infinitivos del latín vulgar pasaron al español con pocas complicaciones.

a. Los infinitivos en *-are* del latín vulgar pasaron sin problemas al español. *Fabulare,* que figura entre los ejemplos que damos a continuación, era deponente en latín clásico (§ 62):

circare > cercar	lucrare > lograr
clamare > llamar	mesurare > mesurar (cultismo)
coll(o)care > colgar	mutare > mudar
fab(u)lare > hablar	nom(i)nare > nombrar
lavare > lavar	plicare > llegar

Los verbos en *-ar* son los más comunes y los más regulares de la lengua y prácticamente todos los verbos nuevos que se han introducido en español son verbos en *-ar,* se deriven de adjetivos o de sustantivos, o sean de nueva creación: *fechar, fotografiar, fusilar, mejorar, igualar, ocasionar, telefonear.*

b. Los infinitivos en *-ere* del latín vulgar pasaron generalmente al español sin dificultad. La lista que presentamos a continuación incluye ejemplos de la segunda conjugación *(-ēre)* del latín clásico, de la tercera (LC *bibĕre, cumédĕre, fácĕre, légĕre,*

pónĕre, sápĕre, véndĕre, § 51a), algunos incoativos del latín vulgar
que derivan de infinitivos clásicos no incoativos (LC *carēre,
oboedīre, parēre,* § 49), y el infinitivo del latín vulgar *potére,* que
sustituyó al irregular LC *posse* (§ 63):

> bibére (LC *bíbĕre*) > beber
> carescére (LC *carēre*) > carecer
> comedére (LC *cumédĕre*) > comer
> debére > deber
> facére (LC *fácĕre*) > hacer
> jacére > yacer
> habére > haber
> legére (LC *légĕre*) > leer
> obedescere (LC *oboedīre*) > obedecer
> parescére (LC *parēre*) > parecer
> ponére (LC *pónĕre*) > poner
> potére (LC *pósse*) > poder
> sapére (LC *sápĕre*) > saber
> tenére (LC *ténĕre*) > tener
> timére (LC *tímĕre*) > temer
> vendére (LC *véndĕre*) > vender
> vidére > ver

El infinitivo del latín vulgar *éssere* (que sustituyó al LC *esse*)
no pasó al español; el español *ser* deriva del LC *sedēre,* 'sentar-
se'.

De forma curiosa, en español quedan dos restos de los
infinitivos en *-ĕre* del latín clásico. LC *fácĕre* y *dícĕre* tienen una
doble evolución. Cambiaron de grupo de conjugación y dieron
en español antiguo *fazer* y *dizer.* Pero también podían mantener
el acento del latín clásico y evolucionaron así:

> fácere > fac're > faĭre > fer
> fá(ce)re > fare > esp. a. *far* > dialectalmente *har*
> dícere > díc're > dire > dir

De estos infinitivos se derivarían los tiempos del futuro y
condicional en español: *har-é; dir-ía.* No hay que recalcar que
las posibles evoluciones son muy discutidas. Se puede suponer,
en un momento dado, agrupaciones tipo *fac're* o *dic're* que
produjeran la YOTIZACIÓN de la *c.*

c.   Los infinitivos en *-ire* del latín vulgar pasaron también intactos al español. Los ejemplos que damos a continuación incluyen los infinitivos del latín vulgar que procedían de la tercera conjugación en *į* del latín clásico (*fúgiō, -ĕre; páriō, -ĕre; recípiō, -ĕre,* § 51b); los que derivan de la segunda conjugación clásica (LC *implēre, lucēre, ridēre,* § 51c); y el LV *sequire,* que era deponente en latín clásico (*sequī,* § 62):

> audíre > oír
> dormíre > dormir
> fugíre (LC *fúgĕre*) > huir
> glattíre > latir
> implíre (LC *implēre*) > henchir
> lucíre (LC *lucēre*) > lucir
> paríre (LC *párĕre*) > parir
> partíre > partir
> recipíre (LC *recípĕre*) > recibir
> ridíre (LC *ridēre*) > reír
> sentíre > sentir
> sequíre (LC *séquī*) > seguir
> servíre > servir
> veníre > venir

Hubo otros infinitivos de la tercera conjugación del latín clásico que se añadieron a los anteriores, por motivos que no están claros: LC *cíngĕre* > esp. *ceñir,* LC *ríngĕre* > esp. *reñir,* LC *spárgĕre* > esp. *esparcir.* Los infinitivos en *-ĕre* que tenían una *ī* en la raíz pasaron también al grupo de verbos en *-ir* en español, a veces con disimilación vocálica (§ 149d), como los dos primeros ejemplos que damos a continuación: LC *dícĕre* > LV *dicire* > esp. *decir,* LC *fríngĕre* > LV *frigire* > esp. *freír,* LC *scríbĕre* > esp. *escribir,* LC *vívĕre* > esp. *vivir.* El latín clásico *pétĕre* tenía dos perfectos, uno basado en los verbos en *-ire (petīvī)* y otro basado en los verbos en *-ĕre (pétuī).* Debido probablemente al perfecto en *-ire,* el resto de la conjugación cambió también al modelo en *-ire:* esp. *pedir.*

Presente de indicativo

§ 170. Aunque el presente de indicativo forma un sistema muy consistente en español moderno, tiene una historia bastante compleja. En realidad, la mayoría de las complicaciones históricas surgieron precisamente porque la lengua regularizaba las conjugaciones y mantenía una raíz constante en todo el presente de indicativo. La presión para regularizar las conjugaciones fue tan grande que impidió en muchos casos la evolución **regular** fonética. Aunque las leyes fonéticas en sí son bastante fuertes, las leyes morfológicas son seguramente todavía más fuertes y de mayores consecuencias, como se verá en los apartados que siguen.

Por ahora daremos modelos de conjugaciones que no presentan complicaciones después de la fase del latín vulgar. En los casos en que la forma del latín vulgar difiera de manera significativa de la forma clásica, se indicará esta última entre paréntesis. En § 50 se ofrecen ejemplos de las conjugaciones completas del presente de indicativo del latín clásico.

§ 171a.   Ésta es la evolución normal del presente de indicativo del latín vulgar al español de los verbos que proceden de la primera conjugación, -$\bar{a}re$, del latín clásico:

> clámo > llamo
> clámas > llamas
> clámat > llama
> clamámus > llamamos
> clamátis > esp. a. llamades > esp. m. llamáis
> clámant > llaman

El único rasgo que merece un comentario en estos ejemplos es el que se refiere a la evolución de -atis > -áis. En el siglo XV, la [-đ-] de -ádes desapareció, y la -e-, en hiato, se convirtió en yod. Normalmente, la -d- procedente de -t- no se pierde en español en otras ocasiones, pero es la más débil de las consonantes procedentes de las oclusivas latinas intervocálicas. Modernamente -ado, participio de la primera conjugación, llega hasta -ao, -au (§ 125a). La pérdida de d- afectó también a las terminaciones de las restantes conjugaciones (-étis > -éis, -ítis > -ís).

b.   Como muchos verbos en -are por la alternancia acentual (4 formas tónicas y 2 átonas) cambiaban la o tónica en ué o la ĕ por ié, algunos verbos que tenían una ō o una ē en latín clásico diptongaron por analogía:

LC cōlat > cuela
LC mōnstrat > muestra
LC pēnsat > piensa
LC rĭcat > riega
LC sēminat > siembra

Por otro lado, algunos verbos que en la Edad Media habían diptongado, presentan una vocal simple en español moderno, por la influencia analógica de otras formas sin diptongo:

LC confŏrtat > esp. a. confuerta > esp. m. conforta
LC vĕtat > esp. a. vieda > esp. m. veda
LC tĕmperat > esp. a. tiempla > esp. m. templa

En algunos casos la alternancia se puede buscar en los cultismos:

LC intĕgrat > esp. a. entriega-entrega
LC praesto > esp. a. priesto-presto

c. El verbo del latín clásico *lĕvā re* presenta una evolución interesante. En español antiguo evolucionó a *levar* y se conjugó *lievo, lievas, lieva, levamos, levades, lievan.* Es fácil observar que en las cuatro formas con *li-* se palatalizó esta tardía *lj-* en [ļ-], y después toda la conjugación, incluidos el infinitivo y las formas de *nosotros* y *vosotros,* cambiaron a [ļ-], grafía *ll-*.

d. El verbo del latín clásico *jŏcā re* presenta un auténtico problema fonético en la forma de español moderno *jugar.* Se ha sugerido que el verbo podría haber derivado del LV *jugare,* pero, en este caso, el resultado en español antiguo no habría tenido formas diptongadas (como en realidad tuvo: esp. ant. *juego, juegas, juega, juegan*). Se ha sugerido también que *jugar* representa una evolución leonesa en la que el diptongo *ué* se ha generalizado al infinitivo y luego se ha simplificado en *u*; el LV *jocare* habría dado en leonés *juegar* y luego se habría simplificado en *jugar,* como ocurre con el LV *contare,* leonés *cuentar* > *cuntar.* Sin embargo, parece poco probable que un verbo tan corriente haya tenido que tomarse prestado de un dialecto.

§ 172. Ésta es la evolución normal del latín vulgar al español del presente de indicativo de los verbos que proceden de la segunda conjugación del latín clásico, *-ēre*:

débo (LC *debeō*) > debo
débes > debes
débet > debe
debémus > debemos
debétis > esp. a. debedes > esp. m. debéis
débent > deben

Ya se ha señalado en § 51c que en algunos verbos la -*e*- de la primera persona del singular del latín clásico se convirtió en yod, y que ello tuvo como resultado que estos determinados verbos pasaran a la conjugación en -*ire* en latín vulgar. En los casos normales, como los de la conjugación modelo que acabamos de dar, la -*e*- se perdía sin dejar rastro. Otros ejemplos son:

LC *tĭmeō* > esp. *temo*
LC *mŏveō* > esp. *muevo*

El LC *vídeō* evolucionó de forma normal a *veyo* en español antiguo (§ 129a). Más tarde se perdió la yod procedente de la *dj*, absorbida en la vocal anterior, y apareció la forma moderna *veo*. Al simplificarse el infinitivo en *ver*, las demás formas se basaron en el nuevo infinitivo: *ves, ve*. Pero en español antiguo también existían las formas *vees, vee, veer* < LC *vides, videt, vidēre*. Esta evolución contrasta con la de *lee* y *cree*, en § 173b, donde el infinitivo se basa en las formas conjugadas.

§173a.   Ésta es la evolución normal del latín vulgar al español de los verbos que proceden de la tercera conjugación del latín clásico, -*ĕre*:

bíbo > bebo
bíbes (LC *bíbis*) > bebes
bíbet (LC *bíbit*) > bebe
bibémus (LC *bíbimus*) > bebemos
bibétis (LC *bíbitis*) > esp. a. bebedes > bebéis
bíbent (LC *bíbunt*) > beben

En zonas del latín vulgar, la tercera conjugación del latín clásico se mezcló con la segunda conjugación clásica (§ 51a); tomó de la segunda conjugación no solamente las terminaciones verbales, sino también el acento. (§ 52.)

b.   Con la caída de la *d* y de la *g* intervocálicas (§§ 129a,

130a), se habría podido esperar que LC *crĕdit* hubiera dado en español *crey* y que *lĕgit* hubiera dado *ley,* según lo expuesto en §95d. Sin embargo, la situación no es en este caso igual al de *gree > grey,* porque el morfema verbal, *-it > -e,* evolucionó de acuerdo con las otras formas verbales. El nivel morfológico interfirió aquí en el nivel fonológico.

§ 174. Ésta es la evolución normal del latín vulgar al español del presente de indicativo de los verbos que proceden de la cuarta conjugación clásica, *-īre:*

> dórmo (LC *dórmiō*) > duermo
> dórmis > duermes
> dórmit > duerme
> dormímus > dormimos
> dormítis > esp. a. dormides > esp. dormís
> dórment (LC *dormiunt*) > duermen

La yod de la terminación de la primera persona del singular del latín clásico se perdió generalmente en latín vulgar (§ 50), pero, en muchos casos, desapareció más tarde que en los ejemplos vistos y, por ello, aparecieron algunas dificultades fonéticas y morfológicas, que veremos en § 176. Otros ejemplos que muestran la pérdida temprana de la yod serían: LC *apériō* > esp. *abro,* LC *fériō* > esp. *hiero,* LC *partiō* > esp. *parto.*

El español antiguo *-ides* habría dado *-ies, -iés* con pérdida de la *-d-.* Pero en este caso, como *-ades* dio *-áis, -ides* siguió su ejemplo y dio *-íis* que se simplificó en *-ís.* La terminación de la tercera persona del plural del latín vulgar es analógica con el *-ent* de la conjugación en *-ere* (§ 172).

§ 175. Conviene hacer unos comentarios suplementarios sobre la unificación del acento del latín clásico en latín vulgar. En latín clásico, un verbo podía estar acentuado en unas personas en la primera sílaba de la raíz *(áperis, súccutis),* y en otras personas en la segunda sílaba de la raíz *(apério, succútio).* Esta variación de acentos se unificó en latín vulgar, pero no de manera uniforme. Algunos verbos unificaron su acento basándose en la primera persona del singular: LV *ápero, áperis, áperit,* mientras que otros unificaron el suyo basándose en el modelo de las demás formas: LV *sucúto, sucútis, sucútit.* El acento del latín vulgar se mantuvo en español: *ábro, ábres, ábre; sacúdo, sacúdes, sacúde.*

Hay que mencionar también que en español el acento del presente de indicativo recae siempre sobre la penúltima sílaba (excepto en la forma de *vosotros*), por lo que los verbos "cultos" que se han ido añadiendo a la lengua no han conservado su acento "culto", sino que lo han cambiado para ajustarse al esquema normal en español:

> LC cólloco > colóco
> LC commúnico > comuníco
> LC consídero > considéro
> LC víndico > vindíco

El primero, el segundo y el cuarto de estos verbos, en su evolución tradicional, han mantenido el acento latino original:

> LC cŏ́ll(o)cō > esp. cuélgo
> LC commū́n(i)cō > esp. comúlgo
> LC vī́nd(i)cō > esp. véngo

§ 176a.   El presente de los verbos en *ir* sufre la influencia de la analogía y de la inflexión más que el de los verbos en -*ar* y en -*er*. Hemos dicho en § 52 y de nuevo en § 174 que la yod de las terminaciones de la primera persona del singular, en algunos presentes de indicativo de la tercera y en la mayoría de la cuarta conjugación, cayó en latín vulgar sin dejar rastro (LC *faciō* > LV *faco* > esp. *hago*, LC *partiō* > LV *parto* > esp. *parto*). Sin embargo, cuando la vocal de la raíz de un verbo del latín vulgar en -*ire* era una *e* cerrada (que procedía del LC *ē* o *ĭ*), la yod del latín vulgar la cerraba en *i* antes de desaparecer. Este efecto está generalizado en los más antiguos textos castellanos. Así, el latín vulgar *mẹtio* pasó a *mido* ya en español antiguo. Por otro lado, habría sido de esperar que las formas del LV *mẹtis, mẹtit* y *mẹtent* hubieran dado **medes,* *mede y *meden en español, puesto que no aparecía una yod detrás de la *e* cerrada. Sin embargo, estas formas no existen en español, y por una razón muy sencilla. En las conjugaciones en -*ar* y en -*er,* cuando hay un cambio vocálico, éste afecta a *las cuatro* formas fuertes, como se ve en los siguientes ejemplos:

-AR		*-ER*	
siento	sentamos	vuelvo	volvemos
sientas	sentáis	vuelves	volvéis
sienta	sientan	vuelve	vuelven

Por analogía, los verbos en *-ir* que tenían la primera persona del singular inflexionada siguieron el modelo de los verbos en *-ar* y en *-er* y colocaron una *-i-* en las demás formas fuertes. De ese modo:

latín vulgar	*español*
métio	mido
métis	mides
métit	mide
metímus	medimos
metítis	medís
métent	miden

Este rasgo analógico, que afecta a la segunda y a la tercera personas del singular y a la tercera del plural, se encuentra en los primeros textos castellanos.

Este fenómeno afectó igualmente a verbos con yod que, procedentes de otras fuentes, pasaron en LV a la conjugación en *-ire,* como se puede ver en los siguientes ejemplos:

LC ĭmplēre,	LV ịmplēre > henchir
ĭmpleō	LV ịmplio > hincho
	LV ịmplis > hinches (anal.)
	LV ịmplimus > henchimos

LC concĭpĕre,	LV concịpire > concebir
concĭpiō	LV concịpio > concibo
	LV concịpis > concibes (anal.)
	LV concịpimus > concebimos

Hay que señalar que el resultado español del LC *recĭpĕre,* que es prácticamente gemelo de *concĭpĕre,* generalizó la *i* en todas las formas, mientras que *concĭpĕre* no lo hizo:

LC recĭpĕre	LV recịpire > esp. recibir (anal.)
LV recĭpiō	LV recịpio > esp. recibo
	LV recịpis > esp. recibes (anal.)

LV recįpimus > recibimos (anal.)
En cambio, LC concĭpĕre: LV concįpimus > concebimos (no anal.)

b.   Lo que acabamos de decir vale para los verbos en -ir con una e cerrada del latín clásico en la raíz. Pero, ¿qué sucedió con los verbos en -ir que tenían una e abierta?

Moviéndonos en un terreno puramente fonético, podríamos haber esperado que la yod del latín vulgar hubiera cerrado la e abierta en e cerrada en la primera persona del singular únicamente, mientras que las tres formas fuertes restantes, que no tenían yodes en sus terminaciones, habrían mantenido vocales diptongadas. Es decir, que habríamos podido esperar estas conjugaciones (que no existen precisamente tal como las indicamos):

latín vulgar	español	latín vulgar	español
sérvio	servo	séntio	sento
sérvis	sierves	séntis	sientes
sérvit	sierve	séntit	siente
servímus	servimos	sentímus	sentimos
servítis	servís	sentítis	sentís
sérvent	sierven	séntent	sienten

Pero, puesto que ni servir ni sentir se conjugan según las previsiones fonéticas, ¿cómo se pueden explicar las conjugaciones de estos dos verbos que encontramos en español? Una vez más entra en juego la analogía, y en cada ejemplo encontramos un tipo de analogía diferente. Servir se ha construido simplemente según el modelo de medir, utilizando esta forma de relación: medimos: servimos: mido: × (= sirvo). Una vez formado sirvo, aparecieron sirves, sirve, sirven, según se explica en el apartado a). Otros verbos que funcionan igual que servir son vestir, del LC vĕstīre (esp. visto, no vesto), y embestir del LC ĭnvĕstīre (esp. embisto, no *embesto).

El caso más corriente es el de sentir. Aquí, la primera persona del singular cedió simplemente ante la presión morfológica que ejercían las otras formas fuertes y tomó -ie- por analogía. Otros verbos que funcionan como sentir son herir, del LC fĕrīre (esp. hiero, no hero) y mentir, del LC mentīre (esp. miento, no mento).

c. Algunos verbos del latín clásico, que no tenían yod en la primera persona del singular, pasaron en latín vulgar a la conjugación en -ire, y, por analogía, muchos de ellos siguieron la conjugación "inflexionada" que hemos descrito en el apartado a). Para facilitar la comparación indicamos los infinitivos del latín clásico y las primeras personas del singular:

latín clásico	español
cĭngĕre, cĭngō	ceñir, cĩño
dīcĕre, dīcō	decir, dĩgo
pĕtĕre, pĕtō	pedir, pĩdo
rĕgĕre, rĕgō	regir, rĩjo
sĕquī, sĕquor	seguir, sĩgo

d. El otro tipo de conjugación en -īre era aquel en el que, en español antiguo, la o cerrada de la primera persona del singular se cerraba en u. En estos verbos, la primera persona del singular era tan importante que *todas* las formas del verbo, todas las personas de todos los tiempos, y no únicamente las formas fuertes del presente (como en el apartado a), adoptaron u como vocal temática. En los ejemplos que damos a continuación, del LC *sŭbīre* y *coŏpĕrīre*, las formas del español moderno revelan una generalización analógica de la *u*:

latín vulgar	español antiguo	español
sŭbire	sobir	sᵤbir (anal.)
sŭbio	sᵤbo	sᵤbo
sŭbis	sobes	sᵤbes (anal.)
sŭbit	sobe	sᵤbe (anal.)
sŭbimus	sobimos	sᵤbimos (anal.)
sŭbitis	sobides	sᵤbís (anal.)
sŭbent	soben	sᵤben (anal.)
coͺp(e)rire	cobrir	cᵤbrir (anal.)
coͺp(e)rio	cᵤbro	cᵤbro
coͺp(e)ris	cobres	cᵤbres (anal.)
coͺp(e)rit	cobre	cᵤbre (anal.)
coͺp(e)rimus	cobrimos	cᵤbrimos (anal.)
coͺp(e)ritis	cobrides	cᵤbrís (anal.)
coͺp(e)rent	cobren	cᵤbren (anal.)

Este fenómeno afectó a los verbos con yod que, procedentes de otras fuentes del latín clásico, se pasaron a la conjugación en -*ire* del latín vulgar, como muestran los siguientes ejemplos:

LC complēre,   LV complire > esp. a. complir > esp. cumplir *(anal.)*
   cōmpleō   LV complio > esp. a. cumplo > esp. cumplo
            LV complis > esp. a. comples > esp. cumples *(anal.)*
            LV complimus > esp. a. complimos > esp. cumplimos *(anal.)*

LC fŭgĕre,   LV fugire > esp. a. foír > esp. huir *(anal.)*
   fŭgiō   LV fugio > es. a. fuyo > esp. huyo
            LV fugis > esp. a. foes > esp. huyes *(anal.)*
            LV fugimus > esp. a. foímos > esp. huimos *(anal.)*

LC sŭfferre,   LV sufferire > esp. a. sofrir > esp. sufrir *(anal.)*
   sŭfferō   LV sufferio > esp. a. sufro > esp. sufro
            LV sufferis > esp. a. sofres > esp. sufres *(anal.)*
            LV sufferimus > esp. a. sofrimos > esp. sufrimos *(anal.)*

El LC *súfferre* era un compuesto del irregular *ferō (ferre)*, y pasó a la conjugación en -*ire* del latín vulgar (§ 63).

e. En el caso del LV *dọrmio* y *mọrio* (LC *morior*, verbo deponente), podríamos haber esperado que la yod cerrase la *o* abierta en *o* cerrada y que hubiese dado en español las formas hipotéticas siguientes: *dormo* y *moro*. Las formas españolas *duermo* y *muero* son evidentemente formas analógicas basadas en las restantes formas fuertes en *ué*. Este proceso es similar al que hemos descrito en el apartado *b* (*siento*).

§ 177.   En español, en algunas formas de la primera persona del singular ha aparecido una *g* sin que aparentemente haya razón para ello. Estas formas se dividen en dos grupos: 1) *caigo, oigo, traigo,* y 2) *vengo, pongo, tengo, salgo, valgo.*

a.   El resultado del LV *cadeo* (LC *cadō*) y *audio* fue *cayo* y *oyo* en español antiguo; *traho* dio *trayo* ya que se añadió una *y* **epentética** para evitar el hiato. En español antiguo los verbos *digo* y *fago,* que eran corrientes e importantes, y que tenían una *g* etimológica, y que procedían del LV *dico* y *faco* (LC *faciō*), impusieron una *g* no etimológica a *cayo, oyo* y *trayo,* lo que hizo que dieran *caigo, oigo* y *traigo.*

b. La evolución del segundo grupo todavía se discute:

> LV venio - esp. vengo
> LV tenio (LC těneō) - esp. tengo
> LV ponio (LC pōnō) - esp. pongo
> LV valio (LC valeō) - esp. valgo
> LV salio - esp. salgo

La explicación que se viene generalmente dando para la aparición de la *-g-* es que las formas *vengo, tengo* y *pongo* son analógicas con formas de español antiguo que tenían *-ngo* etimológico, como *frango, plango* y *tango.* Incluso *valgo* y *salgo,* con *-lgo* final, tendrían una cierta analogía con esas formas. Las formas italianas muestran también el mismo rasgo (it. *vengo, tengo, valgo,* de *venire, tenere* y *valere*) por lo que la *-g-* no debe ser únicamente un fenómeno hispánico. Todas estas formas tenían una yod en la terminación del latín vulgar. Esto nos hace pensar que la *-g-* está relacionada de alguna manera con la yod, pero hasta ahora no se ha encontrado una explicación convincente.[4]

§ 178. Otro grupo de formas "agresivas" de la primera persona del singular era en español antiguo *oyo* y *fuyo,* con una *y* que había evolucionado de manera regular del LV *audio* y *fugio.* Esta *y* tenía gran poder en dos sentidos. Primero se propagó a las restantes formas fuertes del presente: *oyes, oye, oyen; fuyes, fuye, fuyen.* (Las formas del latín vulgar por sí solas no podían dar origen a una *y*: *audis, audit, audent; fugis, fugit, fugent*). Después, la *y* se infiltró en las formas fuertes de los verbos cultos como *construir,* en el que ninguna de las formas, ni siquiera la primera persona del singular, tenía base etimológica para llevar *y*:

> LC cónstruo > construyo
> LC cónstruis > construyes
> LC cónstruit > construye
> LC cónstruunt > construyen

4. Existen, en cambio, ejemplos en español antiguo que muestran la evolución normal de estos verbos desde formas latinas sin yod: *valo* < LV *valo* ('valgo') y *sala* < LV *salat* ('salga').

Entre los verbos que siguen este modelo se encuentran *argüir, atribuir, contribuir, destruir, diluir, disminuir, influir, sustituir.*

§ 179.   Las formas de los verbos modernos *doy, soy, voy, estoy,* que tienen *y* final, evolucionaron en español antiguo a su resultado fonético normal sin *y*:

> LV do (LC *dō*) > esp. a. do
> LV sum > esp. a. so[5]
> LV vao (LC *vadō*) > esp. a. vo
> LV sto (LC *stō*) > esp. a. estó

Los primeros documentos en los que aparece una de estas cuatro formas con *y* final, *doy,* datan de principios del siglo XIII; la *y* final se refiere a un complemento locativo, como muestran algunos de los ejemplos que damos a continuación. Esta *y < ibī,* 'ahí', en la Edad Media es similar al adverbio francés *y* en *j'y vais*:

do y la otra heredat a este monasterio (Staaff, p. 39)
do hy cuanto eredamiento a Sancta Maria de Piasca (Staaff, p. 39)
do y ueinte uaccas (Staaff, p. 77)
do i por mi alma ... vi tabladas (*Doc. ling.,* p. 124)
do hi conmigo quanto he (*Doc. ling.,* p. 134)[6]

Hasta el siglo XVI la *-y* no se unió permanentemente a *do* y pasó a *so* y a *vo,* que estaban ambos relacionados con *do,* puesto que los tres eran primeras personas del singular monosílabas y muy corrientes. (La *y* de *estoy* es analogía de *soy*).

En esa misma época *ha,* "hay ahí", tomó también una *y* final, que la hizo similar a la construcción francesa *il y a* (fr. *y + a* = esp. *ha + y*).

§ 180a.   El presente del verbo *ser* evolucionó desde la conjugación *esse* del latín clásico con algunas modificaciones:

---

5.   El resultado de *sum,* muy raro, ha sido *son,* igual que *tam > tan, quem > quien* (§ 147b), pero la *-n* desapareció para diferenciar *so* de la tercera persona del plural *son* (< *sunt*).

6.   Staaff, Erik, *Étude sur l'ancien dialecte léonais (d'après des chartes du XIIIe siècle),* Uppsala, Almqvist & Wiksell, 1907; Menéndez Pidal, Ramón, *Documentos lingüísticos de España* (vol. I. *Reino de Castilla*), Madrid, Centro de estudios históricos, 1919.

LC sum > esp. a. so > esp. soy (§ 179)
LC es (se perdió); eris > esp. eres
LC est > esp. es
LC sumus > esp. somos
LC estis (se perdió); LV sutis > esp. a. sodes > esp. sois
LC sunt > esp. son

Las dos formas del LC *es* y *est* habrían evolucionado a *es* en español; para evitar esta confusión, la lengua retuvo el futuro del latín clásico (de *esse*) *eris,* que evolucionó a *eres.* Esta forma aislada es el único resto del futuro del latín clásico en español, y además el único resto del futuro clásico en todas las lenguas románicas importantes. El LC *estis* se perdió en español, probablemente porque su raíz se basaba en el singular *es, est* y no en las formas de plural; se creó una nueva forma, *sutis,* basada en *sumus, sunt,* que dio *sois* en español, siguiendo una evolución fonética normal.

b. El infinitivo del latín clásico *īre* pasó al español *(ir),* pero al español moderno no ha llegado nada de su conjugación de presente; la mayoría de sus formas habrían sido demasiado cortas o demasiado confusas: LC *ego eō* habría dado en español *yo yo,* por ejemplo. *Imos* (del LC *īmus*) e *ides* (del LC *ītis*) fueron las únicas formas de *īre* que pasaron al español antiguo.

El presente de indicativo del LC *vadĕre,* 'pasear' sustituyó al presente de indicativo de *īre* en español:

LC vadō > LV vao > esp. a. vo > esp. voy (§ 179)
LC vadis > LV vas > esp. vas
LC vadit > LV vat > esp. va
LC vádimus > LV vamus > esp. vamos
LC váditis > LV vatis > esp. vais
LC vadunt > LV vant > esp. van

§ 181. La conjugación del LC *habēre* perdió una sílaba en las formas fuertes del latín vulgar (§ 54b):

LC habeo > LV aio > esp. he
LC habes > LV as > esp. has
LC habet > LV at > esp. ha
LC habemus > LV abemus > esp. a. (av)emos > esp. hemos
LC habē tis > LV abetis > esp. habéis
LC habent > LV ant > esp. han

La *h*- repuesta es una simple grafía culta en español.

La evolución de la primera persona del singular no está clara. La *o* final de la forma del latín vulgar tuvo que perderse pronto para que *ai* pasara a *ei* (como en portugués *hei*) y luego se simplificara en *(h)e*. Hay que comparar *probai* > *probei* (*provei* en portugués) > *probé* (§ 107). Si la *o* se hubiera mantenido, *aio* habría dado simplemente *hayo*, o posiblemente *haigo* por analogía con otros verbos. Lo más difícil es, naturalmente, saber por qué cayó primero la *-o*. En español antiguo *avemos* se usaba de manera regular como verbo principal y como auxiliar, mientras que *emos* se usaba en relación con la formación del futuro. Es esta última forma la que se ha mantenido en español moderno, tanto como auxiliar (*lo* hemos *hecho*) como en la terminación de futuro (*lo har*emos).

§ 182.   El LC *sapére* plantea también un problema en la primera persona del singular. Según el modelo de evolución fonética normal (§ 109), *sapio* debería de haber dado *sepo,* igual que *sapiam* ha dado *sepa*. La explicación corriente de *sé* es que es analogía de *he*. Esto parece ser muy posible, ya que otras lenguas románicas muestran en sus formas el mismo paralelo: it. *so, ho*; port. *sei, hei*; fr. *sais, ai* [sę, ę].

Presente de subjuntivo

§183.   El subjuntivo español retuvo las características de las terminaciones del presente de subjuntivo del latín clásico: la conjugación en *-are* tenía terminaciones basadas en *e,* y las de las restantes conjugaciones se basaban en *a* (§ 65). Éstas son las evoluciones típicas del latín vulgar al español:

-are

clamem > llame
clames > llames
clamet > llame
clamemus > llamemos
clametis > llaméis
clament > llamen

-ere (< LC *-ēre*)

timam (LC *timeam*) > tema
timas (LC *timeās*) > temas
timat (LC *timeat*) > tema
timamus (LC *timeāmus*) > temamos
timatis (LC *timeātis*) > temáis
timant (LC *timeant*) > teman

-ere (< LC *-ĕre*)

bibam > beba
bibas > bebas
bibat > beba
bibamus > bebamos
bibatis > bebáis
bibant > beban

-ire

partam (LC *partiam*) > parta
partas (LC *partiās*) > partas
partat (LC *partiat*) > parta
partiamus (LC *partiāmus*) > partamos
partiatis (LC *partiātis*) > partáis
partant (LC *partiant*) > partan

La raíz del subjuntivo estaba influida por la del indicativo, y de manera específica por la primera persona del singular. Si *pacare* y *plicare,* por ejemplo, hubieran evolucionado según las convenciones fonéticas, *pacem* habría dado *pace* en español, y *plicem* habría dado *llece* (en lugar de *pague* y *llegue*), como se indica en § 126c. Pero la presión morfológica del indicativo impidió esta evolución fonética normal.

La yod que se perdió en la primera persona del singular del presente de indicativo de la conjugación en *-ēre* del latín clásico (LC *timeo* > LV *timo*) se perdió igualmente en el subjuntivo en latín vulgar.

Los verbos españoles que tienen una *g* en la primera persona del singular del indicativo, tanto si es etimológica como si no lo es, tienen también una *g* en todas las formas del presente de subjuntivo. En estos mismos verbos, si no diptongaba la primera persona del singular del presente de indicativo (como en *tengo, vengo* que aparecen a continuación), no diptongaba tampoco *ninguna* de las formas del presente de subjuntivo. Esto

pone de relieve una vez más la enorme influencia de la primera
persona del singular del presente de indicativo.

> LC dīcō > esp. digo
> LC dīcam > esp. diga
>
> LC tĕneō > esp. tengo
> LC tĕneat > esp. tenga
>
> LC vĕniō > esp. vengo
> LC vĕniās > esp. vengas

§ 184a.   En el subjuntivo de la conjugación en -ire, si la
vocal temática era i, a o u, la yod de la primera y de la segunda
persona del plural caía simplemente sin dejar rastro, como en
LV *partiamus* > esp. *partamos* que hemos visto más arriba.
    b.   Sin embargo, si la vocal temática de la conjugación en
-ire era e u o, la yod de la primera y de la segunda personas del
plural las cerraba en i o en u, y luego desaparecía:

latín vulgar	*español*
mẹtiamus	midamos
mẹtiatis	midáis
sẹntiamus	sintamos
sẹntiatis	sintáis
dọrmiamus	durmamos
dọrmiatis	durmáis

Como el latín vulgar distinguía en el vocalismo inicial
solamente dos grados de abertura (§ 87), la yod sólo tenía que
cerrar la e y la o un grado en el triángulo vocálico, respectivamente, hasta llegar a la i y la u.

§ 185.   Conviene decir unas palabras sobre los presentes de
subjuntivo irregulares en español, esto es, los subjuntivos que
presentan una raíz diferente de la primera persona del singular
del presente de indicativo.
    a.   El subjuntivo de *esse* (LC *sim, sīs, sit, sīmus, sītis, sint*)
habría evolucionado a formas demasiado cortas o demasiado
confusas en español; fueron sustituidas por el presente de
subjuntivo del LC *sedēre*:

LV sedeam > esp. a. seya > esp. sea
LV sedeas > esp. a. seyas > esp. seas
LV sedeat > esp. a. seya > esp. sea
LV sedeamus > esp. a. seyamos > esp. seamos
LV sedeatis > esp. a. seyades > esp. seáis
LV sedeant > esp. a. seyan > esp. sean

Las formas del español antiguo, como otras palabras con $y <$ dj (§ 138a), perdieron la yod. Otro ejemplo de esta pérdida de yod lo tenemos en la evolución de *ver*: LV *videas* > esp. a. *veyas* > esp. *veas*.

b.   El presente de subjuntivo de -*ire* (LC *eam, eās, eat, eāmus, eātis, eant*) se perdió igualmente por las razones que hemos visto. En español antiguo este subjuntivo tomó una *y* epentética. Dos vocales iguales en hiato producido por la pérdida de *d* se hubieran reducido a una sola en español antiguo. Se podían encontrar algunas veces las formas etimológicas de la primera y segunda personas del plural sin *y*: *vaamos, vaades*.

vadam > vaya
vadas > vayas
vadat > vaya
vadamus > vayamos
vadatis > vayáis
vadant > vayan

Sin embargo, el resultado etimológico de *vadamus* ha sobrevivido como mandato o deseo: ¡*vamos!*

c.   El presente de subjuntivo de *habere* presenta la solución poco frecuente de $y < bj$ (§ 137b). La resolución de *bj* tuvo lugar aparentemente en latín vulgar, como las formas del indicativo (§ 179):

LC habeam > haya
LC habeās > hayas
LC habeat > haya
LC habeāmus > hayamos
LC habeātis > hayáis
LC habeant > hayan

d. El presente de subjuntivo de *dare* y de *stāre* presenta un problema fonológico menor. En todos los demás subjuntivos en *-are* las terminaciones son átonas (excepto en la primera y en la segunda personas del plural); por ello no importa nada el que la primera y tercera personas del singular y la tercera del plural tengan una *ĕ* del LC, mientras que la segunda persona del singular tenga una *ē* en la terminación; los dos tipos de *e* en estas circunstancias dan *e* en español (§ 93). Sin embargo, en el caso de *dare* y de *stāre*, la vocal *tónica* va en las terminaciones de estas personas por lo que la primera y tercera personas del singular y la tercera del plural podrían haber evolucionado a *die, die, dien* y *estié, estié, estién*. Pero la presión morfológica era demasiado fuerte para permitir una irregularidad semejante:

LC dĕm > dé	LC stĕm > esté
LC dēs > des	LC stēs > estés
LC dĕt > dé	LC stĕt > esté
LC dēmus > demos	LC stēmus > estemos
LC dētis > deis	LC stētis > estéis
LC dĕnt > den	LC stĕnt > estén

Imperativos

§ 186a.   En latín clásico los imperativos sólo tenían forma positiva, ya que la prohibición se expresaba con el verbo *noli(te)* 'no queráis' + *infinitivo* (§ 53). Sin embargo, el latín clásico utilizaba también el subjuntivo de mandato (*Frater meus id faciat* = 'Que mi hermano lo haga') como imperativo, tanto en forma positiva como negativa. Este subjuntivo es el que sirvió de base para la forma del latín vulgar *non* + *subjuntivo* que sustituyó a la construcción del LC *noli(te)* + *infinitivo* como forma negativa del imperativo (§ 53).

La lengua española utiliza los imperativos positivos del latín clásico en las personas *tú* y *vosotros*: LC *clamā* > *llama*; LC *clamāte* > *llamad*. Para la prohibición *(no llames, no llaméis)*, las formas del latín vulgar *non* + *subjuntivo*.

b.   Conviene dar unas indicaciones particulares sobre los rasgos fonológicos de los imperativos positivos.

Primero, en los verbos en *-ir* que tenían alternancia vocálica *(servir-sirvo, mentir-miento, dormir-duermo),* la analogía era tan activa en la forma *tú* de imperativo como en el presente de indicativo (§ 176a-d). En lugar de seguir una evolución fonética normal, las formas *tú* de imperativo en estos verbos se basaban en formas fuertes del presente de indicativo. Así, los mandatos de segunda persona *sirve, miente* y *duerme* son analogías de *sirvo, miento* y *duermo.* Si se hubiera dado una evolución fonética normal, las formas del LC *sĕrvi, mĕnti* y *dŏrmi* habrían tenido como resultado hipotético en español *serve, mente* y *dorme,* puesto que una *-i* final larga cierra la vocal abierta que la precede (§ 110) e impide que se diptongue.

c.   En latín clásico existían 2.ᵃˢ personas de imperativo que no tenían ninguna terminación, como por ejemplo *fac* (de *facĕre*), *dīc* (de *dīcĕre*), *dūc* (de *dūcĕre*) y *es* (de *esse*). De todas ellas, sólo *dic* pasó al español: *di.* Es posible que *di* tuviera una influencia analógica sobre otros imperativos corrientes, lo que habría hecho que perdieran la *e* final por analogía, contrariamente a lo que se dice en § 95b.

> LV dic > di
> LV face > haz
> LV pone > pon
> LV sali > sal
> LV teni (LC *-tĕnē*) > ten
> LV veni > ven

Teni era aparentemente analogía de *veni*; el LC *tĕnē,* que no tenía una *ī* final que evitase el diptongo, habría evolucionado a *tien(e).* El LC *fac* habría evolucionado en español a *fa* (§ 147a)

d.   Finalmente, hay que señalar *ve (ir)* y *sé (ser).* El LV *vade* sustituyó al imperativo clásico *ī,* demasiado corto, y perdió la *d,* con lo que dio la siguiente evolución: *vade > vai > vei > ve.* El mandato plural de *īre (īte)* pasó al español: *id.* Las formas de imperativo del LV *esse (es* y *este)* se perdieron y se sustituyeron en latín vulgar por los imperativos de *sedere* (LV *sede* y *sedete*), que, siguiendo una evolución fonética normal, dieron en español *sé* y *sed.*

Flexión incoativa

§ 187a.   La flexión incoativa (§ 49), que se amplió en latín
vulgar, al mismo tiempo que perdía su significación característica, continuó ganando terreno en la evolución al español. En esta
conjugación, la terminación -*sco* de primera persona del singular debería de haber dado también -*sco* en español, pero debido
a la analogía evolucionó a -*zco*.

LV paresco > esp. a. paresco > esp. parezco
LV paresces > esp. pareces
LV parescet > esp. parece
LV parescemus > esp. parecemos
LV parescetis > esp. parecéis
LV parescent > esp. parecen

Éste es un ejemplo en el que la primera persona del singular
cedió ante la presión analógica ejercida por el resto de la
conjugación. Como en los verbos incoativos la consonante que
precedía a la terminación evolucionó a [θ] en todas las personas
excepto en la primera, en la que había [s], esta última forma
cedió, y cambió la terminación etimológica -*sco* por la analógica
-*zco*.

b.   En español antiguo había algunos verbos que tenían un
infinitivo en -*ir* y otro incoativo. Normalmente en casi todos los
casos sólo se mantuvo la forma incoativa:

LC dormīre   esp. a. adormir—adormesçer
LC fallĕre   esp. a. fallir-fallesçer
LC florēre   esp. a. florir—floresçer
LC offerre   esp. a. ofrir—ofresçer
LC patī   esp. a. padir—padesçer
LC perīre   esp. a. perir—peresçer
LC stabilīre   esp. a. establir—establesçer

De estos infinitivos dobles solamente *aburrir* y *aborrecer*
(del LC *abhorrēre*) se han conservado en español, porque los
dos se diferenciaron semánticamente.

c.   La conjugación incoativa tuvo mucha influencia en

español antiguo, y se impuso a verbos que no habían sido nunca incoativos, pero que tenían simplemente el infinitivo en *-cer* o en *-cir*. LV *jacer, jaco* (LC *jaceō*) evolucionó de manera muy regular al español antiguo y dio *yaçer, yago,* pero la conjugación incoativa penetró pronto en el verbo y el resultado moderno es *yacer, yazgo*. Otros ejemplos incluyen:

latín vulgar	*español*
cognoscere, cognosco	conocer, conozco
complacere, complaco	complacer, complazco
conducire, conduco	conducir, conduzco
reducire, reduco	reducir, reduzco
traducire, traduco	traducir, traduzco

Cognoscere, aunque parece proceder de un verbo incoativo, originalmente no lo era (prueba de ello es la *o* de *-oscere,* ya que ningún infinitivo incoativo tenía el infinitivo en *-oscere*).

d. Muchos de los nuevos verbos que se construían partiendo de nombres o de adjetivos pasaban a la conjugación incoativa, muy a menudo tomando el prefijo *en- (em-)*.

(bello)	embellecer
(blanco)	emblanquecer
(claro)	esclarecer
(favor)	favorecer
(mane = *mañana*)	amanecer
(negro)	ennegrecer
(oscuro)	oscurecer
(pobre)	empobrecer
(rico)	enriquecer
(tarde)	atardecer
(verde)	enverdecer, reverdecer.
(viejo)	envejecer

Resultados del gerundio y del participio de presente

§ 188. El **gerundio,** § 75a, el sustantivo verbal neutro, relacionado formalmente con el *gerundivo,* se mantiene en español como forma verbal no conjugable:

LC clamandum > llamando
LC bibĕndum > bebiendo
LC movĕndum > moviendo
LC audiĕndum > oyendo

De las cuatro conjugaciones, únicamente el grupo en *-ire* tenía yod en latín vulgar; esta yod se mantuvo y cerró la *e* o la *o* pretónicas en *i* o en *u:*

LV dọrmiendu > d*u*rmiendo
LV mẹt*i*endu > m*i*diendo
LV mọr*i*endu > m*u*riendo
LV sẹrv*i*endu > s*i*rviendo
LV vẹn*i*endu > v*i*niendo
LV vẹst*i*endu > v*i*stiendo

Los gerundios de las conjugaciones segunda y tercera del latín clásico desarrollaron una yod con la diptongación de la *e* abierta: *moviendo, bebiendo.* Esta yod apareció demasiado tarde para poder cerrar la vocal que la precedía; la yod de *-ire* se había adelantado varios siglos para conseguir cerrar la vocal.

El verbo *posse* del latín clásico (LV *potére*) no tenía participio futuro pasivo, por lo que el español *poder* tuvo que construirse uno específicamente; se echó mano de la raíz del pretérito: *pudiendo.* En español antiguo los gerundios se podían formar en ocasiones de la raíz del pretérito: *toviendo, dixiendo, oviendo, supiendo.* Todos ellos, salvo *pudiendo,* perdieron terreno frente a las formas del presente en español moderno *(teniendo, diciendo, habiendo, sabiendo)*; *pudiendo* no cambió porque no tenía forma de presente etimológica en que basarse.

El LC *esse* 'ser', no tenía tampoco gerundio. El español *siendo* procede de *sedendu* (de *sedere*).

El gerundio del LC *īre* era *eundum,* que se "regularizó" en *iendu* en latín vulgar, y que dio *yendo* en español.

Sintácticamente, la noción de gerundio del latín clásico pasó al español, como muestra el siguiente ejemplo: *Yendo a Madrid, hice mucho.* Pero, por otro lado, el gerundio dio lugar en español a los tiempos durativos: *Estoy leyendo, siguen durmiendo, iban trabajando.*

§ 189. El participio de presente activo del latín clásico ha perdido su cualidad verbal y se ha mantenido como substantivo o como adjetivo:

> LC cantā̆ntem > cantante
> LC ponē̆ntem > poniente
> LC tenē̆ntem > teniente
> LC dormiē̆ntem > durmiente

El diptongo *ie* del español *teniente* y *poniente* no tiene base etimológica (la *e* era larga en latín clásico); está por analogía con la conjugación en -*ire* y por los gerundios.

La yod latina del grupo en -*īre* fue también capaz de cerrar la vocal *e* u *o* que la precedía: *sirviente* (< *sĕrvĭēntem*), *durmiente*.

Imperfecto de indicativo

§ 190a. Las terminaciones -*ā̆ba*- del latín clásico pasaron intactas al español, mientras que la terminación LC *(i)ē̆ba*-se simplificó en -*ea* en latín vulgar (§ 57b); el resultado fonético en español es -*ía*-.

En los ejemplos que indicamos a continuación hay que señalar que el acento, que variaba en latín, se regularizó sobre la misma vocal en español, en todas las conjugaciones:

> LV clamába > llamaba
> LV clamábas > llamabas
> LV clamábat > llamaba
> LV clamabámus > llamábamos
> LV clamabátis > llamabais
> LV clamábant > llamaban
>
> LV debéa (LC *debē̆bam*) > esp. debía
> LV debéas > debías
> LV debéat > debía
> LV debeámus > debíamos
> LV debeátis > debíais
> LV debéant > debían

LV bibéa (LC *bibēbam*) > esp. bebía
LV bibéas > bebías
LV bibéat > bebía
LV bibeámus > bebíamos
LV bibeátis > bebíais
LV bibéant > bebían

LV dorméa (LC *dormiēbam*) > dormía
LV dorméas > dormías
LV dorméat > dormía
LV dormeámus > dormíamos
LV dormeátis > dormíais
LV dorméant > dormían

La forma de *vosotros -abais,* procedente del español antiguo *-ábades,* no se fijó hasta el siglo XVII. (En el presente de indicativo, el español antiguo *-ades* se simplificó en *-áis* en el siglo XV, § 171a).

b.   En el siglo XIII el imperfecto de los verbos en *-er* y en *-ir* cambiaba a veces la terminación y el acento: *-ia* pasó primero a *-ie* al asimilarse la *a* a la *i,* y después el acento pasó a la *e* (como en LC *mulíerem* > LV *muliére*). Sin embargo, la primera persona del singular se resistió al cambio:

tenía	teniémos
teniés	teniédes
tenié	tenién

Este esquema de acentuación se comprueba por dos hechos. Primero, algunas formas presentan una vocal protónica inflexionada por la yod que se acaba de formar: esp. ant. *sirvié* en lugar de *servía.* Segundo, la terminación del imperfecto *-ie* rimaba con *é,* lo que demuestra que debía pronunciarse *-ié* y no *-íe.*

c.   Los imperfectos irregulares españoles heredan sus irregularidades del latín clásico.

La ě del imperfecto del LC *esse* no se diptongó en el español por el carácter átono del verbo *ser:*

LC ěram > era	LC ěrámus > éramos
LC ěras > eras	LC ěrátis > erais
LC ěrat > era	LC ěrant > eran

El imperfecto irregular del LC *īre* pasó al español, y evolucionó normalmente:

LC íbam > iba   LC ībámus > íbamos
LC íbas > ibas   LC ībátis > ibais
LC íbat > iba   LC íbant > iban

El imperfecto irregular español *veía* es el reflejo del resultado *regular* del imperfecto de *veer* en español antiguo. No había ninguna razón fonética para que *veía* perdiera una vocal (contrariamente a lo que ocurrió en formas como *veer, vee, veemos,* en las que las dos vocales iguales se fundieron), por lo que pasó intacto al español moderno.

Resultados del perfecto

§ 191a.   Los perfectos débiles de la conjugación en *-are* del latín vulgar (§ 58a) evolucionaron normalmente al español:

LV clamái > llamé
LV clamásti > llamaste
LV clamáut > llamó
LV clamámus > llamamos
LV clamástis > llamastes > esp. llamasteis
LV clamárunt > llamaron

En español antiguo la terminación *-stes* de la segunda persona del plural era etimológica; el cambio a *-steis* en español moderno es analógico de todos los demás tiempos en los que hay una *i* en la terminación de *vosotros*.

b.   El español antiguo mantuvo en el plural la doble evolución de la conjugación en *-ire* del latín vulgar (§ 58a), mientras que el español moderno sólo ha mantenido *una* forma para cada persona. Las formas de plural de primera y segunda persona derivan de las formas del latín vulgar que habían prescindido del *-vi-* del latín clásico, mientras que el plural de tercera persona se basa en la forma del latín vulgar que sólo había eliminado la *-v-*:

latín clásico	latín vulgar	español antiguo	español moderno
partí(v)ī	partíi	partí	partí
parti(ví)stī	partísti	partiste	partiste
partív(i)t	partíut	partió	partió
partí(v)imus	partiémus	partiemos	—
partí(vi)mus	partímus	partimos	partimos
partī(v)ístis	partiéstis	partiestes	—
partī(ví)stis	partístis	partistes	partisteis
partī(v)ĕrunt	partiérunt	partieron	partieron
partī(vĕ)runt	partírunt	partiron	—

En español antiguo las formas de plural de la conjugación en -*ir* que tenían una yod cerraban normalmente la *e* o la *o* que la precedía en *i* o en *u*. Sin embargo, las formas de plural que no tenían yod no podían inflexionar la *e* o la *o* que las precedía; así:

latín vulgar	español antiguo	latín vulgar	español antiguo
petiemus	pidiemos	petimus	pedimos
petiestis	pidiestes	petiste	pedistes
petierunt	pidieron	petirunt	pediron
dormiemus	durmiemos	dormimus	dormimos
dormiestis	durmiestes	dormistes	dormistes
dormierunt	durmieron	dormirunt	dormiron

El español moderno, que sólo ha mantenido la yod en la tercera persona del plural, únicamente inflexiona las vocales en esta persona.

En el singular, en los casos en que el LV -*iut* cedió a -*ió*, la inflexión fue general: *petíut > pidió, dormíut > durmió.*

§ 192. De las dos restantes conjugaciones del latín clásico (-*ēre* y -*ĕre*), únicamente -*ēre* tenía perfectos débiles, y eran muy pocos (§ 58b). Los pocos que existían, o bien desaparecieron de la lengua (*delēre, delēvi,* 'destruir', por ejemplo, no continuó) o bien cambiaron de grupo de conjugación (*implēre, implēvi* 'llenar', pasó a *henchir, henchí; complēre, complēvi* 'completar' dio *cumplir, cumplí,* por ejemplo). El español no heredó del latín clásico ni un solo perfecto débil en -*ere,* aunque existen muchos perfectos débiles en la conjugación española en -er. Es, por lo tanto, evidente que un porcentaje elevado de perfectos fuertes del latín clásico se reconstruyeron basándose en el sistema débil, como ya veremos.

Evolución de los perfectos fuertes

§ 193. Cuando un perfecto fuerte del latín clásico (la mayoría, de las conjugaciones en -ĕre y en -ĕre) se reconstruía basándose en un modelo débil, tomaba las terminaciones de los perfectos débiles en -ire debido a las similitudes fonéticas y formales que existían entre las conjugaciones en juego.

Por lo general, en latín clásico los perfectos fuertes sólo tenían realmente tres formas "fuertes": la primera y la tercera persona del singular y la primera persona del plural. (En § 58c-d hay buenos ejemplos de ello). En español los pretéritos fuertes sólo tienen *dos* formas fuertes: la primera y la tercera persona del singular. Las formas de plural, que ahora son todas débiles, tomaron por analogía las terminaciones débiles de -ir.

Las observaciones que hemos hecho en este apartado se pueden aplicar a todos los siguientes que tratan sobre el perfecto.

§ 194a. Los perfectos fuertes en -u- (§ 58b) que cambiaron para adaptarse al modelo débil, presentan la siguiente evolución (ejemplos del LC *timēre*):

latín clásico	latín vulgar	español
tímuī	timíi	temí
timuístī	timísti	temiste
tímuit	timíut	temió
timúimus	timímus	temimos
timuístis	timístis	temisteis
timuĕrunt	timiérunt	temieron

Los ejemplos españoles muestran las terminaciones de -ire descritas en el apartado anterior. Si la conjugación fuerte se hubiera mantenido, algunas formas hubieran podido crear ambigüedades: la tercera persona del singular y la primera persona del plural sonarían como las formas del presente de indicativo: *teme, tememos*.

Otros perfectos fuertes en *-u-* que pasaron a débiles son: *aperīre (apéruī > abrí); cooperīre (coopéruī > cubrí); debēre (débuī > debí); dolēre (dóluī > dolí); jacēre (jácuī > yací); valēre (váluī > valí)*. *Merēre (méruī)* y *parēre (páruī)* pasaron a ser incoativos (y por tanto débiles) en español: *merecer (merecí)* y *parecer (parecí)*.

b.   Los perfectos fuertes en *-u-* que se mantuvieron, sufrieron cambios para lograrlo; el proceso es bastante complejo.

Es lógico empezar con la evolución del perfecto de *habere*:

latín clásico	español antiguo
hábuī	ove
habuístī	oviste
hábuit	ovo
habúimus	oviemos
habuístis	oviestes
habuĕrunt	ovieron

En este verbo, como ocurre con el LV *cápui* (LC *cépī*) y el LC *sápuī* que presentamos más abajo, el wau *(-u-)* se vio atraído por la vocal que le precedía y se mezcló con ella pasando a *o*: LC *hábuī* > LV *aubi* > esp. ant. *ove*. (*v* es tan sólo una grafía diferente de [-b-]). Este proceso es similar al que ocurre cuando una yod resulta atraída por la vocal que la precede y se mezcla con ella, como en *capio > caipo > queipo > quepo* [kepo]; *sapiat > saipat > seipa > sepa* (§ 109). Los otros perfectos en *-u-* con una *a* en la raíz eran el LV *cápui* > esp. a. *cope*; el LC *sapuī* > esp. a. *sope*; el LC *placuī > plogue*...

Se observa que la tercera persona *habuit* debería de haber evolucionado a *ove*, pero si lo hubiera hecho, habría sido exactamente igual que la forma de la primera persona del singular. Las conjugaciones débiles crearon una *-o* analógica para evitar esta confusión. La *-o* átona final es un rasgo general de todos los pretéritos "fuertes" en español (excepto *fue*).

Este perfecto especial, el de *habere*, iba a tener una influencia analógica en unos cuantos verbos españoles. El LC *ténuī* (de *tenēre* "sostener") nunca dio *tene* en español; siguió el modelo de *ove* y dio *tove*. De igual modo, el perfecto reduplicado *stĕti* (de *stāre*) renunció a su evolución normal, *estide,* poco frecuente en español antiguo, y creó un pretérito analógico basado en *ove*: *estove*. El misterioso *andar* creó también un pretérito analógico: *andove*. En español antiguo se presentaban a veces otros pretéritos analógicos en *-ove*: *crove* de *creer* y *crecer, sove* de *ser*.

Las formas de español antiguo *ove, tove, cope, estove* y *andove* necesitan un paso más para evolucionar a las modernas *hube, tuve, cupe, estuve* y *anduve,* como veremos a continuación.

c. Al mezclarse el wau de los perfectos del latín clásico *pótuī* (del LC *posse*) y *pósuī* (del LC *pónĕre* "poner, colocar") con la *o* que le precedía, el resultado fue *u*:

latín clásico	español antiguo	latín clásico	español antiguo
pótuī	pude	pósuī	puse
potuístī	pudiste	posuístī	pusiste
pótuit	pudo	pósuit	puso
potúimus	pudimos	posúimus	pusimos
potuístis	pudistes	posuístis	pusistes
potuĕrunt	pudieron	posuĕrunt	pusieron

Pude y *pudo* aparecen en los textos españoles más antiguos.

La *u* de estos dos verbos tenía mucha fuerza, e hizo que todos los verbos del apartado anterior cambiaran la *o* etimológica por una *u* analógica:

español antiguo		español moderno
ove		hube
tove		tuve
cope	+ puse =	cupe
sope	pude	supe
estove		estuve
andove		anduve

§ 195a. En el caso de los perfectos sigmáticos (§ 58c), algunos se perdieron pronto y volvieron a formarse partiendo del modelo débil, utilizando la raíz del infinitivo y tomando las terminaciones débiles en *-ir*:

LC ardēre, ársī > esp. arder, ardí
LC erigĕre, eréxī > esp. erguir, erguí
LC torquēre, tórsī > esp. torcer, torcí

b. Otros perfectos sigmáticos que eran corrientes en español antiguo se perdieron más tarde y se crearon otros débiles basados en el infinitivo:

latín clásico	español antiguo	español
cingĕre, cínxī	ceñir, cínxe	ceñir, ceñí
coquĕre, cóxī	cocer, cóxe	cocer, cocí
mittĕre, mísī	meter, míse	meter, metí
ridĕre, rísī	reír, ríse	reír, reí
scrībĕre, scrĭ́psī	escribir, escrísse	escribir, escribí
tingĕre, tínxī	teñir, tínxe	teñir, teñí

c. Los pocos perfectos sigmáticos que han pasado al español moderno son LC *dĭ́xī (dī́cere)*, los compuestos del LC *dŭ́xī (dū́cere)*, el LV *quési* en lugar del LC *quaesívī (quaerĕre)*, y *tráxī (trahĕre)*.

latín clásico	español	latín clásico	español
dĭ́xī	dije	tradŭ́xī	traduje
dīxístī	dijiste	traduxístī	tradujiste
dĭ́xit	dijo	tradŭ́xit	tradujo
dĭ́ximus	dijimos	tradŭ́ximus	tradujimos
dīxístis	dijisteis	tradŭxístis	tradujisteis
dīxĕ́runt	dijeron	tradŭxĕ́runt	tradujeron

En español antiguo, la tercera persona del plural de estos verbos (*dixieron, traduxieron* [dišjéron, tradušjéron]) presentaba una yod que a veces quedaba absorbida por la [š] palatal. Hay que señalar que la yod la absorben también las palatales que están al final de la raíz en los pretéritos del español moderno del tipo de *ciñeron* y *bulleron*.

Otros compuestos de *dū́cere* son: *aducir, conducir, deducir, introducir, producir*.

El latín vulgar *quési* parece haber tenido una *e* cerrada que pasó a *i* por efecto de la *i* final cerrada y dio *quise* en español moderno. El resultado fonético de *tráxī* debía de haber sido *treje* (§ 143), pero la *a* es analogía de la raíz *traer*.

§ 196a.   De los perfectos fuertes del tercer tipo, que generalmente sólo tenían una inflexión vocálica (§ 58d), todos, salvo
tres, se reconstruyeron basándose en el infinitivo y utilizando
las terminaciones de la conjugación débil en *-ir*. Estos ejemplos
muestran algunas de las formas reconstruidas:

latín clásico	*español*
legĕre, lḗgī	leer, leí
recipĕre, recḗpī	recibir, recibí
rumpĕre, rū́pī	romper, rompí
vincĕre, vī́cī	vencer, vencí

Sḗdī, el perfecto fuerte de *sedēre,* cayó en desuso y se
sustituyó por el perfecto de *esse (fuī),* que explicamos más abajo
en § 198.
   b.   Los tres perfectos fuertes de esta clase que se mantuvieron, *vidēre, facēre* y *venīre,* son los siguientes:

latín clásico	*español*
vī́di	vi
vīdístī	viste
vī́dit	vio
vī́dimus	vimos
vīdístis	visteis
vīdḗrunt	vieron

latín clásico	*español antiguo*	*español*
fḗcī	fize	hice
fēcístī	feziste	hiciste
fḗcit	fezo	hizo
fḗcimus	fezimos	hicimos
fēcístis	fezistes	hicisteis
fēcḗrunt	fizieron	hicieron
vḗnī	vine	vine
vēnístī	veniste	viniste
vḗnit	veno	vino
vḗnimus	venimos	vinimos
vēnístis	venistes	vinisteis
vēnḗrunt	vinieron	vinieron

En el caso de *facĕre* y *venīre* el español antiguo presenta el resultado fonético que era de esperar; únicamente la primera persona del singular (§ 110) y la tercera del plural (§§ 193, 105) podían tener una vocal inflexionada. Sin embargo, como siempre, en español moderno la forma fuerte de primera persona del singular hizo que toda la conjugación tomara por analogía la vocal inflexionada.

§ 197a.   Todos los perfectos reduplicados (§ 58e), excepto dos, se reconstruyeron según el modelo débil, basándose en el infinitivo. Éstos son algunos ejemplos de perfectos reduplicados que se han reconstruido.

latín clásico	*español*
cadĕre, cécidī	caer, caí
credĕre, crédidī	creer, creí
currĕre, cucúrrī	correr, corrí
mordĕre, momórdī	morder, mordí
tendĕre, teténdī	tender, tendí
vendĕre, véndidī	vender, vendí

b.   Los dos perfectos reduplicados que se mantuvieron en la lengua son *dedī* (de *dare*) y *stetī* (de *stare*). A continuación presentamos la evolución del perfecto de *dare*:

LC dĕdī > di
LC dĕdístī > diste
LC dĕdit > dio
LC dĕdimus > dimos
LC dĕdístis > disteis
LC dĕderunt > dieron

La conjugación española tendió a la "regularidad" por analogía con las terminaciones en -*ir*. (La evolución normal habría llevado a la diptongación de la *e* breve en las formas fuertes.)

Se puede decir que *stetī* continuó con reorganizaciones analógicas, puesto que el resultado normal, esp. ant. *estide,* se modificó primero en el esp. ant. *estove* por analogía con *ove,* y luego en el español *estuve* por analogía con *pude* (§ 194 bc).

§198.   *Fui,* que es en español la forma de pretérito tanto de
ser como de *ir,* necesita una explicación. El perfecto del LC *īre*
(iī, īstī, iit, imus, īstis, iērunt) no podía tener una vida larga, a
causa de su aspecto fonológico, pero habría que preguntarse los
motivos por los que le sustituyó el perfecto de *esse.* Para ello
tendremos que extendernos brevemente sobre algunas cuestiones un poco lejanas en apariencia:

a)   En latín clásico existía una oposición entre dos grupos
de verbos desde el punto de vista aspectual. Uno señalaba el
aspecto resultativo de la acción y otro no: así sucedía con las
parejas *sido / sedeo; sisto / sto; fio / sum; calesco / caleo.*

b)   El perfecto de todos estos verbos era el mismo: *sedi,*
steti, fui, calui.

c)   Cuando se pierde *fio* en las lenguas románicas, parece
que *eo* ('ir') y sum ('estar' y 'ser') se relacionan como no *resulta-*
tivo/resultativo. Entonces, el perfecto de los dos es *fui.* Que funcionaban así lo vemos por el tipo de construcciones: *venit mihi*
in mentem / est mihi in mente - est mihi in mentem.

d)   Esta situación debía ser panrománica, no sólo peninsu-
lar, pues resulta que en italiano y francés existe también.

e)   La facilidad con que en España se produjo la confusión
se debió al desdoblamiento ser / estar. En esta pareja *estar* era
resultativo. *Ser,* en cambio, ocupaba la plaza que en la anterior
ecuación *ir / ser* estaba destinada a *ir.* No es extraño, por tanto, si
los perfectos de ambos se confundieron.

Ésta es la evolución normal de la conjugación:

> LC fŭī > fui
> LC fuístī > fuiste
> LC fúit > fue
> LC fuímus > fuimos
> LC fuístis > fuisteis
> LC fuĕrunt > fueron

Las formas *fui, fuimos* y *fuisteis* tomaron las terminaciones
analógicas de *-ir;* el resultado moderno siguiendo una evolución
normal habría sido *fue, fuemos, fuiste(i)s* (en realidad estas
formas figuran como modelo en la gramática española de
Nebrija de 1492).

Evolución del imperfecto de subjuntivo

§ 199a.　Ya en latín vulgar, debido a la amenazadora homonimia, el perfecto y el imperfecto de subjuntivo habían empezado a perderse y se sustituyeron por el pluscuamperfecto de subjuntivo latino (§ 65).

La pérdida de -*v(i)*- en el perfecto (§ 58a) fue general en latín vulgar en las conjugaciones en -*are* e -*ire*. Como el pluscuamperfecto de subjuntivo deriva de la raíz del perfecto, aquí también se perdió la -*v(i)*- en las conjugaciones en -*are* y en -*ire*:

latín vulgar	*español*
clamá(vi)sse	llamase
clamá(vi)sses	llamases
clamá(vi)sset	llamase
clama(vi)ssémus	llamásemos
clama(vi)ssétis	llamaseis
clamá(vi)ssent	llamasen
deb(u)ísse	debiese
deb(u)ísses	debieses
deb(u)ísset	debiese
deb(u)issémus	debiésemos
deb(u)issétis	debieseis
deb(u)íssent	debiesen
bibísse	bebiese
bibísses	bebieses
bibísset	bebiese
bibissémus	bebiésemos
bibissétis	bebieseis
bibíssent	bebiesen
dormi(v)ísse	durmiese
dormi(v)ísses	durmieses
dormi(v)ísset	durmiese
dormi(v)issémus	durmiésemos
dormi(v)issétis	durmieseis
dormi(v)íssent	durmiesen

En todos los casos, la primera y la segunda personas del plural adelantaron su acento una sílaba en español para que el acento recayera en la misma vocal en toda la conjugación.

En la cuarta conjugación, la yod que se había formado en la terminación inflexionó, como era normal, la *e* o la *o* que la precedían: LV *metiesse* > esp. *midiese,* LV *moriesse* > esp. *muriese.*

Una vez más las terminaciones de *-ire* se impusieron en las conjugaciones de *-ere.* (Si las formas de *-ere* hubieran evolucionado normalmente, su conjugación habría mantenido *debese* y *bebese.*) Así, las formas españolas de *-er* tienen una yod en la terminación; sin embargo, como las terminaciones habían sido tomadas en **préstamo,** y no procedían históricamente de los tiempos del latín vulgar, la conjugación en *-er* no presenta ninguna vocal inflexionada en la raíz.

b. El pluscuamperfecto de indicativo del latín clásico (LC *scrípseram* 'yo había escrito'), que también se formó sobre la raíz del perfecto, mantuvo su significado de pluscuamperfecto en español antiguo (*llamara* 'yo había llamado', ·*bebiera* 'yo había bebido'). Cuando la construcción analítica *(había llamado, habías bebido)* empezó a penetrar de manera firme en el campo del pluscuamperfecto sintético, este último empezó a usarse como *subjuntivo.* Con el paso del tiempo cobró importancia y ganó terreno hasta el punto de que actualmente es la forma más corriente de imperfecto de subjuntivo en español.

> LV clama(ve)ra > llamara
> LV deb(u)era > debiera
> LV bibera > bebiera
> LV dormi(v)era > durmiera

§ 200. Hay que mencionar el ya extinguido futuro de subjuntivo español que (salvo en frases legales y en unas cuantas locuciones hechas, como *sea lo que fuere*) se ha sustituido por el presente de subjuntivo (esp. a. *quando viniere* = esp. *cuando venga*). El futuro de subjuntivo se derivaba del futuro perfecto de indicativo clásico, que se formaba con la raíz de perfecto más las formas de futuro de *esse* como terminación:

> LV clama(ve)ro > llamare
> LV clama(ve)ris > llamares
>
> LV deb(u)ero > debiere
> LV deb(u)eris > debieres

LV bibero > bebiere
LV biberis > bebieres

LV dormi(v)ero > durmiere
LV dormi(v)eris > durmieres

En español la terminación de la primera persona del singular es, naturalmente, analógica del resto de la conjugación. Hay que señalar que el resultado etimológico, *amaro* (por *amare*), aparece en Berceo, en el *Poema del Cid* y en otros documentos.

Futuro y condicional

§ 201a.   El futuro del latín vulgar (§ 54b), que se formó con el infinitivo seguido del presente de indicativo de *habere,* sustituyó al futuro del latín clásico y pasó al español:

latín vulgar	*español*
clamare + aio	llamaré
debere + aio	deberé
bibere + aio	beberé
dormire + aio	dormiré

Hay que señalar que en español antiguo había dos variantes para la segunda persona del plural de *haber: habedes* y *hedes.* Fue esta última forma la que se usó en la formación del futuro en español antiguo, y la que pasó al español moderno como *-éis.*

En español antiguo la naturaleza analítica del tiempo de futuro estaba vigente; se consideraba formado por dos partes, lo que hacía que éstas se pudieran separar, como en portugués moderno, por medio de un pronombre unido al infinitivo:

darlo e
traervoslo he
darmelo hedes

De todas maneras, en los textos medievales la intercalación de un pronombre entre los dos componentes del futuro era una norma flexible. Por ejemplo, en el *Poema del Cid,* aparecen formas de futuro separadas por pronombres y otras que no lo están, como esta: *dexaré vos las posadas.*

b. El futuro de *hacer* y de *decir* se formó sobre las antiguas variantes de infinitivo *far* (moderno *har*) y *dir*: *haré, diré* (§ 169b).

c. Cuando las dos partes del futuro se unieron, la nueva forma empezó a funcionar fonéticamente como una sola palabra, por lo que la *e* o la *i* átonas pudieron caer (§ 102a). En español antiguo este fenómeno era más corriente que en la actualidad, como muestran estos ejemplos:

(arder) ardré	(poder) podré
(beber) bevrás	(querer) querrás
(caber) cabrá	(recibir) recibrá
(haber) habremos	(saber) sabremos
(perder) perdrán	(vivir) vivrán

A veces, al caer una vocal, dos sonidos no tolerados quedaban en contacto y se intercalaba una consonante suplementaria con el fin de que el grupo pudiese pronunciarse: *m'r* > *mbr* (§ 149b), *n'r* > *ndr, l'r* > *ldr*:

(comer) combré	(tener) tendré
(poner) pondrás	(valer) valdrás
(salir) saldré	(venir) vendrá
(temer) tembremos	

El español antiguo tenía una solución alternativa a lo que acabamos de exponer: a veces, las dos consonantes en conflicto cambiaban de lugar, con lo que se conseguía que el grupo se pudiera pronunciar más fácilmente:

(poner) porné
(tener) terné
(venir) verná

En español moderno son casi siempre los verbos más corrientes los que mantienen la forma sincopada:

(caber) cabré	(saber) sabrás
(haber) habrás	(salir) saldrás
(poder) podrá	(tener) tendrá
(poner) pondremos	(valer) valdremos
(querer) querrán	(venir) vendrán

§ 202.   La evolución del condicional es paralela a la del futuro. Las terminaciones del condicional derivan de las *terminaciones* de imperfecto de *haber*: *llamar-ía, deber-ía, beber-ía, dormir-ía, sabr-ía*.

Participios pasados

§ 203a.   De los participios débiles pasivos de perfecto (§ 59a) sólo se han mantenido de manera regular los de la primera y la cuarta conjugaciones:

LV -are	LV -ire
clamátu > llamado	audítu > oído
lavátu > lavado	dormítu > dormido
lucrátu > logrado	ítu > ido
mesurátu > mesurado	partítu > partido
nom(i)nátu > nombrado	servítu > servido
plicátu > llegado	vestítu > vestido

b.   Los participios perfectos débiles de la conjugación en *-ēre* del latín clásico tenían terminaciones en *-ētus: complētus* 'completo', *delētus* 'destruido', *implētus* 'lleno'. Sin embargo, ningún participio débil de perfecto en *-ēre* pasó al español; estos verbos, o bien se perdieron (*delētus,* por ejemplo), o bien pasaron a la conjugación en *-ire*; LC *complētus* > esp. *cumplido,*[7] LC *implētus* > esp. *henchido*. Este fenómeno es paralelo a la pérdida de los perfectos débiles en *-ēre* del latín clásico (§ 192).

c.   Los participios perfectos débiles de la conjugación en *-ēre* del latín clásico terminaban en *-ūtus,* y aunque únicamente unos cuantos pasaron al español antiguo (por ejemplo, *tribuĕre, tribūtus* > esp. ant. *(a)trevudo*; *battuĕre, battūtus* > esp. ant. *batudo*), la terminación *-udo* tuvo mucha capacidad de arrastre y se extendió analógicamente a muchos verbos. En el *Poema del Cid* se encuentra *metudo, vençudo,* y en el *Libro de Alexandre, abatudo, perçebudo, metudo, corrompudo, sabudo, temudo*. Ninguno de estos verbos tenía terminaciones en *-ūtus* en latín

---

7.   *Completo* es un cultismo.

clásico. A partir del siglo XIII -*udo* empezó a perderse (probablemente porque la *u* tónica no se utilizaba en ninguna otra terminación verbal en español) y todos estos verbos se reconstruyeron con la terminación -*ido*.

Unos cuantos participios pasivos del LC -*ū tus* se mantuvieron, pero como adjetivos: LC *acuĕre, acū tus* > esp. *agudo*; LC *mĭnuĕre, minū tus* > esp. *menudo*.

§ 204. En latín vulgar, algunos participios de perfecto fuertes del latín clásico pasaron a débiles, como se ve en § 60. Sin embargo, otros participios fuertes del latín clásico pasaron al español:

> LV apértu > abierto
> LV copértu > cubierto
> LV díctu > dicho
> LV fáctu > hecho
> LV fríctu > frito
> LV mórtu (LC *mortuus*) > muerto
> LV pósitu > puesto
> LV rúptu > roto
> LV scríptu > escrito
> LV vístu (LC *vīsus*) > visto

Algunos de los participios fuertes que pasaron al español antiguo se convirtieron después en débiles, reconstruidos sobre el infinitivo:

> LC míssus > esp. a. meso / metido
> LC nátus > esp. a. nado / nacido
> LV quéstu > esp. a. quisto / querido

Unos cuantos participios fuertes del español antiguo se han mantenido en español moderno únicamente como adjetivos y sustantivos, al mismo tiempo que se creaban nuevas formas para el participio:

> LV coctu > esp. a. cocho / cocido
> LV ductu > esp. a. ducho / -ducido
> LV tractu > esp. a. trecho / traído

Encontramos *cocho* en *biscocho* (literalmente 'cocido dos veces'). La forma moderna *-ducido* se encuentra sólo en los compuestos (*traducido, introducido,* etc.).

ADVERBIOS

§ 205a.   El sistema del latín vulgar de derivar adverbios de adjetivos añadiendo *-mente* (§ 68) pasó al español:

> abierta + mente
> lenta + mente
> tranquila + mente

b.   Algunos adverbios del latín clásico que no derivan de adjetivos pasaron también al español:

LC adhŭc > aún   LC quando > cuando
LC ante > antes   LC quōmodo > como
LC cĭrca > cerca   LC tantum > tanto
LC jam > ya   LC magis > más

La *-n* de *aún* es analógica de la *n* de *en, con, según, sin.* La *-s* de *antes* es analógica de la *s* de *después, detrás, más, menos.* Otros ejemplos de **s adverbial** son:

> qui sa(be) > quizá (+ *s*) > quizás
> in tunc ce > entonce (+ *s*) > entonces

c.   Algunos adverbios clásicos eran muy cortos, por lo que en latín vulgar se les añadieron preposiciones, nombres, o incluso otros adverbios, con el fin de que tuvieran más énfasis o más sustancia fónica:

> LV ad fora > afuera
> LV ad hic > ahí
> LV ad illac > allá
> LV ad pressa > aprisa
> LV ad satis > asaz (probablemente a través del provenzal)
> LV de ex pŏst > esp. a. después
> LV de in ante > delante

LV de trans > detrás
LV in tunc ce > esp. a. entonçe
LV ex tunc ce > esp. a. estonçe

PREPOSICIONES Y CONJUNCIONES

§ 206a.   La mayoría de las preposiciones del latín clásico pasaron al español:

LC ad > esp. a	LC pŏst > esp. pues
LC ante > esp. ante	LC pro > esp. por
LC cĭrca > esp. cerca	LC secŭndum > esp. según
LC cŭm > esp. con	LC sĭne > esp. sin
LC de > esp. de	LC sŭper > esp. sobre
LC ĭn > esp. en	LC trans > esp. tras
LC ĭnter > esp. entre	

La evolución del LC *sĭne* (con *i* breve) al español *sin* no se ha podido explicar; la evolución normal al español debería de haber sido *sen* (comparar con el portugués *sem*). *Sin* podría ser analogía de algunas palabras cortas que tienen una *i*: *mi, ti, si, ni.*

b.   Unas cuantas preposiciones romances se componen de dos o más preposiciones clásicas:

de + ex + post > después
pro + ad > esp. a. pora > esp. para

c.   Algunas preposiciones clásicas se perdieron, o bien porque dos preposiciones sinónimas se redujeron a una por motivos de economía, o bien, como en el último ejemplo de los que damos a continuación, porque una preposición latina se sustituyó por otra de otro origen:

ab, de > esp. de
ex, de > esp. de
apud, cum > esp. con
ob, pro > esp. por
versus, facies (LV *facia*) > esp. hacia
tenus, *arab.* ḥatta > esp. hasta

§ 207a.   Se mantuvieron unas cuantas conjunciones clásicas importantes:

LC ĕt > esp. y, e
LC nec > esp. ni
LC sī > esp. si

La evolución de *et* al español antiguo *e* es regular; no hubo diptongación debido al carácter átono de esta conjunción. La *y* moderna, sin embargo, presenta un problema. Generalmente se da la siguiente explicación sobre la evolución de *y*: la *e* del español antiguo iba normalmente delante de vocales y por ello tenía naturalmente tendencia a convertirse en yod:

esp. a. e amigos [jamígos] > esp. y amigos
esp. a. e obispos [joíspos] > esp. y obispos
esp. a. e uno [júno] > esp. y uno

Se piensa que este caso corriente de *e* ante vocales (excepto *i*) es el que hizo que la *y* se generalizara. Sin embargo, delante de *i* no había razón fonética para que la *e* cambiara su pronunciación; por ello el español moderno mantiene la *e* delante de las palabras que empiezan por [i]: *e hijos, e infantes*.

La evolución de *nec* a *ni* es oscura; ya la hemos examinado en el § 147a.

b. *Mientras* necesita cierta explicación. *Dum* 'mientras' e *interim* 'mientras tanto' se veían juntas en latín popular: *dum interim*. Con un cambio en las vocales tónicas, de *i* abierta a *e* abierta, esta pareja evolucionó a *domientre* en español antiguo. Como existían muchas otras palabras de español antiguo que empezaban con *de-*, que era más corriente *(debaxo, denantes, detrás, después)*, *domientre* pasó a *demientre*. Y como había muchos pares de palabras que empezaban por *de-* y sin *de-* *(demás, más; dende, ende; defuera, fuera)*, se creó por analogía la forma *mientre*. *Mientre* pasó a *mientra* porque existían bastantes adverbios que terminaban en *-a (contra, fuera, nunca)*. Al llegar a esta fase, se añadió la **s adverbial**, y se creó el moderno *mientras*.

c.   Sin embargo, la mayoría de las conjunciones del latín clásico se perdieron, y se sustituyeron por conjunciones sinónimas o por otras de origen románico:

LC etsi = esp. aunque	LC quia = esp. porque
LC ut = esp. que	LC ígitur = esp. por eso
LC sed = esp. pero	LC cum = esp. cuando

Hemos llegado al final de este libro y, en opinión del autor, el lector dispone ahora de unos conocimientos mínimos de latín clásico y vulgar, y de fonología y morfología históricas, que le permitirán emprender un estudio provechoso de obras más complejas de esta materia.

APÉNDICES

I. NOCIONES DE FONÉTICA Y FONOLOGÍA

§ 1. Dos personas pueden comunicarse lingüísticamente porque poseen un código (conjunto de reglas fonéticas, morfológicas y sintácticas) parcialmente semejante. La gramática histórica, que se preocupa por estudiar la evolución de los códigos lingüísticos, ha dedicado siempre particular atención a los problemas fonéticos de esa evolución. El lenguaje como sistema de comunicación, precisamente, tiene entre sus propiedades especialísimas la de permitir codificar un mensaje de diversas maneras. Podemos, por tanto, transmitir el mismo mensaje de forma oral o de forma escrita. Esto es muy importante porque, como puede fácilmente deducirse, para los estudios de épocas pasadas tenemos que basarnos en testimonios escritos. Paradójicamente, por esa razón, la gramática histórica se empeñó en aclarar los mecanismos de la producción del sonido, para poderlos proyectar sobre los problemas que plantean los materiales lingüísticos codificados en una sustancia como la escritura. Por ello, para evitar advertencias continuas sobre la terminología tradicional fonética utilizada, ofrecemos este esquema de fonética, que es la disciplina lingüística que se preocupa de la sustancia sonora del lenguaje. La *fonética articulatoria* investiga cómo los hablantes producen el sonido. La *fonética acústica* describe las características físicas del sonido. Ambas se complementan necesariamente. Por último, íntimamente relacionada con estas dos disciplinas, está la *fonología*. Estudia el funcionamiento de los sonidos y su manera de organizarse para formar mensajes diferentes. No pueden separarse sino por razones puramente pedagógicas.

La sustancia sonora de cualquier lengua natural está compuesta por elementos segmentales y discretos (sonidos y sílabas) y elementos suprasegmentales como los acentos y la entonación. Examinaremos los sonidos, sílabas y acentos. La entonación la dejaremos de lado, por ahora.

§ 2. Las vibraciones de un cuerpo en movimiento producen ondas que se propagan en el aire a una velocidad de 330 metros por segundo. Eso es el sonido. Las diferentes clases de ondas producidas por las vibraciones pueden ser *simples,* una sola onda; *compuestas,* varias ondas; *periódicas,* repetidas a intervalos de tiempo regulares; *no periódicas,* repetidas a intervalos irregulares. Una vibración es, por ejemplo, el movimiento pendular a uno y otro lado del punto de reposo. En la línea T, a-b-c- señala el desarrollo temporal de la vibración. La distancia punteada x-y marca la amplitud de la vibración. El movimiento a-c es un *período doble* o un *ciclo.*

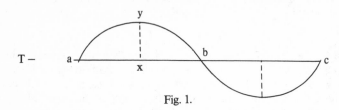

Fig. 1.

Los sonidos se caracterizan por un conjunto de rasgos físicos:
— *Tono:* es la altura musical del sonido y depende de la *frecuencia,* que es el número de ciclos por segundo de una vibración. En igualdad de condiciones, a mayor frecuencia corresponde un tono más elevado.
— *Intensidad:* está determinada por la *amplitud* de la vibración. La amplitud depende de la fuerza del impulso que pone en movimiento al cuerpo que vibra.
— *Timbre:* depende del conjunto de armónicos audibles y está condicionado fundamentalmente por la estructura de la caja de resonancia.
Las lenguas humanas utilizan ondas sonoras *compuestas,* en las que se destaca una *onda fundamental* acompañada por otras que son los *armónicos.* Esto significa que un mismo *sonido compuesto* puede resultar diferente según el tipo de armónicos que se refuercen en un resonador.

§ 3.   El hombre para poder articular sonidos dispone de un aparato fonador compuesto fundamentalmente de tres partes:
1.   Los *pulmones* funcionan como un fuelle y proporcionan aire, inspirándolo o espirándolo, con la presión necesaria para hacer vibrar las cuerdas vocales. El aire sale por los bronquios y tráquea, pasa por la laringe, atraviesa la faringe y sale por la boca y fosas nasales, si es espirado. Si es inspirado, recorre el camino en sentido inverso.
2.   Las *cuerdas vocales* son un cuerpo que puede vibrar. Son dos ligamentos musculares dispuestos horizontalmente en el extremo superior de la laringe, de atrás hacia adelante, ligados al cartílago tiroides y a los aritenoides. Estos últimos con su movimiento pueden tensarlas y acercarlas, o relajarlas y alejarlas. La abertura entre las cuerdas vocales es lo que denominamos *glotis.* Puede configurarse de

dos maneras principales: con las cuerdas separadas para la respiración permanece abierta y parece un triángulo. Acercadas las cuerdas para la pronunciación de sonidos sonoros, la abertura de la glotis se parece mucho a la ranura de insertar monedas de una máquina automática, según puede comprobarse en la figura 2:

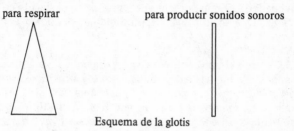

para respirar   para producir sonidos sonoros

Esquema de la glotis

3.   Una *caja de resonancia* muy compleja y variable, formada por la faringe, la cavidad bucal, las fosas nasales y la cavidad labial. En esta caja se encuentran órganos esenciales para la fonación. Algunos son fijos y no pueden moverse: dientes, alvéolos, paladar. Otros órganos son activos y pueden moverse: maxilar inferior, lengua, labios y velo del paladar.

§ 4.   Para poder describir articulatoriamente cualquier sonido de una lengua natural basta con preguntarse detenidamente por el funcionamiento del aparato fonador que hemos descrito.

1.   Los pulmones nos permiten *inspirar o espirar* el aire necesario para la producción del sonido. En nuestra lengua y en la mayoría de las europeas que conocemos solamente se producen sonidos por espiración. La *mayor o menor presión* con la que se espira el aire produce mayor o menor *intensidad* del sonido pronunciado.

2.   Si las cuerdas vocales no están suficientemente tensas y juntas para vibrar, el aire que llega desde los pulmones puede utilizarse en el resonador superior, pero en la glotis no sufre ninguna modificación. Si las cuerdas vocales están cercanas y vibran producen *sonidos vocálicos* o, también, algunas vibraciones que acompañarán a las consonantes sonoras. El sonido vocálico que producen las vibraciones de la glotis es un *sonido compuesto*. La frecuencia de las vibraciones de la glotis es la responsable del tono de los sonidos.

3.   En la compleja caja de resonancia que hemos descrito suceden procesos diferentes. Esencialmente nos interesan dos: a)   El sonido compuesto que se ha originado con las vibraciones de la glotis adquiere su *timbre* en esta caja de resonancia, pues algunos armónicos son reforzados en ella. Es decir, la diversa estructura de la caja de resonancia —labios, boca, nariz— es la responsable del timbre de las diferentes vocales. b)   En esta caja de resonancia el aire que ha salido de los

pulmones sin hacer vibrar a la glotis puede, de todas maneras, producir ruidos diferentes que son, en realidad, las consonantes.

Por tanto, las vocales se caracterizan por la vibración de las cuerdas vocales y por la forma del resonador, que permite la salida sin obstáculos del aire pulmonar. Las consonantes generalmente se producen cuando el aire pulmonar encuentra algún obstáculo en el resonador y produce una turbulencia, un sonido no periódico, es decir, un ruido.

§ 5. Como el timbre de las vocales depende de la estructura del resonador que refuerza un determinado tipo de armónicos, las describimos articulatoriamente según la configuración de la caja de resonancia. Para ello examinamos la posición que han adoptado los diferentes órganos de la boca: si los labios están *redondeados* o *retraídos* (protusos o retractos); si la lengua ocupa la parte anterior o posterior de la boca; si la lengua está elevada o baja; si el velo del paladar está alzado o bajado. De acuerdo con estas variables, la vocal puede ser: *oral* (con el velo del paladar alzado, que impide el paso del aire a las fosas nasales); *nasal* (con el velo del paladar bajo, que permite el paso del aire por las fosas nasales). *Palatal* (la lengua ocupa la zona anterior de la boca) y *velar* (la lengua ocupa la parte posterior de la boca). *Abierta* o *baja* (la lengua está bajada); *cerrada* o *alta* (la lengua está elevada, casi pegando al paladar). *Redondeadas* (los labios adoptan forma redonda en forma de embudo, como para pronunciar en castellano *cucudruluuu*); *retractas* (los labios se retraen hacia atrás como en la llamada *sonrisa escocida*). El timbre de cualquier vocal queda perfectamente así descrito. El esquema de las vocales castellanas y latinas, de acuerdo con estas clasificaciones, lo ofrecemos a continuación. Las *nasales* quedarían igual, pero el aire también saldría por la nariz.

SONIDOS VOCÁLICOS CASTELLANOS:

	no redondeadas			redondeadas
CERRADAS	[i]			[u]
Semicerradas	[i̞]			[u̞]
MEDIAS	[e]			[o]
Semiabiertas	[e̞]			[o̞]
ABIERTAS		[a]	[a]	
	PALATALES	CENTRALES	VELARES	

ORALES

Hay que advertir que suele hablarse normalmente de vocal abierta o cerrada para un mismo signo. Así, no nos referimos a la [i̞] como semicerrada, sino como *i* abierta, en oposición a la [i̥], *i* cerrada.

Este esquema sirve también para el vocalismo latino. Pero hay que hacer una advertencia muy importante. En latín, excepto la [a̠], velar, todos estos *sonidos* son, además, *fonemas,* hecho que no ocurre en castellano. Suele presentarse este esquema mediante el triángulo vocálico siguiente:

TRIÁNGULO
VOCÁLICO
[Según
T. A. Lathrop]

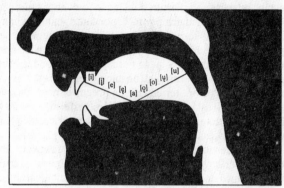

5.1.   Las consonantes se describen articulatoriamente examinando varias cuestiones: a)   Dado que fundamentalmente una consonante es un ruido, podemos preguntarnos, ¿cómo se produce el ruido? Es el *modo de articulación* de la consonante lo que determinamos así. El ruido se produce cuando en algún punto del canal por el que el aire de los pulmones debe salir al exterior se encuentra un obstáculo. Si dos órganos activos, o uno pasivo y otro activo, se han puesto en contacto completo y han cerrado el canal de salida, el aire los abre bruscamente con una pequeña *explosión.* Son las consonantes *oclusivas.* Si los dos órganos se han acercado mucho, pero no cierran totalmente el canal de salida del aire, éste produce una fricción, y por tanto una especie de *silbido.* Son las consonantes *fricativas.* En algún caso, primero se produce la obstrucción y luego la fricación. Son las consonantes *africadas.* En las consonantes *laterales* el aire encuentra un obstáculo en el centro del canal de salida y debe salir por las dos zonas laterales del canal. En las *vibrantes* la lengua vibra y permite e impide, alternativamente, la salida del aire. b)   ¿En qué lugar se producen los ruidos descritos? El contacto completo o el acercamiento de dos órganos activos o de uno activo y otro pasivo se puede hacer en muchos puntos del canal: cada consonante se articula en un *punto de articulación* determinado. Las vibraciones o el desvío del aire por zonas laterales del canal se producen en una zona más restringida, pero variable también.

Según el *punto* donde se articulen, las consonantes pueden ser, recorriendo el canal de fuera hacia adentro: bilabiales, labiodentales, interdentales, dentales, alveolares, prepalatales, mediopalatales, velares, uvulares. c) ¿Está acompañado el ruido consonántico por algunas vibraciones de las cuerdas vocales? Nos estamos preguntando por la *cualidad* de la consonante. Puede ser *sorda* o *sonora*. Las cuerdas vocales vibran, producen un sonido complejo que es modulado por la caja de resonancia superior, y su resultado son las vocales diferentes, o están relajadas y permiten el paso del aire pulmonar que puede interrumpirse en algún punto y, por tanto, dar origen a la articulación de *consonantes sordas*. Pero, también, las cuerdas vocales pueden permitir el paso libre del aire para la producción de consonantes, con una vibración mínima, pero perceptible. Entonces el ruido generado por el aire al encontrar el obstáculo en la boca es una *consonante sonora*. d) Por fin, tenemos que preguntarnos por la acción del velo del paladar. Si está alzado, impide el paso del aire por las fosas nasales, y la consonante será *oral*. Si el velo del paladar aparece bajado, una parte del aire atraviesa la nariz y los sonidos son *nasales*.

De acuerdo con toda la descripción anterior, una consonante quedará perfectamente definida articulatoriamente si enunciamos siempre su punto de articulación, su modo de articulación, su cualidad y su carácter oral o nasal. A veces prescindimos de alguna característica, si el contexto nos lo permite. Por ejemplo, las consonantes nasales son pocas y a ellas nos referimos señalando casi siempre explícitamente su carácter *nasal*; pero, porque son las más numerosas, solemos prescindir de caracterizar como *oral* una consonante que lo sea. Así, normalmente, se precisará que la [b] es una consonante *oclusiva, sonora, bilabial* y *oral,* pero en la mayoría de las ocasiones se considerará implícitamente que es *oral* y no se dirá.

Desde el punto de vista articulatorio podemos clasificar las consonantes actuales españolas y las latinas según los cuadros de la página siguiente:

5.2. Además de las vocales y consonantes disponen las lenguas naturales de otro conjunto de sonidos en el que podemos incluir las *semivocales* y las *semiconsonantes*. No disponemos en español de un término apropiado para el conjunto de estos sonidos. En inglés se llaman *glides* 'deslizantes'. Nosotros echamos mano del término *semivocales,* generalmente, pero, como hemos advertido, se refiere éste solamente a un subconjunto. Las *semivocales* y las *semiconsonantes,* el grupo de los *glides,* se caracterizan articulatoriamente por estar a caballo entre las vocales y las consonantes. Como aquéllas, son producidas por vibraciones de la glotis y adquieren su definitivo *timbre* en la caja de resonancia superior. Pero, como las consonantes, la lengua se acerca hasta el paladar para provocar un estrechamiento del

SONIDOS CONSONÁNTICOS ESPAÑOLES

	Bilabiales	Labiodentales	Interdentales	Dentales	Alveolares	Prepalatales	Mediopalatales	Velares	Uvulares	Aspirada faríngea	
Oclusivas	p b			t d				k g			sordos sonoros
Fricativas	b ƀ	f v	θ ẕ	đ	s z	y		x ǥ		h	sordos sonoros
Africadas					ĉ 	 ŷ					sordos sonoros
Vibrantes					r ř						sordos sonoros
Laterales			ḷ ḷ̣	ḷ ḷ̣	l	ʎ					sordos sonoros
Nasales	m	m̫	ṇ	ṇ̣	n	ņ		ŋ			sordos sonoros

FONEMAS CONSONÁNTICOS LATINOS

	Nasales	Líquidas		Fricativas	Oclusivas	
		Laterales	Vibrantes			
Labiales	m			f	p b	sordos sonoros
Labiovelares				w	k_w g_w	sordos sonoros
Dentoalveolares	n	l	r	s	t d	sordos sonoros
Palatales				j		sordos sonoros
Velares					k g	sordos sonoros
Laringales				h		sordos sonoros

canal, algo más amplio que el de las fricativas. La caracterización de *sonidos deslizantes* es muy acertada, pues la semivocal empieza a articularse con el *canal abierto de una vocal* y se acaba articulando con una cerrazón del canal muy cercana al de las consonantes fricativas. Por tanto, frente a los sonidos vocálicos o consonánticos, en los que la lengua permanece más o menos inmóvil en el punto de articulación, aquí se produce un movimiento desde la abertura vocálica hasta la cerrazón. En cambio, en la articulación de la semiconsonante, el canal cerrado cercano al de la consonante fricativa se va abriendo hacia una posición parecida al de las vocales. Articulatoriamente, por tanto, distinguimos las semivocales y las semiconsonantes. En cada grupo podemos diferenciar las que se articulan en la parte delantera, palatales, y en la posterior, velares. Así podemos comprender el cuadro siguiente:

palatales	i̯ [pei̯ne]		j [pjé]
velares	u̯ [kau̯sa]		w [kwátro]
	SEMIVOCALES		SEMICONSONANTES

En todos los diptongos crecientes el primer segmento es una semiconsonante. En los diptongos decrecientes, el segundo segmento es una semivocal. Dos vocales que están juntas en la cadena hablada y pertenecen a sílabas diferentes forman un *hiato*. En gramática histórica las semivocales y semiconsonantes palatales se conocen como *yod*; las velares, como *wau*.

§ 6.   La fonética acústica ha puesto al descubierto que ciertos sonidos, aunque se articulen de maneras diferentes, son comprendidos perfectamente por los hablantes-oyentes. Esta disciplina, por esta razón, se ha dedicado a estudiar qué rasgos acústicos importan auténticamente dentro de cada sonido. Algunos lingüistas han propuesto diversos sistemas de definición acústica de todos los sonidos presentes en todas las lenguas conocidas. Uno de los más aceptados es el que se basa en la utilización de doce parejas de rasgos que sirven para clasificar los sonidos. Cualquier sonido de cualquier lengua se convierte así en un haz de rasgos acústicos. No todos los rasgos están presentes en todas las lenguas. La manera de representar esta clasificación de los sonidos de una lengua es bastante sencilla. En una matriz de doble entrada se señalan como positivos (+) o negativos (–) los rasgos acústicos que se relacionan con cada sonido. Así, un sonido viene definido por la enumeración de una serie de rasgos precedidos de (+) o

(—). Como ejemplo, ofrecemos el esquema de rasgos distintivos actuales de los *fonemas* castellanos de Alarcos Llorach.

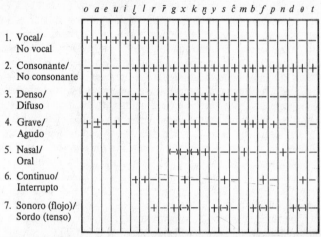

Hay que observar que Alarcos no se preocupa de la distinción *estridente/mate* que utilizan otros autores para diferenciar θ/s, por ejemplo, porque él, por economía acepta para la /s/ un orden palatal (+ denso). Otras diferencias ahora no las tenemos en cuenta. Alarcos caracteriza a la [ŋ] como densa. Quilis la considera difusa. A pesar de todo, pueden ser distinguidas conjugando la oposición *grave/agudo*. Lo importante es que podemos definir con precisión un fonema, por ejemplo /a/ +vocal, —consonante, +denso, y ni grave ni agudo (+, — grave).

§ 7.   Acabamos de introducir al final del párrafo anterior el concepto de *fonema*. Todo *fonema* es un *sonido*, pero no todo sonido es un fonema. Esto significa sencillamente que dentro de los conjuntos de rasgos acústicos que hemos considerado, hay algunas agrupaciones que sirven para la comunicación, diferenciando mensajes, y otras agrupaciones que se usan, pero que no diferencian mensajes. Los conjuntos de rasgos acústicos con carácter diferenciador son los fonemas. Cada lengua organiza de manera diferente estos conjuntos. Así, por ejemplo, en castellano moderno, hay dos conjuntos de rasgos acústicos, según Quilis, un poco diversos de los de Alarcos, que caracterizan a la [s] y a la [z] (*s* sonora). La [s]: — vocal; + consonante; — denso; — grave; — nasal; + continuo; + estridente; — sonoro. La [z]: — vocal; + consonante; — denso; — grave; — nasal; + continuo; +estridente; + sonoro. Hoy esos dos conjuntos no constituyen en castellano dos fonemas diferentes, porque no pueden diferenciar ni una pareja de significados. No era así en la Edad Media, pues palabras como *espeso* 'gastado' y *espesso* 'espeso', *oso* (de 'osar') y *osso* 'oso' se diferenciaban por la oposición [z]/[s]. Significa ello que hoy en día estos dos conjuntos de rasgos distintivos son en realidad uno solo, que en ocasiones presenta el rasgo − *sonoro,* en ocasiones + *sonoro.* Nos encontramos con un solo fonema pero, indudablemente, con dos sonidos, pues la [s] castellana ante consonante sonora adquiere el rasgo *sonoro.* Aunque la terminología acústica no la utilicemos, sirve para poner de relieve con claridad los problemas de la fonología. La gramática histórica se ha movido generalmente en las coordenadas de la fonética, pero no podemos perder de vista que lo que importa en la lengua, al fin y al cabo, es la comunicación y, por tanto, la capacidad distintiva de los sonidos, es decir, cómo funcionan en el plano fonológico. Dos sonidos que son capaces, al conmutarse, de distinguir una pareja de palabras, forman parte de una *oposición fonológica distintiva o relevante* y son *fonemas.* Si la conmutación de un sonido por otro en una pareja de palabras no produce cambio de significado, nos encontramos ante un único fonema. En la pareja [coto]/[codo], el significado diferente está encomendado a la oposición [t]/[d], que son dos fonemas diversos. En cambio, la oposición entre las pronunciaciones [vino]/[bino] de la palabra española *vino* no comporta cambio de significado. El sonido [v], labiodental como se pronuncia en Alicante, o el sonido [b] pertenecen a un único fonema, el fonema /b/ en español.

§ 8.   La sustancia sonora de una lengua no es una simple sucesión de sonidos o fonemas que se van encadenando. Los fonemas de una lengua se agrupan en unidades más amplias en la cadena hablada. Esas unidades superiores son las sílabas. Aunque no es fácil definir esta unidad a la que, por otro lado, todos los lingüistas se refieren, vamos a intentarlo con brevedad. La sílaba es acústicamente una unidad cuyos límites están marcados por el grado de fusión e influencias mutuas entre vocales y consonantes. Esto significa que entre las vocales y consonantes de una sílaba puede constatarse acústicamente con aparatos apropiados, un espectrógrafo, por ejemplo, una ligazón mayor que entre vocales y consonantes de otras sílabas. Articulatoriamente la unidad silábica está delimitada por una tensión inicial creciente y una distensión final (o tensión decreciente). Fisiológicamente el corte silábico depende según algunos autores de los impulsos balísticos de los músculos intercostales o, según otros, de las modulaciones faríngeas. Lo importante es que cada lengua admite unos esquemas silábicos propios. Podemos señalar en la estructura silábica un núcleo vocálico, simple o compuesto —el diptongo—, un margen consonántico inicial, llamado normalmente *ataque,* y un margen final, también consonántico, llamado *coda.* El ataque o la coda pueden no estar presentes en la sílaba. Para que exista sílaba solamente es necesario el núcleo vocálico central. Las sílabas con *coda* son las *trabadas*. Las sílabas sin coda son las sílabas *libres*. El ataque o la coda tienen distintas composiciones en las diferentes lenguas. Dos vocales en la misma sílaba forman un *núcleo compuesto*. Como ya hemos indicado, encontraremos una *semiconsonante* y una *vocal plena*, o una *vocal plena* y una *semivocal*. Dos vocales plenas juntas forman hiato y pertenecen a dos sílabas diferentes. El paso de diptongo a hiato y viceversa se produce de manera diversa en cada lengua. La *consonante* que ocupa el ataque de la sílaba se dice que está en *posición explosiva*. La que ocupa la coda se dice que está en posición *implosiva*.

§ 9.   En la mayoría de las palabras un núcleo silábico adquiere especial relieve debido a que se pronuncia con mayor intensidad o con tono más elevado. Es la sílaba acentuada. El relieve especial se llama acento. En español el acento es de intensidad, i.e., depende de la amplitud de la onda, aunque lleva asociado normalmente un tono más elevado. El acento español es libre en cuanto a la posición. Ello significa que puede variar su posición dentro de las diferentes palabras y, por tanto, que esta variación tiene valor fonológico, porque sirve para diferenciar significados: *paro/paró; cántara/cantara/cantará*. La representación gráfica del acento es otro problema y no tiene que ver con lo que ahora tratamos. En muchas lenguas no se representa, aunque sea libre, en otras sí, etc. En francés el acento es fijo siempre, siempre aparece en la sílaba última. Todas las palabras tónicas son agudas. Por ello el acento francés nunca puede servir para diferenciar una pareja de significados; pero tiene valor demarcativo: señala el final de un grupo acentual siempre.

No todas las palabras llevan acento en español. Dentro de la cadena hablada algunas son tónicas y otras átonas. En torno a las tónicas, las que llevan acento, se organizan los grupos acentuales. Las palabras átonas que se incluyen en un grupo acentual antes del acento principal se llaman proclíticas. Las que se incluyen en un grupo acentual después del acento principal se llaman enclíticas. Así por ejemplo, en el enunciado "con elegancia", *con* es proclítica. En "cómelo", *lo* es enclítica.

El acento del latín clásico, según muchos autores, era músico-tonal y dependía de la cantidad de la penúltima sílaba. Si era larga, llevaba el acento. Si era breve, el acento recaía sobre la antepenúltima. Por tanto, todas las palabras latinas podían ser o llanas o esdrújulas (paroxítonas o proparoxítonas). No había palabras agudas (oxítonas). Es fundamental para los estudios de gramática histórica, sin embargo, distinguir dos conceptos, el de acento y el de cantidad. El acento recaía en la penúltima sílaba si la vocal era larga o si, aunque breve, estaba ante dos consonantes (lo que se llama *larga por posición*). Como el acento latino se ha conservado en romance en la misma posición que tenía en latín, toda vocal penúltima ante dos consonantes, es la tónica. Pero además debemos considerar la otra variable: en la mayoría de las lenguas romances han evolucionado de manera diferente las vocales tónicas largas y las breves. En definitiva, aunque cantidad y acento van bastante ligados, dado que una breve ante dos consonantes podía llevar también el acento en la penúltima sílaba, conviene tener siempre presente que se trata de dos variables, al menos si nos referimos a los estudios románicos. Otros problemas relacionados con esta cuestión se estudian en la gramática histórica.

II. EL TRÁNSITO DEL ESPAÑOL MEDIEVAL AL MODERNO: REAJUSTE FONOLÓGICO

1. Tras unos siglos iniciales, en los que los tanteos por adecuar la ortografía a la pronunciación de sonidos nuevos que no existían en latín parecen indicar que los escribas se regían por reglas anárquicas, podemos percibir a finales del siglo XII y principios del XIII cómo va surgiendo la norma castellana que se impondrá hasta el siglo XVI. Para que se generalizara esta norma ninguna disposición legal fue necesaria. El influjo decisivo de la cancillería real, modelo para muchos notarios ciudadanos, el auge de la cultura clerical con las escuelas catedralicias, la importancia definitiva de las ciudades frente a los núcleos rurales monásticos, propagaron una norma lingüística, lejos de la unidad, pero relativamente coherente. Vamos a examinarla en sus aspectos gráficos, fonéticos y fonológicos, los mejor estudiados. Sin duda ninguna, también se fue imponiendo una norma en los niveles morfológicos y sintácticos pero, en general, se han estudiado menos estos aspectos.

Hay que señalar, en primer lugar, que el *sistema fonológico* y *gráfico vocálico* castellano era ya desde el XIII prácticamente semejante al actual. Algunas realizaciones de diptongos o hiatos eran la única diferencia. La distribución de los fonemas vocálicos en la cadena hablada tampoco era la misma que la de ahora. Pero esto no vamos a tenerlo en cuenta, pues es una característica común de todos los fonemas de entonces. Sobre el sistema gráfico de las vocales solamente debemos poner de relieve dos hechos que han llegado hasta el siglo XVIII. El signo *u,* hoy únicamente vocálico, se utilizaba también para representar la consonante *v.* No aparecía solamente en posición intervocálica con valor consonántico, sino en posición implosiva e inicial: *uino, deuda* (que alternaba, por ejemplo con *debda*) y *amaua.* Aunque los editores modernos suelen facilitar la lectura distinguiendo en los textos medievales *v* con valor consonántico y *u* con valor vocálico, a veces es posible confundirse. ¿Deberíamos leer el anterior ejemplo *deuda* como [déu̯da] o como [débda]?

En la serie palatal la vocal *i* presentaba los mismos inconvenientes gráficos. Para la vocal se utilizaban los signos *i, j, y.* Con valor consonántico se utilizaban *y* por un lado y *j, i* por otro. La alternancia en las vocales dependía un poco de escribas y tipos de letras. Un resto actual de tal sistema gráfico lo tenemos en nuestra copulativa, escrita *y*.

2.   Todo lo que tratemos a continuación se refiere al consonantismo. En el cuadro siguiente pueden comprobarse fácilmente las consonantes con las que, con toda probabilidad, contaba el castellano medieval. Más adelante haremos algunas precisiones. Ahora solamente subrayamos que los signos encerrados en círculo nos muestran los fonemas que se han perdido en el español moderno culto. Los encerrados en un cuadro son los nuevos en el español moderno. Advertimos que no todos los sonidos del cuadro, como luego veremos, tenían capacidad distintiva.

CONSONANTES CASTELLANAS MEDIEVALES

	Bilabiales	Labiodentales	Interdentales	Dentales	Alveolares	Prepalatales	Mediopalatales	Velares	Uvulares	Aspirada faríngea	
Oclusivas	p			t				k			sorda
	b			d				g			sonora
Fricativas		f	[θ]		s	(š)	y	[x]		(h)	sorda
	ƀ	v		đ	(z)	(ž)		g̵			sonora
Africadas					(ŝ)	ĉ					sorda
					(ẑ)						sonora
Vibrantes					r̄						múltiple
					r						simple
Laterales											sorda
				l	ļ						sonora
Nasales											sorda
	m				n	ņ					sonora

Aunque los sonidos de nueva creación o los perdidos son los que más tinta han hecho correr, los otros no dejan de plantear problemas, si bien de alcance más limitado. Vamos a examinar primero los sonidos que el castellano medieval comparte con el español moderno. Advertiremos si son fonemas además, i.e., si tienen capacidad distintiva, y trataremos sobre todo de los problemas de su grafía, pues, en realidad, gran parte de las dificultades que presentan son de fijación gráfica. En el siglo XIV la mayoría de estos sonidos se suelen escribir ya como hoy en día, con escasas vacilaciones.

A)   En la Edad Media [p], [t] y [k] eran sonidos que servían para distinguir parejas de significados. Tenían por tanto capacidad distintiva; eran fonemas como ahora. Se escribían respectivamente *p, t* y *c* ante *a, o, u*. El sonido [k] se escribía también *qu* ante *e, i*. A veces ante [wá] se escribía también *q*, por razones etimológicas, como *quatro*, aunque alternaba con *c* la grafía *q*. Ahora bien, por grafía cultista (presión del sistema gráfico latino en la educación del escriba) *qu* podía aparecer ante *a, o*, sin que se pronunciara, probablemente, el wau. Así, existen ejemplos como *nunqua* o *propinquo* (al lado de *probinco*) 'pariente', 'vecino'.

Era frecuente que aparecieran grafías latinizantes geminadas de todos estos sonidos, *prometto, accusado*... Tampoco era infrecuente que se escribieran en palabras cultas o extranjerismos grafías tipo *th, ch*. Alternaban en las mismas palabras y en el mismo contexto con las grafías anteriores, por lo que se referían, indudablemente, al mismo sonido. Tenemos ejemplos de *marcos-marchos, matar-mathar*...

B)   Existía una grafía *b* y una grafía *v*. En posición inicial aparecían con frecuencia confundidas. En posición intervocálica se distinguen en el sistema gráfico con bastante frecuencia los resultados de la -*v*- y -*b*- latinas, que se representan con -*v*-, de los resultados de la -*p*- latina que se representan por -*b*-. Ello significa que, quizá, había diferencia entre un sonido fricativo -[ƀ]- y uno oclusivo [-b-]. Si el fricativo se pronunciaba como [v] o como [ƀ] es discutible. De todas maneras, un sistema fonológico de este tipo era muy inestable. Pronto aparecen confusiones, cada vez más numerosas a medida que nos acercamos al XVI. Sobre las grafías -*d*- y -*g*-, en las que a veces se confunden resultados de -*t*- y -*d*- latinas o de *c*- ante *a, o, u*, y -*g*- ante *a, o, u*, puede aventurarse si servían para representar indistintamente un sonido fricativo y uno oclusivo, como sucedía con *v* y *b*, o no. En el siglo XVI eran ya, sin duda, /b/, /d/ y /g/ tres fonemas que disponían de dos variantes combinatorias: una fricativa, [ƀ], [đ] y [g̶], intervocálica, y otra, tras nasal o tras pausa, oclusiva, [b], [d] y [g].

C)   Existían, como ahora, en la Edad Media una nasal alveolar y otra palatal, que en interior de palabra se escribían -*n*- y -*nn*-, fonéticamente [n] y [ɲ]. En posición implosiva, y por tanto en final de palabra, se neutralizaban. En posición inicial el castellano tampoco admitía [ɲ-] y, desde luego, la grafía [nn-] era inútil.

La misma situación refleja la oposición en contextos intervocálicos de *r*- y -*rr*- gráficamente, que fonéticamente equivalían a [r] y [r̄]. Como las nasales antes aludidas, en posición inicial o final no se oponían. En inicial aparecía siempre una *r* con valor múltiple, y en final una *r* con valor simple.

Parecido sistema se utilizaba para la oposición -*l*-, fonéticamente [l], lateral alveolar, y la -*ll*-, fonéticamente [ʎ], lateral palatal. Solían oponerse en posición intervocálica. No se oponían en posición final de sílaba, y en posición inicial se oponían también en castellano, pero, por el tipo de sistema gráfico empleado, aparecían errores de grafía con frecuencia. Este tipo de grafía y oposición fonológica se ha seguido manteniendo hasta nuestros días, excepto en el caso de la -nn-, para la que se utiliza ahora la abreviatura que utilizaban los escribas medievales: ñ. No tenemos nada especial que advertir, sino las pronunciaciones de [ḷ] como [y], que en algún caso han producido confusiones y que están atestiguadas desde el siglo XIII en algunos puntos peninsulares.

La *m* se utilizaba para la nasal labial como ahora: [m].

Así, por ejemplo, *rey, perro/pero, aver,* era el sistema gráfico normal, con algún problema como *ribera-arribar,* donde podían aparecer *aribar,* o *Enrique,* donde podía escribirse *Enrrique.* Los problemas no eran mayores. Con las nasales sucedía lo mismo: *noche, canno/cano, can* eran las grafías normales. La utilización de *n-m* ante bilabiales la analizamos en nuestro comentario sobre el *Cid* más adelante, pero no planteaba ningún problema fonético. Algunas posibles confusiones en posición intervocálica debemos resolverlas acudiendo a la etimología. Una palabra como *senor* nos remite, porque procede de *-nj-* latino, al resultado *sennor,* resultado confirmado por la actual pronunciación.

Las grafías de las laterales planteaban los mismos problemas: en posición final *mill ~ mil* sólo señalaba una manera de escribir. Intervocálica, la oposición fonológica entre *calla/cala; malla/mala* era normal. Algún caso de *-l-* procedente de *-ll-* latina, que hoy pronunciamos [ḷ], podía ser un cultismo y señalar una pronunciación geminada. Pero, en general, serán problemas o errores gráficos. Si los tres sistemas que hemos visto tenían una doble grafía en posición intervocálica y una grafía simple en posición inicial y final, no debe extrañarnos que con la [l-] se produjeran tantos errores, aunque en castellano se distinguía, entonces como hoy, una [l-], ortografía *l-* de una [ḷ-], ortografía *ll-*: *lana/llana.*

D)   El sonido que en la Edad Media se representaba por *f-* ha continuado de diversos modos en el español moderno. En primer lugar, las pronunciaciones cultas que mantenían la pronunciación labiodental sorda [f] han continuado en muchas palabras y en varios dialectos: aragonés y leonés occidental. En segundo lugar, en castellano, en el gran número de palabras donde se aspiraba durante la Edad Media, aunque se escribiera con *f-* o con *h-,* la aspiración ha pasado a cero, ø.

En tercer lugar, en zonas como Andalucía y oriente de Asturias, donde se conservaba la aspiración medieval, se ha generalizado la aspiración a toda *f-* y toda *h-.* Por supuesto, en el nivel culto, la [f-] se representa como tal donde se ha conservado y por *h-* en las palabras en que de aspirada pasó a ø.

Así, por ejemplo, del latín *fŏllĭcare* deriva el castellano medieval *folgar,* moderno *holgar.* Dialectalmente conservamos hoy pronunciaciones con *f-*, *folganza*. En Andalucía, con la aspiración conservada, y el trueque de la [l] implosiva por [r], típico del andaluz, se pronunció el postverbal *huelga* con aspiración, y hoy se mantiene con otro significado: *juerga*.

3. Varias cuestiones tenemos que examinar en los sonidos del castellano medieval que se perdieron en el español moderno: qué clase de sonidos eran, si eran fonemas, qué grafías los representaban, qué cronología siguieron en su desaparición.

Por la descripción que de estos sonidos intentan hacer los gramáticos del siglo XVI y XVII, por la pronunciación que de algunos de ellos todavía encontramos en zonas dialectales, leonés, judeo-español, etc., por la adaptación de sonidos árabes al castellano medieval o por la adaptación de sonidos castellanos a otras lenguas, quechua, francés, etc., por la procedencia latina y la pronunciación actual y, además, por la propia estructura del sistema gráfico, podemos determinar lo siguiente:

A) El sonido medieval [š] se transcribía con la *x*. Procedía etimológicamente, sobre todo, de toda una serie de arabismos y de la *x* latina. Debía pronunciarse como el correspondiente sonido actual catalán o asturiano *(xarxa* 'red' o *Xuan)* o como la grafía del inglés contemporáneo *sh* en *ship* 'barco'. Era una fricativa prepalatal sorda.

El sonido medieval [ž] se escribía con la *g*, ante *e, i* o con la *j* ante *a, o, u, i, e*. En este último caso la alternancia *j ~ i* era muy frecuente. Como grafías arcaicas se pueden encontrar en algún texto casos de *ga, go*, con valor de *ja, jo*. Etimológicamente procedía de una serie de contextos latinos variados, ya señalados, y se pronunciaba como la *j* moderna portuguesa de *janeiro* o la catalana de *Jordi*. Era una prepalatal fricativa sonora, en ocasiones africada. Pero se impuso, sin duda, y generalizó la pronunciación fricativa [ž] en vez de la africada.

Tanto [š] como [ž] eran claramente fonemas, pues podemos encontrar multitud de palabras en las que se oponen con valor distintivo a otras consonantes: *dexante/delante; engeño/empeño*. Lo que costará más trabajo es encontrar una pareja mínima en la que se opongan *X/J*; i.e., los fonemas [š] y [ž] se oponían entre sí en pocas ocasiones (su rendimiento fonológico era bajo): *fixo* 'fijo' / *fijo* 'hijo'.

B) El sonido medieval [s] se escribía como [s-] en inicial de palabra o en posición implosiva y [-ss-] en posición intervocálica. Era una fricativa sorda ápico-alveolar. En español moderno ha continuado. En la Edad Media existía también el sonido [z] que se escribía con una [-s-] en posición intervocálica, y era fricativa sonora ápico-alveolar. No solamente estamos en presencia de dos sonidos, sino de dos fonemas. Entre sí pueden oponerse y son capaces de diferenciar parejas mínimas. Así, en la Edad Media se diferenciaban *espeso* 'gastado' de *espesso* 'espeso'; *oso* (del verbo *osar*) de *osso* (animal); *condesa* 'ahorra' de *condessa* (título)...

La [s] intervocálica procedía de los contextos latinos siguientes: -rs-, -ps- y -ss-.

La [z] intervocálica procedía de los siguientes contextos: -s- y -ns-.

En posición inicial o implosiva se neutralizaban. Ahora en español moderno existe [z] ante consonante sonora como variante combinatoria de la [s].

C)   El sonido medieval [ŝ] se escribía con *c* o *ç* ante *e, i* y con *ç* ante *a, o, u*. Como grafías arcaicas pueden considerarse algunos casos de *c* ante *a, o, u* con evidente valor de [ŝ] a juzgar por la etimología, o como erratas por *ç*. Era una africada sorda. Procedía etimológicamente de varios contextos, muy discutidos, como hemos podido comprobar en nuestro manual.

El sonido medieval [ẑ] se escribía con *z* ante *a, e, i, o, u*. Era una africada sonora. Su procedencia etimológica ha sido también bastante discutida. Tanto un sonido como otro tenían capacidad diferenciadora y eran fonemas. Pero, como en el caso de *x/g* [š]/[ž], es difícil hallar una pareja de palabras cuyo significado sean capaces de diferenciar, oponiéndose entre sí, los sonidos [ŝ] y [ẑ].

En el castellano medieval, por tanto, existían tres parejas de sonidos consonánticos, dos fricativas y una africada, que se oponían, en teoría, entre sí por el rasgo de sonoridad. Está claro que frente al resto de los fonemas funcionaban también como fonemas pues tenían plena capacidad distintiva. Está también claro que las fricativas ápico-alveolares sorda y sonora [s] y [z] eran capaces de diferenciar algunas palabras. Se oponían entre sí, pero entonces la capacidad para diferenciar significados era muy escasa. Las otras dos parejas se oponían entre sí en menos ocasiones todavía. Por tanto, su rendimiento era escasísimo. Como todas las parejas se neutralizaban en posición implosiva y, además, [s] y [z] en posición inicial, y como se producían trueques entre [s] ~ [ŝ] ~ [š-], no es de extrañar que a veces se produjeran confusiones gráficas.

4.   La aparición de un nuevo sonido en el español moderno, la fricativa interdental sorda [θ], exige una explicación. Va ligada a la pérdida de los sonidos medievales [z] y [ŝ] - [ẑ]. Se relaciona, también, con rasgos característicos del andaluz y del judeo-español.

4.1.   En el siglo XV, como ya hemos señalado, a pesar de las faltas gráficas, algunas debidas a los copistas y otras a los propios editores modernos, había dos parejas de sonidos relativamente cercanos:

− una pareja dental, africada, sorda y sonora: [ŝ] - [ẑ] (grafía -*ç*-, -*z*-);

− una pareja ápico-alveolar, fricativa, sorda y sonora: [s] - [z] (-*ss*- y -*s*-).

En las lenguas románicas occidentales se produjo un reajuste. Así, en francés, portugués, catalán y provenzal, se perdió la diferencia entre africada y fricativa y se confundieron en una pareja (sorda y sonora) de fricativas ([s] - [z], lo que normalmente se llama *ese sorda* y *ese sonora*). En castellano se produjeron también una serie de reajustes:

A)   Tenemos ciertas noticias sobre confusiones y trueques entre sordas y sonoras desde finales del XV. Primero se produjeron en posición final de palabra, luego en implosiva y, por fin, en posición intervocálica. Por tanto, sucedía lo siguiente: [ŝ] invadía el terreno de [ẑ] y [s] el de [z].

B)   Además, en el XVI empieza a perderse la pronunciación africada de la pareja [ŝ] - [ẑ]. Se diferencian ahora de la otra pareja [s] - [z] por el punto de articulación: [ŝ] - [ẑ] son dentales y [s̩] - [z̩] ápico alveolares. Durante el siglo XVI, empieza el proceso, y en el XVII tenemos ya ejemplos suficientes de que hay dos sonidos: uno dental fricativo sordo, de timbre ciceante, parecido a la moderna [θ] y otro ápico-alveolar fricativo sordo, [s]. Esta diferencia ya está perfectamente establecida en el siglo XVIII.

C)   Por tanto, en el español moderno se han cumplido a la vez tres procesos:

— empieza a desaparecer la distinción *sorda/sonora* en las parejas señaladas.

— empieza a desaparecer la distinción *africada/fricativa* en la pareja señalada.

— adquiere la dental fricativa el punto interdental característico: [θ]. Esto durante el XVII y hasta el XVIII.

4.2.   El proceso cumplido en el castellano hasta el español moderno no se realizó de igual manera en todos los dialectos. En el judeo-español se cumplió como en el resto de las lenguas románicas. En el andaluz, de una manera totalmente diferente. Vamos a exponerlo brevemente.

Las etapas del andaluz podemos resumirlas y simplificarlas así:

a)   En un primer momento surgen, como en el castellano y por influjo suyo —probablemente—, confusiones entre las sordas y sonoras de ambas parejas.

b)   Cuando se pierde la distinción fricativa/africada, no puede el andaluz mantener la distinción entre sonidos ápico-alveolares y sonidos dentales, porque la [s] en Andalucía no era *ápico-alveolar* sino *predorsal* o *coronal plana*. Durante bastante tiempo, siglo XVI y parte del XVII, se alude a la pronunciación andaluza como *ciceo* o *siseo*. Se intenta señalar un sonido único que por referencia a la *fricativa dental* suena al principio como ciceante y después como seseante. Cuando el nuevo sonido castellano se fije en la [θ], se polarizarán las soluciones andaluzas.

c)   En un tercer momento, siglos XVII-XVIII, en varias zonas andaluzas se decanta la pronunciación de su ambiguo sonido (una *s* predorsal o coronal muy tensa) hacia los extremos, para intentar diferenciarla o acercarla a ellos: así se producen las zonas de *ceceo* y de *seseo,* cuando ya están como referencias falsas las meras relaciones castellanas [θ]/[s].

Esquemáticamente, según lo ha expuesto R. Lapesa, comprendemos perfectamente el cambio:

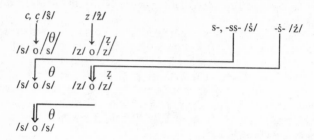

5. Como en otra serie fonemas que hemos examinado, también la pareja [š] y [ž] se confundieron, perdiendo la oposición de sorda/sonora. Después, el sonido [š] empezó a confundirse con algunas aspiraciones (tenemos ejemplos de algunos casos escritos con *h*) y, por fin, se velarizó.

La primera etapa, confusión de las sordas y sonoras, debió de empezar a finales del siglo XV y se incrementó notablemente en el siglo XVI. Significa esto que las grafías *x, j* y *g* ante *e, i* se confundieron notablemente. Desde la sorda [š] no está tan clara la razón del paso a la fricativa velar moderna [x]. A principios del XVII ya se refleja perfectamente la lucha entre los dos sonidos en los autores, quizá por influjo cortesano, pero no triunfaría, al menos plenamente, hasta finales del XVII o principios del XVIII. A pesar del nuevo sonido, muchos nombres siguieron con la grafía antigua *x* como el nombre de *México,* que nunca se pronunció [méksiko], sino [méšiko] y después [méxiko].

Final: Por tanto, entre el XVI y el XVII, el castellano, al pasar al español moderno, perdió toda una serie de consonantes sonoras [ž], [ẑ], [z] y transformó el punto y modo de una consonante, [ŝ] → [θ], y el punto de otra: [š] → [x].

Se produjo una fractura con el andaluz, porque éste confundió los cuatro sonidos medievales en uno solo [s] o [θ], según las zonas. En muchos casos aspiró la *f-* y confundió el nuevo sonido aspirado y la [x] en una única aspiración.

Acabemos haciendo hincapié en otro hecho: en ocasiones la consonante medieval [y], que se ha conservado, bien porque había dobles formas en castellano medieval, bien porque la forma castellana fuera la que no tenía [y], encontramos ejemplos de [y] medieval como [x] moderna. Ej. *yente* → *gente* [xénte].

III. COMENTARIOS DE TEXTO

INTRODUCCIÓN

La técnica del *comentario de texto* es una actividad habitual en la pedagogía académica. Con ella, muchas veces, se suelen practicar las reglas previamente estudiadas. En otras ocasiones el comentario es un instrumento para que el alumno descubra por sí mismo unas reglas manipulando el texto. Pero, además del sentido pedagógico escolar, el comentario textual nos resume el método tradicional de la filología: la aplicación de la crítica para descubrir los posibles significados ocultos, o los menos transparentes, de un texto determinado.

Está fuera de toda duda que para acercarse a un texto antiguo se necesitan unas técnicas específicas. La gramática histórico-comparativa proporcionó a los filólogos herramientas fundamentales para sus tareas. Los buenos editores de textos antiguos, clásicos greco-latinos y, luego, medievales, solían cultivar asiduamente las lenguas sabias, latín —sobre todo— y griego, estaban más o menos familiarizados con las cuestiones históricas y, los mejores desde el XVII, dominaban muchos aspectos de la paleografía. Esta última ciencia es la que va a empujar las ediciones en el siglo XVIII.[1] Ahora bien, los límites de las técnicas paleográficas, ahora que disponemos de una teoría de la información, son evidentes. Cada vez que aparecía una perturbación en el canal de la transmisión, algo muy normal en los manuscritos, manchas, agujeros de carcomas, letras difuminadas por el tiempo, etc., con la sola aplicación de la técnica paleográfica los ruidos, utilizamos la terminología de la teoría de la comunicación, eran difícilmente superados. Los primeros editores de nuestros textos medievales, Tomás Antonio Sánchez, Florencio Janer, etc., en caso de duda podían elegir entre lecturas disparatadas. Otras veces las lecturas dependían del grado de familiaridad lingüística con el texto. Así, un editor clásico del *Cid,* con una obra meritoria, Lidforss, podía leer *ya vedes,* donde Menéndez

---

1. Puede comprenderse perfectamente este clima, el interés que despierta la paleografía, la importancia que se concede a las colecciones de documentos bien copiados, etc... en el Epistolario de *Gregorio Mayans y Siscar y Burriel,* edición de Antonio Mestre, Valencia, 1972.

Pidal leía *nuevas,* porque desconocía la acepción correspondiente.[2] Los ejemplos de este tipo podrían multiplicarse por miles. Precisamente la gramática histórico-comparativa permitía al editor valerse de la redundancia, que es, al fin y al cabo, lo que estamos nosotros haciendo todos los días cuando somos capaces de descifrar las cartas manuscritas de letra endiablada de nuestros amigos, o de leer los extraños rótulos incompletos de ciertos comercios. En una lengua extraña no podríamos descifrar las cariñosas misivas, por más que nos interesara, y los letreros comerciales estropeados, si pertenecen a una lengua extranjera que conocemos parcialmente, se resisten a ser interpretados. La comparación propuesta no es excesivamente acertada, pero sirve para poner de relieve el punto fundamental que nos importa: no es suficiente para enfrentarse con textos medievales el dominio perfecto de las técnicas paleográficas. Son necesarias las técnicas lingüísticas también. Contra el ruido del canal, la defensa la proporciona la redundancia que podemos aprovechar con la gramática histórica. No es casualidad que los medievalistas actuales intenten adquirir una formación interdisciplinar, técnicas históricas, paleográficas y lingüísticas, o que trabajen en equipos compuestos de especialistas de las diversas disciplinas. La utilización de la gramática histórica como técnica auxiliar es una realidad en los campos históricos, literarios, etc... Es un conjunto de actividades que suelen presentarse conjuntamente bajo el nombre de filología y que persigue, críticamente, interpretar el sentido cultural total de algún texto (léase momento) histórico.

La gramática histórica, como cualquier otra ciencia, tiene también su propio campo de actividad. La definición de la mayoría de las ciencias suele ser tautológica. El campo específico de la gramática histórica es la gramática histórica. Campo disciplinario y disciplina se delimitan en una práctica nacida a lo largo de los años. Lo propio de la gramática histórica, ya lo hemos visto, es intentar descubrir las leyes que han regulado la evolución de la historia de las lenguas. Porque una lengua no sólo sirve para la comunicación, según hemos advertido en párrafos anteriores, sino que tiene una historia, más o menos conocida, y nos permite reflexionar sobre ella misma. Que esta afirmación tan simple se complica bastante en la realidad es indudable. Pero, en principio, no podemos perderla de vista.

En los comentarios de texto que proponemos se encuentran mezcladas todas estas características que hemos expuesto. La gramática histórica y la historia de la lengua se presentan ligadas, por una parte, a las prácticas habituales de los editores críticos, de los historiadores de la literatura, etc. Por otro lado, se ha intentado mostrar cómo pueden

---

2. Vid. Menéndez Pidal, *Cantar de Mio Cid,* III, p. 1072, verso 1235, Madrid, Espasa-Calpe, 1956.

trabajarse los textos medievales con aprovechamiento para alguien que intente hacer gramática histórica o historia de la lengua. El punto de vista adoptado es bastante tradicional. La finalidad de nuestro texto nos exige empezar por el principio. Hemos elegido textos de diferentes épocas y categorías: en primer lugar el *Poema de Mio Cid*; una muestra de la prosa alfonsina, un ejemplo de la lengua del XIV —nada mejor que Juan Ruiz— y, por fin, unos párrafos del Arcipreste de Talavera. De los resultados no nos toca juzgar. Sólo advertimos que, a pesar de la autonomía de cada comentario, todos están integrados en un plan general. En el *Poema de Mio Cid* desplegamos ampliamente las técnicas del comentario. Es un ejemplo especial que constituye casi un algoritmo de un posible comentario. Los otros están enfocados de una manera mucho más parcial, para mostrar algunas de sus ricas posibilidades.

1. EL POEMA DE MIO CID

Nonbrados son los que yran enel algara,
455 E los que con myo Çid ficaran en la çaga.
Ya quiebran los albores & vinie la mañana,
Yxie el sol, Dios, ¡que fermoso apuntaua!
En Casteion todos se leuantauan,
Abren las puertas, de fuera salto dauan,
460 Por ver sus lauores & todas sus heredades.
Todos son exidos, las puertas dexadas an abiertas
Con pocas de gentes que en Casteion fincaron.
Las yentes de fuera todas son de ramadas.
El Campeador salio de çelada, corre aCasteion sin falla.
465 Moros & moras auien los de ganançia,
E essos gañados quantos en derredor andan.
Myo Çid don Rodrigo ala puerta adeliñaua;
Los que la tienen, quando vieron la rebata,
Ouieron miedo & fue deseparada.
470 Mio Çid Ruy Diaz por las puertas entraua,
En mano trae desnuda el espada,
Quinze moros mataua delos que alcançaua.
Gaño a Casteion & el oro ela plata.
Sos caualleros legan con la ganançia,
475 Dexan la a myo Çid, todo esto non preçia nada.
Afeuos los CCIIJ enel algara,
E sin dubda corren; fasta Alcala lego la seña de Minaya,
E desi arriba tornan se con la ganançia,
Fenares arriba & por Guadalfaiara.
480 Tanto traen las grandes ganaçias, muchos gañados
De oueias & de vacas & de ropas & de otras riquizas largas.
Derecha viene la seña de Minaya;
Non osa ninguno dar salto ala çaga.
Con aqueste auer tornan se essa conpaña;
485 Fellos en Casteion, o el Campeador estaua.
El castielo dexo en so poder, el Campeador caualga,
Saliolos reçebir con esta su mesnada,

Los braços abiertos reçibe a Minaya:
"¿Venides, Albarfanez, una fardida lança?
490 Do yo uos en bias bien abria tal esperança.
Esso con esto sea aiuntado;
Douos la quinta, si la quisieredes, Minaya."
"Mucho uos lo gradesco, Campeador contado.
Daquesta quinta que me auedes mando,
495 pagar se ya della Alfonsso el Castellano.
Yo uos la suelta & auello quitado.
ADios lo prometo, a aquel que esta en alto:
Fata que yo me page sobre mio buen cauallo,
Lidiando con moros enel campo,
500 Que en pleye la lança & al espada meta mano,
E por el cobdo ayuso la sangre destelando,
Ante Ruy Diaz el lidiador contado,
Non prendre de uos quanto uale vn dinero malo.
Pues que por mi ganaredes ques quier que sea dalgo,
505 Todo lo otro afelo en uuestra mano."
Estas gananças alli eran iuntadas.
Comidios myo Çid el que en buen ora fue nado,
Al rey Alfonsso que legarien sus compañas,
Quel buscarie mal con todas sus mesnadas.
510 Mando partir tod aqueste auer,
Sos quiñoneros que gelos diessen por carta.
Sos caualleros yan arribança,
A cada vno dellos caen C marchos de plata,
E alos peones la meatad sin falla;
515 Toda la quinta a myo Çid fincaua.
Aqui non lo pueden vender nin dar en presentaia;
Nin catiuos nin catiuas non quiso traer en su conpaña.
Fablo con los de Casteion, & en vio aFita & aGuadalfagara,
Esta quinta por quanto serie conprada,
520 Avn delo que diessen ouiessen grand ganança.
Asmaron los moros IIJ mill marcos de plata.
Plogo a myo Çid daquesta presentaia.
Atercer dia dados fueron sjn falla.
Asmo myo Çid con toda su conpaña
525 Que enel castiello non y aurie morada,
E que serie retenedor, mas non yaurie agua.
"Moros en paz, ca escripta es la carta,
Buscar nos ye el rey Alfonsso, con toda su mesnada.
Quitar quiero Casteion, ioyd, escuellas & Minyaya!
530 Lo que yo dixier non lo tengades amal:
En Casteion non podriemos fincar;

Çerca es el rey Alfonsso & buscar nos verna.
Mas el castielo non lo quiero hermar;
Çiento moros & çiento moras quiero las quitar,
535   Por que lo pris dellos que de mi non digan mal.
Todos sodes pagados & ninguno por pagar.
Cras ala mañana pensemos de caualgar,
Con Alfonsso myo señor non querria lidiar".
Lo que dixo el Çid a todos los otros plaz.
540   Del castiello que prisieron todos ricos se parten
Los moros & las moras bendiziendol estan."

                    (*Poema de Mio Cid,* versos, 454-541).

TRANSCRIPCIONES

1.   El *Poema de Mio Cid* nos ha llegado en un solo manuscrito, hoy conservado en la Biblioteca Nacional de Madrid, del que Menéndez Pidal hizo una edición paleográfica, prácticamente definitiva, y una esmerada edición crítica. La versión que nosotros ofrecemos está hecha sobre una edición fotográfica del original, siguiendo de cerca también la lectura pidaliana. El códice está muy estropeado, precisamente porque en ocasiones utilizó Menéndez Pidal reactivos para facilitar su lectura. Para poder calificar a nuestra lectura de paleográfica le faltan algunas cosas que luego precisaremos. Podíamos perfectamente haber utilizado las ediciones de Menéndez Pidal, pero hemos preferido por razones puramente pedagógicas este otro camino.

¿Con qué dificultades hemos tropezado? Para responder adecuadamente debemos de recordar la diferencia entre edición crítica y paleográfica, en primer lugar; después debemos considerar qué pretendemos con nuestro texto. En una *edición paleográfica* vertemos el sistema gráfico original al nuestro propio, pero intentamos respetar y reproducir en nuestra transcripción todas y cada una de las características de aquel sistema. Este tipo de transcripción es una auténtica proyección. Igual que se discute qué tipo de mapa representa más fielmente la tierra, también puede discutirse sobre la clase ideal de transcripción. La característica fundamental, sin embargo, debe ser la fidelidad al original, la correspondencia biunívoca entre los signos gráficos primitivos y los que nosotros hemos utilizado, si de transcripción paleográfica se trata. En la *edición crítica,* en cambio, pretendemos restituir a una supuesta pureza original un texto, que nos ha sido trasmitido más o menos corrompido o manipulado en uno o varios manuscritos. Si la imprenta moderna puede, a pesar de tantos controles, ofrecernos textos viciados, es fácil calcular las posibilidades de

deterioro de un texto, copiado una y otra vez por escribas semianalfabe-
tos, bastante incultos como para no enterarse exactamente del contenido de lo que escribían, y bastante orgullosos como para corregir lo que
no comprendían del todo. Los textos se corregían conscientemente,
con acierto o desacierto, e inconscientemente, pues la labor de copia
durante largas jornadas era frecuente fuente de errores mecánicos,
fruto del cansancio de sabios y santos, o necios y pecadores. Para
corregir las lecciones que nos ha trasmitido un manuscrito único
tenemos que acudir, sobre todo, a lo que se llama la crítica interna, i.e.,
a lo que podemos sacar en limpio después de comparar las diferentes
partes del texto entre sí. La perspicacia de muchos críticos es capaz de
descubrir en la igualdad aparente de un texto diferentes capas geológi-
cas que nos hablan de redacciones primitivas, posteriores correcciones, etc. Si el texto se nos ha trasmitido en diferentes manuscritos, la
técnica compleja por la que se elige críticamente un texto determinado
es la que suele llamarse propiamente *crítica textual,* y consta de varias
etapas, fundamentalmente: a) Inventario y descripción de manuscritos. b) Comparación para descubrir las familias de manuscritos y la
clasificación jerarquizada de su grado de fidelidad al original teórico.
c) Elección de los manuscritos que van a servir de base para la edición
y criterios para corregir, de acuerdo con otros manuscritos, las lecciones que juzguemos equivocadas. Es decir, en este caso, se trata de
utilizar la *comparación* para depurar la edición crítica. Pero hay que
señalar un hecho curioso: raramente un texto aparece absolutamente
huérfano en este mundo. En algún momento de la historia un autor se
interesó por él, fue utilizado por otro texto, etc. En resumen, es un
texto único, pero sabemos que algún otro manuscrito encierra pasajes
para los que se ha servido de un modelo parecido al supuesto huérfano.
Éste es el caso del *Poema de Mio Cid.* Cuando Menéndez Pidal se
dispuso a hacer su edición disponía de un único manuscrito, pero de
varias ediciones previas y de unas cuantas prosificaciones de la historia
del Cid en diferentes crónicas medievales. Algunas, probablemente, se
habían valido de un texto desconocido más o menos cercano a nuestro
poema.[1]

2.   Empezaremos el análisis del texto que hemos elegido a partir
del índice de formas léxicas que hemos elaborado, y que aparecen con
su etimología más comúnmente admitida en el apartado siguiente. Si
observamos atentamente, distinguiremos en seguida algunas diferen-

1.   Para lo relacionado con las Crónicas, vid. Menéndez Pidal, *Cantar de Mio Cid,* I, pp.
124 y ss; Menéndez Pidal, *En torno al Poema del Cid,* Edhasa, 1964; Diego Catalán
Menéndez Pidal, *La tradición manuscrita en la «Crónica de Alfonso XI»,* Madrid, Gredos,
1974, con rica bibliografía.

cias entre las formas de ese índice y el propio texto. No son diferencias casuales. Hemos menospreciado una serie de formas de nuestra edición casi paleográfica. Esto nos lleva a considerar un aspecto fundamental de nuestro proceder que debemos tener en cuenta en todos los comentarios que emprendamos. La lengua española actual nos es accesible directamente a través de la observación. Podemos utilizar para su estudio un conjunto de transcripciones de enunciados reales, o una serie de transcripciones de enunciados en conserva. En ambos casos hemos accedido directamente a un producto lingüístico oral. También podemos utilizar registros escritos. Suponiendo que conocemos las patografías de nuestro actual sistema de escritura, tampoco nos resultaría difícil trabajar con transcripciones más o menos próximas a los enunciados orales. En el caso del castellano podríamos, incluso, trabajar sobre el XIX o XVIII, si sabemos valernos de una masa de opiniones gramaticales que nos hacen sospechar de la cercanía entre nuestro sistema y el suyo. Pero para la lengua medieval no podemos servirnos de transcripciones directas de enunciados. Tampoco conocemos con precisión el conjunto de patografías que caracterizaban la ortografía de entonces. Solamente podemos ser conscientes de que conocemos el punto de llegada, el castellano actual y sus dialectos; de que conocemos el punto de partida, el latín clásico con sus descripciones gramaticales y el latín vulgar, del que, como ya hemos señalado, conservamos ciertos textos y ciertos rasgos en boca de gramáticos. Rasgos, precisamente, prohibidos como incorrectos. También la comparación entre las diferentes lenguas románicas nos permite suponer bastantes cosas del latín vulgar. El inconveniente en este panorama es que, al contrario que en la geometría euclidea, entre dos puntos no pasa una recta y sólo una. Entre el punto de partida y el de llegada los caminos se internan en una jungla de formas, de tiempos, de lugares. Tratar de introducir cierto orden en tamaña confusión es el cometido propio de la historia de la lengua y de la gramática histórica.

3.   ¿Qué hacer ante un texto? Debemos describir su sistema fonético y fonológico, su sistema gramatical, su sintaxis. No es un secreto que la gramática histórica ha avanzado mucho en el primer punto, bastante en la segunda exigencia, poco en la última. La acertada descripción de la lengua del texto, utilizando, precisamente, los puntos de llegada que conocemos y los de partida, nos permitirá señalar, más o menos, en qué región temporal lo encerramos y en qué espacio lo circunscribimos. Para ello nos servimos fundamentalmente de descripciones de otros textos de fecha conocida o de localización segura. Lo ideal es que pudiéramos disponer de una especie de tablas con las que automáticamente supiéramos la fecha y lugar de composición de un texto, una vez que dispusiéramos de una descripción ordenada de su

lengua. Hoy día estamos lejos de lograr tal objetivo. Hay pocos textos medievales fechados con seguridad. Muchos se escribieron en zonas diversas de donde se conservan... En otros casos los autores que escribían en un sitio eran de otro lugar... Los problemas son frecuentes y las disputas entre los críticos a veces muy prolongadas, incluso sobre textos cuya fecha y localización parece clara. Esto nos obliga a aguzar nuestros instrumentos y a no rendirnos. Para acometer tal tipo de análisis debemos saber qué texto estamos utilizando y qué grado de fiabilidad nos merece la transcripción del editor. Como vamos a poder comprobar dentro de un momento, desde el primer instante que nos enfrentamos a las grafías de un manuscrito estamos eligiendo unas lecturas y rechazando otras, de acuerdo con criterios lingüísticos. No podemos, por tanto, aceptar sin más cualquier edición. Las de Menéndez Pidal son irreprochables. Probablemente su propia edición de *Documentos Lingüísticos de Castilla,* la de T. Navarro Tomás de los *Documentos lingüísticos del Alto Aragón* y algunas de Américo Castro pueden codearse con las más fiables. Insisto en este paso, pues muchos de los documentos, por desgracia, editados encubren o encierran inexactitudes, a veces no especialmente funestas para los historiadores generales, pero sí rechazables desde una perspectiva lingüística. A la larga, son perjudiciales para cualquier disciplina filológica. Dataciones verosímiles y localizaciones probables no pueden en ocasiones proponerse, porque no disponemos de los elementos de juicio fiables. Precisamente es obvio que los escribas pudieron falsificar un documento, una fecha, un lugar. Pero lo que no pudieron falsificar fue su propio idiolecto, su formación ortográfica, su estilo lingüístico. Porque los macroelementos del discurso pudieron producirse específicamente como signos dedicados a engañar a los receptores posibles, nos inspiran menos confianza que este otro tipo de signos —morfemas, fonemas, construcciones sintácticas— que primariamente no iba destinado a informarnos de nada, sino simplemente se utilizaba como substancia para el discurso. En este sentido, el valor arqueológico de la disciplina lingüística no debe dejarse de lado. Pero no es sólo arqueología. El cariño que en ciertos países desarrollados ha mostrado la policía hacia ciertas ramas como la estilística y la dialectología no puede ser una cuestión de azar.

4. El que transcribe un texto tiene que estar continuamente eligiendo una serie de lecturas y desechando otras. Prácticamente carece de sentido el enunciado "seguimos con fidelidad las lecciones del original". Hemos señalado que nuestra edición era casi paleográfica. Pero entre el manuscrito y nuestra transcripción median ciertas diferencias: 1) No hemos respetado las diferentes figuras de la *s*. No se trata de un problema de grafías diferentes, distribuidas de otra

manera, sino de un problema de figuras. Muchos manuscritos medievales solían utilizar para la -s- y S- mayúscula una figura diferente (parecida a la *f*) que para la s- o -s. La utilización no era sistemática y dependía de tipos de letras y zonas. Tuvo tanto arraigo, no obstante, que pasó a la imprenta. Hasta el XVIII pueden encontrarse esos libros escritos con este tipo tan incómodo de *s,* confundida casi con la *f.* Hemos visto históricamente cambiar la figura de la *s* alta (casi como la *f*) por la *s* normal. Por comodidad de nuestros impresores hemos desechado la utilización de esa figura. Menéndez Pidal la utiliza en su edición paleográfica del Cid.[2] 2) Respecto al texto del manuscrito original nuestra edición y la del mismo Menéndez Pidal difiere considerablemente en otro aspecto: en la puntuación. En la mayoría de los manuscritos la puntuación es algo más bien confuso. Suelen aparecer rayas y puntos de dudosa significación y la mayoría de los editores se dedican a puntuar, incluso en las ediciones paleográficas, a la moderna.[3] 3) Otra diferencia evidente entre el texto original y nuestro texto son las abreviaturas. Todos los editores modernos las resuelven. Si se trata de una edición con intereses lingüísticos, suele señalarse, además, con cursiva qué letras estaban abreviadas en el original. Y, sin embargo, no es un problema de tan sencilla solución. Abreviaturas muy generalizadas deben resolverse teniendo en cuenta que la realidad lingüística variaba. Por ejemplo, *mrus,* empezó a utilizarse, sin duda, por los escribas en documentos latinos. En un documento latino o latinizado del siglo XII, probablemente la adecuada transcripción debería de ser *moravetinos* o *moravitinos* (quizá con -*b*-), que es lo que aparece cuando la palabra, de origen árabe, no se abrevia. Pero en el siglo XIII o XIV, aunque siempre aparezca la forma abreviada, es evidente que deberíamos aceptar la forma romanceada *morauedis,* entonces general. Es decir, muchas abreviaturas fijas, que nacieron cuando se redactaban los documentos en latín, seguían utilizándose en los documentos romances. En general suele seguirse la norma de resolver una forma abreviada de acuerdo con las formas idénticas sin abreviar que aparezcan en el mismo texto, si es posible; en textos cercanos, en última instancia. Pero no siempre es fácil aplicar la norma general. Con mucha frecuencia las nasales aparecen abreviadas. Así, nos encontramos con palabras abreviadas que tienen una nasal ante oclusiva bilabial, *p, b.* La dificultad empieza cuando comprobamos que en nuestro texto aparecen formas sin abreviar con *n* y con *m* delante de bilabial. ¿Qué criterio

2. Pueden consultarse los manuales de paleografía siguientes: A. Millares Carlo, *Tratado de paleografía española,* Madrid, 1932; A. C. Floriano, *Curso general de Paleografía y Diplomática españolas,* Oviedo, 1964.

3. Vid. J. Roudil, "Édition de texte, analyse textuelle et ponctuation", *Cahiers de linguistique hispanique médiévale,* marzo, 1978, núm. 3. pp. 269 y ss.

seguir? Es evidente que tendemos hoy día a introducir la *m,* de acuerdo con nuestras propias normas ortográficas. No es un grave trastorno el que se ocasiona, pero sí queda un poco desdibujada la historia de nuestra ortografía, pues, al menos en la Edad Media, era muy frecuente que apareciera la nasal dental, *n,* ante la bilabial, *p* o *b.* Así, por ejemplo, encontramos *conpaña* en los versos 524 y 484 sin abreviar y *compañas,* también sin abreviar, en el verso 508. Hemos transcrito, de acuerdo con Menéndez Pidal, co*n*paña en el verso 517. Ahora bien, tantos argumentos tenemos para co*n*paña como para co*m*paña. *Campeador* aparece sin abreviar en los versos 464, 485 y 493. Es razonable, por tanto, resolver la abreviatura del verso 486 como *m: campeador.* Si nos fijamos en otros contextos iguales, descubrimos sin abreviar y con *n: nonbrados* (v. 454), *conprada* (v. 519), *en bias* (v. 490). En otros contextos siempre aparece en posición implosiva la *n* ante otra consonante o en posición final: *lidiando* (v. 499), *vender* (v. 516), *alcançaua* (v. 572). Para resolver la abreviatura de la nasal implosiva podemos echar mano en cualquier contexto de la *n.* Ante *p,* en cambio, podemos elegir entre la *n,* que aparece en más palabras, o la *m* (la única que aparece en *campeador*) y en *compañas.* Si queremos saber la tendencia de todo el Poema, tendríamos que acudir a un índice de concordancias. El de R. Pellen no sirve para este caso concreto, precisamente, porque se basa en la edición paleográfica de Menéndez Pidal y no ha distinguido las formas abreviadas de las no abreviadas. De las 32 veces que aparece el monema *compaña,* con todas sus variantes gráficas y flexiones gramatiles, sabemos que 8 veces aparece *compaña* (con sus variantes). Pero no podemos saber qué número de veces aparece *conpaña* (con sus variantes) abreviado y sin abreviar. Dado que Menéndez Pidal en este caso consideró razonable transcribir los casos de abreviatura con *n,* debemos de concluir, quizá, que el copista de *El Cid* utilizó 8 veces *compaña,* un número de veces que, por desgracia, no podemos conocer a través del índice de concordancias, *conpaña,* y un número de veces, también por el mismo motivo ahora desconocido —si no hacemos nosotros mismos un recuento—, la forma *conpaña* o *compaña,* según transcribamos.[4] Realmente no parece sino que colamos mosquitos, como dirían los holandeses. Efectivamente, no es aconsejable el suicidio en esta situación, pero sí debemos convenir que así no podemos utilizar, sin un esfuerzo considerable por nuestra parte, las concordancias para estudiar la ortografía del Cid, pues ya ha quedado claro que de un problema de ortografía se trataba. Y siguiendo con esta idea, y razonando al modo de la lechera, consideremos si con este texto y otro y otro no podríamos pensar por qué unos siglos más tarde la

4. Sobre este problema, una exposición muy lúcida en Menéndez Pidal, *Cantar de Mio Cid,* I, pp. 225 y ss.

R.A.E. decidió que ante *p* o *b* se debe escribir *m*. Un problema tan tonto como una abreviatura puede ocuparnos, por tanto, un buen rato de reflexión. 4) Para acabar con esta primera aproximación es necesario poner de relieve la duda subjetiva del editor. Los honestos, Menéndez Pidal es un ejemplo, van señalando continuamente vacilaciones en sus lecturas. Si los tipos de imprenta son evidentemente signos discretos, no puede afirmarse siempre lo mismo de las grafías medievales. Algunas no son ni *o* ni *a,* quizá una grafía intermedia, por ejemplo. En este punto puede también considerarse todo lo relacionado con la corrección del manuscrito. Sabemos que los manuscritos eran corregidos después de escritos. Muchas veces por el propio copista, otras veces por un corrector de su mismo sitio de trabajo. Pero luego, contemporáneos y no contemporáneos fueron añadiendo anotaciones y correcciones. Distinguir las notas del propio copista de las contemporáneas a veces es sencillo, pero otras muchas prácticamente imposible. Esto origina disputas sobre si deben aceptarse o no las correcciones del manuscrito, si hay que editarlas, considerarlas simplemente en nota, no tenerlas en cuenta... Con esto acabamos: transcribir con fidelidad subjetiva es una buena disposición de ánimo. Transcribir con fidelidad objetiva un manuscrito puede significar que el editor ha puesto su mejor voluntad en no engañarnos. Pero no podemos tomar la afirmación ingenuamente. Cualquier transcripción exige decisiones continuas, juicios de valor del editor, lejos de la neutra objetividad de lo que el manuscrito probablemente dice, que es, precisamente, lo que se trata de descubrir.

5.   Las diferencias entre nuestra transcripción y la de Menéndez Pidal, a quien hemos seguido muy de cerca —volvemos a confesarlo—, son escasas: a) En una ocasión, probablemente por errata de imprenta, Menéndez Pidal no señala la abreviatura final de nasal en bie*n* (v. 490). b) Menéndez Pidal separa palabras en la edición paleográfica que a nosotros nos parecen unidas en el manuscrito del poema: "da questa" (v. 494 y 522). c) Menéndez Pidal explica cómo se corrigió una lección en el manuscrito. A continuación ofrece *corrie* (v. 465). De acuerdo con su propia explicación deberíamos esperar o *corie* o *corre*. Si acudimos a las concordancias, veremos que las formas con una *-r-* son menos que las formas con *-rr-*. Nada impide la alternancia *salió/sale,* pues un presente histórico dentro de la narración es perfectamente posible. También el imperfecto de cierre. En fin... hemos aceptado *corre,* sintáctica y gráficamente es posible, de acuerdo con el número de veces que aparecen formas con *-r-* o con *-rr-* para representar la vibrante múltiple. d) La abreviatura sobre la *q* de *riquizas* parece dudosa entre *qui/que.* Aceptamos, sin embargo, *riquizas* porque hay en el poema otros casos de *riquiza,* uno corregido y otro seguro.

6. Entre la transcripción paleográfica y la edición crítica corre un estrecho sendero lleno de dudas que a cada paso asaltan al editor y de decisiones claras que deben guiarlo continuamente. Las diferencias más notables entre la edición paleográfica y la crítica de Menéndez Pidal a la que nos remitimos en ocasiones, o entre la edición y nuestro índice léxico, sin duda son:

A) Separación de palabras. Los manuscritos se escribían en muchos casos al dictado; pero, aunque no fuera así, la semilectura en voz alta, o el concepto de palabra gráfica alejado del que actualmente manejamos, hace que las separaciones entre las palabras no coincidan con nuestras normas actuales. Entre nuestro texto y nuestro índice léxico median estas diferencias:

manuscrito	índice léxico
V.454: ms. enel	en el
V.463: ms. de ramadas	derramadas
V.464: ms. aCasteion	a Casteion
V.467: ala	a la
V.472: delos	de los
V.473: ela	e la
V.476: enel	en el
V.483: ala	a la
V.489: Albarfanez	Albar Fanez
V.490: en bias	enbias
V.497: ADios	A Dios
V.499: enel	en el
V.500: en pleye	enpleye
V.512: yan	y an
V.518: aFita	a Fita
V.518: aGuadalfagara	a Guadalfagara
V.520: delo	de lo
V.523: atercer	a tercer
V.525: enel	en el
V.530: amal	a mal
V.537: ala	a la

También aparecen algunas formas que hoy no se utilizan como *dellos* y *allos,* respectivamente *de los* y *a los, bendiziendol...* a las que nos referiremos después.

B) La acentuación modernizada también suele ser norma general de los editores, y el uso de las mayúsculas.

C) Regularizamos para consonantes los signos *y-j,* además para consonantes diferentes, y para vocal solamente utilizamos *i.* Igualmente utilizamos sólo *v* para consonante y *u* para vocal. Estas decisiones quedarán claras a lo largo del comentario lingüístico.

Una serie de cuestiones diversas, críticas, errores, cambios de versos, etc... las examinaremos al final.

ÍNDICE DE FORMAS[5]

formas	*etimología*
A	lat. ad
(ABRIR)	lat. aperīre
Abiertos, abiertas, abren	
(ADELIÑAR)	esp. liña < lat. līnea
Adeliñava	
AGUA	lat. aqua
(AJUNTAR)	esp. junta < lat. jŭncta
Ajuntado	
ALBAR	de germ. Al-varus (all = 'todo' + wărs = = 'atento')
ALBORES	esp. albo < lat. albus
ALCALA	de ár. Alqalat = 'El castillo'
(ALCANÇAR)	lat. incalciare
Alcançava	
ALFONSSO	de germ. Al-fonsus (all = 'todo' + funs = = 'preparado')
ALGARA	de ár. gâra
ALGO	lat. alĭquod (neutro de *alĭquis*)
ALTO	lat. altus-a-um
ALLI	lat. illĭc
(ANDAR)	lat. ambulare
Andan	
ANTE	lat. ante
(APUNTAR)	esp. punta < lat. pŭncta
Apuntava	
AQUEL	lat. eccum ĭlle-a-ud
AQUESTA-E	lat. eccum ĭste-a -ud
AQUI	lat. eccum hĭc
ARRIBA	esp. riba < lat. rīpa

5.　En todos los comentarios de texto incluimos una lista de todas las palabras diferentes que aparecen, con la etimología generalmente más aceptada. En el interior de los comentarios solemos utilizar formas de latín vulgar. Aquí, en cambio, las etimologías se refieren, cuando es posible, al latín clásico. Para los sustantivos de la primera y segunda declinación, incluso neutros, se indica solamente el nominativo. Para los otros, el nominativo y genitivo. En los adjetivos latinos de tres terminaciones se señala el nominativo de los tres géneros. En los verbos indicamos el infinitivo solamente. En el resto de las palabras, la forma más general.

Hemos marcado los derivados refiriéndonos al primitivo español y señalando después la etimología latina. Con ello nos hemos despreocupado del problema sobre su auténtico origen: si son comunes a toda o a parte de la Romania, si son específicamente hispánicos, etc...

Los préstamos se indican con la preposición *de*.

Entre paréntesis, al lado de la columna de la izquierda, se han señalado los significados actuales de las palabras que pudieran resultar extrañas. Los infinitivos verbales entre paréntesis no aparecen en el texto.

ARRIBANÇA esp. riba < lat. rīpa
(ASMAR) lat. adaestĭmare
 Asmaron, asmo
AUN lat. adhŭc
AVER (sust.) lat. habēre
(AVER) lat. habēre
 (y)an, abría, avedes, avello,
 avrie, avien, ovieron, oviessen
AYUSO esp. a + yuso < lat-dĕŏrsum

(BENDEZIR) lat. benedĭcere
 bendiziendo
BIEN lat. bĕne
BRAÇOS lat. bracchium
BUEN lat. bŏnus-a-um
BUSCAR ?
 buscar-ye, buscarie

C número romano = cien
CCIII número romano
CA lat. quĭa
CADA lat. cata
(CAER) lat. cadĕre
 Caen
ÇAGA de ár. sâqa
CAMPEADOR esp. campo < lat. campus
CAMPO lat. campus
CARTA lat. charta
CASTEJON lat. castelliŏ-ŏnis
CASTELLANO lat. castellanus
CASTIELLO lat. castĕllum
 Castielo
CATIVAS-OS lat. captĭvus-a-um
(CATIVAR) lat. captivare
 Cativas
CAVALGAR lat. caballĭcare
 Cavalga
CAVALLO-S lat. caballus
CAVALLEROS lat. caballarius
ÇELADA esp. celar < lat. celare
ÇERCA lat. cĭrca
ÇID de ár. Çid
ÇIENTO lat. cĕntum
COBDO lat. cŭbĭtus
(COMEDIR) lat. commētĭri
 Comidios
COMPAÑA-S lat. companĭa
 Conpaña
CON lat. cŭm

(CONPRAR)	lat. cŏmpĕrāre
Conprada	
(CONTAR)	lat. cŏmpŭtare
Contado	
(CORRER)	lat. cŭrrĕre
Corre, corren	
CRAS	lat. cras
DAQUESTA	esp. de + aquesta
DAR	lat. dare
Do, davan, diessen, dados	
DE	lat. dē
(DECIR)	lat. dīcĕre
Digan, dixo, dixier	
DELLA; DELLOS	esp. de + ella; de+ellos
DERECHA	lat. dīrēctus-a-um
(DERRAMAR)	lat. dīsramare
Derramadas	
DERREDOR	esp. redor < lat. retro
(DESEPARAR)	lat. de-ex-separare
Deseparada	
DESNUDA	esp. desnudar < lat. dēnŭdare
DESSI	esp. des + i < ĭbĭ
Desi	
(DESTELAR)	lat. destillare
Destelando	
(DEXAR)	esp. lexar < lat. lexare
Dexan, Dexo, dexadas	
DIA	lat. dia
DIAZ	LV Didaci
DINERO	lat. denarius
DIOS	lat. Dĕus
DO	esp. de + o < ŭbi
DON	lat. dŏmĭnus
DUBDA	lat. dŭbĭta
E	lat. ĕt
Y, &	
EL, LOS	lat. ĭlle-a-ud
Ella, ellos	
EN	lat. ĭn
(ENPLEAR)	de fr. a. empleiier < lat. ĭmplĭcare
Enpleye	
(ENTRAR)	lat. ĭntrare
Entrava	
(ENVIAR)	lat. inviare
Envio, Enbias	
(ESCRIBIR)	lat. scrībĕre
Escripta	

ESCUELLAS   lat. schŏlla
ESPADA   lat. spatha
ESPERANÇA   lat. sperantia
ESSA   lat. ĭpse-a-um
   Essos, esso
ESTA-S   lat. ĭste-a-ud
   Esto
(ESTAR)   lat. stare
   Esta, estan, estava
(EXIR)   lat. ĕxĭre
   Yxie, exidos

(FABLAR)   lat. fabulari
   Fabló
FALLA   esp. fallir < lat. fallĕre
FARDIDA   de. fr. a. hardi
FANNEZ   ¿del ibérico? lat. Hannici
FASTA   de ár. ḥatta
   Fata
FENARES   esp. feno < lat. fēnum
FE   de ár. hâ
   Afevos, afelo, fellos
FERMOSO   lat. formōsus-a-um
FINCAR   lat. fĭccare
   Ficarán, fincaron, fincava
FITA   lat. fĭcta
FUERA   lat. fŏra

(GANAR)   germ. ganan
   Ganaredes, gañó, ganados
GANANCIA-S   esp. ganar < germ. ganan
   GAÑADOS (Subs.)
(GRADESCER)   esp. grado < lat. gratum
   Gradesco
GRAND-ES   lat. grandis-is
GELO-S   lat. ĭllī-illum
GENTES   lat. gens-ĕntis
   Yentes
GUADALFAIARA   de ár. wadi-al-hajjâra
   Guadalfagara

HEREDADES   lat. heredĭtas-atis
HERMAR   esp. yermo < lat. ĕremus-a-um
(IR)   lat. ĭre
   yrán

(JUNTAR)   lat. jŭnctare
   Juntados
   Juntadas

LA-S	lat. ĭlle-a-ud
Los	
LANÇA	lat. lancĕa
LARGAS	lat. largus-a-um
LAVORES	lat. labŏr-ōris
(LEGAR)	lat. plĭcare
Legan, lego, legarien	
(LEVANTAR)	esp. levar < lat. lĕvare
Levantavan	
LIDIADOR	esp. lidiar < lĭtĭgare
LIDIAR	lat. lĭtĭgare
lidiando	
MAL	lat. male
MALO	lat. malus-a-um
MANDAR	lat. mandare
Mando,	
mando = (mandado)	
MANO	lat. manus-us
MAÑANA	lat. manĕana
MARCOS	de germ. marka (L.V. marcu)
Marchos	
MAS	lat. magis
(MATAR)	lat. mattare
Matava	
ME	lat. me
MEATAD	lat. medietatis-is
MESNADA-S	esp. mes(o)n < lat. mansiŏ-nis
(METER)	lat. mĭttere
Meta	
MI	lat. mĭhĭ
MILL	lat. mĭlle
MINAYA, Minyaya	de vasco-ibero anai
MIEDO	lat. mĕtus
MIO, myo	lat. mĕus-a-um
MORADA	esp. morar < lat. mŏrāri
MORAS-OS	lat. maurus-i
	maura-ae
MUCHO-S	lat. multus-a-um
NADA	lat.(res) nata
NADO	esp. nacer < lat. nascĕre
Nado	
NIN	lat. nĕc
NON	lat. non
NINGUNO	lat. nec ūnus-a-um
NOMBRAR	lat. nomĭnare
Nombrado, nonbrados	
NOS	lat. nōs

O	lat. ŭbi
(OIR)	lat. audire
Oyd	
ORA	lat. hŏra
ORO	lat. aurum
(OSAR)	lat. ausare
Osa	
OTRO-A-S	lat. alter-a-um
OVEJAS	lat. ovĭcula
PAGAR	lat. pacare
Page, pagar-ya; pagados	
PARTIR	lat. partire
Parten	
PAZ	lat. pax-acis
PENSAR	lat. pensare
Pensemos	
PEONES	lat. pedo-ŏnis
(PLACER)	lat. placere
Plaz, plogo	
PLATA	lat. platta
POCAS	lat. paucus-a-um
(PODER)	lat. potĕre
Pueden, podriemos	
PODER (subs.)	lat. potĕre
POR	lat. pro
(PREÇIAR)	esp. precio < lat. prĕtĭum
Precia	
(PRENDER)	lat. prĕndĕre
Prendré, pris, prisieron	
PRESENTAJA	lat. praesentalia
PROMETER	lat. promĭttĕre
Prometo	
PUERTA-S	lat. pŏrta
PUES	lat. pŏst
QUANDO	lat. quando
QUANTO-S	lat. quantus-a-um
QUE (conj.)	lat. quĭd + quia
QUE (pron.)	lat. qui-quae-quod
QUEBRAR	lat. crĕpare
Quiebran	
QUERER	lat. quaerĕre
Quiero, quier, querria, quiso, quisieredes	
QUIÑONEROS	esp. quiñon < lat. quiniŏ-ŏnis
QUINZE	lat. quĭndĕcim
QUINTA	lat. quĭntus-a-um

QUITAR Quitado	de lat. quiĕtus
REBATA	de ár. ribât
REÇEBIR	lat. recĭpĕre
Recibe	
RETENEDOR	esp. tener < lat. tenere
REY	lat. rĕx-gis
RICOS	de germ. rīks
RIQUIZAS	esp. rico < germ. rīks
RODRIGO	de germ. Rodericus (hrots = 'fama' + riks = 'poderoso')
ROPAS	de germ. raupa
RUY	de germ. Roderici
(SALIR) Salio	lat. salire
SALTO	lat. saltus
SANGRE	lat. sanguis-ĭnis
SE	lat. se
SEÑA	lat. sĭgna
SEÑOR	lat. sĕnĭor-is

SER
  Es, sodes, son, eran,
  serie, sea, fueron, fue
	lat. sĕdēre

SI	lat. sī
SIN	lat. sĭne
SO	lat. sŭb
SOBRE	lat. sŭper
SOL	lat. sōl-ōlis
SUELTA	esp. solver < lat. sŏlvere
SU-S Sos	lat. sŭus-a-um
TAL	lat. talis-is
TANTO	lat. tantus-a-um
(TENER) Tienen, tengades	lat. tĕnēre
TERCER	lat. tertiarius
TOD-O-S Toda-s	lat. tōtus-a-um
(TORNAR) Tornan	lat. tornare
TRAER Trae, traen	lat. trahĕre
UN-O-A	lat. ūnus-a-um

VACAS	lat. vacca
(VALER)	lat. valēre
Vale	
VENDER	lat. vēndĕre
VENIR	lat. vĕnīre
Viene, venides, verna,	
vinie	
VER	lat. vĭdēre
Vieron	
VOS	lat. vōs
VUESTRA	lat. vŏstra
YA	lat. iam
YO	lat. ĕgo
Y	lat. ĭbī

ANÁLISIS

En las páginas anteriores hemos presentado algunas cuestiones previas al análisis propiamente dicho del texto, aunque muy relacionadas con él, que condicionan, en cierta medida, algunos de los futuros enfoques de nuestro comentario lingüístico. Es necesario recordarlo, porque las soluciones finales van a definir, a su vez, algunas de nuestras consideraciones iniciales. Este movimiento pendular nos ayuda a penetrar en las características lingüísticas de nuestro texto. El procedimiento que vamos a seguir ahora es bastante tradicional y sencillo. En primer lugar describiremos el estado del texto de acuerdo con unos esquemas ya clásicos: vocalismo y consonantismo dentro de la fonología; morfología y sintaxis después y, por fin, lexicología. Después de cada descripción intentaremos valorar lo que los datos que hemos organizado nos aporten. Dentro de cada apartado, como se podrá comprobar, seguimos también los procedimientos más extendidos. Así, aunque a primera vista puede parecer reiterativo nuestro proceder, por disponer ahora de un corpus reducido, quedará expuesto con claridad el algoritmo que se suele utilizar tradicionalmente en este tipo de análisis, para adentrarse filológicamente en un texto medieval. Aunque existan otras técnicas, las que exponemos parecen todavía no desprovistas de valor. No tenemos que advertir nada sobre el orden en que presentamos los diversos fenómenos, pues coincide a grandes rasgos con el que se expone en la mayoría de los manuales de gramática histórica. Conviene señalar, sin embargo, que no debemos contar solamente con las palabras de etimología latina con evolución tradicional, sino también con las de orígenes diferentes —ya señalados en nuestro índice de formas—. Son relativamente pocas, pero interesantes. Dentro de los diversos puntos del vocalismo y consonantismo distinguimos también entre los contextos generales, en substantivos, por ejemplo, y los limitados de tipo gramatical, sufijos, etc... En estas ocasiones suele sobreponerse la analogía a la estricta regularidad de la ley fonética.

I. VOCALISMO

Vocales tónicas

Aparecen en sílaba tónica las grafías *a, e, i, o, u*. Si juzgamos su procedencia y el resultado actual en castellano, tendremos que aceptar que son fonemas diferentes: /a/, /e/, /i/, /o/, /u/. Además podemos comprobar que aparecen en la sílaba tónica una serie de secuencias vocálicas que luego analizaremos: *ie, ia, io, ue, ae, ea, oi, ua, au*.

1.   La *á* procede de palabras latinas, árabes, germanas y vascas.
1.1.   La mayoría de las formas con *á* proceden del latín. La *a* tónica del latín clásico, larga o breve *(ā, ă)*, fundidos en latín vulgar en un solo sonido ambos timbres, se conservó muy bien en castellano en evolución libre (en general en todas las lenguas románicas, excepto en ciertos contextos del francés). Esto es lo que podemos comprobar en los siguientes ejemplos: *algo, agua, ante, abren, caen, campo, carta, cavallos, cras, espada, lança, larga, nada, paz, vacas*.
También hay que contar aquí los contextos gramaticales como las terminaciones del imperfecto latino, infinitivo de la primera conjugación, sufijos en *-atu, -ata*, algunos ya latinos, otros en derivados romances: adeliñ*ava*, alcanç*ava*, est*ava*, levant*avan* < lat. *-aba(nt)*; busc*ar*, d*ar*, < *-are*; conpr*ada*, cont*ado*, junt*adas* < lat. *-atu, -ata*. Debemos tener en cuenta en los últimos ejemplos ofrecidos un problema, a veces de solución difícil. En los derivados de formas latinas mediante sufijos, cuando tenemos constancia de que existían en latín, o en varias lenguas románicas, podemos pensar en una forma previa latina. En otro caso podemos considerar que el derivado es romance, aunque sea con un sufijo que proceda, a su vez, también del latín. Así *-atu* > *ado* en español. De *mesón* se deriva *meson-ada*, que llega a *mesnada*. Es una formación romance.
1.2.   Una serie de formas con *á* proceden del árabe. Es sabido que, por la dominación árabe, los arabismos que pasaron al español son numerosos. Los arabismos de la Romania, generalmente, entraron desde el sur de Italia sin artículo; los del español suelen conservar el artículo. En este texto encontramos topónimos, son frecuentes en

nuestra geografía, y algunos términos referidos a actividades militares. También tenemos muestra de los pocos elementos gramaticales que el castellano aceptó del árabe. Así aparecen *Alcalá* 'el castillo', *Guadalfajara,* que podríamos traducirlo como dicen en Puerto Rico, 'Río piedras'. Aparecen también *algara, çaga, rebata.* Además *fasta,* preposición. En todos estos casos la *â* árabe se ha conservado, frente a otros en que evolucionaba a velar: *sarab* > *jarope*... En algunas palabras *á* árabe por la inflexión de la *imala* se convertía en *i.*

1.3.   El nombre propio *Minaya* está relacionado con el vasco *anai* 'hermano', con la vocal vasca conservada, de acuerdo con la fonología castellana.

1.4.   Algunos germanismos también tienen *á.* Así, todos los derivados de *ganar, marcos* y el nombre propio *Albar.*

La estabilidad de la *á* tónica, proceda de donde proceda, es evidente.

2.   La *i* procede de palabras latinas, árabes y germánicas.

2.1.   La principal fuente de *i* en este texto es la *ī* latina, clásica y tónica, *į* en latín vulgar. Así aparece en los ejemplos siguientes: *allí, aquí, mill, quinze, quinto.* También proceden de *í* larga latina una serie de formas gramaticales: infinitivos en *-īre* como *partir,* incluso en verbos que no pertenecían a esta conjugación en latín: *reçebir.* También la *i* de *quiso* es analógica, pues de *quaesit* no podía resultar *quiso. Quaesi* ha llegado a *quise* influida por la *i* analógica de *mise, dije,* que sí tenían en su radical *ī.* Después *quise* arrastró las otras personas.

La *i* de nuestro texto procede de palabras latinas con *ĭ* breve condicionada por *-i: mi* < *mĭhi; prise* < *prensit* (con *ē* larga latina). Analógicamente *priso* se rehízo sobre la primera persona *prise.*

La *i* procede de hiatos latinos. Disponemos de ejemplos diferentes. Entre los substantivos, *dia* < *dĭa* latino con *ĭ* breve. También las terminaciones de imperfecto: *-ie* < *-ia* < *-eba.*

La *i* procede de diptongo *ié* reducido: así en *Dios* < *dieos* < *dĕus; mio* < *mieo* < *mĕus.*

Además aparece *í* en contextos procedentes de *e,* no perfectamente explicados: *ninguno,* parece analogía de *ni.* En cuanto a *ni* < *nec,* debemos pensar en la situación átona sintácticamente: *nec* > *nei* > *ni.*

2.2.   De origen árabe es la *i* en el nombre propio del *Çid.*

2.3.   Origen germano es la *i* de *rico* y *Rodrigo.* También de origen germano, aunque quizá a través del francés, *fardida.*

3.   La *ú* procede sobre todo de la *ū* larga latina clásica. Así nos lo demuestran los ejemplos siguientes: *aun, desnuda, uno.*

En otros casos la *u* de nuestro texto no procede de *ū* latina sino de *ŭ* clásica, *ų* vulgar, que normalmente suele dar *o*. Así, *ayuso* < *deǫrsum*, en vez de *yoso*, que se encuentra en zonas aragonesas o leonesas, se debe a la influencia analógica de *sūrsum* > *suso*, con el que se encontraba en oposición binaria semántica de relación. En otros casos la *ŭ* latina no evolucionó a *o* por la inflexión de los sonidos cercanos: así sucede con *mŭltu*, pues el grupo *ult* > [uĉ] en castellano normalmente, si va seguido de vocal. Quizá por estar en contacto con un grupo, también *dubda* conservó su *ŭ* latina en vez de evolucionar hasta *o*. Formas con *o* se pueden encontrar en textos aragoneses o leoneses: *dobda*, *dolda*. Por último, tenemos el caso de los posesivos derivados de *sŭus*. En nuestro texto alternan las soluciones con *u*, *su*, y con *o*. Fonéticamente la solución canónica es *so*. El problema es de tipo morfológico. Las formas masculinas *sųus* parece que conservaron el timbre vocálico y evolucionaron así: *sŭus* > *so*. En las formas femeninas se debió de cerrar el timbre de la vocal. Por eso *sųa* > *sua* > *sue* (*su* apocopada). Efectivamente, en el texto aparecen diferencias de género: *sos quiñoneros*, frente a *sus compañas*, como veremos en la morfología; *suya* y *suyo* sufrieron la influencia de *cuyo*.

4. La *é* procede de palabras latinas exclusivamente, excepto en el caso de *enpleye*, si admitimos que es un préstamo francés, y en un arabismo.

4.1. Procede de palabras latinas con *ĭ* clásica, *į* latino-vulgar. Así lo comprobamos en *aquel, aquesta, el, cerca, oveja, ese, mete*.

4.2. Procede también de palabras con *ē* clásica, *ę* latino-vulgar: *derecha, dexa...* Y aquí podemos recordar todos los infinitivos de la segunda conjugación, aun en verbos que pertenecían a otra en latín clásico: *aver, poder, prometer, querer*.

4.3. Procede de palabras latinas con *a* a la que se sumó una yod metatizada: *denariu* > *denairu* > *dinero; caballariu* > *caballairu* > *caballero; tertiariu* > *tercero*.

4.4. También aparece en el arabismo *fe* = 'he'. En nuestro texto aparece en *afevos, fellos*, 'he os' y 'helos'. Procede del árabe *hâ*.

4.5. Por fin, la *é* de *enpleye* sería la latina *ĭ (implĭcat)* a través del francés a. *enpleiier*.

4.6. Hay dos formas, *gentes ~ yentes*, que exigen una explicación. Puede pensarse que *gentes* es sencillamente un cultismo y la *é* continua la latina correspondiente. O, como en *yentes*, podemos pensar que diptongó con normalidad la *é* latina y la consonante inicial también evolucionó normalmente y el resultado fue *yientes*. Posteriormente se absorbió la semiconsonante del diptongo en la palatal inicial, y se convirtió en *yentes*.

4.7. *Precia* (de *precio* < lat prĕtium) es cultimo con *ę* sin diptongar.

5. La *ó* que aparece en nuestro texto procede de palabras latinas y de germanismos, en algún caso.

5.1. Del latín clásico ō, ǫ del latín vulgar: *derredor, los, lavores, nos, por, sol, todo, vos, señor.*

Aparece también en sufijos diferentes: *-tor: retenedor, lidiador.* También en *peones* < *-ōnis.*

5.2. Aparece en nuestro texto procedente de *ŭ* del latín clásico, *ụ* latino vulgar: *so* (masculino *sŭus*), *o* (= donde), *con, cobdo, so* (sŭb).

5.3. También aparece *o* procedente de *au* latino vulgar o romance: *au* latino: *pocas, osa, oro, moras.* De *au* procedente de contextos romances secundarios: *plogo* < *placuit,* con metátesis previa de *au; otro* < *alteru,* con vocalización de *l* (frente a *alto*). También *au* germánico da *o* en *ropa* < *raupa.*

5.4. Procede también del germano en *Alfonso.*

6. En nuestro texto encontramos varios diptongos *ie*. Proceden generalmente de *ĕ* breve latina clásica, *ę* abierta del latín vulgar: *abiertas*; *-ĕndus* > *iendo* (en los gerundios); sufijo *ĕllus* > *-iello* (castiello); también en *viene, tiene, ciento.*

6.1. Nos encontramos con la secuencia *ie* en los imperfectos que proceden de *ia*. En la mayoría de los casos, confirmados por la rima en poemas de Berceo, *Cid...,* la pronunciación era tipo diptongo en *ié,* aunque en principio el resultado fue *ía* < *eba.*

6.2. Aparece también la secuencia *ie* en hiatos de tipo latino: sobre todo en los tiempos verbales siguientes: *dixier, diessen.*

7. Encontramos en nuestro texto el diptongo *ué* procedente de la *ŏ* breve del latín clásico, *ǫ* del latín vulgar, en sílaba abierta o trabada sin condicionar por yod. Ejemplos: *buen, escuellas, fuera, puertas, pues, pueden, suelta, vuestra.* Para *fue, fueron* remitimos al párrafo siguiente.

8. Encontramos una serie de secuencias vocálicas que en latín, o por pérdida de consonantes o por diversas evoluciones vocálicas a lo largo de los primeros tiempos de las lenguas románicas, quedaron en contacto. En la mayoría de las ocasiones se pueden aportar testimonios sobre su doble pronunciación en los primeros tiempos, hiato o diptongo. A partir del XIII fue generalizándose una u otra solución, aunque con vacilaciones. Examinamos estos conjuntos vocálicos:

ie: aparece en imperfectos, ya lo hemos señalado, y en perfectos. Aparecen hiatos romances al perderse una consonante:

caen, traen, lidiar: En estos casos se ha conservado el hiato y la división silábica: *ca-en; tra-en; lidi-ar; o-id.* En el siglo XIII la pronunciación era también así. Lo mismo *re-y.* Probablemente lo mismo en *me-atad.* Pero, en conjunto, predominaba la tendencia al diptongo y se dislocaba el acento inicial: así en *Diós, mió.* En *fue* alternaba el hiato con el diptongo, según vemos por las rimas. *Día* presentaba hiato con seguridad; *abría* también se pronunciaba con hiato. Alternaba el hiato y diptongo en *vieron.* En los otros perfectos como *comidió* el diptongo era lo normal preceptivo. También se pronunciaba diptongo en *agua.* En cambio, hiato en *a-un,* de acuerdo con lo señalado para *ca-en.* Hiato solía predominar en *Díaz* y vacilación en *Rui.*

Vocales iniciales

Aparecen en sílaba inicial átona las grafías *a, e, i, o.* Sólo tenemos un ejemplo de *u* en nuestro texto, aunque en otros medievales suelen abundar casos como *juizio...*

1. La *a* inicial, absoluta o no, procede del latín, del árabe o del germano.

La *a-* procede de la *a-* latina: *aver, captivos, aun, lavores...*

La *a-* procede de otras vocales latinas iniciales: un cambio de prefijo se constata fácilmente en *alcançar < incalciare.* Si la etimología de *aquel* fuera *eccum ille,* como algunos autores señalan, encontraríamos un cambio de *e-* latina en *a-* sin fácil explicación. Aparece en palabras a las que se la ha añadido el prefijo *ad* (*ad-ripa > arriba...*) y en otras que no lo tenían en latín: *ajuntar.*

La *a-* se encuentra en los arabismos, a menudo procedente del artículo, aunque no siempre: *alcalá, algara.*

La *a-* procede de germanismos en *Albar, Alfonso, gananția* y *fardida* (a través en este caso del francés).

2. La *e-* inicial, absoluta o no, procede de diferentes contextos latinos.

La *e-* procede de *ĭ-* breve latina: *derramar, entrava, enviar, legarien...*

La *e-* procede de *ē-* larga latina: *çelada, dexadas, pensemos...*

La *e-* procede de *ĕ-* breve latina: *exidos, hermar...*

La *e-* procede de *ae-* latina: *presentaja, querer...*

La *e-* aparece en contextos latinos que no tenían *e-.* Así, en posición inicial ante *-s* líquida latina: *espada, esperanza, escuela, escripta.*

La *e-* de *derecha* ha sido interpretada como asimilación de la *ī-* latina, pero probablemente haya que partir de una etimología latino-vulgar con *e-,* porque así parecen confirmarlo varias lenguas románicas: francés, etc.

3. La *i-* inicial, absoluta o no, procede de la *ī* larga latina: *dixier, quitado...*

En *dinero* aparece una *i-* por la influencia de la correspondiente palabra griega con yotacismo *(dinario).*

En *yxie* la *i-* procede de la *e-* cerrada por influjo de la yod siguiente.

Explicaciones razonables, aunque diversas, podemos encontrar para otras varias palabras: *Ninguno* parece influido por la vocal de *ni ~ nin. Quisieredes,* porque todas las formas del perfecto se unificaron sobre *quise.*

La *i-* inicial de *riqueza,* si *rico* es germanismo, podríamos considerarla como de procedencia germánica, pero el paso de la *i* tónica de *rico* a la *i-* átona de *riqueza* es romance.

4. La *o-,* absoluta o no, procede de contextos latinos y de algún germanismo.

La *o-* procede de *ŏ* latina: *contado, conprada.*

La *o-* procede de *ō* latina: *nombrado, prometo*

La *o-* procede de diptongo *au* átono: *oid*

La *o-* procede de un germanismo en el caso de *Rodrigo.*

5. Aparece *u* átona inicial, procedente de un germanismo, en *Ruiz,* por cerrazón, además, en hiato: Roderici > Roderiz > Roiz > Ruiz. En toponimia existe *Roriz < Roderici.*

Vocales átonas internas

1. Vocales protónicas

En esta posición la mayoría de las vocales latinas suelen perderse por síncopa en castellano. Sin embargo, la *a* suele conservarse con cierta facilidad, o las otras vocales cuando se encuentran en condiciones particulares: analogía con palabras tónicas de la misma raíz, grupos de consonantes que exigen la conservación de la vocal para la pronunciación, etc... Sin embargo, este último argumento es bastante circular, pues los grupos son calificados de impronunciables por la conservación vocálica. En otros casos son los resultados no totalmente populares los que aparecen con la protónica conservada. Podemos señalar grupos en los que se ha producido síncopa, i.e., vocal latina perdida en las siguientes palabras:

Asmar (ad*ae*stimare), *bendezir* (ben*e*dicere), *cavalgar* (caball*i*care), *conprar* (comp*e*rare), *contar* (comp*u*tare), *fablar* (fabulari), *heredades* (hered*i*tates), hermar (de *yermo < ĕremus*), *meatad* (medi*e*tatis), *mesnada* (mes*o*nada), *nombrar* (nom*i*nare), *Rodrigo* (Rod*e*ricus), *verna* (ven*i*ra).

Se conservan vocales protónicas en las palabras siguientes:

Vocal *a*: alca*n*çava; busc*a*rie, campe*a*dor, cav*a*lleros, derr*a*madas, desep*a*rada, fic*a*rán, gan*a*redes, Guad*a*lf*a*jara, leg*a*rien, lev*a*ntavan, lidi*a*dor,

Vocal *e*: campe*a*dor, Castej*ó*n, Cast*e*llano, derr*e*dor, desep*a*rada, dest*e*lando, esp*e*rança, her*e*dades, pres*e*ntaja, ret*e*nedor.

Vocal *i*: adel*i*ñava, arr*i*bança, bend*i*ziendo, com*i*dios, lid*i*ador.

Vocal *u*: ap*u*ntava, aj*u*ntado.

El comentario que podemos hacer sobre la síncopa puede resumirse brevemente. Ha sido un fenómeno muy discutido. Empezó ya en latín clásico y siguió desarrollándose en latín vulgar y en el período romance. A pesar de todo, no conocemos exactamente la cronología. En unos casos se produjo y los fonemas o sonidos en contacto se reorganizaron. En otros casos no se produjo. En cuanto a la conservación de las protónicas tenemos que hacer algunas precisiones:

a)   La *a* ha sido la más resistente. En caso de dos protónicas solía perderse la más cercana al acento, pero, incluso entonces, también la *a* solía conservarse. Así lo podemos comprobar en *deseparada,* donde la vocal protónica más cercana al acento es la *a.*

b)   Se mantiene con frecuencia la protónica si se relaciona la palabra con formas en las que aparece la vocal como tónica: este supuesto suele ser general en la conjugación. Por ello la mayoría de formas verbales admiten la conservación de la protónica. Se puede comprobar con facilidad la alternancia apunt*a*r/ap*u*nta, fic*a*rán/fic*a*r (*a* indica la tónica). También se mantiene con facilidad si la palabra se interpreta como *prefijo-lexema.* Así re-t*e*nedor (con dos vocales átonas) se relaciona con *tenedor* y con *tener.* De hecho, por tanto, no quedan las protónicas, como vemos en este caso, aisladas, sino dentro de un paradigma que ayuda a mantenerlas. Este tipo de razones, probablemente, son las que más han apoyado al mantenimiento de las protónicas. Porque la pronunciación difícil se hubiera solucionado de alguna manera. Desde luego difícil hubiera resultado algo como *pres'ntaja.* Pero, por otro lado, nada hubiera impedido que se produjeran soluciones como *esprança (esperança).*

c)   Podríamos repasar toda la lista y así clasificaríamos las diferentes formas en uno u otro apartado, o en varios a la vez. Por ejemplo, *bendiziendo* puede incluirse dentro de los paradigmas verbales *(dezir-dizen)* y dentro de los compuestos *(ben-dezir).*

d)   Se conservan con facilidad los hiatos: *campeador, lidiador.* En cambio, *meatad* con tantas formas diferentes, *meatad, meitad, meetad...* se reduciría finalmente a *mitad.* (Véanse nuestras conclusiones.)

Todos estos hechos que señalamos aquí son perfectamente castellanos y ya modernos. Solamente el futuro de *venir, verna,* recuerda paradigmas (en este caso concreto) arcaicos. En la morfología verbal lo estudiaremos.

2. Vocales postónicas

Tienen tendencia a perderse, más incluso que las protónicas. Suelen conservarse también por razones parecidas a las señaladas para las protónicas. Lo mismo sucede con la *a*. La lista de formas en las que se ha perdido alguna vocal postónica latina: *abren* (áperiunt); *algo* (áliquod); *cobdo* (cúbitus); *dubda* (dúbita); *otro* (álteru); *ovejas* (ovículas); *quinze* (quíndecim); *sangre* (sánguine).

La lista de postónicas conservadas en nuestro texto: *quisieredes*. No parece que haya otra esdrújula. Están en relación, en cierta medida, los esdrújulos con las formas apocopadas. Éstas las veremos en el vocalismo final.

Vocales finales

1. Aparecen descendientes de la *-a* latina: en los imperfectos en *-ava*; en la mayoría de los adjetivos en *-a (desnuda, vuestra)*; en los substantivos: *agua, carta, espada*. También se conserva en adverbios: *cerca*...

También aparece *-a* en los arabismos: *algara, çaga*...

En el artículo femenino *illa* se conserva la final (*la*), pero también, como comentamos en la morfología, se perdió por fonética sintáctica: *el*(a).

La *-a* se conserva en principio con regularidad, como hemos observado. Pero en ocasiones, no ha sido así: en hiato, en los imperfectos, se ha convertido en *-e*, en contacto con la tónica, como hemos ya puesto de relieve y volveremos a examinar en la morfología verbal. También la *-a* final latina se convirtió en *-e* y luego se perdió en los posesivos, como más adelante veremos en la morfología: *mia > mie > mi*.

2. Aunque en el español preliterario se distinguían la *-i < -ị* latina y la *-e < -e* latina (en la que habían confluido todas las otras vocales palatales), en castellano se confundieron pronto ambos sonidos. Frente al dialecto leonés, o frente al riojano —representado, por ejemplo, por Berceo— en el que encontramos *-i < -ị* latina, diferente de *-e < -e* latina, en nuestro texto ya aparece solamente la *-e* final como representante única de toda la serie final palatal latina. Así, en Berceo se puede leer *dixi* y *fizi < dixī* y *fecī*. Aquí, en cambio, no hay ejemplos. La *-i* de *rey* se debe al hiato con la tónica: *ree > rei*.

La *-e*, conservada en castellano como representante única de todas las vocales palatales latinas finales, se mantiene ahora en todos los contextos, excepto tras ciertas consonantes. Ya desde temprano se empezó a perder tras -L, -LL, -R, -N, -S, -SS, -C, -D. En nuestro texto ya está perdida tras -L: *sol, tal,* aunque se conserva en *vale* (de *valer*). También se pierde tras -LL que se reduce a -*l* después. Aquí se conserva todavía la etapa -*ll: mill.* En castellano posterior *mill > mil,* como *piel < pĕlle.* Tras -R la encontramos perdida en todos los infinitivos: *traer, vender.* Tras -N: *bien, sin...* Tras -S aparece perdida en algún caso de pronombre enclítico: *comidios*(e), y en alguna forma verbal, *enbias*(e). Tras -C se pierde y siempre aparece representada la consonante por la grafía -*z*, quizá porque el sonido resultante era flojo (aunque no fuera sonoro). Así, en nuestro texto: *paz, plaz*(e). Se pierde también la -*e* tras la -D latina procedente de -*t*- intervocálica: *meatad, oid.*

En el *Cid,* no en nuestro texto, también se pierde tras ciertas consonantes que hoy no pueden quedar finales: así encontramos *nuef* (nueve) o *noch* (noche). Se pierde también tras ciertos grupos de consonantes que hoy en día tampoco toleraríamos como finales. En este texto la representación de estos últimos casos es muy escasa: *grand < grande* y *mill < mille.* Además, como podemos comprobar hoy día, la pérdida se ha mantenido, aunque con la adaptación del grupo final a las normas fonológicas.

Con todos los peligros que encierra la cronología medieval, resumiríamos así las etapas de la -*e,* dejando a un lado que dialectalmente se distingan los resultados de -*i* y -*e* latinas.

a) En español primitivo, el castellano, el leonés y el aragonés conservaban la vocal -*e* tras las mismas consonantes tras las que hoy el castellano las pierde, por un lado. Podemos encontrar ejemplos con frecuencia en la documentación primitiva: *mediedade, alfoce, muliere, quale, mandatione.* Desde mediados del XI empieza a perderse la -*e* en estos contextos.

Pero, a la vez, en esta etapa primitiva se perdía la -*e* tras consonantes o grupos que hoy no soportamos como finales. Así aparece también en la documentación: *font* (fuente), *verd* (verde), *Ajerb* (Ayerbe), etc... Esta pérdida tras estos grupos empieza en el XI.

b) Desde el XII en castellano encontramos la -*e* perdida tras las mismas consonantes que en la actualidad, por un lado, pero, además, tras grupos y consonantes que ahora no toleraríamos como finales. Por tanto, en castellano podemos encontrar *querer, mujer, alfoz, mandación* como hoy, pero además formas como *noch, est, mont,* que hoy no se aceptan. Esta etapa dura más o menos hasta el último tercio del siglo XIII. Hay que tener en cuenta que en aragonés se producen todavía más apócopes y pérdidas de la -*e* en posiciones finales que en castellano. En leonés en este momento se estabiliza la norma de una manera contradictoria, aparentemente: se admite la pérdida de la -*e* en los grupos extraños hoy al castellano, como *mont,* a la vez que se conserva la etapa primitiva de conservación de -*e* tras -D, -R, -L...: *amare* (amar), *caridade* (caridad)...

c) Desde finales del XIII, con pequeños desajustes —por supuesto—, se estabiliza una norma parecida a la del español moderno: la -*e* se pierde en los mismos contextos que en la actualidad, y va desapareciendo poco a poco la pérdida tras grupos que hoy día no toleramos, aunque es un proceso que dura gran parte de la Edad Media. Formas como *est* o *font*, se van haciendo más escasas. El aragonés siguió practicando una apócope de la -*e* mucho más generosa que el castellano y el leonés conservando en los contextos arcaicos la -*e*-.

De acuerdo con todo, la situación de nuestro texto, en lo que se refiere a la -*e,* parece bastante moderna. Solamente aparecen dos apócopes que luego se han conservado, aunque regularizados los grupos finales: *grand* y *mill*. Va a durar hasta el siglo XV la forma *grand*. Aunque en otros pasajes del Poema del *Cid* haya apócope más rigurosa, aquí no está presente. La apócope de los pronombres enclíticos *se* o *le* es otra cuestión. Todavía en el siglo XV aparecen apócopes de *le* o *lo* enclítico, pero quizá su máxima cota de apócope se produce en el XIII. No solamente se apocopaban *le, lo,* sino también *se, te, me*... cuando iban enclíticos. En el caso de *le, lo* apocopados se ha discutido si la forma resultante debe relacionarse con *le ~ lo*. Aquí tenemos los ejemplos siguientes: *bendiziendol* (quizá *lo*).

También se producen apócopes en formas verbales como *pris* o *enbias (prise, enbiase)* que empiezan a decrecer en el XIV. En cambio, la apócope en las formas de futuro de subjuntivo, *dixier,* va a durar toda la Edad Media.

3.   La -*o* se conserva con regularidad. En castellano preliterario se distinguía también la -*o* de la -*u* latina, y hay documentación sobre ello abundante en las glosas. Aquí ya está fijada la norma moderna: -*o*, que procede de toda la serie velar latina. En aragonés es frecuente que se pierda en ciertos contextos. En castellano solía conservarse en general. Quizá podía apocoparse en el caso del pronombre *lo* o en ciertos adjetivos que alternaban antepuestos apocopados con pospuestos, con su forma plena: así aparece *buen* ante vocal de un sustantivo femenino, *ora,* como el artículo *el,* o *don,* por la posición proclítica, ante palabras acentuadas: *domino > dom'no > don,* frente a la evolución plenamente acentuada *dueño*. Ejemplos de -*o* conservada: *abierto, algo*...

En *ciento* observamos que, frente a la norma actual, no se apocopa el adjetivo. Nebrija todavía lo utilizaba en su forma plena.

Antes de pasar a analizar el consonantismo representamos esquemáticamente en un cuadro el vocalismo tónico, tal como lo hemos expuesto:

Vocales tónicas

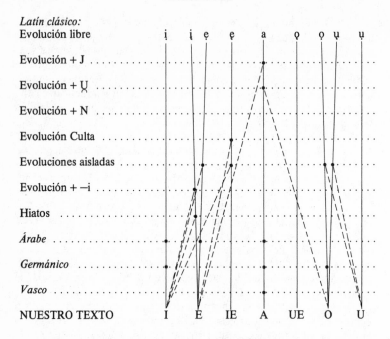

La interpretación del cuadro es muy sencilla. Los trazos seguidos señalan la evolución regular libre del latín al romance. Así, *a* latina llega hasta *a*. Los círculos en los trazos seguidos marcan las incorporaciones a la evolución. Así, a las palabras con *a* latina que llegaban hasta el romance se le incorporaron algunos arabismos, germanismos... Los círculos con trazo discontinuo señalan sangrías. La *a* latina + *j* no evolucionó hasta *a* romance, sino que se inflexionó y llegó hasta *e*.

Sobre el vocalismo átono, inicial o final, ahora no concluiremos nada. Al final, en las conclusiones generales, haremos algunas precisiones sobre el carácter castellano de este vocalismo, tal como lo hemos ido analizando, para poder compararlo con ejemplos de otros dialectos.

II.   CONSONANTISMO

Vamos a analizar los diferentes contextos de acuerdo, también, con la tradicional organización de la gramática histórica. Después sacaremos algunas conclusiones.

Consonantismo inicial

Las consonantes iniciales simples que aparecen en nuestro texto proceden en general de las correspondientes latinas, que se han conservado sin cambios. Reuniremos unos ejemplos y luego nos fijamos en algunos puntos especiales.

a) Se han conservado las oclusivas sordas iniciales latinas: *p-, t-, k-: paz, poder, todo, caballo...*

Se han conservado las oclusivas sonoras iniciales latinas: *d-, g-: decir, desnudo, ganar* (aunque de origen germánico).

b) Un caso especial lo plantea *b-* latina: En la Romania, al menos en muchos sitios, se confundían *b-* y *v-* durante el Imperio, porque se había producido la confusión en interior de palabra. Luego, en castellano se ha llegado a la situación actual, en que toda *b-* y *v-* se pronuncia [b] y toda *-b-* < *-p-* o *-v-* < *-b-*, *-p-* se pronuncia [b̶]. La confusión debió de empezar en la temprana Edad Media, aunque gráficamente se distinguía bastante bien *b-* < *b-* latina y *v-* procedente de *v-* latina. Las confusiones tendían a extender la *b-* a los contextos de la *v-* latina. Efectivamente, en nuestro texto aparece la distinción gráfica en los ejemplos que tenemos: *bendecir, bien, buen* procedentes de *b-*. (Desconocemos la etimología de *buscar*.) En cambio, procedente de *v-* latina: *vuestra, vos, ver, venir, vender, valer*. Pero hay en el propio *Çid* confusiones de *b-* y *v-*: *boz, vozes...*

c) Otra cuestión que debemos aclarar es la de *k-, g-*. Se conservan ante *a, u, o* como tales, pero ante *e, i* evolucionan de diferente manera. Así, aparecen en nuestro texto: *çelada, çerca, çiento* (además de *Çid*). Esta grafía representaba el sonido [ŝ] < *ce, ci-* latinas. Aunque hubo otros resultados esporádicos éste era el más normal. La *ge, gi-* y la *jo, ju, ja-* latinas evolucionaban, generalmente, hasta *y-*, sonido [y]. En muchos casos se perdió porque había palabras con *jé-* < *ĕ-* latina y con *e-* < *e-* átona. Parece claro que en este juego de alternancias, *jé/e*, se decantaron muchas palabras por *e-*. En otros casos la *g* ante *e-, i-* o *j* ante *a, o, u-* llegó hasta [ž] representado gráficamente por *j-, i-*. El hecho de que este resultado se haya producido en contextos ante velar con frecuencia, *jo, ju,* ha provocado discusiones sobre la mejor manera de organizar estos resultados. Pero hay que advertir que si se admiten diferencias entre *ge, gi-* y *ja, jo, ju-*, o entre estos contextos tónicos o átonos, se debe acudir a explicaciones dialectales, cultistas, etc... para toda una serie de palabras. Con la explicación que presentamos, más sencilla, no queda fuera de lugar que algunos contextos prefieran un resultado u otro, ni que, en iguales contextos, aparezcan resultados diferentes. Así, contamos con *yentes* y *gentes* en nuestro texto, [y] y [ž] respectivamente. También contamos con *y-* procedente de un diptongo *jé* consonantizado en *yo* < *ĕgo*. En otros casos se reparten *j-*, [ž]-, en *juntados* y *ya* con [y]. También aparece [ž] procedente de *(il)lī-illum* que evolucionó, más o menos, así: *(il)ljelo* > *gelo* [želo] > *selo*.

e) Aparece en nuestro texto *qw-* inicial tónica y átona. Ante cualquier tipo de vocal se perdió el *w*, pero ante *á* se conserva. Así podemos señalar que tenemos ejemplos diversos: *que,* con seguridad [ke], *querer, quinze* y *quanto, quando* [kwá-].

f) El problema de la *f-* también merece la pena tratarlo. Desde temprano debió de aspirarse y luego perderse en la Edad Media, según los testimonios de la toponimia, las ultracorrecciones, incluso de historiadores árabes. Pero, a pesar de todo, no solía reflejarse en la literatura. En Berceo existen algunos casos en el XIII, o en el XIV en Hita. En el *Cid,* todavía todos los ejemplos con *f-: fablar, falla, Fenares, Fermoso, Fita, fuera, fincar.*

Además aparece *f-* en el germanismo *fardida,* aunque hay también, en el *Cid, ardido.*

Los arabismos con aspirada se transcribieron con *f-* generalmente: *fasta, fe...,* aunque también en otras ocasiones en el *Cid* aparece *he.* (No tiene esta *fe* —consúltese nuestro índice de formas— que ver nada con *fe,* cultismo latino.)

g) La *h-* latina era una simple grafía. Nuestro texto conserva la grafía latina en *hereditas,* pero la incluye en *hermar* contra la forma latina.

h) Las consonantes latinas *m-, n-, s-* y *r-* se conservan en nuestro texto como en latín. Pero hay que señalar que la *r* castellana era múltiple y la *s-* sorda. Por ello se duplican gráficamente ambas cuando pasan a situación interior: *si ~ assi; rancar ~ arrancar...* Pueden comprobarse los ejemplos en nuestro índice léxico.

i) La *l-* latina se conserva con regularidad en nuestro texto, como podemos comprobar en el índice léxico. Sin embargo, en algún caso *l-* no corresponde a *l-* latina, sino a *pl-* como en *legar* < *plicare.* En otros casos, como en *la,* etc., *l-* corresponde a *-ll-.* El caso del artículo lo comentaremos en la morfología. En cuanto a *legar,* parece que se trata de una simple grafía por *ll-.* Sin embargo, en el *Cid* no aparece el resultado *ll-* < *pl-.* Como en otros textos castellanos del momento sí aparece el resultado, y como ahora es así, debemos de concluir que, efectivamente, *l-* representaba en este caso el sonido [ļ]. Estos problemas gráficos no eran nada extraños. Si las consonantes *r- s-* (en algún caso *n-* y *l-*) con frecuencia se igualaban en posición intervocálica y en inicial y se representaban así, *r- ~ -rr-* o *s- ~ -ss-,* no es extraño que prosperaran sistemas gráficos parecidos donde *l-* y *-ll-* tuvieran el mismo valor fonético, aunque se originaran problemas con la *l-* que representaba el sonido [l]. Por otro lado, en posición intervocálica pueden producirse también algunas confusiones como vemos en *Castielo* y *Castiello.*

Consonantes iniciales agrupadas:

Los grupos de consonantes agrupadas con *r* suelen conservarse como estaban en latín. Así lo descubrimos en el texto: *pr-, kr-, tr-, gr-: grandes, traer, cras, prometer.*

Los grupos de consonante agrupadas con *l* se conservan en nuestro texto: *plata, plaz.* También llegan hasta [l], si es cierto lo que hemos señalado para la *l-* de *plicare,* en *legó* < *plĭcav(i)t.* Este resultado, [l], suele considerarse el normal castellano tradicional. En gallego el resultado era [ĉ-] y en aragonés [pl-]. El resultado *plata* puede considerarse o cultismo o dialectal aragonés, si nos fijamos solamente en la fonética. Pero parece que *plata* es cultismo.

La *s agrupada ante consonante en latín* tomaba ya con frecuencia en latín vulgar una ĭ. Así se ha desarrollado con normalidad en castellano, como hemos puesto de relieve al hablar de la *e inicial átona: espada* < *spatha; esperanza* < *sperantia.*

Consonantismo medial

1. Aparecen en nuestro texto sordas intervocálicas procedentes de geminadas latinas: *matar, meter, plata, prometo, vaca.* Las geminadas intervocálicas *-pp-, -tt-, -kk-* > *-p-, -t-, -k-,* en la mayoría de las lenguas romances. Pero además aparecen algunas sordas intervocálicas que proceden del árabe o del germano: *rebata,* es arabismo; *rico* y *ropa* germanismos. Las sordas intervocálicas germánicas sonorizan o no según el momento de penetración en la Península, según algunos autores, o de acuerdo con su naturaleza fonética específicamente aspirada. En cuanto al caso árabe con *-t,* es general la conservación de la sorda al pasar la final a intervocálica. En otros arabismos los resultados de *-t-* suelen variar, aunque la consonante tiende a conservarse; y los resultados de *-k-* también son dobles: sorda o sonora.

2. En nuestro texto hay otras sordas intervocálicas que proceden de otros contextos:

   — de grupos latinos reducidos como *Fita, cativo* < *captivus...*

   — de palabras con una evolución culta o semiculta: *meatad* (muy usado en el lenguaje notarial), *retener* (con la *t* conservada por la conciencia del prefijo *re-*), *quitar* (semicultismo jurídico)...

   — en este texto *deseparar* parece error por *desemparar* (era fácil olvidarse de la tilde de nasalización), pero también existía *deseparar* como semicultismo, pues la palabra de evolución plenamente popular era *dexebrar* < *ex-seperare* (con cambio de prefijo) 'separar, dividir'.

3. Encontramos sonoras intervocálicas: *-b-, -d-, -g-*. Proceden, en primer lugar, de la sonorización de las sordas correspondientes latinas intervocálicas (*ca, co, cu* en el caso de las velares):

-b-: arriba, reçebir, quebrar. En todos estos ejemplos encontramos una *-b-* que procede de *-p-* latina. Del árabe procede la *-b-* de *rebata.*

-d-: comidios, dados, desnuda, heredades. La *-d-* procedente de la *-t-* latina está abundantemente representada aquí.

-g-: pagar, legan. Además aparece en *çaga* procedente del ár. *sâqa,* con la consonante árabe también sonorizada. Sonorizada y procedente del germánico en *Rodrigo.* En un caso encontramos una grafía imperfecta en *page;* sin duda, no se trata del sonido [ž] sino [g].

4. Encontramos algunas sonoras procedentes de sonoras latinas, aunque en agrupación con líquidas. Así, *abría < habere* más los sufijos condicionales. Igualmente *fablar<fabulare* y *adeliñar,* con *-d-* intervocálica sentida como parte del prefijo. En la mayoría de los contextos en los que existía una sonora intervocálica oclusiva latina, en castellano o se conserva una fricativa (en el caso de la *-b-* normalmente representada gráficamente como *-v-*) o se ha perdido: *-v- <-b-* latina la encontramos en todos los imperfectos; en los tiempos de *aver* (aunque también aparece *abría*); *cavalgar< caballicare,* como *cavallos*; *lavores < labores*; *-v- < -v-* aparece en *levantar, cativo, ovejas.*

En otros ejemplos, las intervocálicas sonoras latinas, a través de la fricativa, se perdieron. Así podemos comprobarlo en varios casos: *ver< videre; ser < sedere; peones < pedones; oid < audite; Diaz < Didaci; caen< cadent*; todos estos ejemplos son con *-d-* latina. En el caso de la *-v-* vemos que se ha conservado, al menos en este texto. *Captivo* debía de ser semi-culto, porque *ivus > io* en castellano. Ejemplos de *-g-* latina que se haya perdido los tenemos en *litigare > lidiar, ego > yo.*

5. Se conservan las intervocálicas latinas siguientes sin cambio: *-m-, -n-* y *-l-: derramadas, dinero, Fenares, malo, salio, vale...*

Pero a la vez podemos comprender que *-l-* aparece para representar a la *-ll-*latina. En este caso, como señalamos para la inicial, tendríamos que considerarla una grafía imperfecta: *castielo < castellu,* también ortografiado normalmente *castiello.* Otro caso parecido es el de *destelando< destillare.* La palabra culta *destilar,* frente a la popular *destellar,* nos señala cómo la pronunciación de los cultismos debía de ser algo parecido a una geminada. En algunos casos podían existir vacilaciones, pues aquí encontramos *escuellas < scholla,* frente a la solución actual *escuela.* En conjunto, por tanto, la *-l-* representa el sonido [l] procedente del correspondiente latino. A veces representa otros contextos latinos que llegaron en castellano a *-ll-* gráficamente, sonido [l].

6. La -*ll*- intervocálica procede de -*ll*- latina, como *alli, cavallo, castiello*. Fonéticamente, como comprendemos por los resultados actuales, se trataba del sonido [l].

7. La -*r*- intervocálica latina se conserva en nuestro texto con regularidad: *moro, morada*. Cuando aparece una -*rr*- procede, en realidad, de iniciales que se hicieron intervocálicas: *derredor* < *de* + *redor* < *de* + *retro; derramar* < *dis-ramare*. No aparecen ejemplos de -*rr*-latina como *torre*..., aunque en latín vulgar ya existía quizá *dĭrramare*.

8. La grafía -*ñ*- corresponde a varios contextos latinos:
-*nn*-: en nuestro texto no hay ejemplos, sí en el *Cid*: *año*...
-*gn*-: *seña* < *signa*.
-*nj*-: *señor, quiñonero, compaña, adeliñar*.
Además hay que señalar que alternan formas de *ganar* con formas de *gañar*. Aunque los errores gráficos eran fáciles, pues la tilde de nasalización se omitía con facilidad o se utilizaba como adorno con profusión, si nos fijamos en los resultados de otras lenguas románicas, y que es de origen germánico, podemos aceptar, como hace Menéndez Pidal, que existiría una posible doble pronunciación. En realidad, son estas dobles formas pruebas de la existencia de dos verbos cercanos, de origen diferente, como quiere Corominas.

9. En nuestro texto la -*ch*-, [ĉ], intervocálica corresponde a los grupos latinos -*kt*- *(derecha)*, -*lt*- *(mucho)*...

10. La -*j*- (-*i*-) que corresponde al sonido [ž] procede de los siguientes contextos latinos:
— Grupo *c'l*: *oveja* < *ovic(u)la*.
-*lj*-: *presentaja, Castejón*.
— Además aparece -*j*- en palabras con -*j* + *u*- en latín, aunque sean compuestas de prefijo y lexema: *ajuntar*.
— También encontramos este sonido [ž] con grafía *g* ante *a*, que normalmente se utiliza para la correspondiente oclusiva o fricativa sonora [g]. Este tipo de grafía, relativamente arcaica, se sigue utilizando esporádicamente todavía en territorio castellano en el siglo XIV. Además, en nuestro texto, alterna con la grafía -*i*-; *Guadalfaiara/Guadalfagara* (origen árabe). Una utilización inversa: *page* con olvido de la *u* necesaria para la pronunciación [page].

11. La -*s*- procede de -*s*- latina, que se conserva gráficamente, aunque con valor sonoro: *osar*. También aparece -*s*- procedente de -*rs*-: *ayuso*. En el resto del *Poema del Cid* solamente aparece una forma con

-ss- (ayusso). Probablemente en esta palabra ya se había producido la asimilación en latín, porque normalmente el grupo *rs-* > *ss* en castellano. En cambio *-ns-* > *s*: mesón.

— Encontramos *-ss-* procedente de algunos grupos latinos asimilados: *essa* < *ipsa* (*-ps-* latino).

En posición intervocálica la [z] se representaba con *-s-*, frente a la [s], que se escribía con *-ss-*.

12. La *-x-* que aparece en nuestro texto procede de *-x-* latina. Modernamente ha llegado hasta *j*, sonido [x]. Por tanto, debía representar el sonido [š]. Así, *exir, dexar, dixo... Exir* empezó a perderse en el XIV, pero ha quedado el derivado popular actual *ejido* (afueras de un pueblo donde se vierte el estiércol, se hacen eras...).

13. Encontramos *-c-* ante *e, i* y *-z-* ante *e, i: bendiziendo, preçia, recibe.* Los casos de *bendiziendo* y *recibe* proceden de *c* ante *e, i.* La grafía con *z* es lo esperable en la Edad Media. La grafía *z* representaba el sonido [ẑ]; *c* ante *e, i* = [ŝ]. El otro ejemplo es *ç* procedente de *tj. Riqueza* tiene el sufijo romance derivado del lat. *itia;* braço con [ŝ] < *-kkj-*.

Grupos de consonantes

1. En nuestro texto aparecen grupos de tres consonantes procedentes de otros grupos latinos conservados:

STR: *vuestra;* NTR: *entrar;* SKR: *escripta.* Suelen conservarse los grupos latinos de tres consonantes, si la primera es *s* o nasal y la última *r.*

2. Otros grupos de tres consonantes son románicos: MBR < *m'n* y NGR < *ng'n*: han surgido de un complejo proceso, en el que se diferencian notablemente los dialectos del español, como expondremos en las conclusiones. Así, partiendo de la etimología latina, en primer lugar se ha producido una pérdida de vocal postónica: *nom'nare; sang'ne.* Después se han disimilado las nasales: *nomrar; sangre.* Por fin, entre la *m* y *r* ha aparecido una consonante epentética, la *b,* pues la nasal era *m,* bilabial. En leonés, podía perfectamente conservarse la etapa *m'n* o reducirse a *m.* En aragonés, además, podía aparecer *mpn: nompnar.*

En *verná* < *venrá* aparece otra posible solución del grupo románico N'R arcaica en el castellano del XIII: la metátesis, cuando era posible, en vez de la epéntesis, que aparece en el castellano moderno: *venrá* > *vendrá.*

Hay que tener en cuenta la solución diferente del grupo *mn* latino que llega hasta [ŋ], o del grupo *m'n*, románico temprano, como en *dŏminu* > *domno* > *dueño*. En posición enclítica no diptongó la *ŏ* y se apocopó la palabra con el resultado *don*.

3. La regla general es que los grupos latinos formados por L, R, S, N + *consonante* suelen conservarse bastante bien:
RN: *tornare;* RT: *partir;* RK: *cerca;* RG: *largas;* RM: *fermoso*.
ST: *aquesta;* SP: *esperança;* SK: *buscar* (etimología desconocida).
MP: *campo;* ND: *vender;* NT: *ante*.
Sin embargo, hay grupos que se apartan considerablemente de la norma general:

a)   L + *cons.*: No tenemos ejemplos de evoluciones tradicionales. *Albo, salto* y *alto* no han seguido la evolución de *otro*. La *l* ante oclusiva solía vocalizarse. Con regularidad relativa ante *t*, si iba la *l* precedida de *a, u*, sobre todo. En otras ocasiones hay que examinar la historia particular de cada palabra. Aquí alternan soluciones cultas en nuestro ejemplo *alto* (en vez del popular *oto*, como *saltar* en vez de *sotar*) con *otro* < *alteru*, con *alt* > *aut* > *out* > *ot*, por un lado, y pérdida de la *e* latina postónica.
En *algo* y *cavalga* encontramos el grupo romance L'G formado por síncopa.
Albar (LB) y *Alfonsso* (LF) son germanismos; *Alcalá* (LK), arabismo.

b)   En los grupos en los que intervienen nasales tenemos que considerar varias cuestiones:
—MB, solía conservarse en el occidente leonés y asimilarse en el oriente, aragonés y catalán. En aragonés también se producen asimilaciones de *nd*, etc., y sonorizaciones de sordas oclusivas tras nasal. El castellano suele reducir únicamente el grupo *mb* > *m*, pero no siempre. Así, aunque aparece normalmente *paloma*, solían alternar *ambos* y *amos*. Aquí no tenemos ejemplos. Se conserva *enbiar* y *enviar*, grupo que, aunque escrito con *b*, provenía de *n* + *v*.
—N'D, se ha formado en época romance por síncopa en *bendiziendo* y en *andar*, aunque también había un grupo latino igual.
—N'T también podía ser romance, como en *contar* < *computare* a través de *comp'tare*.
—NT puede también proceder de la reducción del grupo latino NKT en *apuntava* y *juntados*.
—NK de *ninguno* no corresponde a ningún grupo latino. La *n* ha sido tomada analógicamente de *nin* o *non: necunus* > *neguno*.
—NS se conserva en *pensar*, solución culta, frente a *mansione* > *meson*, con evolución de *ns* > *s*, según se comprueba en *mes(o)nada*.

−NKJ > NÇ. Es el mismo resultado de NTJ y, en general, de *cons.* + TJ o KJ. Los ejemplos que aparecen en nuestro texto son: *esperança,* NTJ; *lança,* NKJ; *terçer,* RTJ.

−ND'C: *quinze.* Normalmente suele evolucionar el grupo *cons* + C ante *e, i,* > *cons.* + [ŝ], grafía *cons* + *ç.*

−R'M es un grupo romance, formado por síncopa vocálica. Como en otros casos, disponemos de un grupo latino RM en *fermoso* y de otro romance en *hermar.*

c)   Entre los grupos en los que interviene la consonante *s,* bastante estables, conviene destacar S'M en *asmar.* Del latín *adaestimare,* a través de *aest'mar,* etapa parecida a la intermedia *comp'tar > contar,* se llega hasta *asmar.*

−RS, ya lo hemos visto, evolucionó normalmente a SS, como PS.

−ST procede de -*tt*- en el arabismo *fasta,* frente al resto de formas con este grupo.

−NS procede del germano en *Alfonso.*

−S'N, por síncopa, en *mesnada* < *mes(o)nada.*

Las palabras en las que aparece *oclusiva* ante *l* o *r,* se han sonorizado como intervocálicas: así, aunque se haya producido la pérdida de una postónica, *aprent* > *abren.* Las sonoras ante *r* a veces se conservan en castellano, a veces se han vocalizado. Así, *agru* > *ero,* pero *negro* > *negro.* Los grupos de consonante sonora que aparecen aquí son todos de formación romance, por pérdida de postónicas y se conservan bastante bien: *avrien, Rodrigo. Quebrar* se ha formado por una metátesis. Del latín *crepare* se cambió la *r* a la siguiente sílaba. Lo mismo ha sucedido con *sobre.* Desde la posición final la -*r* pasó al interior.

d)   Los grupos B'D y B'L son característicos románicos. B'L se conservaba con facilidad como vemos en *fabló.* En cambio *cobdo* y *dubda* tendrán que esperar todavía tiempo hasta que adquieran la definitiva forma moderna *codo* y *duda,* como ya se ha estudiado en la gramática histórica. En leonés era normal el resultado *dulda.*

e)   Otros grupos latinos, que se reducen, como pt > t; gn > [ŋ]; ct > [ĉ], etc., ya los hemos comentado en el consonantismo interior. Lo mismo hemos hecho con las consonantes geminadas latinas.

f)   Los grupos latinos de yod, *dj, kj, nj, lj,* los hemos estudiado también en el consonantismo interior.

Como conclusiones generales tenemos que fijarnos en los diferentes tipos de grupos: unos son romances, de nueva creación, y otros latinos. En ambos casos, cuando era posible solían conservarse. Los grupos romances evolucionaban cuando chocaban con la fonología española. En algunos de este tipo, como hemos ya observado, se producen diferencias entre los resultados castellanos y los de otros dialectos. Forma pronto arcaica es *verná*. Los otros resultados son normales en el XIII. No puede concluirse nada del resultado tipo *quinze* con sonora en vez de sorda, ni de las soluciones cultas como *albo, saltar* o *escripta*.

Consonantes finales

1. De sobra es conocido que todas las finales latinas se perdieron en castellano, excepto la -*s*, que se conserva en los plurales, en el verbo y en algunos adverbios; la -*n,* que se conserva en algunos monosílabos procedente de -*n* o -*m* latina, la -*l* y la -*r*, que se metatiza al interior de palabra. Tenemos ejemplos en nuestro texto: -S: *cras, escuellas, sodes.* -N: *en* (-*n* en latín) y *con* (-*m* en latín). En cambio, *iam* ha perdido su -*m* y ha resultado *ya.* -R: tenemos el ejemplo de *siempre* < *semper,* con la -*r* que ha pasado al interior.

2. Como ejemplos de consonantes latinas perdidas, señalemos: -C: *allí*; -D: *algo*; -T: *pues*; -M: *ya...*

3. Al perderse la -*e* final, sobre todo, quedaron también finales en castellano las consonantes -L, -LL, -R, -N, -S, -SS, -Ć, -D. Pronto, a pesar de las grafías, -LL y -SS pasaron, respectivamente, a -L y -S, pues en final de sílaba se neutralizaban fonológicamente. La -Ć se representaba normalmente como -*z*, aunque también podía aparecer -*ç,* y la -D se representaba a veces como -T, pues no había oposición fonológica entre sorda y sonora al final de palabra. Por tanto, -T/-D eran posibles como grafías, aunque desde el XIV la -T era más escasa. (Véase lo que hemos escrito sobre las vocales finales y el apartado correspondiente del comentario siguiente de Alfonso X.)

4. Durante un cierto tiempo, siglos XII-XIII, y en menor proporción en el siglo XIV, se produjeron pérdidas de la -*e* tras grupos de consonantes o tras consonantes que luego no fueron toleradas. Si la consonante que quedaba en posición final, como sucedía con la -v, era sonora, podía también sustituirse por el correspondiente sonido sordo. En muchos casos hay que pensar que los fonemas *sordos/sonoros* en castellano tienen además, como rasgo redundante, la oposición *tensión/ laxitud.* Es probable que con la grafía sonora se intentara representar la pérdida de la tensión, como en el caso de -*z* para el final, porque *z* era la grafía intervocálica de un sonido sonoro [ẑ], frente a los otros casos en que aparecía el representante sordo con frecuencia en final de

palabra: *nuef* (nueve) *sap* (sabe). Estas apócopes exageradas empezaron a eliminarse a lo largo del XIV, aunque en ocasiones llegaran hasta el XV, según la zona o el hábito de la escuela del notario...

En este texto no aparecen apócopes extremas. Los ejemplos de verbos y pronombres los tratamos en la morfología. *Grand* < *grande* ya lo hemos visto.

CUADROS DE CONSONANTES

CONSONANTES INICIALES

nuestro texto		*latín clásico*
P–		P–
T–		T–
C– ante *a, o, u*	[K]	C– ante *a, o, u* [K]
QW– ante *á*	[K+w]	QW ante *á*
B–		QW ante *a, e, i, o, u*
V–		B–
D–		V–
G– ante *a, o, u*	[G]	D–
G– ante *e, i*	[Ž]	G– ante *a, o, u*
J– ante *a, o, u*	[Ž]	G– ante *e, i*
C– ante *e, i*	[Ŝ]	J– ante *a, o, u*
Y	[Y]	C– ante *e, i*
Ç	[Ŝ]	Dj–
Pérdida		H– (grafía solamente)
F–		F–
M–		M–
N–		N–
L–	[l]	L–
L–	[ḷ]	PL–
S–	[s]	S–
H–		
R	[r̄]	R–

GRUPOS DE CONSONANTES INICIALES

PR–	PR–
TR–	TR–
CR– [kr–]	CR–
GR–	GR–
PL–	
LL– [ḷ]	PL–

Consonantes interiores

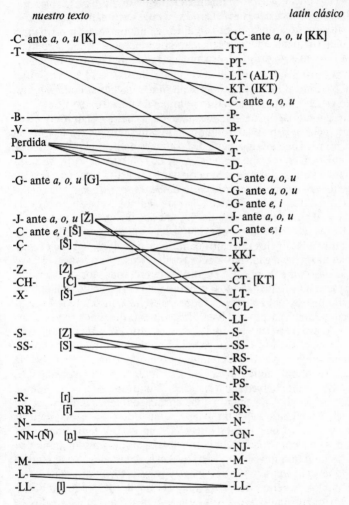

nuestro texto   *latín clásico*

-C- ante *a, o, u* [K] ——————————— -CC- ante *a, o, u* [KK]
-T- ——————————————————————— -TT-
                                                   -PT-
                                                   -LT- (ALT)
                                                   -KT- (IKT)
                                                   -C- ante *a, o, u*

-B- ——————————————————————— -P-
-V- ——————————————————————— -B-
Perdida ———————————————————— -V-
-D- ——————————————————————— -T-
                                                   -D-
-G- ante *a, o, u* [G] ——————————— -C- ante *a, o, u*
                                                   -G- ante *a, o, u*
                                                   -G- ante *e, i*

-J- ante *a, o, u* [Ž] ——————————— -J- ante *a, o, u*
-C- ante *e, i* [Š] ———————————— -C- ante *e, i*
-Ç-   [Š]   -TJ-
                                                   -KKJ-
-Z-   [Ž]   -X-
-CH-   [Č]   -CT- [KT]
-X-   [Š]   -LT-
                                                   -C'L-
                                                   -LJ-

-S-   [Z] ——————————————— -S-
-SS-   [S] ——————————————— -SS-
                                                   -RS-
                                                   -NS-
                                                   -PS-

-R-   [r] ——————————————— -R-
-RR-   [r̄] ——————————————— -SR-
-N- ——————————————————————— -N-
-NN-(Ñ)   [n̦] ——————————————— -GN-
                                                   -NJ-
-M- ——————————————————————— -M-
-L- ——————————————————————— -L-
-LL-   [l̦] ——————————————— -LL-

III. MORFOLOGÍA

Substantivos

1. La descripción de los substantivos de nuestro texto nos lleva a concluir que su forma y función son idénticas a las actuales. Es un error generalizado en muchas obras considerar que, en este caso, la morfología no ofrece *nada de particular* o que es *normal*. De cualquier

enunciado puede decirse lo mismo. Depende siempre de los paráme-
tros que utilicemos para su análisis. Es ya muy sintomático que nuestro
texto nos parezca normal. Eso significa, al menos, que su estructura
morfológica no nos choca —es plenamente moderna— y que pertenece
al dialecto más cercano al español estándar moderno—: un cierto
estándar castellano medieval. No puede decirse esto de cualquier
texto. No todo el *Poema del Cid* nos permite semejantes conclusiones,
era de esperar, pero la estructura nominal de nuestro texto, sí.

La segunda declinación latina, parte de la cuarta y algunos neutros
de la tercera se habían confundido en los substantivos castellanos en
-*o*. La primera declinación, parte de la quinta y neutros plurales en -*a* se
confundieron en los substantivos en -*a*. Los plurales se formaban con
regularidad en -*s*. Así aparecen perfectamente estructurados en nuestro texto: *puerta-s; ganançia-s; plata-riquizas;... miedo-marcos; cobdo-
braços...* La tercera declinación latina, algunos substantivos de la
quinta y algunos de la segunda desembocaron en los substantivos
castellanos acabados en -*e* con plural en -*s (sangre-gentes)* o en los
substantivos acabados en consonante con plural en -*es: sol-peones.*
Esta situación ha llegado hasta nuestros días y así aparece ya en el texto
del *Cid* que comentamos. En cuanto al género, todos los substantivos
en -*o* (animados o inanimados) concordaban con artículos y adjetivos
masculinos —excepto *mano*— y todos los en -*a*, con artículos y adjetivos femeninos, excepto *día*. Esta situación es la que nuestro texto nos
refleja. Algunas aparentes contradicciones como *el algara* se explicarán
en el *artículo*. Incluso cuando se aplica metonímicamente a Minaya,
lança presenta concordancia femenina: *fardida.* Aunque procedía de
un neutro plural latino, *sīgna, seña* se integró en los substantivos
femeninos, como lo hicieron *fruta, leña,* aunque éstos con un evidente
sentido colectivo. En general puede afirmarse que las tendencias del
español, heredadas del latín vulgar, eran dotar de concordancias
masculinas a los inanimados que acababan en *o* y femeninas a los
acabados en *a* por un lado y, por otro, dotar a los masculinos animados
de -*o* y a los femeninos de -*a*. Eran tendencias generales. Así *passare* se
hizo *pájaro* y LC *nurus* y *socrus* > *nuera* y *suegra* a través de *nura* y *socra*.
Los cambios de género entre el latín y el romance se producen, sobre
todo, en los substantivos neutros de la tercera declinación acabados en
consonante o -*e* en romance. Algunos pueden adaptarse al esquema
general: los cultismos griegos en -*ma* se hacen femeninos (lat. *reuma*);
los en -*us* se interpretan como un falso plural masculino: *corpus* >
cuerpos; pero una serie de neutros va a tener diferente género en las
diversas lenguas románicas. En castellano van a tener género variable,
como *mar* < *mare*. Ahora *fin* es masculino y en la Edad Media era
femenino. De género vacilante, también, *ubre, cumbre...* También han
variado de género los en *or (calor)* de tal manera que, incluso en los

adjetivos, se crea tardíamente una terminación femenina. Frente a todas estas posibilidades que están presentes en pequeñas dosis en los textos medievales se empieza ya a modernizar bastante el castellano en el siglo XIV-XV.

La plena modernidad de esta estructura sólo es desmentida por el substantivo *rebata*. En el siglo XIII empezó *rebato* a hacerle la competencia y parece que el primero llegó solamente hasta el XIV. Otros detalles que traicionan la *normalidad* del texto son los sufijos nominales. En efecto, la sufijación era menos estable en los primeros tiempos que ahora. Para poner un ejemplo hoy en día utilizamos *altura* para hablar de la dimensión en alto de los edificios. *Alteza* ha quedado relegado a un tratamiento de los príncipes e infantes de España o a la utilización en frases como la *alteza de miras,* etc. En el *Diccionario de Autoridades* del siglo XVIII se indica todavía que *alteza* es igual a *altura,* pero se insiste en los otros contextos: tratamiento, etc. En el siglo XIV, en cambio, era posible encontrar perfectamente ambas formas como sinónimos referidos a la dimensión de los edificios. Si repasamos los sufijos nominales de nuestro texto descubrimos algunos ya cristalizados desde el latín, que no nos interesan. Es el caso de *oveja* < *ovĭcŭla,* diminutivo de *ovis*. Dentro de los otros substantivos aparecen, por orden alfabético, los siguientes sufijos: -*a* (postverbal): *falla;* -*alia* (colectivo) *presentaja*; -*antia*: *esperança* (evolución popular) y *ganancia* (culta); -*arius* (oficio) *cavallero*; -*tor* (ejecutor, actor): *retenedor, lidiador*. En *castillo* también aparece el sufijo *ellus* petrificado, aunque estaba vivo en la Edad Media. A estos sufijos podríamos añadir los que coincidían con participios.

Hoy podríamos aceptar una palabra como *lidiador,* aunque con un significado más restringido, relacionado con los toros. No se se usa ya *retenedor*. Los que radicalmente han cambiado son *arribança,* probablemente de poco uso en la Edad Media, y *presentaja*. *Arribança* quizá no pasó a la Edad Moderna. No figura en el *Tesoro Lexicográfico* de Gili Gaya. En el XVIII se emplea ya el moderno *arribo*. *Presentaja* tampoco debió de tener mucha implantación en la Edad Moderna. En el *Diccionario de Autoridades* fue sustituida esta forma por la aragonesa correspondiente *presentalla,* que llega al actual diccionario de la Real Academia con el significado de *ex-voto*. Por tanto, *rebata,* substituida desde el XIV por *rebato, presentaja,* plenamente castellana pero substituida por el aragonesismo correspondiente en el castellano estándar, y *arribança,* que no debió de sobrevivir mucho en el Siglo de Oro, nos marcan un límite temporal de nuestro texto. Así podemos concluir que la morfología nominal es efectivamente moderna, pero, como sucede siempre, si la examinamos de cerca, la máscara de normalidad no es tan evidente. Al fin y al cabo, *normal* es un calificativo de muy subjetiva utilización.

Para concluir con la morfología nominal habría que señalar, como siempre se hace, que algunos substantivos castellanos no proceden del acusativo latino. En general se trata de substantivos de desarrollo especial: nombres propios, términos eclesiales o litúrgicos, términos jurídicos. En nuestro texto *Dios* procede del nominativo. Si se interpreta la *-s* como signo de plural, se formará *Dio,* que vive en las biblias judaicas medievales. Sobre *Dios,* se formará el plural *dioses* con el morfema regular para los substantivos acabados en consonante.

Adjetivos

Los adjetivos calificativos que aparecen en nuestro texto proceden del paradigma latino *us-a-um* (primera y segunda declinación) o de la tercera. En el primer grupo se confundieron en una sola terminación los masculinos y neutros. Son los adjetivos que en castellano tienen el morfema *-o* para el masculino y el *-a* para el femenino. Ejemplos de nuestro texto: *alto, derecha, malo, largas, pocas, ricos.* El plural, como puede comprobarse, es *-os, -as.* Siguen este paradigma los posesivos y los participios pasados pasivos (*mandado...*), el indefinido *uno-a* y el cuantificador *todo-s.* Aunque *ricos* proceda de un germanismo, y *fardida* del francés, se incorporaron a este esquema.

Los adjetivos latinos de la tercera con dos terminaciones quedaron en español con una sola: en nuestro texto *grande.* Son adjetivos acabados en *e* o en consonante. Sin embargo, a lo largo de la Edad Media se asiste al proceso de creación de femeninos analógicos para los en *-or:* de *superior, superiora,* etc. En el *Cid* podemos leer *espada tajador,* con una terminación para los dos géneros, todavía. En el XIV se multiplican estos ejemplos de distinción, excepto en los comparativos, en los que se mantiene la terminación única si no se trata de substantivaciones (*la priora,* en este caso). De todas maneras, como *campeador* se aplica siempre al Cid, no podemos imaginarlo aquí como femenino. El mismo caso es el de *lidiador,* normalmente en *omne lidiador.*

Algunos adjetivos varían antepuestos o pospuestos. Así, destacamos como antepuestos *grand* y *buen.* La forma *grand* dura hasta el siglo XV, alternando con *gran.* *Buen* está antepuesto a un sustantivo femenino, *ora,* exactamente igual como *el* + femenino. *Buen* aparece también antepuesto ante un substantivo masculino. Se borra la oposición de género en esta posición, por tanto. Los otros casos de alternancia de anteposición o posposición los veremos en los posesivos. En cambio, en contra de nuestra norma actual, aparece dos veces *ciento* antepuesto y sin apocopar, ante masculino y femenino. Todavía al final de la Edad Media Nebrija nombra *cientopiés* al animalito que llamamos *cienpiés.*

Artículos

Los paradigmas de nuestro texto son:

	sing.	pl.
mas.	el < ĭlle	los < elos < ĭllos
f.	la < ela < ĭlla	las < elas < ĭllas
	el < ela < ĭlla	
n.	lo < elo < ĭllum	

Podemos encontrar así: *el campeador, el sol, los moros... el que en buen ora fue nado.* Las formas femeninas: *la puerta, el algara, las puertas.* En construcciones neutras: *lo otro, lo que dixo...*

Los resultados de las formas latinas son perfectamente regulares dentro de lo que es la gramática histórica española. Habría que explicar algunas formas con *el*, artículo femenino. Aquí aparece *el* ante substantivos que empiezan con vocal *a* átona (algara) y *e* átona (espada). Además se utilizaba ante *a* tónica, *el agua.* Este uso llega hasta nuestros días. La utilización que hemos descrito tiene vigencia durante toda la Edad Media.

En los primeros tiempos, hasta el XII inclusive, se encontraban casos de *-e* inicial conservada: *ela, elos...* En zonas leonesas se podía palatalizar la inicial: *llo, llos, llas...* También dialectalmente, en aragonés o leonés, podía utilizarse en vez de *el* un artículo derivado de *illum: lo, elo.* Pero en el castellano, desde finales del siglo XII, lo que suele observarse es algo parecido a nuestro texto. Como rasgos especiales pueden detectarse casos aislados de *e* inicial conservada, arcaismo evidente, o casos de *ll-*, de dudoso dialectalismo, si no son, como en ocasiones deben serlo, errores de lectura de los editores, pues la mayúscula inicial solía adornarse y nos confundimos con facilidad.

La utilización proclítica átona es la responsable de la reducción de *ll-* a *-l-.* Sin embargo, aparecen casos de *-ll* final, probablemente simple grafía, pues no había diferencia fonológica [l]/[l̯] en final de sílaba.

Hay que pensar que por fonética sintáctica aparecen grupos tipo *a + la, a + los* escritos *alla, allos*: así, en otros textos *allos peones, dellos cavalleros,* grafías, sin duda ninguna de *a los* y *de los.* Es la costumbre gráfica de geminar las iniciales cuando aparecen intervocálicas por fonética sintáctica, igual que sucedía con *s ~ ss* o *r ~ rr.* También parece que existen algunos ejemplos de *elos, ela* en el *Cid.* El problema que nos plantea un ejemplo de *ela* en nuestro texto es también de fonética sintáctica: ¿Se trata de *e + la* (conjunción + artículo) o solamente del artículo femenino *ela*? Creemos que en este texto (v. 473) la lectura "gaño a Casteion & el oro e la plata" se puede perfectamente aceptar, sin necesidad de añadir una conjunción & además de suponer el artículo *ela,* bastante arcaico en castellano medieval. Por fonética sintáctica aparece también en nuestro texto un caso de *al* + *femenino,* hecho normal, si *el* + *femenino* es normal: "al espada".

Adjetivos posesivos

	primera persona		segunda persona		tercera persona	
	m.	f.	m.	f.	m.	f.
sing.	mio			vuestra		su
pl.					sos	sus

Hay que observar que *vuestra* se refiere a varios poseedores y *mio* a uno solo. En la tercera persona tal distinción desaparece en castellano. Todas las formas son antepuestas en este texto.

La forma de segunda persona que aparece en nuestro texto procede de *vŏster-ra,* que existía al lado de *vĕster* en latín. El resultado es fonéticamente el esperable.

Las precisiones que se pueden hacer sobre las otras personas:

1) El latín *męu* evolucionó normalmente hasta *mieo.* El diptongo se redujo posteriormente a *mío.* Y era frecuentemente la pronunciación *mió,* como las rimas, también en el *Cid,* nos confirman a menudo. Por otro lado, el latín *męa* llegó hasta *miea,* luego *mía.* Por asimilación entre las dos vocales extremas apareció la forma *mie* y por apócope *mi.* En el XIII ya aparecen confusiones y en leonés se empieza a generalizar *mió* (antepuesto) para substantivos masculinos y femeninos, y en el castellano aparecen frecuentes confusiones de *mi* ante masculinos.

2) El latín *sųu* > *so* (*sou* fue muy poco usado), frente al latín *sųa* > *sua* > *sue,* y con apócope *su.* La evolución sigue el mismo camino que *mia* > *mi.* También empiezan pronto las confusiones. En Alfonso X la extensión del femenino *su* antepuesto a costa del masculino *so* es evidente. Sin embargo, tenemos en este texto nuestro un caso de distinción total clarísima. Así *su* y *sus* aparece siempre con substantivos femeninos y *sos* antepuesto ante substantivos masculinos. (Las formas *tuya, suya* aparecerán por analogía con *cuyo.*)

Adjetivos demostrativos

	primera persona			segunda persona			tercera persona		
	m.	f.	n.	m.	f.	n.	m.	f.	n.
sing.	aqueste	esta aquesta	esto		essa	esso	aquel		
pl.		estas		essos					

Hay que observar cómo la primera persona de los demostrativos cuenta con dos formas, la reforzada y la que utilizamos hoy en día. El resultado etimológico es el normal en la segunda y primera persona. Los masculinos proceden del nominativo, al parecer: *ĭste-ĭpse*. Ya se ha visto que *ipse* era un pronombre de identidad en latín clásico. En cambio, *aquel* y *aqueste* no parecen etimológicamente claros. Se discute si hay que partir de *atque ille* o de *eccumille*. No sería raro que hubiéramos de partir de la forma que propone González Ollé: *atque eccum ille*.

Todas las formas examinadas pueden aparecer como pronombres o adjetivos.

Adjetivos y pronombres indefinidos

	m.	f.	n.
sing.	ninguno todo tod otro	toda tal	nada algo tanto
pl.	todos muchos otros	todas pocas otras	

No hace falta señalar que este paradigma es heterogéneo. Habría que añadir el indefinido *quesquier que* ('quien quiera que'). La forma del latín vulgar *qui-quaerit > quiquier(e)*. Pero luego las variantes son numerosas, como aquí *que + s*(e) *+ quier*.

La mayoría de las formas señaladas tienen evoluciones ya estudiada en los apartados de fonética. *Nada, algo* y *ninguno* funcionan como pronombres y las otras formas como pronombres o adjetivos. Merece la pena destacar la construcción "pocas de gentes", como "quesquier que sea dalgo". *Otro* cuando no funciona como pronombre funciona siempre en cabeza del sintagma nominal.

Pronombres personales

	primera persona		segunda persona		tercera persona				
	sing.	pl.	sing.	pl.	sing. M.	F.	N.	pl. M.	F.
Sujeto	yo					ella		ellos	
C.D.		nos	vos		lo ’l	la	lo	los	las
C.I.			vos		’l, ge				
C.P.	(de, por) mi		(de) vos						
Reflexivo	me				’s				se

Las formas entre paréntesis no forman parte del paradigma. Ayudan, simplemente, a interpretarlo. Las formas que llevan apóstrofo están apocopadas y eran enclíticas.

Los comentarios que puedan tener alguna utilidad son los siguientes:

1.   Los resultados fonéticos de *ĕgo* > *ieo* > *yo* y *mĭhi* > *mi* o *me* > *me* son normales. Lo mismo podemos decir de *nos* > *nos* y *vos* > *vos*. Hasta Nebrija se utiliza con regularidad *vos*. Aquí aparece como plural de segunda persona y como fórmula de tratamiento cortés, en vez de *te*.

2.   En los pronombres de tercera persona evolucionó la *-ll-* intervocálica a *-l-* porque eran átonos y por influencia de la forma tónica *él*. En las formas átonas perdieron también la inicial por énclisis.

3.   La forma *gelo* se produjo por fonética sintáctica y procede de un dativo, igual para el femenino o masculino, + un acusativo: *illi-ĭllum* > *(il)liello* > *ljelo* > *gelo* [želo]. La inicial *lj-* > [ž]. Luego se propagó *ge* analógicamente al plural. En el s. XV parece que se diferenciaban *atóselo* (él a sí mismo) de *atogelo* (él a otro). Las razones por las que la secuencia *gelo* > *selo* han sido discutidas. Procesos de disimilación, como *cogecha* > *cosecha*; presión morfológica de los otros pronombres, donde la forma *ge-* quedaba realmente aislada. En la inicial, los trueques entre [š-] y [s-] no eran raros. Tendríamos entonces que sospechar que *gelo* había ensordecido su [ž-].

4.   Los pronombres enclíticos apocopados que aparecen en nuestro texto son *le*, probablemente *lo*, y también *se*. Quizá el momento más propicio para todas estas apócopes fue el XIII y el español primitivo, donde se producían apócopes complejos con epéntesis posteriores, como el famoso *quemblo* < *que me lo*. En menor medida continua el apócope hasta el XV, aunque para periodizar la pérdida de la *-e* final lo hayamos simplificado un poco. En el *Cid* es más frecuente la apócope del pronombre de tercera persona que la de segunda o primera. Tras una palabra acabada en vocal, como aquí, se apocopa siempre, si la palabra siguiente no empieza por *l-*. Nuestros ejemplos son *quel*(o), *bendiziendol(o), comidios(e)*. Es discutible, como casi siempre en casos semejantes, si el pronombre apocopado es *lo* o *le* (leísmo).

Pronombres relativos

La forma *que* aparece como forma única con antecedentes masculinos, femeninos y neutros, singulares y plurales: *el que, lo que, los que, quinta... que*. Se emplea tanto para sujeto como para otras funciones: *los que, el que* y también *a los que, de los que...* Es una utilización del pronombre relativo *que* plenamente moderna. El antecedente es o una persona o un objeto.

Como pronombre también hay que destacar *quanto,* que, al menos en dos ocasiones, se construye como relativo. También aparece con plural: *quantos.*

Numerales

Aparecen en construcciones adjetivas los cardinales *mill, quinze,* antepuestos e invariables. Además el ordinal *tercer,* antepuesto. Como pronombre aparece el ordinal *quinto.* Con significado parecido se encuentra el sustantivo *quinta* ('quinta parte del botín'). Otros numerales aparecen transcritos en cifras romanas.

Verbos

1. Presentamos en primer lugar un índice de las diferentes formas y luego pasamos a interpretarlas.

Indicativo
Presente: Abren, an, andan, avedes, caen, corre, corren, dexan, do, es, está, están, legan, cavalga, gradesco, osa, parten, plaz, preçia, prometo, pueden, quiero, reçibe, quiebran, sodes, son, tienen, tornan, trae, traen, vale, viene.

Imperfecto: Abrie, adeliñava, alcançava, apuntava, avien, davan, entrava, eran, estava, fincava, levantavan, matava, vinie, yxie.

Indefinido: Asmo, asmaron, comidio(se), dexó, dixo, envio, fablo, gaño, fincaron, lego, mando, ovieron, plogo, pris, prisieron, quiso, salio, vieron.

Futuro: Yran, ficaran, ganaredes, verna.

Condicional: Buscar-ye, buscarie, legarian, avrie, serie, querria, podriemos.

Infinitivo
aver, buscar, cavalgar, dar, lidiar, fincar, hermar, quitar, reçebir, partir, traer, vender, ver, pagar.

Gerundio
Bendiziendo(l), lidiando, destelando.

Imperativo
Oyd.

Subjuntivo
   Presente: digan, enpleye, page, pensemos, prendre, sea, tengades.
   Imperfecto subj: diesse, diessen, enbias(e), oviessen.
   Futuro imperf.: dixier, quisieredes.

Compuestos y participios
Exidos son, dexadas an abiertas, son derramadas, fue deseparada, los
braços abiertos, sea aiuntado, avedes mando, avello quitado, eran
iuntadas, fue nado, serie conprada, fueron dados, escripta es, sodes
pagados.

   2.   Cuando se comentan las formas verbales suele emplearse también el término *normal.* Pero en este caso 'normal' es ambiguo. Puede
tanto significar que la evolución de las formas verbales está de acuerdo
con las *leyes fonéticas,* pues la presión de la *analogía* en la morfología
del verbo es muy fuerte, o puede significar que estas formas parecen
normales porque están de acuerdo con nuestra propia gramática. Por
ello merece la pena analizar algunas características de la lista anterior.

Presente
   a)   Podemos observar, en primer lugar, cómo *-unt* de la tercera
latina y *-iunt* de la cuarta se sustituyeron en español por *-ent* > *en,* en la
tercera persona del plural. Así se igualaron todos los verbos de la
tercera y segunda conjugación castellana: *abren, caen, parten, pueden,
traen.*
   b)   Debemos fijarnos en el cambio acentual de *apério* > *abro.*
En latín clásico algunos verbos como éste tenían un doble acento a lo
largo del tema de presente: *apério, áperis.* En latín vulgar, perdida la
yod derivativa —algo normal en esta conjugación— se unificó el presente en *ápero, áperis* > *abro, abres.* Este problema no se planteaba con
párto, pártis.
   c)   Los verbos que debían diptongar una vocal breve, lo han hecho:
pueden, quiero, quiebran, vienes. Es la solución regular fonética.
   d)   Las terminaciones de la segunda persona del plural son en
castellano *-ádes, -édes, -ídes* < *ā tis, -ē tis, -ī tis.* En el siglo XV pierden su
-d- intervocálica y el hiato resultante, *áe, ée, íe,* respectivamente, se
resuelve en *áis, éis, ís.* En este último caso la solución influida por el
modelo *éis* de la segunda. El mismo proceso siguieron las segundas
personas de acentuación esdrújula *(quisiéredes)* pero más tarde. La
pérdida de la *-d-* y reducción del hiato no se produjo hasta el siglo XVII:
quisiéreis. Las segundas personas del plural de otros tiempos, si eran
paroxítonas, siguieron el camino de las formas de presente. Así sucedió
con el subjuntivo *tengades* o el futuro *ganaredes.*

e)   Encontramos apocopada la forma *plaz* < *place,* frente a *vale.* Cuando la pérdida de la *-e* se producía tras una consonante que era tolerada como final, según ya hemos visto, la apócope era posible, incluso aunque se apocopara el tema, como aquí, y no la desinencia. Esta apócope también afectaba al indefinido; tenemos aquí un ejemplo en *pris(e)* y era muy frecuente en las formas del futuro o imperfecto de subjuntivo como *dixier*(e) o *enbias(e).* Durante toda la Edad Media se van a mantener estos últimos casos. Las formas del imperativo como *sal, val, ten* también se van a generalizar, y las del indefinido. En el presente de subjuntivo es más rara. Aunque en el XIV bajaran un poco las formas apocopadas, se trataba sobre todo de formas más extrañas como *ex* < *exit* o *parez* < *paresçe.* Pero los ejemplos de formas verbales apocopados que aparecen aquí serán perfectamente normales durante todo el siglo XIV y parte del XV.

f)   El verbo *andar* plantea sobre todo un problema etimológico. Remitimos al Diccionario de Corominas-Pascual.

g)   El verbo *ser* ya es aquí perfectamente moderno. La conjugación latina clásica de este verbo se sustituyó por una mezcla de formas de *sedere* > *ser* con formas del *esse* tradicional. En el presente el resultado fue el siguiente: *sum* > *so* (véase después *do*); *es* > *es* (sustituido luego por el futuro *eris*); *est* > *es* (esta forma diptongó dialectalmente en *ies*); *sumus* > *somos*; *sutis* > *sodes* (forma construida sobre *sumus*); *sunt* > *son*. La forma *sodes* (como las demás segundas personas, ya vistas) llegará hasta *sois.* El resultado idéntico de la tercera y segunda persona de singular hizo, probablemente, que esta última fuera eliminada. La no diptongación de la tercera persona del singular en castellano es rasgo típico frente a los dialectos leonés o aragonés. El paradigma de nuestro verbo *ser* es perfectamente el castellano. Solamente el *sodes* nos señala un texto anterior al XV.

h)   El verbo *aver* merece también una mirada detallada. La forma *avedes* es el resultado normal de *habetis.* Pero lo general es una reducción en las formas de *habere* en latín vulgar. De estas formas proceden la mayoría de los resultados actuales: él *hat* > *a*; ellos *hant* > *an;* yo *haio* > *heo* o *he* < *hai.*

i)   La forma *do* de *dar* es la regular durante la Edad Media, como *so* < *sum* o *esto* < *sto.* Solamente durante el siglo XVI se imponen las formas *doy, soy, estoy,* procedentes del *verbo* + el *adverbio pronominal y* aglutinado por fonética sintáctica. Igual sucedió con *ir* sustituido por las formas de *vadere,* de donde *vo,* más tarde *voy.*

j)   La forma incoativa *gradesco,* también aparece en el *Cid* el verbo *gradir,* muestra la evolución normal del sufijo incoativo *-sco,* que, en realidad, así evolucionaba fonéticamente: *gradesco, gradeçes.* Por influjo de la primera persona es probable que se empezara a escribir *gradesçes.* Aunque en ambos casos el sonido resultante, escrito *ç* o *sç,* era [ŝ]. Posteriormente la [ŝ] de las otras personas, aquí gráficamente *z*, se extendió a la primera: *gradezco. Gradesco* es la etapa fonéticamente regular de la primera persona.

k)   La forma *reçibe* ya es la moderna, aunque el infinitivo solía ser *reçebir* en la Edad Media. Aunque *concebir* mantuvo la alternancia de la vocal temática de acuerdo con su *ĭ* latina, *recibir* igualó en todas las formas esta vocal temática, por analogía con los verbos que provenían de *ī* latina, y siempre mantuvo *i*.

Imperfecto
   a)   Aparecen dos tipos claramente diferenciados: en *-ava* y en *-ie*. De otros contextos (rimas, etc.) puede deducirse que la pronunciación era, pasado un primer momento, tipo diptongo *ié*: *abrié, vinié*. Parece claro que los en *-ava* son los verbos de la primera que proceden de la primera latina. Los en *-ie* proceden de la segunda, tercera y cuarta latina y son los de la segunda y tercera conjugación castellana. Dialectalmente, se conservan formas con *-b-* en las conjugaciones tercera y segunda en el aragonés y en algunas zonas del leonés. Así, por ejemplo, *temeba, partiba*.

   Las terminaciones *-eba* e *-iba* se confundían en *ía*. Luego, por disimilación, pasaba *ía > íe* y a veces perdía la *-e*. Pero era normal la acentuación *ié* en el XIII. En el XIV *ié* empezó a perder terreno y era frecuente otra vez en el XV la pronunciación bisílaba tipo *-ía*.

   El imperfecto de *habere, habebam*... usado como auxiliar para el condicional se redujo por razones acentuales a la terminación: *e(b)am > ía; ebas > ías; ebat > ía; ebamus > íamos; ébades > íades, íais; ebant > ían*. La acentuación se mantuvo así, aunque la *-a* se aproximó a la palatal y se cerró en *-e: íe*, etc.

   Las formas del verbo *ser* que aparecen, *eran*, etc., son plenamente etimológicas y proceden de sus formas correspondientes latinas.

Indefinido
   a)   Los débiles llevan el acento en las terminaciones en todas sus formas. Normalmente son los que llamamos regulares. Los que aparecen en nuestra lista son: *asmó, asmaron, comidió, dexó, envió, fabló, gañó, fincaron, legó, mandó, salió*. Las terminaciones de la primera conjugación latina, plenamente regularizadas aquí, fueron: *-ai > e; -asti > aste; -aut > o; -amus > amos; -astis > astes* (*asteis* por analogía con las segundas personas); *-arunt > aron*. Las terminaciones para la segunda y tercera castellana son las siguientes: *ĭī > i; -isti > iste; iut > io; imus > imos; istis > istes (ísteis); ierunt < ieron* (también *irunt > iron*). La situación de nuestro texto es plenamente moderna y regular en este apartado.

   b)   Los fuertes llevan el acento en algunas terminaciones. En nuestra lista aparecen: *dixo, (ovieron), plogo, pris (prisieron), quiso, (vieron)*. La mayoría de los perfectos fuertes latinos se perdieron. Sólo se conservaron algunos en español. Como fuertes sólo quedaron las personas primera y tercera del singular del indefinido latino en español. La acentuación fuerte en los otros tiempos se perdió. El indefinido y los demás tomaron las terminaciones de los verbos en *-ir*. La terminación de la 3.ª persona singular del indefinido, que era fuerte, fue, sin embargo, también *o*, con lo que se evitó la confusión con la primera persona. Solamente en el indefinido *fue* se conservó la terminación originaria.

El latín *habui > auvi > ouvi > ove*, con metátesis del *w* y posterior reducción, regular fonéticamente, tras la etapa *au* hasta *o*. El plural *ovieron* es también regular, aunque sea débil, acentuado en la terminación. La misma evolución se produjo en *placui > plauki > plogo*. En este verbo sonorizó la [k] ante vocal y precedida de *w*, hecho que no se daba en otros verbos: *sapui > sope; capui > cope*.

Del latín *dīxī* se deriva *dixe* y luego la tercera del singular *dixo*, por la terminación *-o*. *Quaesi > quise*, por analogía con los verbos que como *dixe* y otros tenían *i̯* en el tema. El mismo resultado dio *presit* (en vez de *prendit*) que llegó a *priso* (tercera persona con *-o* analógica) o *prise* primera persona como aparece en nuestro texto. Sobre el tema *prise* se formó con regularidad el resto de las personas: *prisieron...*

Del latín *vidi* hubo en la Edad Media resultados regulares *vide* y *vid*, luego ya, *vi*. *Vidit > vido*; pero se uniformaron las personas sobre *vi*. De ahí el regular *vieron*.

Futuro y condicional

Las formas que aparecen, perfectamente regulares, se forman sobre el infinitivo más el correspondiente tiempo, presente o imperfecto, de las formas del verbo haber reducidas por el uso átono. Nada que comentar excepto la separación natural en la Edad Media entre el infinitivo y las formas de *haber*. En nuestro texto tenemos *buscar-nos-ye* (él), frente a *buscarie; legarien; pagar-se-ya* frente a *abría* (de *aver*). En el condicional y futuro solía siempre predominar el hiato, y no el diptongo, en las terminaciones.

Infinitivo

En castellano las conjugaciones latinas se redujeron a tres. En nuestros infinitivos ya aparecen los verbos en la misma conjugación que las correspondientes formas modernas, a pesar de que a veces hubo cambios. Ya hemos comentado el caso de *reçebir*. La conservación de *-e* tras la -R del infinitivo era un rasgo muy arcaico del dialecto leonés.

Imperativo

Aparece aquí una forma plenamente moderna ya. A veces, como rasgo arcaico, se conservaba la *-e*. No es infrecuente que la *-D* se escribiera *-T* (véase el apartado correspondiente de nuestro comentario de Alfonso X).

Subjuntivo

Las formas del imperfecto o del futuro son regulares, si tenemos en cuenta su etimología latina: el pluscuamperfecto de subjuntivo latino para el imperfecto castellano y el futuro perfecto de indicativo para el imperfecto de subjuntivo. Hay restos de la primera persona latina *canta(ve)ro* en el imperfecto hasta el XIV en el castellano. Aparece algún ejemplo en el *Cid*. Luego se igualó la primera persona con el resto: *-are* sobre *-ares*... La igualación fue posible, sin duda, y se vio favorecida, por la apócope frecuente de la tercera persona y, a veces, de la primera: *cantar*(e/o).

Presente: Absolutamente regulares parecen *pensemos, page* y *empleye*. A pesar de las apariencias, *pague* no plantea sino un problema de grafía. *Empleyar,* con la *-y-* antihiática, recuerda mucho todavía su origen francés. *Tengades,* sobre *tengo* exige una explicación que se extiende a otra serie de verbos: *vengo-venga, salgo-salga*... Remitimos al § 177b de la gramática histórica. *Digan* es la forma regular procedente de *dicam*. El subjuntivo de *ser* latino se perdió. Así, *sim* se sustituyó por *sedeam > seya > sea*. La forma *seya,* producto normal del grupo *-dj-*, alternaba en la Edad Media con la forma más moderna *sea,* la que aquí aparece. En leonés y aragonés aparecen derivados del latín vulgar *siam > yo sia*...

Participios

Sólo hay que tener en cuenta que algunos son fuertes: *nado* (de *nacer*) y *escripta* (de escribir). Así podría interpretarse, quizá, *mando* de *mandar,* y entonces no sería un error, como se supone, y no necesitaríamos corregirlo por *mandado*.

Adverbios

1.   La lista de los adverbios que aparecen en el texto puede descomponerse en diferentes apartados: a)   Adverbios procedentes del latín: *aquí, allí, aún, cerca, cras, mas, non, o, y, ya.* b)   Adverbios formados por la fusión de preposición y adverbio: *dessi, de fuera, do, derredor, ayuso, arriba.* c)   Adverbios funcionales, procedentes de otras partes de la oración: *bien, mal, mucho* (adjetivos); *mañana* (substantivos)... d)   Frases adverbiales...

2. En esta lista, hay adverbios de tiempo, lugar, modo, etc., y no hace falta señalarlos explícitamente. En cambio, sí hay que hablar de los anticuados hoy en día. *Non* pronto perdió su *-n,* aunque en la Edad Media alternaban la forma con *-n* y sin *-n.* El latín *ubi* > *o; unde* > *onde.* Con la preposición *de* se organizaron después *do* y *donde.* Alternaban *o* y *do* con frecuencia. *Cras* fue frecuente en toda la Edad Media, aunque ya era arcaico en Nebrija. *Arriba* aparece en una construcción todavía actual ahora: *Fenares arriba* (hoy día: *prado arriba*) y en un agrupamiento adverbial: *dessi arriba.* El adverbio *y* aparece en el castellano actual fijo en la construcción impersonal *hay.* Durante la Edad Media se acercaba su uso, en cambio, a los de lenguas como el francés o catalán. Podía señalar un lugar: *y an,* o se usaba en construcciones impersonales con tiempos diferentes del presente: *y avrie.* Hasta el XV no empezó a decaer el uso del *y* en castellano.

Preposiciones

La lista de preposiciones latinas de nuestro texto es: *a, ante, con, de, en, por, sin, sobre.* De origen árabe es *fasta.*

Todas pueden funcionar en construcciones para significar *tiempo, lugar, modo...* También funcionan como nexos dentro de los complementos verbales... Es difícil periodizar sobre el uso general de una preposición. Depende mucho más su utilización de construcciones concretas. Para ello nos valemos de diccionarios, como el de *Construcción y Régimen* de R. J. Cuervo, todavía incompleto (véase la bibliografía de la gramática histórica).

Como observación interesante hay que destacar la tendencia generalizada a utilizar la preposición *de,* incluso en contextos donde se usan hoy otras.

Conjunciones

En nuestro texto aparecen *e, et, ni, si, quando, ca, que, pues, mas...*

La conjunción más generalizada era *que* para todo tipo de construcciones y la copulativa *e.*

SINTAXIS

Plantear toda la compleja situación de la sintaxis medieval ahora es imposible. Vamos a elegir algunos puntos representativos.

1) La pasiva: suele señalarse que la Edad Media es más propensa

a la utilización de la pasiva que el español moderno. Aquí tenemos bastantes ejemplos: "nombrados son los que yran en el algara"; "todos sodes pagados"; "por quanto serie conprada"; "escripta es la carta"; "sea aiuntado"; "fueron dados".

2) Ser como auxiliar: *ser* como auxiliar de pasiva está claro. Pero en el *Cid* era muy frecuente que se utilizara, como sucede hoy en francés, como auxiliar de verbos intransitivos: "en buen ora fue nado"; "son derramadas"; "son exidos"...

3) Concordancias: en la Edad Media, también como sucede hoy día en otras lenguas románicas, en castellano había concordancias de los participios con el complemento directo, si estaba antepuesto: "las puertas dexadas an abiertas". Otra concordancia, no excesivamente generalizada, es la de un pronombre que se refiere a masculinos y femeninos y concierta con los femeninos: "Çiento moros & çiento moras quiero las quitar."

4) Entre las construcciones con adjetivos aparecen con frecuencia las semiatributivas y las predicativas: "el *sol* ¡que *fermoso apunta-va!*"; "*trae desnuda* el *espada*"; "*derecha* viene *la seña* de Minaya"; "*todos ricos* se parten".

5) Hay que tener en cuenta también la utilización de las conjunciones: aunque las copulativas no escasean, se encuentran en el interior de las oraciones. En cambio, entre oraciones abunda la yuxtaposición. Quizá es un problema de estilo épico, porque no debe ser la norma lingüística general del momento.

6) Algunos usos preposicionales han variado ya: "dar salto" sin preposición, frente al uso actual. Lo mismo la utilización de tipo partitivo: "pocas de gentes", "quesquier que sea dalgo".

7) Conviene señalar la diferencia entre *aver* y *tener*. Aparece aquí con claridad: "moros e moras auien los de ganançia". Luego: "los que la tienen" (la puerta). "Sos caualleros e an arribança"; "aun de lo que diessen ouiessen grand ganançia". "Non lo tengades a mal".

La diferencia entre *aver* y *tener,* usados los dos en abundancia, no es fácil de señalar. Quizá, desde el punto de vista del aspecto, la diferencia sea entre la *adquisición* y lo *adquirido*. Otras consideraciones podrían hacerse sobre ellos, pero bastan aquí con éstas.

Léxico

Se ha señalado en repetidas ocasiones, con muy buen criterio, que el *Poema de Mio Cid* tiene en todo momento un estilo épico. Se han señalado características de esta épica frente a la europea. Pero, a la vez, se han empezado a fijar los críticos en el conocimiento jurídico que revelan los autores del poema, tal como hoy se ha conservado. En el texto que hemos seleccionado aparece con claridad un parentesco con muchos pasajes de fueros municipales desde el XIII hasta el XIV, sobre todo con los fueros municipales amplios de la llamada familia de Cuenca-Teruel, con la que también están emparentados los fueros de Soria, Plasencia... En este texto se narra, precisamente, uno de los puntos más importantes de los fueros municipales del XIII: *la hueste de concejo.* A estos concejos del XIII los reyes les conceden una carta amplísima de libertades que permite la aparición de unos caballeros villanos libres, señores de la guerra y la ganadería. No es extraño que en el XIII, por ejemplo, se rehiciera sobre un anterior *Cantar* la versión que ahora conocemos u otra por el estilo. El valor del héroe, sin negar todos los aspectos nacionales, etc., se relaciona sobre todo con la Extremadura castellana, zona donde aparecen estos fueros. Allí había un público que conectaría perfectamente con el tipo de narración cidiana. Las alusiones a los aspectos burgueses del *Cid,* por parte de otros autores, no están descarriladas. En el XIII o en el XIV el espíritu de Reconquista, después de Fernando III, decae, pero está presente en las luchas de frontera entre los ganaderos cristianos y musulmanes. Y, por supuesto, está presente en el momento en que estos fueros nacen, a principios del XIII.[6] Valga esta brevísima reflexión para introducir el análisis del léxico. Dejando a un lado los topónimos, en muchos casos de origen árabe, y los antropónimos, de origen germano, dos grandes campos semánticos pueden perfilarse en este léxico: actividades militares e instrumentos para ellas necesarias, y actividades económicas relacionadas con las militares, 'reparto de botín', 'ganancia', etc... Todo esto es, repetimos, lo que perfectamente aparece puntualmente redactado en los fueros conquenses. Por ejemplo, en el de Alarcón, en el de Baeza o en el de Béjar. Para resumir, pues ahora no nos interesa lanzar hipótesis sobre el *Cid,* queremos señalar que el lenguaje militar del poema está estructurado jurídicamente como en los fueros municipales. Que coincida nuestro texto con los fueros no debe ser casualidad sino, como el mismo Menéndez Pidal señala, que esta versión es de finales del XIII o principios del XIV, la que copió Per Abat, fuera copista o autor. Si antes hubo otras versiones del *Cid,* no entraremos en ello ahora. Lo que nos interesa es poner de relieve las coincidencias léxicas entre los textos jurídicos municipales y el *Cid.*

a) Nuestro texto empieza con la división de la *hueste* del Cid en *algara,* la vanguardia, y la *zaga,* la retaguardia. El Cid no respeta los esquemas municipales que obligan a dividir la *hueste,* cuando es necesario, en dos mitades iguales, *algara* y *zaga.* Envía 203 guerreros en *algara* y queda con 100 en la *zaga.* Que el pico se vaya, precisamente,

6. Vid. sobre este momento Mariano Peset y J. Gutiérrez Cuadrado, *Fuero de Úbeda,* Universidad de Valencia, 1979, pp. 139-240.

en la algara es también interesante, porque los textos forales obligaban explícitamente, cuando la partición no podía ser exacta, a que se quedaran en la zaga los impares.

b)   El Cid tomó Castejón gracias a una *celada*. Uno de los textos más severos en imponer penas a los habitantes de las ciudades es el que trata de las puertas de la ciudad. Cuando un concejo va en hueste o sale de la ciudad, los que quedan en ella deben cerrar las puertas, incluso antes de apagar el fuego. Este pasaje del *Cid* parece una advertencia a los ciudadanos cristianos: los enemigos pierden Castejón por no cumplir una norma básica de la defensa de la ciudad.

c)   La manera de repartir el botín está también perfectamente de acuerdo con los fueros. Así, por ejemplo, la caracterización del botín: *ovejas, vacas, ganado, bestias, vestidos, haberes, oro, plata, armas*. Lista que coincide casi con la que aparece aquí. En otros fueros se señala que cada participante en la hueste reciba un quinto y que el caballero tome el doble del peón. Lo mismo aparece reflejado en nuestro texto. De repartir el botín normalmente se encargan algunos cargos especiales en los fueros, los *cuadrilleros,* y aquí los *quiñoneros*; también coinciden. Otros aspectos se reflejan en este texto y en los fueros de manera parecida: la preocupación con la subasta del botín, etc... Cuando un caballero no iba en una expedición concreta no tomaba del botín de los otros, sino por la buena disposición de los que habían ido. La buena relación entre el Cid y Minaya se ejemplifica en que quiere mezclar cada uno lo que ha ganado por su lado, sin atenerse a las reglas que, por el contexto, evidentemente conocían.

d)   Se reflejan perfectamente en este texto las referencias forales a los *peones* y *caballeros,* a sus *armas,* etc.

e)   El lenguaje militar es común a ambos textos, hecho normal, probablemente, en la Edad Media.

f)   En los fueros municipales está perfectamente regulada la vida entre las comunidades burguesas: *moros, judíos* y *cristianos*. La regulación sobre los moros incluye una figura especial: el *moro de paz,* de derechos especiales ante los cristianos. Así lo refleja este texto que hemos comentado.

Si resumimos todas estas observaciones, podemos hacer los siguientes grupos léxicos:

a)   Guerra y armas: *campo* (el de batalla siempre; el otro normalmente es el *ero*, el *monte*...); *cavallo, lanza, espada, mesnada, escuellas, seña, lidiador, cavalleros, peones, algara, zaga*.

b)   Táctica guerrera: *correr, enviar, llegar, mandar, tornar, cavalgar; celada*...

c)   Reorganización del botín: *quinta, quiñonero, vacas, ropas, riquezas, plata, oro, ovejas, pagar, prender*... Situación especial de los *moros de paz*.

d) Presencia del documento jurídico escripto.

Repetimos que no vamos a airear una nueva hipótesis sobre el *Cid*. Pero podemos señalar que la coincidencia léxica de un grupo de textos bastante compacto, los fueros municipales, con el poema, y la coincidencia cronológica, siglos XIII y XIV, pueden ayudarnos a confirmar la fecha del manuscrito que, como sabemos bien, es de principios del XIV. Fuera Per Abat un simple copista o no, lo que parece claro es que el texto analizado, solamente este fragmento, corresponde perfectamente a la materialidad del manuscrito. Que se haya copiado de poemas anteriores o de otras versiones, queda, de momento, fuera de nuestro interés.[7]

MIRADA RETROSPECTIVA

Después de tan prolijos análisis, y antes de reunir unas conclusiones probablemente pobres, conviene poner de relieve una vez más el procedimiento y los pasos seguidos hasta aquí.

1) En primer lugar, hemos elegido un texto del *Poema de Mio Cid* para analizarlo filológicamente, desde el ángulo de la gramática histórica, sobre todo.

2) Hemos advertido sobre la edición que manejamos, leída sobre fotografías del manuscrito original, confrontada con la edición paleográfica de Menéndez Pidal.

3) Hemos decidido simplificar la lectura pelográfica, eliminando ciertos signos gráficos como la *ese alta* y regularizando ciertas grafías (*i* siempre como vocal y *v* siempre como consonante).

4) Hemos buscado la etimología de todas las formas diferentes que aparecen en el texto elegido en el *Diccionario Crítico Etimológico Castellano e Hispánico* de Joan Corominas y J. A. Pascual. Como solamente han aparecido cinco tomos, también hemos tenido que acudir a la edición anterior, el *Diccionario Crítico Etimológico de la Lengua Castellana* de J. Corominas, y al *Breve Diccionario Etimológico* del mismo autor. Todas estas obras en la misma editorial, Gredos. Otros diccionarios etimológicos que hemos tenido en cuenta en ocasiones han sido el de W. Meyer-Lübke, *Romanisches Etymologisches Wörterbuch,* Heidelberg, 1935; V. García de Diego, *Diccionario Etimológico Español e Hispánico,* SAETA, Madrid, 1954, y Alcover, Moll, Guarner, *Diccionari Etimológic Català-Valencià-Balear,* Palma de Mallorca, 2.ª ed.; I, 1975.

---

7. Un resumen de toda la polémica sobre fechas y autorías del *Cid* en Colin Smith, *Poema del Cid,* 4.ª ed., Cátedra, 1978, pp. 15 y ss.; Alan Deyermond, *Edad Media,* tomo I de *Historia y Crítica de la Literatura Española,* ed. Crítica, 1979, pp. 83-126.

5)   Hemos analizado minuciosamente nuestro texto, siguiendo las divisiones y distinciones tradicionales de una gramática histórica. Al final de algún gran apartado, como vocalismo o consonantismo, hemos elaborado un cuadro-resumen, aunque muchas explicaciones de detalle no podían tener allí cabida. En una gramática histórica se parte de un estadio lingüístico para descubrir las leyes fonéticas que conducen a otro más moderno. Normalmente desde el latín vulgar se llega hasta el castellano del siglo XV o del XX. Hemos procedido al revés. Remontándonos desde las soluciones de nuestro texto, hemos intentado llegar hasta los orígenes de esas soluciones, no siempre en el latín. Al remontarnos descubrimos una complejidad más rica, aunque en principio el panorama parezca más confuso. Para paliar este efecto, precisamente, elaboramos los cuadros a los que nos hemos referido.

6)   Durante nuestro análisis hemos ido vertiendo opiniones expuestas siempre en forma dicotómica: a) palabras cultas (o cultismos)/ palabras tradicionales; b) palabras con etimología latina/préstamos de otras lenguas: c) castellanismos/dialectalismos de otras lenguas peninsulares (fundamentalmente leonés o aragonés, como técnica ejemplificatoria); d) palabras anteriores/posteriores (respecto a una fecha de referencia que ha cambiado a menudo, según el punto que estuviéramos tratando).

7)   No podemos ocultar que le hemos dedicado más atención a la fonética que a otros niveles gramaticales. En esto sólo hemos reflejado el estado de los estudios de nuestra disciplina.

8)   Los instrumentos **fundamentales** que hemos utilizado para este análisis han sido, además de los diccionarios ya señalados, los siguientes:

a)   Para el *Cid*:

— R. Menéndez Pidal, *Cantar de Mio Cid, texto, gramática y vocabulario*, 3 tomos, 4.ª ed., Espasa-Calpe, Madrid, 1964.

— René Pellen, *'Poema de Mio Cid'. Dictionnaire lemmatisé des formes et des références*, vol. 1 de *Annexes des Cahiers de Linguistique Hispanique Médiévale*, París, 1979.

b)   Gramáticas históricas:

— R. Menéndez Pidal, *Manual de gramática histórica española*, 10.ª ed., Espasa-Calpe, Madrid, 1958.

— V. García de Diego, *Gramática histórica española*, Gredos, Madrid, 1961.

c)   Diccionarios:

— Real Academia Española, *Diccionario de Autoridades* (facsímil), Gredos, Madrid, 1969 (3 vols.).

— J. Cejador y Frauca, *Vocabulario Medieval Castellano*, Las Américas P.C.º., Nueva York, 1968.

– S. Gili Gaya, *Tesoro Lexicográfico,* C.S.I.C., 1960, tomo I, A-E.
d)   Obras generales:
– R. Menéndez Pidal, *Los orígenes del español,* 4.ª ed., Espasa-Calpe, Madrid, 1956.
– *Enciclopedia lingüística hispánica,* C.S.I.C., 3 vols., hasta ahora. Obra colectiva en las que se incluyen aportaciones importantes sobre bastantes problemas de autores de primera categoría.
e)   Otras gramáticas históricas:
– A. Badia Margarit, *Gramática histórica catalana,* Noguer, Barcelona, 1951.
– F. B. Moll, *Gramática histórica catalana,* Gredos, Madrid, 1952.
– J. J. Nunes, *Compêndio de gramática histórica portuguesa,* 7.ª ed., Livrària Clássica ed., Lisboa, 1969 (2.ª, 1930).
9)   Además, aconsejamos consultar la bibliografía que aparece al final de la gramática histórica de este mismo tomo.

CONCLUSIONES

Después de las observaciones anteriores, vamos a exponer de una manera concisa las conclusiones. No parece, a simple vista, que haya una relación directa entre los prolijos análisis y estas sencillas reflexiones finales, pero no es así. Unas conclusiones sencillas son la garantía de que el procedimiento nos lleva a algún sitio. Quizá pueda parecer que exige un esfuerzo excesivo un resultado tan magro, pero sería engañarse pensar que puede desentrañarse la confusa nebulosa medieval sin unos instrumentos complejos, a cuyo manejo hemos intentado acostumbrarnos. A pesar de todo, le hemos dedicado una escasa atención a la sintaxis. Es que en el fondo, excepto en sus márgenes —unos tiempos primitivos hasta el final del siglo XII y un prehumanismo en el XV— las diferencias entre los textos del XIII y XIV en sus niveles sintácticos exigen muchas más investigaciones. Por ello, recordando los elementos que hemos ido descubriendo en los niveles fonológicos y morfológicos, intentaremos elaborar un perfil dialectal y un perfil cronológico de nuestro texto.

I)   *Dialectalmente,* nuestro texto clarísimamente podemos calificarlo como *castellano.* Así nos lo descubre su vocalismo, su consonantismo y su morfología.
1)   Vocalismo: El *vocalismo tónico* es totalmente *castellano* por su diptongación de ĕ y ŏ latinas, por la no diptongación del verbo ser *(és)* ni de la conjunción *ĕt,* fundamentalmente. El resto del vocalismo

también responde al castellano. Los casos concretos que hemos comentado, pueden ser castellanos o de otro dialecto, pero fundamentalmente son castellanos.

El *vocalismo final* por su conservación de la -*o* y la distribución de conservación y pérdida de la -*e* es castellano. En aragonés la -*o* se habría perdido en más abundancia, y la -*e* también. En leonés, la -*e* podría haberse conservado tras alguna de las consonantes que en castellano se pierde. Podría haber aparecido alguna -*e* como *i,* o alguna -*o* como -*u.* Nada de esto aparece aquí.

Otro rasgo general que enfrenta el castellano con los otros dialectos es la reducción de los grupos de *a + j, a + u* en castellano a *e* y *o,* respectivamente. En zonas de los otros dialectos se conservan soluciones intermedias, *ei, ou.*

2) En cuanto al *consonantismo,* los aspectos más notables, por los que podemos calificar el texto como castellano, son:

A) Consonantismo inicial: Todos los resultados que aparecen en nuestro cuadro son resultados perfectamente castellanos. La *f-,* que no sería resultado castellano, no podemos interpretarla sino como una grafía culta de una realidad más compleja, en la que se aspiraba, con seguridad. El resultado *pl-* como [l], aunque aparezca transcrito con *l-,* nos aleja del oriente aragonés, y nos centra o en Castilla o en León. En el oeste el resultado hubiera sido [ĉ-].

El aragonés suele conservar *g-* ante *e-, i-* con más regularidad que el castellano. Lo mismo sucede con el leonés. Además, frente al castellano, el resultado más regularizado suele ser *y-.*

B) Consonantismo interior: Desde este ángulo también nos parece plenamente castellano nuestro texto. Las diferencias dialectales pueden señalarse sobre todo en los grupos. Las consonantes simples sordas intervocálicas se conservaban en textos aragoneses de una manera irregular (no reflejaban totalmente la realidad dialectal que era la conservación). Las diferencias entre castellano, leonés y aragonés en las sonoras intervocálicas latinas es difícil de cuantificar, y hay que examinar caso por caso.

El grupo -*lj-* y el grupo *c'l-* evolucionan en castellano hasta [ž], grafía *j* o *ge, gi.* En leonés y aragonés evolucionan hasta [l].

El grupo *ct,* es normalmente [ĉ] en castellano, [it] en leonés y aragonés.

Los grupos romances tipo *m'n* suelen evolucionar en castellano hasta *mbr;* en leonés se quedan en etapas anteriores *(mn)* o se reducen a *m, n.*

En aragonés suelen también reducirse, o introducir epentéticamente una bilabial sorda, con un resultado tipo *mpn,* etc.

En cuanto a los resultados del consonantismo final, ni el leonés, por su conservadurismo de grupos con -*e* tras los contextos en que el castellano pierde la vocal, ni el aragonés, con su pérdida a ultranza, tienen nada que ver con este texto. En definitiva, los rasgos fundamentales, algunos más detallados los hemos aludido de pasada, son plenamente castellanos, en el consonantismo y en el vocalismo.

3)   Si nos fijamos en la morfología, nada nos obliga a mirar fuera del dominio castellano. Los nombres y sus géneros y números, los adjetivos y sus terminaciones, los artículos, plenamente castellanos son. Ni géneros conservados en dialectos ni artículos derivados de *illum,* ni conservaciones tipo *ele, elo,* ni conglomerados (contracciones) tan gratas al aragonés, al leonés y, en los primeros tiempos, al castellano. Los casos discutibles como *ela* o & *ela* son normales en la Edad Media; a ellos ya nos hemos referido a propósito de la *l.*

En los pronombres, ni por su aspecto fonético, ni por su construcción, podemos pensar que estemos en el dominio aragonés o leonés: en la morfología verbal, todos los verbos son perfectamente regulares castellanos. Ni imperfectos en -*b*- en la segunda o tercera conjugación, o algún otro rasgo típico dialectal.

En definitiva, para acabar con este repaso negativo, nuestro texto podía servir de modelo de morfología castellana.

II)   *Cronología.* Dejemos a un lado las observaciones léxicas, que nos hacían decantarnos por un texto relativamente moderno, siglo XIII o, quizá, XIV.

Desde el punto de vista fonológico, no podemos contar con ningún rasgo que caracterice a nuestro texto como primitivo. Parece, y así lo hemos ido situando a lo largo del comentario, un texto del XIII. Gráficamente conserva solamente la *l*- para representar la *ll*- con valor de [lj]. Ese rasgo sí puede parecer arcaico. El resto de fenómenos aparecen en todos los textos de la zona castellana durante el XIII y XIV. Un fenómeno tan revelador como la apócope, en este fragmento, está muy poco presente. Algunas conclusiones podemos sacar de la morfología verbal, por la conservación de la -*d*- en los esdrújulos y el diptongo *ie.* Con semejantes rasgos sólo podemos aventurar fechas imprecisas. Características como los participios -*udo,* etc., no aparecen aquí. El rasgo que podía resultar arcaico, como el artículo *ela,* es discutible.

Para acabar, por tanto, el texto parece castellano, y no podríamos precisar una fecha anterior al XIII, si bien hemos expuesto que después del XIV sería difícil por toda una serie de pequeños detalles que hemos ido revelando. Por todo eso, merece la pena que reflexionemos sobre la edición crítica de Menéndez Pidal. Dejemos a un lado ahora sus propuestas de corrección de versos y pasajes viciados y, reconociendo la estupenda labor que llevó a cabo, la penetrante resolución de tantos problemas como planteaba un manuscrito único y, poniendo de relieve la perfecta aplicación de la reconstrucción interna para poder mejorar el texto conocido, comparemos al margen de todas estas reflexiones desapasionadamente las propuestas de Menéndez Pidal en su edición crítica y las lecciones del manuscrito original. Nos llevaremos una tremenda sorpresa. El editor está sistemáticamente arcaizando, envejeciendo el léxico del texto. Evidentemente, no es una casualidad. Cuando se emprende una edición crítica de un texto, hay que tener una hipótesis sobre ese texto, concebirlo de alguna manera. De todos es conocida la posición del patriarca de nuestras letras en este tema. Sólo nos queda, por tanto, acabar ofreciendo en la columna de la izquierda la lectura de la edición paleográfica y en la de la derecha la lectura crítica de Menéndez Pidal. Cualquiera puede darse cuenta del método arcaizante empleado por el editor:

edición paleográfica	edición crítica	versos
myo (etc...)	mio	455
Casteion	Castejon	458
Heredades	Heredanças	460
Vieron	Vidieron	468
Deseparada	Desenparada	469
Ela plata	Y ela plata	473
Quiebran	Crieban	456
Fue	Fo	469
Legó	Llegó	477b
Page	Pague	498
Ruy	Roy	502
Caen	Caden	513
Marchos	Marcos	513
Fueron	Foron	523
Su	Sue	528
Escuelas	Escuellas	529
Dixier	Dixiero	530
Alfonsso	Alfons	538

Nos damos cuenta de la reposición de la -d- en *vidieron,* arcaísmo en Castilla en el XIII, normal en aragonés; *crieban,* la forma etimológica sin metátesis, arcaica; *heredanças,* forma de la que no hay testimonios, frente al general *heredades*; *e-la-plata* = 'y la plata' se substituye por la forma más arcaica *y ela plata*; *fue,* por la forma arcaica o dialectal *fo*; *caen* por *caden,* como *vidieron*; *foron* en vez de *fueron*; *su,* apócope normal en el XIII, se substituye por *sue,* forma relativamente inestable en el castellano, como ya señalamos. *Dixier* se substituye por la forma sin apócope *dixiero.* Además, aunque no aparece en nuestro texto, Menéndez Pidal supone varias veces por razones de rima que existió la solución arcaica, o dialectal, *uó* para el diptongo *ué* procedente de *ŏ* latina. En el manuscrito, sin embargo, sólo aparece la solución castellana *ué*, la normal en el siglo XIII. Esta restitución de formas arcaicas contradice la regularización gráfica como *escuellas* para *escuelas, llegó* para *legó* y *pague* para *page*. Pero no debemos engañarnos: la garantía de que el texto fuera más arcaico de lo que aparenta, reposa, en parte, en las incorrecciones gráficas, que lo acercan siempre a los tiempos pasados. Por ello, se puede sospechar, además de todas las otras razones expuestas por don Ramón Menéndez Pidal a lo largo de tantos años, que el *Cid* era más antiguo, y que las formas del manuscrito del XIV había que envejecerlas un poco. Esa operación, en este fragmento concreto, y como simple metodología de trabajo, no la juzgaríamos absolutamente descabellada, si tuviéramos que emitir un juicio, pero no nos parece necesaria.

2. PRIMERA CRÓNICA GENERAL DE ESPAÑA

[Retrato de Gayo Calligula]

E sabet que fue Gayo omne muy grand de cuerpo, et de color amariello; pero el cuerpo era feo e auie la ceruiz et las piernas muy delgadas, e las quexadas et los oios encouados, e la fruente ancha et toruada, el cauello auie ralo, et en somo de la cabeça no auie ninguno, et esso que auie, era todo espeluzrado; e por ende por o el passaua no era ninguno osado de lo catar de parte dessuso, ni de nombrar cabra por ninguna manera, sino morrie por ello. E la cara auie la por natura espantosa et oscura, et faziela aun mas por maestria, ca se cataua en ell espeio et punnaua de la componer de gestos much espantosos. No era ualiente de cuerpo ni de coraçon; despertauasse much amenudo quando durmie, assi que el su dormir numqua era mas que tres oras de la noche, y con enoio de yazer andaua por los portales llamando al dia. No andaua uestido a costumbre de Roma ni a manera de omne, ni calçado otrossi; ca traye unas uestiduras pintadas, todas cubiertas de piedras preciosas, et los dedos llenos de aniellos, et las monnecas darmellas doro; et assi andaua a las uezes ante toda la yente; otras ũegadas todo sirgado et en çuecos de mugieres. Era muy sabidor en las artes et muy bien razonado a marauilla; auie grand sabor de cantar et de sotar, assi que quando los joglares cantauan o remedauan en los teatros, enfinniendosse que los castigaua et los ensennaua, fazie muy de grado ante todos los gestos que ellos auien de fazer.

[*Primera Crónica General de España*, I, R. Menéndez Pidal, Gredos-1955, pág. 116-a]

ÍNDICE DE FORMAS

formas	*etimología*
A	lat. ad
AL	esp. a + el
AMARIELLO	lat. amarĕllus-a-um
AMENUDO	esp. a+*menudo* < lat. mĭnūtus

ANCHA	lat. amplus-a-um
(ANDAR)	lat. ambulare
andaua	
ANIELLOS	lat. anĕllus
ANTE	lat. ante
(ARMELLAS)	lat. armĭlla
darmellas	
ARTES	lat. ars-artis
ASSI	esp. a + si < lat. sīc
AUN	lat. adhŭc
(AVER)	lat. habēre
auie, auien	
BIEN	lat. bĕne
CA	lat. quia
CABEÇA	lat. capĭtĭa
CABRA	lat. capra
CALÇADO	lat. calceātus
CANTAR	lat. cantare
cantauan	
CARA	lat. cara (helenismo)
(CASTIGAR)	lat. castīgare
castigaua	
(CATAR)	lat. captare
cataua	
CAVELLO	lat. capĭllus
CERVIZ	lat. cervix-īcis
COLOR	lat. color-ōris
COMPONER	lat. compōnĕre
compuesta	
CON	lat. cŭm
CORAÇON	lat. cŏraceo-ōnis
COSTUMBRE	lat. consuetŭdo-ĭnis
CUBIERTAS	esp. cubrir < lat. cooperīre
ÇUECOS	lat. sŏccus
CUERPO	lat. cŏrpus-ŏris
DE	lat. dē
DEDOS	lat. dĭgĭtus
DELGADAS	lat. delicatus-a-um
(DESPERTAR)	lat. expertare
despertauasse	
DESSUSO	esp. de + suso < lat. sūrsum
DIA	lat. dia
DORMIR	lat. dormire
durmie	
DORO	esp. de + oro < lat. aurum

E	lat. ĕt
et	
EL	lat. ĭlle-a-ud
ell-ellos, ello	
EN	lat. ĭn
ENCOUADOS	esp. cǒva < lat. cǒva
ENDE	lat. ĭnde
(ENFENNIR)	esp. feñir < lat. fĭngěre
enfinniendosse	
ENOIO	esp. enojar < lat. ĭnǒdĭāre
(ENSENNAR)	lat. ĭnsĭgnare
ensennaua	
ESPANTOSA-SOS	esp. espantar < lat. expaventāre
ESPEIO	lat. spěcŭlum
ESPELUZRADO	esp. pelo < lat. pĭlus
ESSO	lat. ĭpse-a-um
FAZER	lat. făcěre
fazie, faziela	
FEO	lat. foedus-a-um
FRUENTE	lat. frǒns-ntis
GAYO	lat. Caius
GESTOS	lat. gěstus
GRADO	lat. gratum
GRAND	lat. grandis-is
JOGLARES	lat. jǒculāris
LA	lat. ĭlle-a-ud
las, los	
(LLAMAR)	lat. clamāre
llamando	
LLENOS	lat. plēnus-a-um
MAESTRIA	esp. măestro < lat. magĭster-tri
MANERA	lat. manuaria
MARAVILLA	lat. mirabĭlĭa
MAS	lat. magis
MONNECAS	lat. bonnĭca
(MORIR)	lat. mǒrīre
morrie	
MUCH	lat. mŭltum
MUGIERES	lat. mŭlĭer-ēris
MUY	lat. mŭltum
NATURA	lat. natŭra
NI	lat. nec

NINGUNO-A	lat. nec-ūnus-a-um
NO	lat. nõn
NOCHE	lat. nox-ŏctis
NOMBRAR	lat. nómĭnãre
NUMQUA	lat. nŭmquam
O	lat. ŭbi
OIOS	lat. ŏcŭlus
OMNE	lat. hŏmo-ĭnis
ORAS	lat. hõra
OSADO	esp. osar < lat. ausare
OSCURA	lat. obscūrus-a-um
OTRAS	lat. altĕr-a-um
OTROSSI	esp. otro + si
PARTE	lat. pars-rtis
(PASSAR)	lat. passare
passaua	
PERO	lat. per hõc
PIEDRAS	lat. pĕtra
PIERNAS	lat. pĕrna
PINTADAS	lat. pĭnctãre
POR	lat. pro
PORTALES	esp. puerta < lat. pŏrta
PRECIOSAS	esp. precio < lat. prĕtĭum
(PUNNAR)	lat. pŭgnare
punnaua	
QUANDO	lat. quando
QUE (conj.)	lat. quĭd + quia
QUE (pron.)	lat. qui-quae-quod
QUEXADAS	lat. capsĕata
RALO	lat. rarus-a-um
(RAZONAR)	esp. razón < lat. ratio-õnis
razonado	
(REMEDAR)	lat. reĭmĭtãri
remedauan	
ROMA	lat. Roma
(SABER)	lat. sapĕre
sabet	
SABIDOR	esp. saber < lat. sapĕre
SABOR	lat. sapor-õris
(SER)	lat. sĕdēre
era, fue	
SE	lat. se
SINO	esp. si + non
SIRGADO	esp. sirgo < lat. sīricus

SOMO	lat. sŭmmus-a-um
SOTAR	lat. saltare
SU	lat. sŭus-a-um
TEATROS	lat. theatrum
TODO	lat. tótus-a-um
todos-a-as	
TORUADA	lat. tŭrbare
(TRAER)	lat. trahĕre
traye	
TRES	lat. trēs
UALIENTE	esp. valer < lat. valēre
UEGADAS	lat. vĭcata
UENÇUDO	esp. vencer < lat. vĭncĕre
UESTIDO	esp. vestir < lat. vĕstīre
UESTIDURAS	esp. vestir < lat. vĕstīre
UEZES	lat. vīcis-is
UNAS	lat. ūnus-a-um
YAZER	lat. jacĕre
YENTE	lat. gens-ĕntis

ANÁLISIS

I. VOCALISMO TÓNICO

En este texto aparecen en posición tónica, como ya habíamos señalado para el anterior, *a, e, i, o, u,* y las secuencias *ié, ué,* además de otras secuencias a las que luego nos referiremos.

1. La *á* procede de palabras latinas en morfemas verbales como -*ava* (en todos los imperfectos), *are* (los infinitivos de la primera) y en algunos sufijos, como -*atu,* etc. Ejemplos: *andaua, cantauan, calçado, encouados, delgadas, nombrar, passaua, pintadas, punnaua, quexadas, remedauan.*

Procede también de cualquier *a* tónica del latín clásico: *ancha, ante, cabra, grado, grand, ralo.* Además, de *cara,* sea helenismo o palabra prerromana. Como ya hemos señalado en el comentario anterior, es muy resistente y suele conservarse muy bien.

2. La *í* procede en nuestro texto:

— de ī del latín clásico, į del latín vulgar: *assi, cerviz...* Aparece en el infinitivo de la cuarta conjugación latina, tercera castellana, aunque el verbo perteneciera a otra conjugación en latín (*dormir*); en el participio de verbos en -īre: *vestido...*

— de la resolución del hiato de los imperfectos al perderse la -b-: *avie, durmie, fazie,* < *-ie* < *-ia* < *-ea* < *-eba*;

— de hiatos latinos como *dia* < *dĭa*;

— de *nec* < *ni* (véase nuestro comentario anterior);

— de *ĭ* del latín clásico, *ị* del latín vulgar, en *maravilla* < *miravĭlia*, por evolución culta. La solución tradicional hubiera sido *meraveja*. La inicial ya la comentaremos.

3. La *ú* procede de la *ū* del latín clásico, *ụ* latino-vulgar: *costumbre, dessuso, natura, ninguno.* También aparece en el sufijo *-ūra, vestiduras,* y en el participio *-ūtu, vençudo.*

— Procede de *ŭ* del latín clásico, *u* del latín vulgar: *numqua* (aquí latinismo evidente); *much* (*ŭ* se cierra en el grupo *ult*); *su* ante el infinitivo *dormir* demuestra que aquí ya, a veces, se ha perdido la distinción que veíamos tan clara en el *Cid* entre el masculino *so* y el femenino *su.* El femenino ha empezado a ganar terreno y a generalizarse en posición antepuesta a costa del masculino.

4. La *ó* procede de los siguientes contextos:

— de *ō* latino-clásica, *ọ* de latín vulgar: *color, coraçon, espantosa, no, oras, sabor, todo*;

— de *ŭ* del latín clásico, *ụ* del latín vulgar: *somo, con...*;

— de *au* latino o romance: *oro, otro* (< *outro* < *autro* < *alteru)*;

— de *ŏ* condicionada por yod: *noche, enoio, oios*;

— de *ŏ* breve en *omne,* quizá por influencia de la frecuente utilización en documentos latinos o por la cerrazón de la vocal por influjo de las dos nasales.

5. La *é* procede de los siguientes contextos:

— de *ĕ* del latín clásico, *ẹ* latino-vulgar: en todos los infinitivos de la segunda conjugación, aunque en latín pertenecieran a otra: *...ēre* > *-er: componer.* En otras palabras también aparece *é* procedente de *ẹ* latina: *llenos, tres, sabet, mugieres...*;

— de *ĭ* del latín clásico, *ị* del latín vulgar: *vezes, monneca* (palabra de etimología dudosa), *esso, el, dedos, cabeça, cavello, armella, ende*;

— de *ĕ* del latín clásico, *ẹ* del latín vulgar, condicionada por yod: *espeio*;

— de *a* del latín clásico y vulgar agrupada con yod: *manuária* > *manária* > *manaira* > *maneira* > *manera*;

— además aparece en cultismos como *gesto*; en *yentes* la semiconsonante del diptongo inicial se absorbió en la consonante inicial y quedó sola la *e.*

6. El diptongo *ié* procede de *ĕ* del latín clásico, *ẹ* del latín vulgar: *amariella, aniellos, piernas, piedras, bien, valientes, yentes* (en principio sería *yientes*).

Otros ejemplos, como señalamos en el texto anterior, proceden de otra serie de contextos y, generalmente, variaban entre hiato o diptongo: los imperfectos en *ie,* que vacilarían al principio, se pronunciaron luego *ié: durmié, fazié*; en cambio, con hiato se pronunciaba el condicional *morrie.*

7. El diptongo *ué* procede de *ŏ* latino-clásica, *ǫ* del latín vulgar, si no está condicionada: *cuerpos, fruente* y *çuecos. Fruente* es la solución etimológica correcta, y dura toda la Edad Media.

Vocales iniciales

1. Suele conservarse bastante bien la *a-* latina, en posición absoluta o no: *sabet, auie, cauello, passaua, catar, manera, ualiente, andaua, armellas.*

Alguna *a-* latina no se ha mantenido por diversas razones:

— al combinarse con *u* procedente de una vocalización resulta *au > ou > o*. Evoluciona, por tanto, *au > o,* como en posición tónica. En nuestro texto tenemos el ejemplo de *sotar.* Aunque después por presión cultista se haya repuesto *saltar, sotar* es la evolución plenamente etimológica, frecuente en la Edad Media. Aunque se conserva en el castellano estándar actual *soto* y *sota, sotar* ha desaparecido substituido por el cultismo *saltar.* También *osado* (de *osar*) presenta el paso *au > o*;

— en *quexada,* encontramos un grupo *a +j > ei > e-,* con resultado igual a *á +j*;

— en *maravilla* la *a- < i-,* por una asimilación. Se produjo este paso también en otras lenguas románicas.

2. La *e-,* absoluta o no, procede de toda *ē-* latina, de toda *ĕ-* y de toda *ĭ-: cerviz, delgadas, encouados, uestido, uegadas, enfinniendosse...*

Aparece como inicial procedente de palabras con *-s* líquida en latín *(espejo)* o procedente de sufijos *ex- de-,* a veces confundidos: *despertar, espeluzrado, espantosa...*

3. La *o-,* absoluta o no, procede de toda *ō-* latina, de toda *ŏ-* y de toda *ŭ: color, corazón, nombrar, morir, joglares.*

Conviene señalar que *torvada* con *o-* es la solución etimológica, pues en latín la inicial era una *ŭ-.* Junto a esta solución populartradicional con *o-* y *rv* existía una solución culta con *u-* conservada y, normalmente, escrita con *rb: turbada.* Era la forma más frecuente en la Edad Media y la que acabó imponiéndose en el español moderno.

4. La *i-,* absoluta o no, procede generalmente de *ī-* latina. En este texto solamente tenemos el ejemplo de *sirgado* (de *sirga*) 'ensedado'. Los otros ejemplos de *i-* admiten otras explicaciones. Para *ninguno* remitimos al comentario anterior, en el apartado correspondiente. *Pintado* aunque tenía *ĭ* en latín no evolucionó hasta *e* por la cerrazón (inflexión) del grupo *nct.*

5. La *u*- absoluta o no, procede de toda *ū*- latina en evolución libre. Pero en el texto no tenemos ejemplos de esta clase. Tenemos, en cambio, varios casos de *u*- por otras razones: *u*- (en vez de *o*-) por inflexión de la yod en *mugieres*. Resultado por iguales razones en *pugnare* > *punnar*, donde la *u*- se cerró por la influencia del grupo *gn* = = *nj*.

Otro problema que nos plantea un grupo de *u*- es su alternancia o no en ciertos verbos. En nuestro texto se contraponen *morrie*; y *dormir-durmie*. Además tenemos el participio *cubiertas*. Esta última forma es ya la moderna, pues se unificaron, en general, todas las formas de verbos *o*...-*ir*, para adaptarse a *u*... -*ir*. Modernamente se conserva, en cambio, solamente la situación original en *o*... -*ir* en los verbos *dormir* y *morir*. Pero aquí vemos diferencias de los verbos en *o*... *ir* hasta llegar a *u*... *ir*, como *huir-huyeron*. Frente a *morrie* y *cubiertas* (vocalismo moderno ya) la vacilación de *dormir-durmie*.

Vocales protónicas

1. En las siguientes palabras encontramos vocales protónicas perdidas: *andar, delgadas, joglares, nombrar*. Ya hemos señalado las precisiones pertinentes a propósito de estas cuestiones en el texto anterior.

Se conservan las protónicas en las siguientes palabras: *castigava, despertava, encovados, enfiñiendo, espantosa, enseñava, amponer, maravilla, sabidor, razonado, remedavan*. En toda esta lista podemos encontrar relación con otras palabras de la misma raíz, o con otras formas verbales, acentuadas de tal manera que ayudan a la conservación de estas vocales; además, en algunos casos la vocal pretónica es *a*. Así, podemos recordar *castigo, cueva, remedo*... Un caso especial lo constituye *espeluzrado*, relacionado con *pelo*, más algunos afijos. *Maravillas,* conserva la *a* protónica, pero además es un cultismo. En *vestidura* se conserva también una protónica, reforzada por formas como *vestir, vestido,* etc., además de por el rechazo del grupo *t'd* que se hubiera formado.

Vocales postónicas

1. En las siguientes palabras se han perdido postónicas: *espeio, dedos, costumbre, oios, omne, otras*. Remitimos el comentario general también al texto anterior.

2. No hay ejemplos de postónicas conservadas en nuestro texto.

Vocales finales

1.   Se conserva la *-a* generalmente, como señalamos en el anterior comentario: *ancha, cabeça, cabra, cara, catava, natura, Roma, vegada...*

Se ha asimilado a la vocal anterior en los imperfectos, como señalamos en el texto anterior. Así, tenemos aquí *durmie, morrie* (condicional).

2.   Se conserva toda la serie velar latina como *-o* (véase lo que escribimos en nuestro anterior comentario): *vençudo, todo, teatro, somo, sirgado, ralo, pero, oio, grado, cuerpo, dedo.*

Para *much* y *muy*, se ha producido la apócope de la *-o*, por aparecer en situación proclítica. Para *muy* véanse las consonantes finales.

3.   Se conserva *-e* procedente de toda *-e, -i* latinas: *ante, artes, costumbre, ende, fruente, noche, omne, parte, valiente, vezes, yente...* (véase lo que escribimos en el comentario anterior).

Se ha perdido la *e* regularmente tras -R (en todos los infinitivos); -N *(bien, corazón)*; -Z *(cerviz)*; -L *(el, ell)*. También aparece perdida tras -T en el imperativo *sabet*. Aunque la apócope de *-e* en las obras de Alfonso X suele considerarse un fenómeno muy característico, no podemos afirmarlo en concreto de este texto nuestro. Frente al texto del *Cid* la única diferencia apreciable es un ejemplo de *much*. Pero el texto de Alfonso X que analizamos conserva dos casos de *-se* sin apocopar y en el *Cid*, en cambio, aparecía *comidiós(e)*. En ambos textos aparece la forma generalizada en la Edad Media, *grand.*

Cuadros del vocalismo

Siguiendo los mismos criterios que en el comentario del texto anterior, resumimos en estos dos cuadros las grandes líneas de la evolución del vocalismo tónico e inicial. Para su interpretación nos remitimos, también, al cuadro del comentario anterior.

Vocales tónicas

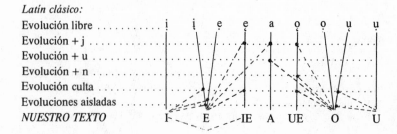

Latín clásico:
Evolución libre . . . .
Evolución + j . . . .
Evolución + u . . . .
Evolución + n . . . .
Evolución culta . . . .
Evoluciones aisladas . . . . . .
NUESTRO TEXTO

Vocales iniciales

Latín clásico:

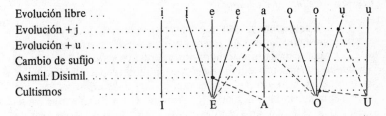

II. CONSONANTISMO

Consonantes iniciales

1. Aparecen en este texto las siguientes consonantes que proceden de las correspondientes latinas:

b-: bien; *c-* ante *a, o, u: cabra, color, cuerpo* (en latín *co-*); *d-: dedo, delgadas; f-: fazie, fruente; m-: morrie, much; n-: natura, noche; p-: parte, piedra; q + w-* se conserva ante *á: quando; r-: ralo, razonado; s-: sabet, somo; t-: todo, torvada; v-: vezes, valiente.* Una evolución aislada de *ka-* > *ga-* en el nombre propio *Gayo* < *Caius*.

Hay que comentar algunas cuestiones, aunque ya lo hemos hecho ampliamente a propósito del texto anterior. a) En los ejemplos de nuestro texto aparecen distinguidas ortográficamente por su procedencia las palabras que en latín tenían *b-* de las que tenían *v-*. Sin embargo, como sucedía en el *Cid,* también en la *Primera Crónica General* (PCG) hay confusiones, y del mismo tipo: *voz/boz...* b) Los ejemplos *de c + e-* de que disponemos son escasos: *cerviz* (*c + e* latina) con el resultado regular [ŝ]. El otro caso de [ŝ-] inicial es *çueco* < *soccus*. El cambio de [s-] > [ŝ-] se suele considerar esporádico, aunque en algunas ocasiones se ha dado. c) Encontramos *g + e,* en *gestos,* fonéticamente [ž], frente a *yente* y *yazer,* fonéticamente [y], también procedentes de *g + e* o de *j + a* en latín; *joglares,* en cambio, con [ž]. Véase lo que escribimos sobre esto en el comentario anterior. d) Sobre la *f-* aquí conservada también nos remitimos a lo que señalamos en el anterior comentario de texto. En la PCG existen ejemplos del arabismo *fasta* como *hata,* perfectamente razonable, teniendo en cuenta la etimología. Así mismo existen ejemplos del germanismo *fardido* (que nos había aparecido en el *Cid*) como *hardit.* Pero las palabras de origen latino se siguen ortografiando con la *f-*. e) La *l-* de nuestro texto solamente aparece en el artículo y procede, por tanto, de una *-ll-*intervocálica latina. Ya lo comentaremos en la morfología. f) Recordamos sobre la *s-* y *r-* lo que escribimos en el anterior comentario.

Consonantes iniciales agrupadas

1. Los siguientes grupos que aparecen en el texto proceden de los correspondientes latinos: *fr: fruente; gr-: grado; pr-: preciosas; tr: tres.*

2. Aparecen algunos sonidos procedentes de grupos latinos: así [ļ] en *llamar* y *llenos,* procedente de *cl-* y *pl-* latinos, respectivamente. Por la evolución posterior, y por la grafía diferenciada, sabemos que representaban la lateral palatal [ļ]. Aunque en la PCG existe algún ejemplo de estas palabras escritas con *l-*, es abrumadora la mayoría de grafías con *ll-*, al contrario de lo que sucedía en el *Cid.*

Consonantes interiores

1. Encontramos en nuestro texto alguna sorda intervocálica que procede de un grupo latino: *catar* < *-pt-*. De geminadas: *çuecos* (< *-kk-*). Para *sotar* véase *otro,* en grupos interiores.

2. Encontramos *-b-* procedente de *-p-* latina: *sabor, sabidor.*
Encontramos *-d-* procedente de *-t-* latina: *grado, vestido.*
Encontramos *-g-* procedente de *c* ante *a, o, u* latina: *vegadas.*

3. Encontramos en nuestro texto *-l-, -r-, -m-, -n-* que proceden de iguales segmentos latinos: *valiente, portales* (sufijo *-alis*), *color; oro, oras; llamando, llenos.* En cambio, en *somo* la *-m-* < *-mm-*. La *-l-* de *ralo* proviene de una *-r-* por disimilación.

4. Encontramos *-v-* procedente de *-b-* latina: *maravilla.* También encontramos *-v-* procedente de *-p-* latina: *cavello;* de *-v-*: *encorvados.*

5. Encontramos *-z-* que procede de *tj: razonado.*
En otros ejemplos *-z-* procede de *c + e, i: vezes, yazer, fazie.*

6. Encontramos *-c + e, i-, -ç + a, o-: cabeça, coraçon, preciosas.* En este último ejemplo [ŝ] < *tj,* pero es un resultado culto. También *cabeça* ofrece *ç* para *tj.* La *ç* de *coraçon* procede, en cambio, de *kj.*

7. Encontramos *-ll-* procedente de *-ll-* latina: *amariello, aniellos, armellas, cavello.* También aparece *-ll-* procedente de *-lj-: maravilla* (cultismo evidente). Fonéticamente el valor evidente es [ļ]

8. Encontramos *-g + e, i-* o *-j + a, o, u-,* sonido [ž], procedente de *-lj-: mugieres.* Así, con *-j-* (conservada la grafía *-i-* que, ya lo hemos visto en el texto anterior, era igual a *-j-*), sonido [ž], encontramos: *espeio* (*espejo* en otros textos), *oios* (ojos), procedentes de un grupo romance *-c'l-*. En cambio, como luego señalaremos, el grupo *c'l* no evolucionó de una manera tradicional en *joglar,* sino semiculta. Es el mismo

resultado de *sieglo, seglar.* La *-c-* sonorizó, pero no evolucionó *c'l* como el grupo *c'l* popular. También aparece *-j-* (o *-i-*) procedente de *-dj-*: *enoio (de enojar < inodiare).*

9. Aparece *-y-* en *traye.* Si fuera presente, podríamos pensar en una *-y-* antihiática. Como es imperfecto, debemos interpretarla como una simple grafía de la vocal *i* en el hiato *traie.*

10. Aparece *-ss-* procedente de algunos grupos de consonantes:
— de *-ps-: esso*;
— de *-ss-* latina: *passar*;
— de *s-* que se hace interior al agruparse: *otrossi, dessuso, assi.*

11. Aparece *-x- < -psj-: quexadas,* sonido [š].

12. Aparece *-nn-* (grafía *ñ* en realidad), sonido [ɲ], procedente de varios contextos latinos:
— *ng + i: enfinniendo*;
— *gn: ensennar, puñava* (punnava);
— *nn-: monnecas* (aunque desconocemos la etimología exacta).

13. Aparece *-s-* procedente de:
— *-rs-: dessuso*;
— *-s-: osado.*

14. Aparece *-[ĉ]-,* grafía *ch,* procedente de *-ct-* o del grupo *-ult-*: *noche, much(o).*

Grupos de consonantes interiores

Encontramos los siguientes grupos de consonantes:

1. *-DR-: piedra*; *-BR-: cabra*; *-TR-: otras, teatro.* Las oclusivas sordas latinas sonorizaron también en el contexto *vocal... R.* Por tanto, *-TR-* sin sonorizar se debe de explicar en el caso de *teatro* por cultismo evidente y en el caso de *otro* porque procede del contexto *outro < autro < alteru.* Es el caso de *sotava,* donde *-t- < soutare < sautare < saltare.* Como señalamos en el anterior comentario, es casi general que *au* se comporte como un entorno consonántico. *-GL-* en *joglar* procede de *-KL-,* que también se comportaba, si no evolucionaba a *j,* como un entorno intervocálico para la consonante oclusiva sorda. Es una evolución semiculta, como *séculu > sieglo.*

2. *-NCH-: ancha*; *-ND-: andar, ende*; *-NG-: ninguno, quando*; *-NS-: enseñar*; *-NK-: encovados*; *-NF-: enfiñiendo*; *-NT-: ante, pintadas*; *-NÇ-: vençudo.* En estos grupos hay que destacar los que corresponden a grupos diversos latinos: NCH < MPL, resultado normal en castellano. NÇ < NC + *e, i: vincere > vençer.* Es también el resultado normal en castellano. De los otros grupos sólo hay que advertir que suelen corresponder a los latinos. Hay que exceptuar *andar,* que es grupo romance que se ha formado tras pérdidas, metátesis, etc... como ya

señalamos. Lo mismo cabe decir de *ninguno,* etimológicamente *niguno,* con una nasal a semejanza de *nin* o *non.* Más interés, como ya advertimos también en el anterior comentario de texto, ofrece el caso del grupo NT. Corresponde al mismo grupo latino en *valiente,* pero procede del grupo NCT en *pintadas* de *pinctare.*

3. -MN-: *omne;* -MBR-: *costumbre, nombrar;* -MP-: *componer.* Este último grupo (o *np*) procede directamente del latín. Los otros son grupos romances. Al perderse la postónica quedó un grupo de doble nasal como el que se encuentra en *omne.* Luego fue normal la asimilación *ome,* o la disimilación como *omre.* Desde esta etapa se pasó a -*mbr-* por anáptixis de la *b.* En el caso de *n'r* la anáptixis era de *d.* Igual que *omne* es el caso de *costumne* o *nomnar.* En el XIII podían convivir las tres soluciones. Ahora bien, la castellana más generalizada era *mbr.* En leonés era frecuente simplemente *m* o *mr.* Para finalizar, recordamos que era diferente el resultado de *m'n* románico, del grupo *mn* latino que evolucionó hasta *ñ,* como *damnu* > *daño* e, incluso, de *domnu,* con la postónica perdida muy pronto que llegó a *dueño.*

4. -RG-: *sirgado;* -RM-: *dormir, armilla;* -RN-: *pierna;* -RP-: *cuerpo;* -RV-: *cerviz, torvada;* -RT-: *arte, parte.* No merece la pena comentar sino que casi todos estos grupos son idénticos a los latinos correspondientes. Hay que señalar que -*rv-* procede de -*rv-* latino *(cervix)* o de *rb* *(turbare).* La confusión en este contexto de *b* y *v* era general y muy temprana. En cambio, -RG- se formó después de la sonorización en *sīrico* > *sírigo* > *sirgo.*

5. -ST-: *castigar;* -SP-: *espejo;* -STR-: *maestria;* -LG-: *delgada.* En el último grupo tenemos que señalar su origen romance. Es decir, en -*lg-* se ponen en contacto las dos consonantes al perderse una vocal postónica. También aparece el grupo -SK-, procedente, en este texto, del grupo latino -BSK-: *oscura* < *obscura.* Hay que poner de relieve, también, que tenemos un grupo -*st-* secundario. El sufijo de *consuetudine* evolucionó dentro de la corriente de los sufijos *-úmĭne. Consuetúmĭne* > *costúmine,* con paso de *ns* > *s* (cosa normal en romance) y luego la *s* quedó en contacto con *t* al perderse la protónica. Así la evolución debió de ser *costúmĭne* > *costúm'ne* > *costumre,* con disimilación de las nasales. Después aparece una consonante epentética, en este caso una bilabial, de acuerdo con la *m* anterior. En el grupo *nr* la consonante epentética será la *d: onra* > *ondra* en la Edad Media y luego se repone otra vez la forma *onra,* grafía moderna *honra.* En leonés el grupo se reduce a *m, costume,* o se conserva. En aragonés suele conservarse *mn.*

Consonantes finales

1. Las consonantes latinas que se conservan en castellano son muy pocas. La -S se conserva en los plurales, en adverbios y en las se-

gundas personas de las formas verbales: *armellas, encovados, tres, mas.*

La -N se conserva en algunos monosílabos: *en.* También se conserva como *-n* la *-m* final latina de algunos monosílabos: *con,* y otros de los que no tenemos ejemplos aquí *(quien...).* Igual se comporta la -L: *hiel* < *fĕl.*

La -R suele conservarse metatizada en los monosílabos: *entre* < *inter* (aunque no aparece en nuestro texto)...

2. Las otras consonantes que quedan finales se han originado en las lenguas romances, al perderse vocales finales latinas. Así, en castellano sabemos que se perdió la *-e* tras -L, -R, -N, -S, -Z, -D, como ya hemos ejemplificado en el vocalismo final. Además, según señalamos en el anterior comentario, se conservan grupos de consonantes finales que hoy día no se tolerarían: aquí aparece -CH *(much),* -LL *(ell),* -ND *(grand).* Este tipo de grupos finales, realmente muy numerosos en la PCG, empezó a decaer en el siglo XIV, pero esporádicamente se mantenía en algún caso hasta el XV. En la PCG, por ejemplo, podemos aseñalar fuera de nuestro texto: *Josep, Joab, dest, Deum, dent...* Aunque los nombres propios, muy numerosos en la PCG, son cultismos evidentes, en los otros casos se trata de la tendencia que llega desde el XII hasta el final del XIII de apocopar mucho las palabras en el castellano.

Tenemos que tener en cuenta además el imperativo *sabet.* En realidad, la *-d* proviene de una *-t-* latina que se sonorizó. Al producirse la apócope, la *-d-* quedó como final -D. Pero en esa posición la diferencia fonológica entre sorda y sonora se perdía (hoy sucede lo mismo). Por tanto, no era raro que se escribiera con -T. En algún caso concreto se suele señalar como un rasgo de los textos leoneses medievales la abundancia de grafías tipo -AT en las terminaciones tipo *ad (caritat* por *caridad,* por ejemplo).

En cuanto a la copulativa *et,* hay que observar que la grafía era un resabio cultista. Lo normal era un uso proclítico y átono, por lo que no diptongaba. En otros casos *ĕt* > *ié.* Después, como *miéo* > *mio, ie* > *i* ante vocal. Durante la Edad Media predomina la forma *e* en Castilla (en el *Cid* y en la PCG) aunque también hay alguna forma con *y* [i]. Esta forma predomina desde el XVI. En leonés y aragonés la diptongación de *ĕt* es normal.

Cuadros del consonantismo

Para que todo lo expuesto pueda quedar claro esquemáticamente, hemos elaborado unos cuadros de las consonantes iniciales y mediales y de los grupos de consonantes. Así podemos abarcar muchas cosas fundamentales de una sola ojeada. Cuestiones de detalle no se reflejan en los cuadros. Hemos utilizado la transcripción fonética *solamente* cuando ha sido necesario. Si la grafía y el sonido solían coincidir no hemos usado ninguna transcripción.

Consonantes iniciales

	nuestro texto		*latín clásico*
P-			P-
T-			T-
C- ante *a, o, u* [K]			C- ante *a, o, u* [K]
B-			B-
V-			V-
D-			D-
G- ante *a, o, u* [G]			G- ante *a, o, u,* [G]
G- ante *e, i* [Ž]			G- ante *e, i*
J- ante *a, o, u* [Ž]			J- ante *a, o, u*
C- ante *e, i* [Ś]			C- ante *e, i*
Ç- . . . . [Ś]			
QW- ante *á* [K+w]			QW- ante *á*
F-			QW- ante *a, e, i, o, u*
M-			F-
N-			M-
L-			N-
R- [ř]			-LL-
S- [s]			S-
H-			R-
Y- [Y]			H- [simple grafía]
Pérdida			

Grupos de consonantes iniciales

	nuestro texto		*latín clásico*
PR-			PR-
GR-			GR-
TR-			TR-
FR-			FR-
LL- [l]			PL-
			CL- [kl]

CONSONANTES INTERIORES

nuestro texto		*latín clásico*

-C- ante *a, o, u* . . . [K] ——————— -CC- ante *a, o, u* [KK]
-C- ante *e, i* . . . . . . [Ŝ]   -C- ante *e, i*
-Ç- . . . . [Ŝ]   -TJ-
-Z- . . . . [Ẑ]   -KJ-
                   -PT-
-T- . . . .   -T- después de *u̯:-aut->-ot-*
-Ḍ- . . . .   -T-
                   -D-
-Ḅ- . . . .   -P-
                   -B-
-V- . . . .   -V-
-G- ante *a, o, u* . . . [G]   -C- ante *a, o, u*
-Pérdida . . . .   *-G- ante e. i*
-G- ante *e, i* . . . . . . [Ž]   *-G- ante a, o, u*
                   -DJ-
-J- ante *a, o, u* . . . . [Ž]   -LJ-
                   -K'L-
-LL- . . . . [l̦]   -LL-
-L- . . . .   -L-
                   -M-
-M- . . . .   -MM-
-N- . . . .   -N-
                   -NN-
-NN-(Ñ) . . . . [Ŋ]   -NG- ante *e, i*
                   -GN-
                   -RS-
-S- . . . . [Z]   -S-
                   -SS-
-SS- . . . . [S]   -PS-
-X- . . . . [Š]   -PSJ-
-R- . . . . [r]   -R-
-RR- . . . . [r̄]   -RR-
-CH- . . . . [ĉ]   -KT-

Grupos interiores

nuestro texto	latín clásico
	-LTR-
-TR-	-TR-
-DR-	
-BR-	-PR-
-GL-	-K'L-
-NCH- [NČ]	-MPL-
-ND-	-ND-
-NG- ante *a, o, u* [NG]	-NG- ante *a, o, u* [NG]
-NC- ante *a, u, o* [NK]	-NC- ante *a, o, u* [NK]
-NF-	-NF-
	-NT-
-NT-	-NCT-
-NC- ante *e, i* [NŜ]	-NC- ante *e, i*
-MN-	-M'N-
-MBR-	
-MP-	-MP-
-RN-	-RN-
-RG- ante *a, o, u* [RG]	-RG- ante *a, o, u* [RG]
-RM-	-RM-
-RP-	-RP-
-RV-	-RV-
	-RB-
-ST-	-ST-
-SP-	-SP-
-STR-	-STR-
-LG- ante *a, o, u* [LG]	-LG- ante *a, o, u* [LG]
-SC- ante *a, o, u* [SK]	-BSK- ante *a, o, u* [BSK]
-RT-	-RT-

III. Morfología

Substantivos

1. Para cualquier consideración previa remitimos a la parte correspondiente del comentario de texto anterior. Encontramos dos tipos de substantivos. Unos son femeninos, proceden generalmente de la primera declinación latina, y acaban en -*a: cabra, cara, natura.* El plural lo hacen en -*s: piernas, quexadas, monnecas.* Dentro de este esquema entran los que tomaron ciertos sufijos, como -*ura (vestiduras)* o *ia (maestria).* Escapa *dia* a las concordancias de género femenino, pero aquí no se puede comprobar. Los substantivos masculinos, procedentes de la segunda generalmente acaban en -*ol-os: cavello, aniellos...*

Podríamos destacar *cuerpo* procedente del neutro *corpus* que durante el XIII todavía se utiliza con sentido singular en su forma etimológica *cuerpos,* confundida —como no podía ser menos— con los plurales. Aquí ya aparece la forma singular con significado singular. Procedentes de la tercera (generalmente) encontramos substantivos en *-e* o en consonante, con plural en *-es* en ambos casos. Señalamos entre paréntesis el género que comprobamos por el artículo o por las concordancias de adjetivos: *fruente* (-a), *noche* (-a), *yente* (-a), *artes* (-as), *costumbre* (solía ser femenino, pero el texto no nos deja comprobarlo), *omne* (-o).

Cerviz (-a), *color* (-o), *sabor* (probablemente -o), *portales* (-os), *mugieres* (-as), *vezes* (-as).

Adjetivos

1. Aparece una abundancia considerable de adjetivos de dos terminaciones: *-o* para el masculino y *-a* para el femenino, con sus plurales respectivos *-os/-as: amariello, feo, espantosos; ancha, oscura, delgadas.* A éstos se les pueden añadir participios como *torvada, cubiertas...*

Adjetivos de una terminación, los procedentes de los paradigmas de dos terminaciones de la tercera latina, están aquí escasamente representados: *grand* y *valiente.*

Artículos

1. El paradigma de los artículos representado en nuestro texto es el siguiente:

	masc.	*fem.*
sing.	el, ell	la
pl.	los	las

Se conserva todavía la fase *ell* en la PCG, alternando con *el,* aunque es más numeroso el conjunto de estas últimas formas. Como se observa en este caso que presentamos aquí, tras *ell* aparece una palabra que empieza por vocal. No sabemos, por tanto, si el valor fonético real de esta grafía sería palatal o no, [l] ~ [ḷ], aunque fonológicamente no importe, pues a pesar de la distinción [l]/[ḷ] en posición intervocálica, se neutralizan en final de sílaba ambos fonemas.

Pronombres personales

En nuestro texto tenemos constancia de los siguientes:

Tercera persona: *él* (sujeto); *lo* (c.d.) *los* (c.d. pl.). Todos son masculinos y referidos a personas. *Ello* (c. preposicional, neutro). Femeninos referidos a cosas, singular y plural, respectivamente: *la-las* (c.d.). Además aparece la forma reflexiva de tercera persona *se* (o *-sse*).

Adjetivos/pronombres

Encontramos una serie de formas que funcionan como adjetivos o como pronombres. En función pronominal cercana a la que posteriormente será propia casi únicamente de artículos encontramos *esso* ("esso que avie"). *Ninguno* aparece como pronombre. *Ninguna,* en cambio, como adjetivo antepuesto. *Otras,* también como adjetivo antepuesto. *Todo, toda* y *todas* también aparecen representados. Con construcción moderna, *toda la yente. Todas pintadas* y *todo sirgado* con el significado de "completamente pintadas". Aquí *todo* continúa claramente el sentido latino de *totus.*

Morfología verbal

La lista de formas verbales que aparecen en este texto es la siguiente:

Infinitivo: nombrar, sotar, yazer.

Indicativo:

Imperfecto: andava, cantavan, castigava, catava, despertava, enseñava, avie, avien, era, durmie, fazie, remedavan, puñava, traye, passava.

Indefinido: fue.

Imperativo: sabet.

Participio: cubiertas, pintadas, torvada, vençudo, vestido, encovados.

Condicional: morrie.

Gerundio: enfiñiendo, llamando.

1.   Sobre los infinitivos no hay que comentar aquí nada especial. Son ya modernos, de acuerdo con nuestra norma actual. Aquí sirve lo que señalamos en el comentario anterior.

2.   Sobre el imperfecto podemos hacer algunas observaciones. Los en *-ava* de la primera conjugación castellana ya los hemos comentado en el texto anterior. Los otros imperfectos de la segunda y tercera conjugación se conservan todavía en la fase *ie,* probablemente acentuado *ié.* Ahora bien, ya podemos leer en la PCG imperfectos en *ia*

como *avia, avian* y *fazia, fazian.* Están empezando en el XIII estas formas: frente a un poco menos de 100 formas de *avia-n* hay más de 2 000 *avie-n.* Las formas *fazia-n* son alrededor de 20 y *fazie-n,* en cambio, 600. En el caso de *durmie* la protónica se ha explicado ya al tratar de las vocales iniciales. Alternan en la PCG formas de *dormir* y *durmir,* prácticamente con igual proporción (alrededor de 20). En cambio, son mucho más abundantes las formas de *traye* que las de *traya.*

3. El indefinido de *ser,* como era de esperar, presenta aquí la forma moderna *fue.* Frente a 3889 veces de *fue* existen 2 de *fu.* El resultado del imperfecto de *ser* es regular.

4. El imperativo *sabet* < *sapête.* La *-t* es igual a la *-t* que aparece en *verdat.* Aunque la *-d* era normal, aparecen numerosos ejemplos con *-t.* Al fin y al cabo, en posición final no había diferencia fonológica. En la PCG aparecen 61 ejemplos de *sabet* y 2 de *sabed.* En conjunto parece que predomina la *-t* en los imperativos: *dad* (1)/*dat* (4 veces); *oyd* (2)/*oyt* (5); *fazed* (3)/*fazet* (7); *fincad* (2)/*fincat* (1); *entendet* (2)...

5. En los participios hay que destacar, sobre todo, el ejemplo de *vençudo.* Entre los verbos de la segunda conjugación castellana se difundió en el participio el sufijo *-ido* < *itum,* que no era etimológico. Pero también existió la forma *-udo,* perfectamente etimológica, en uso, sobre todo, hasta el siglo XIII. En el *Cid* casi no existen los participios en *-udo.* En la PCG compite *ido* (un poco más frecuente) con *-udo.* Así, por ejemplo, alternan en verbos: *vençudo/vencido; temudo/temido; prometido/prometudo; movido/movudo; atrevido/atrevudo; establescido/estableçudo; defendido/defendudo...*

6. El condicional de *morir* aquí está constituido por una forma contracta: *moririe* > *morrie.* Era muy frecuente en el siglo XIII. Luego suelen tolerarse menos estas contracciones, excepto en los casos de *habré, cabré, pondré, tendré, valdré, saldré.* La lengua prefería las formas completas del infinitivo. Además admitía la separación de sus partes: hasta bien entrado el Siglo de Oro: *dar le has...* (condicional y futuro admitían por igual la separación en estos casos).

7. En el gerundio solamente es destacable la cerrazón de la protónica en *enfiñiendo* a causa de la yod del diptongo siguiente. No sabemos si el infinitivo sería *enfiñir* o *enfeñir.*

Preposiciones

La lista de preposiciones que aparecen en este texto es: *a, ante, con, de, en, por.* Ya han sido explicadas las evoluciones fonéticas correspondientes. Quizá merezca la pena llamar la atención sobre algunas cuestiones de las construcciones: la preposición *de* es la más abundante. Se utiliza prácticamente para todo tipo de significados como complementos del nombre. Quizá se usa hoy menos la construcción *grand de cuerpo, osado de, valiente de.*

El resto de las preposiciones aparece aquí en algunas construcciones más o menos arcaicas, pero todas posibles en la Edad Media, aunque difícilmente cuantificables, como ya hemos señalado otra vez. Así, aparece "en çuecos", hoy quizá "con zuecos", aunque sigamos usando "en pijama". "Sabidor en", como hoy "entendido en". Son muchos detalles que, como ya hemos señalado, hay que descubrir en el *Diccionario de construcción y régimen* de Cuervo, ya citado.

Conjunciones

La lista de las principales es: *et (e), pero, sino, ca, ni, que, assi que...* Desde el punto de vista fonético ya las hemos estudiado. La conjunción más frecuente, como sucede con el *Cid,* es *que* y la copulativa *et.* Aquí el párrafo está mejor estructurado desde el punto de vista lógico. No hay tanta yuxtaposición, quizá por la desaparición de ciertas exigencias del ritmo poético, y por cambio de estilo. Aunque aparentemente este texto es una etopeya muy sencilla, encierra muchos recursos, dentro de cierta monotonía superficial, excesiva utilización del verbo *aver...*

Adverbios

La lista de adverbios y grupos adverbiales es: *por o, por ende, dessuso, much, a menudo, quando, nunqua, mas que, otrossi, assi, de grado, muy.* Fonéticamente sólo debemos señalar el paso de *much* en situación implosiva por fonética sintáctica a *muy.* Los adverbios funcionan como tales, para modificar a un verbo o a un adjetivo, o en grupos formando preposiciones complejas o conjunciones. Todo ello es normal.

Sintaxis

La sintaxis que aparece en este texto, dentro de la concepción global, relativamente moderna, nos permite reflexionar sobre algunas cuestiones:

a) La abundancia de nexos copulativos, *et,* no solamente entre miembros de una misma función dentro de una frase, sino entre frases diversas. Algo que va a exagerar don Juan Manuel y se va a asociar con el arabismo sintáctico.

b) La posición de los pronombres personales como complementos, justamente al revés que hoy día: *et faziela / de lo catar.* Hoy preferimos: *et la fazia / de catarlo.*

c) Alternan construcciones con preposiciones de uso muy diverso pues eran variables en la Edad Media. Alternan aquí, por ejemplo, "a las vezes" con artículo, frente a "otras vegadas"...

d) El uso de *aver/tener* merece la pena recordarlo aquí.

e) A pesar de la abundancia de nexos copulativos, no faltan los demás: *que* con múltiples funciones, *ca* causal, un consecutivo, *assi que,* que revela una estructura más compleja.

LÉXICO

Aunque el tamaño del texto sea escaso para sacar muchas conclusiones, incorporamos estas observaciones:

a) Nos hemos topado con una serie de palabras caracterizadas como cultismos o semicultismos: *numqua,* con grafía claramente latinizante; *maravilla* que no ha evolucionado tradicionalmente; *joglares,* también con una evolución semiculta; *teatro,* cultismo griego a través del latín; *precioso,* adjetivo no completamente popular. Además, el *sirgado,* tan escasamente documentado, procedente de *sirga* (helenismo pronunciado con yotacismo) y los antropónimos como *Gayo* o los topónimos como *Roma,* en vez de los antropónimos germánicos o los topónimos todavía conservados de origen árabe, apuntan a un ambiente culto, una transmisión de noticias desde un libro.

b) Por otro lado, encontramos palabras de evolución plenamente popular escasamente documentadas en otros textos medievales, como *espeluzrado, sotar, torvado, punnava, monnecas...*

c) Además hay una serie de palabras que se empiezan a usar en el XIII, que se empiezan a difundir desde las obras de Alfonso X con más intensidad, que, en algún caso, aparecen por primera vez documentadas aquí: *ancho, aniellos, encovar, remedar, portal, componer...*

Con toda esta lista tan heterogénea, y contradictoria, en cierta medida, creemos que con claridad pueden descubrirse dos hechos: a) La norma alfonsina en su aspecto léxico parece claramente más amplia que la del *Cid.* Tanto se mueve en los niveles lingüísticos más cultos como en los más populares. b) La norma lingüística alfonsina es variadísima y por su extensión, y por el propio trabajo de los talleres alfonsíes, enriqueció y, definitivamente, condujo al castellano medieval a una nueva situación: la de disponer de un acerbo romance único en la Edad Media. No debe extrañarnos, por tanto, si, a pesar de llevar varios siglcs de documentos lingüísticos, nos encontramos con que muchas palabras se documentan por primera vez en tiempo de Alfonso X.

d)   Esto nos hace recordar brevemente toda la variada labor científica y técnica de los colaboradores alfonsíes y pensar cómo consiguieron con tan heterogéneos materiales crear una norma flexible, rica, pero relativamente aceptable, a pesar de su heterogeneidad.

CONCLUSIONES

Ya confesamos en el anterior comentario que, probablemente, serán pobres. De todas maneras, merece la pena destacar:

a)   *Dialectalmente* el texto parece plenamente castellano. En el vocalismo la evolución de las breves tónicas, los resultados de *ĕst* y *ĕt* latinos, la solución de *a +j,* la conservación y pérdida de la *-e,* el estado de las iniciales o intertónicas no revelan sino la evolución castellana. Pero tenemos que hacer una importante salvedad: la evolución castellana, tal como se impone en el siglo XIII. Efectivamente, el primitivo dialecto castellano, con algunas coincidencias con los otros dialectos, va a quedar más o menos cerrado en su solar. Este castellano, libre —relativamente— de arcaísmos, tal como ha aparecido en nuestro texto del *Cid* o en este de Alfonso X, va a servir durante mucho tiempo de norma común culta. No afirmamos con ello que se impusiera oficialmente. Había excesivas razones para que triunfara esta variedad: la cancillería real, las ciudades en desarrollo, las escuelas catedralicias, el clima cultural ascendente que pone en contacto las capas de escritores hispanos del siglo XIII con las universidades europeas, sobre todo con las italianas, que son las que promocionan a los que tienen títulos en derecho dentro de una carrera burocrática. Y, precisamente, en esa carrera, frente a la costumbre oriental de utilizar el latín en la documentación, se utiliza profusamente el romance castellano. Con matices localistas, sin duda ninguna, pero con modelos claros cortesanos, si sabemos interpretar esta palabra en su justo valor en el siglo XIII, y no adelantamos situaciones que se producirán, sobre todo, a partir del XV.

El consonantismo nos confirma el castellanismo del texto. El consonantismo final, como ya hemos señalado, es muy parecido, en estos textos, al *Cid.* El inicial y medial, igual que sucedía allí, se aparta claramente de las soluciones leonesas y aragonesas. Así, no puede considerarse dialectal una palabra como *yente* con un resultado *y-* < *g* ante *e-.* El resultado de *s-* en *çuecos,* si la etimología es cierta, tampoco es irregular o dialectal. Nada en este consonantismo se aparta de los cánones de una gramática histórica castellana. La inicial *f-* sigue ortografiándose así, como era de esperar. El grupo *pl-* y *cl-* aparecen como [ḷ], ortografiados *ll-.*

Entre los grupos interiores con resultados plenamente castellanos, consúltense las conclusiones del texto anterior, encontramos: *-kt* > [ĉ];

ult > [ĉ]; *m'n* > *mbr.* Frente al aragonés, por ejemplo, se conservan perfectamente los grupos *-nd-*, y no se producen nunca asimilaciones. Si fijamos la atención en la morfología, hay que reconocer que la morfología nominal, artículos, formación de plurales y adjetivos, así como pronombres, es ya plenamente castellana. Lo mismo sucede con la morfología verbal. Por tanto, el texto de Alfonso X que analizamos, como el anterior texto del *Cid,* aparece como castellano. Sin embargo, sabemos que con Alfonso X trabajaron muchos colaboradores y que el *Cid* se escribió, según piensan muchos autores, en la Extremadura castellana. A pesar de todo, se nos aparecen sin especiales rasgos dialectales. Y si los comparamos, no podríamos conceder prioridad cronológica a uno u otro. De hecho, si la edición paleográfica del *Cid* omite la *ll-* para representar [l], a cambio abunda el texto alfonsí en participios en *-udo* y tiene -T en un imperativo. En cambio, este texto de la PCG recoge, curiosamente, una muy pequeña muestra de la apócope alfonsí.

El problema que plantea el texto de Alfonso X sobre el *Cid* es su mayor variedad léxica. Sintagmas repetidos —por las exigencias épicas— como *sin falla,* etc. (por no recordar los epítetos épicos), se encontrarán menos a menudo en Alfonso X. Tal riqueza va a crear un nuevo problema de adaptación. En realidad, muchas palabras tradicionales de los orígenes del idioma que ya se iban adaptando han vuelto a tener conflictos, o a entrar en conflictos, porque con la reforma alfonsí el nivel cultural sube, los cultismos entran en la lengua y se necesita una nueva tarea de fijación. Cuando parece que esta tarea está a punto de cumplirse, aparecerá la nueva corriente innovadora de los humanistas, con parecidas exigencias.

Podemos terminar señalando, por tanto, cómo, aunque desde la perspectiva de la fonética el *Cid* y este fragmento de Alfonso X se parezcan, el *léxico* y la sintaxis son ya un poco diferentes, por no entrar aquí en problemas de estilo. También hemos encontrado pequeñas diferencias morfológicas. Pero deben ser, relativa casualidad, porque la diferencia entre un texto y otro no debía de ser muy grande.

OBSERVACIÓN FINAL

El procedimiento y etapas seguidos en este comentario ha sido parecido al del texto anterior, y no merece la pena volverlo a repetir. A los instrumentos allí señalados, hay que añadir, en cambio, Jean Roudil, "Index Alphabetique des formes de la Primera Crónica General", *Cahiers de linguistique hispanique medievales,* 4, 1979, París.

3. JUAN RUIZ, LIBRO DE BUEN AMOR

[EL OTOÑO]

copla 1294
Tres labradores vinien todos una carrera,
al segundo atiende el que va en delantera,
el terçero al segundo atiendel en frontera,
el que viene non alcança al otro quel espera.

copla 1295
El primero comia uvas ya maduras,
comia maduros figos de las fygueras puras,
trillando e ablentando aparta pajas duras;
con él viene otoño con dolençias e curas.

copla 1296
El segundo adoba e repara carrales,
estercuela barvechos e sacude nogales,
comiença a bendimiar uvas de los parrales,
esconbra los rastrojos e çerca los corrales.

copla 1297
Pissa los buenos vinos el labrador terçero,
finche todas sus cubas como buen bodeguero
enbia derramar la sienpre al ero;
açerca se el invierno bien como de primero.

copla 1298
Yo fui maravillado desque vi tal vision,
coidé que soñava pero que verdat son:
rogué a mi señor que me diese raçon
por do yo entendiese que era o que non.

copla 1299
El mi señor don Amor, como omne letrado,
en sola una palabra puso todo el tratado,
por do el que lo oyere será certificado;
esta fue respuesta, su dicho ableviado.

(*Libro de Buen Amor,* folios 77v.-78r de la edición facsímil
hecha por Edilan, 1975, estudio de César Real de la Riva,
sobre el manuscrito de la Biblioteca Universitaria de
Salamanca.)

formas	*etimología*

A   lat. ad
Al   esp. a + el
(ADOBAR)   de fr. a. adober < fráncico *dubban*
   adoba
(ABENTAR)   lat. ventilare
   abentando, ablentando, beldando
(APARTAR)   esp. parte < lat. pars-tis
   aparta
ABREVIADO, ableviado   esp. abreviar < lat. abbreviare
(AÇERCAR)   esp. cerca < lat. cĭrca
   açerca
(ALCANÇAR)   lat. ĭncalcĭare
   alcança
AMOR   lat. amŏr-ris
(ASPERAR)   lat. spērare
   aspera, espera
(ATENDER)   lat. attĕndĕre
   atiende (l)

BARVECHOS   lat. vervactum
BENDIMIAR   lat. vĭndēmiare
BIEN   lat. bĕne
BUEN-OS   lat. bŏnus-a-um
BODEGUERO   esp. bodega < lat. apothēca (helenismo)

CARRALES   esp. carro < lat. carrus
CARRERA   lat. carraria
(ÇERCAR)   lat. cĭrcare
   çerca
ÇERTIFICADO   esp. certificar < lat. cĕrtĭfĭcare
(COMENÇAR)   lat. cominitiare
   comiença
(COMER)   lat. comĕdĕre
   comie

COMO   lat. quōmŏdo
CON   lat. cŭm
COPLA   lat. cōpŭla
CORRALES   lat. cŭrralis-is
CUBAS   lat. cŭpa
CURAS   lat. cūra
(CUIDAR)   lat. cōgĭtare
   coidé

DAR-diesē   lat. dare
DE   lat. dē
DERRAMAR   lat. dĭsramare

DESQUE   esp. des + que
DELANTERA   esp. delante < de+enante < lat. ĭnante
DICHO   lat. dĭctus
DITADO   lat. dĭctatum
DO   esp. de+o < lat. ŭbi
DON   lat. dŏminus
DOLENÇIAS   esp. doler < dŏlēre
DURAS   lat. dūrus-a-um

E   lat. ĕt
EL   lat. ĭlle-a-ud
EN   lat. ĭn
(ENBIAR)   lat. ĭnviare
    enbia
ESPERA vid. ASPERAR
(ENTENDER)   lat. intĕndĕre
    entendiese
ERA   lat. arĕa
ERO   lat. ager-agri
(ESCONBRAR)   lat. excŏmbŏrare
    esconbra
(ESTERCOLAR)   esp. estiércol < lat. stĕrcus-ŏris
    estercuela
ESTA   lat. ĭste-a-ud

FIGUERAS   esp. figo < lat. fīcus
FIGOS   lat. fīcus
(FINCHIR)   lat. ĭmplēre
    finche, inche
FRONTERA   esp. fruente < lat. frŏns-tis

INCHE vid. FINCHIR
INVIERNO   lat. hībĕrnum
IR   lat. īre

LAS vid. EL
LOS vid. EL
LO vid. EL
LABRADOR-ES   esp. labrar < lat. laborare
(LEER)   lat. lĕgĕre
LETRADO   esp. letra < lat. lĭttĕra

MADURAS-OS   lat. matūrus-a-um
MARAVILLADO   esp. maravillar < maravilla < lat. mīrabĭlĭa
ME   lat. me
MI   lat. mĕus-a-um

NO   lat. non
    non

NOGALES   lat. nŭcalis-is

(OIR)
   oyere   lat. audīre
OMNE   lat. hŏmo-ĭnis
OTOÑO   lat. autŭmnus
OTRO   lat. alter-ĕra-um

PAJAS   lat. palĕa
PALABRA   lat. parabŏla
PARRALES   esp. parra < ger. parra-ans
PERO   lat. per hoc
(PISSAR)   lat. pīnsare
   pissa
(PONER)   lat. pōnĕre
   puso
POR   lat. pro
PRIMERO   lat. prīmarius-a-um

QUE   lat. quĭd+quia
QUEL   esp. que < lat. qui-quae-quod + le

RAÇON   lat. ratio-ōnis
RASTROJOS   lat. restŭcŭlum
   restrojos
(REPARAR)
   repara   lat. reparare
(RESPONDER)
   respuesta   lat. respŏndĕre
RIBERA   esp. riba < lat. rīpa
(ROGAR)   lat. rŏgare
   rogué

(SACUDIR)   lat. sŭccŭtĕre
   sacude
SEGUNDO   lat. secŭndus-a-um
SEMIENTE   lat. semĕntis-is
   sienpre
SEÑOR   lat. sĕnior-ōris
SE   lat. se
SER   lat. sĕdēre
   son, será, fue, era, fui
SOLA   lat. sōlus-a-um
(SOÑAR)
   soñava   esp. sueño < lat. sŏmnus
SU-S   lat. suus-a-um

TAL   lat. talis-is
TERÇERO   lat. tertiarius-a-um

TODO-S, AS	lat. tōtus-a-um
TRATADO	esp. tratar < lat. tractare
TRES	lat. trēs
(TRILLAR)	trĭbŭlare
trillando	
UN-A	lat. unus-a-um
UVAS	lat. ūva
VENDIMIAR, VENDEMIAR vid.	
BENDIMIAR	
VENIR	lat. vĕnīre
vinien, vienen	
VER	lat. vĭdēre
vi	
VERDAT	lat. vēritas-ātis
VISION	lat. visio-ōnis
VINOS	lat. vīnum
YA	lat. iam
YO	lat. ĕgo

OBSERVACIONES SOBRE LA LENGUA DEL LBA

I. *Introducción*

Vamos a seguir en este comentario un camino un poco diferente de los anteriores. El examen detallado de la fonética y morfología puede haber parecido premioso; no puede negarse que, una vez inmersos en los detalles, los árboles pueden habernos borrado el bosque del campo de visión. Pero debe tenerse muy en cuenta que, sin una aplicación correcta de los procedimientos reiteradamente expuestos, no sólo no encontraremos los árboles, sino que podemos alucinarnos con bosques inexistentes. En este comentario supondremos que el lector va a tener la paciencia de intentar por su propia cuenta hacer un esquema siguiendo los pasos repetidamente señalados:

a) Examen de los diferentes conjuntos de vocales y consonantes dentro de la fonología.

b) Examen de la morfología nominal, verbal y de los nexos.

Para ayudar al lector en esta tarea hemos elaborado el índice léxico con las etimologías de cada forma como en los anteriores comentarios. Ahora bien, no debemos extrañarnos si se hallan en este índice formas que no aparecen en nuestro fragmento. Son formas pertenecientes al fragmento correspondiente de otros manuscritos del LBA, como en seguida comentaremos. Las necesitamos para el conjunto de observaciones dispersas sobre la lengua del LBA que vamos a ofrecer.

Nuestra edición: El fragmento que hemos elegido para comentar está leído sobre una edición fotográfica del manuscrito S.[1] En el *Cid* no podíamos elegir el manuscrito, pues sólo hay uno. En el texto de Alfonso X nos hemos despreocupado de la edición. Si aquí volvemos a insistir sobre los problemas de la edición es simplemente para tener un marco de discusión para todas las observaciones que hagamos.

Es generalmente sabido que el *Libro de Buen Amor* (LBA) se nos ha transmitido más o menos completo en tres principales manuscritos, dejando aparte otras fuentes —no carentes de valor, pero poco pertinentes ahora para nuestro trabajo—. El manuscrito T (de la catedral de Toledo) conservado en la Biblioteca Nacional de Madrid parece escrito a finales del siglo XIV y conserva un texto compuesto en 1330, si hacemos caso de la copla 1634. El manuscrito G (de Martínez Gayoso), conservado en la Real Academia de la Lengua, parece copiado en 1389 y su texto corresponde bastante bien a T. El manuscrito S (de la Biblioteca Universitaria de Salamanca) perteneció al colegio mayor de San Bartolomé. Parece que lo copió hacia 1417 en Salamanca el colegial Alfonso de Paradinas. En la estrofa 1634 señala como año de composición del LBA el año 1343 y contiene una serie de fragmentos que no aparecen en los otros manuscritos. No vamos a entrar en la polémica de una o dos ediciones del LBA. Sea de 1330 o de 1343, o de ambas fechas a la vez, en su primera y segunda edición, está claro que S es un manuscrito más completo, porque tiene elementos al principio y al fin que no aparecen en los otros manuscritos, pero, además, porque tiene muchas menos lagunas en la parte común. Por eso se ha solido utilizar como base de la mayoría de las ediciones. Ahora bien, S es un manuscrito copiado más tarde que T y G, y teñido de dialectalismos leoneses. Vamos a comparar la trascripción que hemos hecho de S con la edición de Corominas, la más acertada en muchos aspectos, para poder referirnos a algunos hechos lingüísticos. No nos preocuparemos del orden de los versos en la copla 1296, que Corominas trastoca con razonable criterio, pero discutible. Advertimos que, como hemos hecho en el *Cid,* regularizamos el uso de *i, u* para vocales y *j, v* para consonantes. También prescindimos de algunas otras distinciones paleográficas, como doble *r* en inicial de palabra, *y* para *i* vocálica, etc. Aunque las cuestiones que vamos a examinar podrían incluirse dentro de los tradicionales esquemas (fonología, morfología, etc.), vamos simplemente a tratar de ellas sin preocuparnos de clasificaciones, porque aparecen enredadas y habría que encuadrarlas en varios apartados a la vez.

---

1. Hemos utilizado además la edición de Joan Corominas: Juan Ruiz, *Libro de Buen Amor,* Gredos, Madrid, 1967.

II. *Algunos problemas fonológicos y morfológicos*

1) *Finche/inche:* En el verso 1297b los manuscritos S y T ofrecen *finche* frente a G, *inche*, la forma que acepta Corominas. T ofrece en otro momento (1277c) también la lectura *finchyr*. En el LBA aparece con claridad la aspiración que desde los primeros tiempos se había impuesto en castellano para la *f-* latina y que, antes, aparecía con frecuencia en otra documentación no literaria. Hay palabras con *f-* y palabras con *h-*. Pero, sin embargo, en este fragmento predomina la tendencia conservadora: *frontera* y *fui* como en nuestros días, además de *figo* y *figuera*. Sin embargo, debemos tener muy presente que etimológicamente *ĭmplēre > enchir*, porque no había ninguna *f-* inicial. Esta *f-* (aspiración en realidad) probablemente fue una contaminación porque tenía formas comunes con *finchar* que sí tenía aspiración inicial, probablemente por una metátesis —pues tampoco etimológicamente tenía *f-* latina—, o quizá por influjo de *fartar*. El resultado es que *enchir*, que alternaba en Berceo con formas con *f-*, fue adquiriéndola a lo largo de la Edad Media con cierta regularidad. Nebrija, que suele escribir con *h* (aspiración) los resultados etimológicos de *f-* latina, escribe *hinchir* y *henchir*. No nos encontramos ante un caso de *f-* representada por ø- en la Edad Media, pues la aspiración se mantuvo hasta el XVI normalmente, a pesar de algún caso muy dudoso de *erir* en el LBA, según Corominas. Se trata, por tanto, de una vacilación entre el *enchir* según la etimología latina o la forma contaminada con aspiración que se escribe, como el resto de palabras con aspiración [h], con *f-*. Teniendo en cuenta el diccionario del humanista español citado, parece que *henchir* era la forma normativa en el XV-XVI, aunque indudablemente ya habría pronunciaciones sin aspiración. ¿Por qué no preferir, entonces, la forma con la aspiración, representada con *f-*? Es muy probable que el autor, persona absolutamente muchísimo más culta de lo que se ha supuesto, utilizara las formas aspiradas.

2) *Vendimiar/bendimiar:* En la copla 1296c, S y T utilizan *b-*. Nos encontramos con el único ejemplo de confusión en este fragmento de *b-* y *v-* iniciales, a pesar de la relación semántica de la palabra con *vino* escrita con *v-* según la etimología latina. Efectivamente, las palabras latinas con *v-* se distinguen bien de las que tenían *b-*. Así, aquí aparecen con *v-:* *va, venir, verdat, vi, vinos*. Con *b-:* *buenos, bien, bodeguero*. No podemos tener en cuenta, en cambio, la confusión de *barvecho < vervactu*, porque suele considerarse que la secuencia *v.....v > b.....v* por disimilación.

Este tipo de confusión suele ser frecuente en las obras literarias de todos los dialectos castellanos medievales, aunque en algunos documentos escritos por escribas con una educación latinizante se distinguieran bastante bien estos dos signos. El problema consiste en interpretar la confusión. Según Dámaso Alonso, deberíamos hacerlo como hoy. Las confusiones ortográficas actuales se deben a la igualdad de pronunciación entre la *b* y la *v,* dos grafías de un único fonema con variantes [b] y [ƀ]. En la Edad Media hispana la *b-* y la *v-* debían pronunciarse igual, probablemente bilabiales, ya que había empezado tempranamente la confusión en latín. Por eso se producen tantas confusiones. En posición intervocálica, se distingue una *-v-* < *-b-* y *-v-* latinas de una *-b-* < *-p-* latina. La *v* adquirió una pronunciación bilabial o labiodental, según los sitios, en la Romania. Lo que está bastante claro es que, se escriba como se escriba, hasta la segunda mitad del siglo XV los poetas no riman *-v- con -b-* < *-p-* en una rima consonante. En el XVI ya se han confundido. Esto nos induce a pensar que la *-v-* era fricativa y la *-b-* < *-p-* mantenía su punto oclusivo. Después de producirse la confusión, es cuando, junto con las iniciales, se reorganiza todo el sistema y aparece un fonema /b/ con las variantes combinatorias tras pausa o nasal tipo [b] e intervocálicas tipo [ƀ], ortografiadas de una manera que quiere resultar etimológica, pero con bastantes errores.

En posición intervocálica se distinguen bastante bien los resultados etimológicos: *-v-* < *-v-, -b-: uvas, soñava, ableviado; -b-* < *-p-: cuba.* Otras palabras con *-b-* como *adobar,* que procede de un germanismo con *-bb-,* o *invierno* < lat. *hibernum,* o *esconbra,* en principio grupo *mb* y tras pérdida de vocal postónica *mbr,* o *ablentar* < *ventilare...* suelen conservar o confundir las grafías *v-b* con una cierta facilidad, excepto en el caso de *adobar.* Por tanto, en conjunto, podemos decir que se distinguen *b/v.*

3) *Estercola/estercuela:* Aquí se nos presenta un problema a caballo entre la fonología y la morfología. El diptongo *ué* para *ŏ* y *ié* para *ĕ* era el resultado fonético normal esperable en toda una serie de verbos. Sin embargo, por razones estrictamente morfológicas, estos resultados se reorganizaron de otra manera. En el tema de presente se presentaban 9 formas tónicas en la raíz y 7 átonas. Las tónicas, yo, tú, él y ellos del presente de indicativo y subjuntivo, además de tú del imperativo, exigían *ué.* Las átonas, nosotros y vosotros del presente de indicativo y subjuntivo, además de vosotros de imperativo, el participio del presente y el gerundio romance, exigen una solución *o.* La alternancia debía ser la norma entonces: yo *estercuelo,* nosotros *estercolamos.* Pero, de hecho, en el español moderno se han impuesto generalmente las formas sin diptongo. Así, hoy decimos *estercolamos, estercolo.* Solamente unos cuantos verbos mantienen en todas las personas, tónicas o átonas, el diptongo: *deshueso, deshuesamos; ahueco, ahuecamos...* En cuanto a verbos arrastrados a este paradigma, tenemos que *fricare* > *fregar,* que etimológicamente debía conjugarse yo *frego, fregamos,* se ha adaptado al paradigma etimológico de los que tenían *ĕ*

breve en la raíz: yo *friego/fregamos.* Lo mismo ha hecho *plegar* <
plĭcare: yo *pliego, plegamos.*

En este fragmento alterna la forma más antigua y etimológica,
estercuela, presente en los manuscritos S y T, con la forma moderna
estercola de G.

4)   Dentro del vocalismo, hay que señalar la perfecta modernidad de las finales en este fragmento. Se conserva la -*a* -*o* y -*e* en los mismos contornos que ahora. Solamente hay que precisar la cuestión de la
apócope de -*e* en algunos contextos donde hoy no aparece. Hasta el
siglo xv podía apocoparse *le* en posición enclítica. Los otros pronombres, *me* y *te,* apocopados decaen mucho en el xiv. En S, en la copla
1294, hay dos casos de *le* apocopado: "atiendel en frontera" y "al otro
quel espera". Pero, en realidad, es una apócope ficticia, pues sigue después de una vocal igual, *e-.* Por eso Corominas en un verso acepta
atiendel y en otro *que le.* Pero no podemos engañarnos. En el discurso
daba absolutamente igual *quel espera* o *que le espera,* con apócope o sin
ella.

Verdat, copla 1298, es más propia del leonés que del castellano en el
siglo xiv-xv.

5)   Aparecen algunas vacilaciones en los timbres vocálicos de
algunas vocales átonas: *restrojo/rastrojo; corrales/currales; certificar/cer-
teficar; espera/aspera.* Era muy frecuente en castellano medieval y
hasta el siglo xvii la alternancia *esperar ~ asperar,* quizá con el valor de
'aguardar' este último. La -*a* no está muy bien explicada. No parece que
proceda de cruce entre *esperar* y *aguardar;* quizá, procede la inicial de la
gran cantidad de palabras con *a-,* prefijo muy generalizado. La variante
restrojo, de *restojo,* es la etimológica, y parece que se documenta por
primera vez en textos leoneses. Quizá por influencia de *rastro* se
forma *rastrojo,* o por la tendencia de la [r̄] a abrir las vocales. La primera
documentación de *rastrojo* es, precisamente, el LBA. Hasta el siglo xvii
no se impone definitivamente esta variante. Quizá, precisamente, la
lección *restrojo* podía ser la preferible en la Edad Media. S es más
moderno y prefirió *rastrojo.*

Currales ~ corrales: La solución plenamente etimológica castellana
fue *corral.* Por metafonía en portugués apareció *curro* y de ahí *curral.*
También hay grafías con *u* en mozárabe. Podemos pensar que en el
manuscrito T el copista confundió la *o* del texto anterior con una *u,* o
quizá es un dialectalismo occidental o mozárabe.

Certeficar ~ certificar: El sufijo -*ificare* > *iguar* en evolución tradicional. Así *pacĭfĭcare* > *(a)paciguar.* Por tanto, *certificar* es un cultismo con
el timbre latino conservado. Una variante con el timbre átono modifica-
do y adaptado a la evolución popular es *certeficar.* Desde el xiii con la
masiva entrada de cultismos, gran cantidad de términos científicos y
nombres propios cultos en las obras de Alfonso X, términos médicos,

jurídicos, teológicos, términos comerciales, se produce un cierto desorden en el sistema fonológico vocálico átono. A menudo se adaptan palabras de diferentes lenguas, y la vocal átona es la menos fija, la de timbre más vacilante. Hasta el XVI no se fijará definitivamente este estado de cosas. Este ejemplo de este texto es aquí un caso muy aislado. En los escritores del XV la alternancia *e-i,* sobre todo, en las vocales átonas va a resultar casi escandalosa.

6) *Coidé/cuidé:* El latín *cogitare* > *coyedar* > *coedar* > *coidar* > *cuidar.* La forma *cuidar* es la más moderna castellana. La forma más antigua *coidar* suele encontrarse en muchos textos leoneses.

7) Grupos interiores: Evolucionan regularmente como en los otros textos castellanos:

a) *Cons+tj:* terçero (tertiarius); *cons+çj: alcançar* (incalciare); *lj: paja* (palea); *nj: señor* (senior); *mn: otoño* (autumnu); *mpl: finche* (implere).

b) Hay algunos grupos que presentan evoluciones diferentes a los correspondientes castellanos. Tenemos indicios claros de dialectalismos leoneses en este caso:

Ablentando aparece en S. En T leemos *abentando* y en G *beldando.* Del latín *ventilare* se llegó a *ven'tlare.* En muchas ocasiones se añadió una *a-* protética. Además, varias soluciones se han dado, según los casos. Se producía una metátesis y el resultado era *a-blentar,* muy característico del leonés. Probablemente por analogía con la familia de *viento* quedó *ablentar* reducido a *abentar.* En el contorno *ventlar* pudo darse una sonorización de la *t* por la presión de las sonoras que la rodeaban. Entonces resultó *vendlar* > *vedlar, beldar.* Esta forma es la que se generalizó en castellano y es la moderna: *beldar, bieldo...* Otras formas como *abellar,* en Segovia, también proceden de *abledar.*

Ableviado: semicultismo; *abreviar* se interpreta como un grupo *-br-* leonés, que correspondería a un grupo *bl* latino. Efectivamente, *bl-, pl-,* etc., resultan *br-* y *pr-* en leonés: *branco, prata, frol...* (blanco, plata, flor). Por hipercorrección, el grupo *br-* se devuelve, falsamente, a un grupo *bl: ableviado.*

Omne: El resultado normal del grupo *m'n* en castellano es *mbr: hombre, lumbre* y *costumbre* eran generales. Pero en leonés era muy normal *m'n, mr,* por disimilación, o, incluso, *m,* simplemente. Ahora bien, en algunas palabras muy usadas como ésta no es muy significativo este resultado en el XIII, porque *omne* era general en todas partes; incluso en el XV, la fecha de S, *omne,* sin algunas otras pistas al lado, no nos permite interpretarlo como leonesismo.

Sienpre en el contorno de *simiente* en los otros textos puede ser un hapax etimológico procedente de *sémine,* a través de *sem'ne* > *sempre,* con una labial epentética, por la nasal labial, y una diptongación extraña, a veces posible en leonés. Esta es la lección del manuscrito S, clara paleográficamente. El desconcierto de todos los autores ante esta lección es considerable. En un contexto de *artículo femenino + substantivo, sienpre* debe ser un substantivo y no parece fácil que se equivocara ahí el copista. La familia de *semen-ĭnis* todavía exige ciertos estudios en castellano. *Semilla,* que solamente aparecía en zonas occidentales en el XIII, *Fuero de Usagre,* etc., era considerado un mozarabismo por Corominas. Pero también aparece con frecuencia en ese siglo en el este castellano: Alarcón, Alcaraz, etc... La documentación es más frecuente que lo supuesto hace unos años. Quizá podemos decir lo mismo de *sienpre* dentro de un cierto tiempo. De momento, solamente podemos pensar en un error o, difícil elección, en una lección correcta etimológicamente, de la que solamente tenemos este testimonio.

III. *Algunos problemas léxicos*

Como ya puede haber quedado claro, la frontera entre los puntos que trataremos aquí y los ya examinados es muy sutil. En realidad, los aspectos que aquí vamos a ver pueden incluir algunos problemas fonológicos, pero sobre todo nos interesan los léxicos.

1) *Apretar/reparar:* En la copla 1296 S ofrece la lección "el segundo adoba e repara carrales". Precisamente podríamos hoy traducir *adobar* por 'reparar', entre otras varias significaciones. Excepto en el argot culinario, con significación restringida, *adobar* ha desaparecido de la lengua ordinaria. El verso de S utiliza dos sinónimos: *adoba* e *repara*. El verso de los otros dos manuscritos utiliza un verbo general *adobar* y un verbo que detalla el tipo de *adobo,* el *apretar*. Es más razonable, por tanto, la lección elegida por Corominas, *adoba e aprieta carrales*. Es un sintagma, además, que también aparece en el *Libro de Alexandre,* "apretar carrales". Efectivamente, los *carrales* (las cubas para vino o aceite) constaban de varias tablas curvas juntas (apretadas) por varios aros, *cenllos* en muchos textos medievales.

2) *Copia - Copla - palabra:* En la copla 1299 G ofrece *copla,* T, *copia* y S, *palabra*. Corominas, por supuesto, acepta *copla*. *Copia* es un error evidente por *copla,* fácil de cometer para el escriba. *Palabra* parece a primera vista peor lección que *copla*. Pero *palabra,* que ofrece S, puede ser perfectamente una lección aceptable. Todavía en Berceo o *Alexandre* significa *refrán o sentencia* y, únicamente, llega a *vocablo* después. Podemos pensar que S utilizó conscientemente esta lección, o que el modelo que seguía tenía leonesismos y en este pasaje la lección era *cobra,* con el paso de *-bl-* > *-br-* típico del leonés. El copista habría interpretado mal la primera parte de lo que leía y, al no entenderlo, habría transformado todo ello en *palabra*. Toda esta segunda suposición nos parece improbable.

3) *Frontera/ribera:* En la copla 1294 T ofrece *ribera,* frente a la lección de los otros manuscritos, *frontera*. El error se debe a la

aparición unas cuantas coplas más abajo de *ribera* en rima y, también y sobre todo, porque realmente las *riberas* en muchas ocasiones servían de límite. La forma *frontera* era muy general en el XIV y XV. En el XIV el derivado *lindero* se utilizaba con mucha frecuencia, al lado de *frontera*. *Linde* en Ávila y Segovia aparece a menudo en los documentos del XIV, y *frontero* alterna con *lindero*.

4) *Tratado/ditado:* El empleo de *ditado* parece menos adecuado que el de *tratado*. Parece que de *dictatum* se deriva *dechado*, 'el texto dictado a los alumnos por un maestro'. Una formación culta es *ditado*, el 'contenido de un libro o poema'. El *tratado,* además de en su aceptación jurídica, se utiliza, precisamente, para referirse al 'escrito que versa sobre una materia particular', como parece aquí oportuno.

IV. *Algunas cuestiones de sintaxis*

1. *Desque:* La conjunción *desque* será arcaica al final de la Edad Media. Del agrupamiento latino *de + ex* surge *des,* muy usado en el *Cid,* por ejemplo, sobre todo en otras combinaciones como *des + ende, des + i* (*i = ĭbĭ*) y *desque.* Ya en el XVI Valdés muestra su desagrado ante *desque* con el valor de 'cuando'.

2. *Por do:* En castellano primitivo se distinguía *o < ŭbi* (idea de 'lugar por dónde' o *reposo*) y *onde < ŭnde (procedencia).* El compuesto *de + o* en muchas ocasiones debía de ser equivalente a *onde. Donde,* en principio, era una variante enfática de *onde* (ya desde el siglo XIII). En este texto, el valor de *por do* encierra muchos elementos de *procedencia, causa, razón...*

3. *El mi señor don Amor:* En la copla 1299 la lección de S hay que corregirla, porque parece un verso viciado. Ahora bien, lo que nos interesa es la lección "el mi señor". Hoy día es un leonesismo típico la doble determinación. En la Edad Media aparece en castellano con frecuencia. Por eso, éste es un rasgo leonés evidente solamente si ya conocemos el leonesismo del texto por otros rasgos.

Este fragmento está estructurado en torno a dos ejes semánticos: 1) El otoño; 2) la interpretación.

1) La descripción del otoño, que abarca para Hita desde agosto hasta noviembre, es la parte final de la descripción de los meses del año, tal como estaban pintados en la tienda de don Amor. El tema era un tópico literario y, también, icónico, pues en diversos templos medievales pueden contemplarse pinturas de las estaciones. Hita se ha basado en una tradición, es evidente,[2] pero cada autor revuelve tal potaje con su cuchara particular y no siempre resulta igual el caldo. Muy cerca del LBA estaba el *Libro de Alexandre,* que también describe

2. Basta con citar el estudio clásico de F. Lecoy, *Recherches sur le «Libro de Buen Amor»,* París, 1938.

los meses pintados en la tienda de Babilonia. Los contenidos de las dos descripciones son muy semejantes. En octubre los dos se refieren a las tareas de la siembra y a la fabricación del vino. En agosto se centran ambos textos en las tareas de trilla y limpia de la mies. El *Alexandre* se refiere además a la cebada. Otro tema común, la uva, aparece en ambos. Hita habla de los higos aquí. Las diferencias más notables se dan en el mes de septiembre. El *Alexandre* e Hita describen la recogida de la nuez, la uva, aunque con diferencias, y el arreglo de las cubas. El LBA añade varias tareas preparatorias de la siembra, *estercolar* y *escombrar rastrojos*. El *Alexandre* incluye aquí la referencia a los higos y la recogida de mimbres y varas. Hita, en cambio, no cita las mimbres pero sí una tarea para la que eran necesarias: el arreglo de cercas de corrales, que se hacían con varas y mimbres, a menudo. En conjunto, los contenidos no son muy diferentes. Pero la organización es absolutamente diversa. Dos diferencias fundamentales descubrimos entre un texto y otro:

a)   Hita describe los meses como un conjunto de acciones sucesivas que ejecutan los labradores. El mes es el ámbito temporal en el que un individuo humano hace una tarea. El *Alexandre,* en cambio, personaliza los meses. Las actividades agrícolas aparecen como algo natural, ligadas a la marcha regular de la naturaleza, sin vínculo específico con la actividad humana. Ampliación del punto anterior, las diferencias entre la acción de arreglar los corrales para la que se necesitan varas y mimbres, o la acción de hacer vino, que puede ser de parral o de *viña,* están claramente diferenciadas en Hita, no en el *Alexandre.* b) en Hita, sobre 12 versos, 5 tratan de cuestiones referentes a uvas y vino. En el *Alexandre* solamente tres versos y medio. En Hita las tareas de siembra se especifican con más claridad, frente al *Alexandre,* en que se alude simplemente a la siembra.

Hoy sabemos ya que un autor no rechaza ningún material para construir un texto: imaginación y tradición, aprendizaje escolar y retórica académica, realidad y observación. Todo esto y mucho más entra en la obra literaria. No hace mucho tiempo que se está empezando a dibujar otra imagen robot del autor del LBA. No es un arcipreste lugareño con una cierta cultura. Hoy día podemos afirmar, con mínima posibilidad de error, que el arcipreste era un clérigo ilustrado de su tiempo: es decir, que tenía una formación universitaria fuerte, adquirida probablemente en Aviñón o Bolonia. Esto significa que su cultura universitaria era fundamentalmente de tipo jurídico. El derecho y su aplicación, el redactar documentos legales, etc..., eran la base de esas universidades, aunque no estaban ausentes otros elementos de tipo literario, pues es de sobra conocido que el gran Azo, profesor ilustre de Bolonia, gustaba de intercalar versos entre sus escritos. Y Azo había viajado por Castilla a final del siglo XIII. Con esta importante cultura universitaria es muy probable que Hita ocupara un alto cargo en la curia Toledana o en otra diócesis, Cuenca, Segovia... En el XIII y en el XIV los clérigos de las curias se ven en la necesidad de poner al día el patrimonio de la Iglesia. Una labor de descripción y catalogación de propiedades eclesiásticas es necesaria. Comienza así en Segovia, Ávila, Oviedo, la confección de laboriosos registros llevados a cabo en la curia de la diócesis. Evidentemente, los clérigos con más conocimientos de derecho deben estar más sobre la tarea. Estos inventarios nos revelan siempre un mundo rural, con una referencia a objetos materiales del campo: casas, árboles frutales, aperos de labranza, tareas de los labradores. El campo semántico que podemos descubrir en estos inventarios documentales está muy cercano del que podemos observar en el *otoño,* tal como lo describe el Arcipreste de Hita. Así, por ejemplo, cada vez que se describe una casa, u otra posesión en un pueblo, la referencia al *corral,* si está bien o mal cercado, es fundamental. Cuando se habla de una *bodega,* la observación obligada es el estado de las cubas o de los carrales, número, si son de trigo o de aceite, si están o no adobados. Cuando se habla de posesiones eclesiales, se especifican los diversos árboles, poco variados: higueras, ciruelos, peros, nogales... si la tierra es de labor, si es una viña, si hay parrales... Por tanto, no es descabellado pensar que, ademas de la tradición, Hita es un autor familiarizado con las cosas de la tierra. Porque, por paradójico que parezca, quien más se interesaba por estas cuestiones era la Iglesia, pues sus rentas eran campesinas. Los monjes pueden intentar sacar donaciones de los nobles. Entre el monje que está en un monasterio y la tierra hay escasa vinculación si es un monje de escritorio. La organización monacal reparte tareas. El sacerdote secular, el canónigo, el clérigo que tiene rentas de una iglesia, el que trabaja en la curia y domina las argucias jurídicas de una y otra cuestión, sabe perfectamente el tipo de tierra, cultivo, etc... que hay en un lugar. Conoce un funcionamiento real de algo que se relaciona con sus documentos. Algo de esto podemos descubrir en este léxico, además de la organización tradicional. Léxico del campo, léxico de los juristas eclesiales que trabajan con las rentas de la Iglesia.

    2)   *La interpretación:* Como en el anterior punto 1), contamos con la posible tradición, etc..., pero vamos a fijarnos en algunas cuestiones del entorno del autor del LBA. En estas dos últimas coplas asoma, de una manera borrosa, es verdad, la pedagogía universitaria del momento. En el siglo XV un catedrático de Salamanca, Juan Alfonso de Benavente, escribió un tratadito, *Ars et Doctrina Studendi et Docendi,* resumen de otros anteriores, aderezado con algunas reflexiones de la propia experiencia personal, que nos va a ilustrar algo de lo que podemos leer en estas coplas. En la copla 1298 nos cuenta el criado de don Amor que juzgó tales pinturas como una visión, aunque eran

verdad. Le ruega a su señor que se las explique para poder entender-
las. En la copla 1299 don Amor hace un tratado en una única copla, o
sentencia, para que quien lo lea tenga la certeza de lo que significa. El
tratado de don Amor es abreviado. Según Alfonso de Benavente, los
enemigos del estudio, para el estudiante, son la sonnolencia y las
"vagae cogitationes" entre otras cosas. Debe vigilar para que no suceda
nada de ello. Contra la ilusión debe acudir al maestro y mostrar
humildad. Para entender algo hay que fijarse en la *letra* y en la *razón,*
como el cuerpo y alma van juntos, así la *letra* y la *razón.*

En cuanto maestro, se le aconseja que cuando escriba algo sea
claro. El tratado abreviado exige que la "expositio sit brevis omnibus-
que utilis" (que sea breve y útil a todos). Precisamente el criado de don
Amor dice que todos los que lo lean lo entenderán.

No queremos seguir insistiendo en estos problemas. Simplemente
señalar, una vez más, que el Arcipreste de Hita era un hombre culto,
que dependía de una tradición literaria y, también, de un contorno que
conocía bien.

Resumen final

Si se considera que el LBA era originariamente castellano, las
diferentes elecciones que Corominas ha hecho parecen bastante razonables. Acepta las lecciones castellanas, como *beldando, corrales, cuidé,
copla, abreviado.* Otro criterio seguido es preferir la lección más
antigua: *estercuela, inche.* En cambio, prefiere *rastrojo,* que parece más
moderna, y prefiere *que le* a *quel.* Las razones que abonan esta última
decisión parecen más métricas que fonológicas. El caso de *inche* es
discutible, pues podía ser *finche,* ya muy general en el XIV. Desde el
punto de vista léxico, parece bastante aceptable preferir *tratado* a
ditado y, por tanto, *leyere* en la última copla (no hemos comentado la
variante *oyere* de S). También es preferible *apretar* a *apartar.* En cuanto
a los imperfectos, de los que no hemos señalado nada, Corominas uni-
fica todos en *ié,* aunque en S hay algunos en *-ia.* La elección parece
también perfectamente acertada, teniendo en cuenta que, en el XIV, los
imperfectos en *-ia* eran muy escasos.

Desde el punto de vista lingüístico, vemos cómo se entrecruzan
aquí algunos elementos dialectales y cronológicos, y se necesita elegir
entre ellos de acuerdo con unos criterios, que el texto es del XIV y
castellano. Si estos criterios son aceptables o no, es otra cuestión.
Tampoco vamos a discutir, aunque hayamos aludido a ello, el fondo de
la cultura de Hita que, por otro lado, hemos utilizado en una dirección
determinada.

4. EL CORBACHO

del Arcipreste de Talavera

1 - [Disimulo femenino]

... E por tanto quiere rogar a ser rogada en todas las cosas, dando a entender que forçada lo faze, que non ha voluntad, diziendo:

¡Yuy! ¡Dejadme! ¡Non quiero! ¡Yuy! ¡Qué porfiado! ¡En buena fe yo me vaya! ¡Por Dios, pues yo dé bozes! ¡Estad en ora buena! ¡Dejadme agora estar! ¡Estad un poco quedo! ¡Ya, por Dios, non seades enojo! ¡Ay, paso, señor, que sodes descortés! ¡Aved ora vergüenza! ¿Estáis en vuesto seso? ¡Avad, ora, que vos miran! ¿Non vedés que vos veen? ¡Y estad, para sinsabor! ¡En buena fee que me ensañe! ¡Pues, en verdad, non me río yo! ¡Estad en ora mala! Pues, ¿querés que vos lo diga? (pp. 174-175).

2 - [Codicia femenina]

... E lo que toman e furtan así lo esconden por arcas e por cofres e por trapos atados que parescen revendederas o merceras; e quando comiençan las arcas a desbolver, aquí tienen alfójar, allá tienen sortijas, aquí las arracadas, allá tienen porseras, muchas inplas trepadas de seda; e todoseda, bolantes, tres o cuatro lençarejas, canbrais muy muchos devisados, tocas catalanas, trunfas con argentería, polseras brosladas, crespinas, partidores, alfardas, alvanegas, cordones, trascoles; almanacas de aljófar... (p. 133).

3 - [El loco amor engendra muerte]

... E vimos cibdades, castillos, logares, por este caso destruídos. Vimos muchos ricos, en oro copiosos, desfechos por tal ocasión. Muchos por este pecado padescieron, e aun perdieron lo que sus predecesores con virtudes ganaron, en tanto que es opinión, e verdadera, de muchos, e esperiencia que así lo demuestra, que más mueren con el corto juicio de amar que con el espada de tajar (p. 68).

P.D. Hemos utilizado la edición de J. González Muela, ed. Castalia, Madrid, 1970. El establecimiento del texto del *Corbacho* es una complicada cuestión que dejaremos de lado. Como hemos hecho en otras ocasiones, regularizamos el uso de *i-j,* etc.

CONSIDERACIONES FINALES

Vamos a cerrar la serie de comentarios que hemos venido haciendo, con unas consideraciones sobre estos fragmentos del *Corbacho* que nos servirán de final. No se trata propiamente de un comentario. Pero podremos comprobar algunos puntos que ya hemos repetido varias veces.

1) Desde el ángulo de la fonología este conjunto de textos no es excesivamente representativo del XV. Aunque la fonología vocálica y consonántica primitiva castellana se normalizó en los siglos XIII y XIV en gran medida, en el XV vuelven a aparecer en los textos toda una serie de vacilaciones. Esto nos debe hacer reflexionar sobre un concepto equivocado de nuestra historia lingüística: el progreso. Desde el latín hasta el siglo actual no ha caminado la lengua siempre en una constante progresión para alcanzar lo que consideramos fijeza y perfección actuales. Los problemas que los hombres del XII solucionaron no son los mismo que los del XV. Pero, a pesar de lo que pueda pensarse, vuelven a aparecer vacilaciones parecidas. No hace falta ser especialmente agudo para comprender que si al principio del XIII la lengua admitía *verdat, sabet, noch,* etc., y luego los eliminó, no fue definitivamente. Ahora no admitimos *sabet,* pero la lengua se encuentra con palabras muy frecuentes como *seat, I.S.P.A.C.H,* etc. El resultado es que los problemas fonológicos que tiene que resolver la lengua, i.e., los hablantes, en final de sílaba son bastante parecidos ahora y en el siglo XII. Los motivos, evidentemente, son diferentes. Esta breve reflexión nos hará huir de fáciles generalizaciones teleológicas.

La nueva desorganización del XV, por decirlo de alguna manera, se asienta en dos diferentes fenómenos: a) Varias tendencias antiguas empiezan a resolverse en este momento y, como consecuencia, aparecen variantes libres. Es el caso de las segundas personas en los verbos. En el texto 1- alternan *sodes, seades* con *querés* sin *-d-.* Podríamos caer en la tentación de interpretar *vedés,* que nos ofrece el editor, procedente de *videtis,* con la *-d-* de la terminación perdida, y la *-d-* sería de la raíz. Pero como aparecen *veen* sin *-d-,* será mejor considerar *videtis >veedes, > vedes.* Nos parece que *vedés* no es equiparable a *querés: quaeretis > queredes > queerees > querés.*

Otra vacilación, de antes, es la alternancia *fe < fide* con *fee* (grafía quizá cultista).

La alternancia *f-/h-,* en cambio, no se produce. Todas las palabras aparecen con la grafía cultista *f-.*

b) La introducción masiva, como ya hemos señalado en otro momento, de cultismos, al menos en la lengua escrita, procedentes del latín, o de préstamos de otras lenguas como el italiano, francés, etc., o la aceptación de términos utilizados por el pueblo en muchas zonas, como arabismos..., produce también una aparente confusión en los textos del XV. En este fragmento, en el número 3, alternan los cultismos derivados de *pulso,* con adaptación popular, y diversa, *polsera* y *porsera.* Se conserva el término *cambrais,* para referirse a los paños de allí, tal cual, sin ningún tipo de adaptación. La acumulación de arabismos, aunque no produce desajustes fonológicos, en este caso, solía también causar extraña sensación. En multitud de pasajes del *Corbacho* el aprovechamiento por parte de su autor de conocimientos médicos —acumula nombres de drogas— o textiles, o de cultismos latinos, provoca errores gráficos abundantes en los copistas, no acostumbrados a esos términos.

2) Desde el punto de vista léxico, no tenemos que añadir mucho a lo que hemos indicado. Es evidente que el Arcipreste de Talavera era un hombre muy culto. Estudió en Salamanca. Sus estudios fundamentales eran derecho y cánones, pero también pudo hacer algún curso de otras disciplinas. Con frecuencia cita a Pedro Lombardo, el texto universitario que se usaba en teología. Su cultura tenía que ser amplia: los libros médicos, los nuevos autores de Italia, todo le interesaba. También estaba atento a la fraseología popular, aunque elaborada literariamente. En conjunto, todo esto se refleja aquí. Léxicamente, no todos los arabismos del *Corbacho* los ha aceptado la lengua general. A *inpla* (o *inple,* germanismo) la lengua prefirió *grimpola* 'velo femenino' (aquí, otras veces 'gallardete'); *alvanega* 'cofia', *almanaca* 'collar', *alfarda* 'especie de blusa o pañolón para el pecho' son arabismos hoy en desuso. *Trunfa,* un cierto tipo de tocado femenino, parece un lusismo sin continuidad. *Broslar* en lucha con el competidor *bordar* era más general hasta el XVII. *Alfójar,* con metátesis popular, alterna con *aljófar,* 'perla', conservado literariamente. Siendo Talavera de Toledo, con fuerte presencia mozárabe, no es extraña la de arabismos. Pero, en otras ocasiones, no son los arabismos, sino los cultismos latinos, como en Juan de Mena, por ejemplo, los que hacen relativamente poco digerible la prosa del XV. La lengua se enriquecía pero, en tales tanteos, se acumulaba un material que luego se iría cribando poco a poco.

3) Desde el punto de vista morfológico o sintáctico, también aparecen tendencias diferentes. La sintaxis, ya sea en su aspecto coloquial literario, como vemos en el texto 1, o en su aspecto culto, texto 2, es plenamente moderna. La sintaxis del Siglo de Oro y de la *Celestina,* ya se anuncia plenamente. No solía siempre ser así en el XV. A pesar de todo, apuntan algunos elementos típicos de Talavera y de otros autores: en el texto 2 podemos leer algún infinitivo rimado al final

del párrafo. Otros párrafos rimaban con frecuencia sirviéndose del culto participio de presente. El gusto por los incisos, también presente en el fragmento 2, y la construcción de la frase larga, con bimembraciones, etc..., o el uso latino del infinitivo, alternaban con el coloquialismo literario y la utilización del refranero. Aunque no sean excesivamente representativos, son los polos presentes en los textos 1 y 2. En este texto no tenemos alternancia *vos/os,* que ya era normal, pero sí *e/y* en la conjunción copulativa.

Para acabar, en el xv no hay que buscar la resolución de los problemas que habíamos visto en el xii o en el xiii, sino la aparición de otros nuevos problemas. Los aspectos cultistas exagerados de la sintaxis o del léxico, sólo se irán resolviendo a lo largo del Siglo de Oro. Los aspectos novedosos de la fonología, se irán resolviendo también a lo largo del reajuste del Siglo de Oro en muchos casos. En otros, como en el de vacilación vocálica o consonantismo final, desaparecerán también poco a poco, pero durarán bastante, sobre todo las vacilaciones vocálicas.

ADVERTENCIA FINAL

La bibliografía para los estudios del Arcipreste de Hita o del de Talavera es muy extensa. Recomendamos acudir a los capítulos correspondientes de la *Historia de la lengua* de Rafael Lapesa.

BIBLIOGRAFÍA SELECTA

La bibliografía de esta disciplina es muy extensa. Por eso se ha pretendido ofrecer en una primera lista solamente las obras fundamentales de cada apartado. En una segunda lista se han incluido, con criterio menos restrictivo, obras diversas de fonología, morfología y sintaxis. Como puede comprobar el lector con facilidad, se han dejado fuera las obras de lexicología. En un diccionario como el de Corominas puede sobradamente encontrarse una amplísima relación de obras de esta clase.

De sobra es conocida la dificultad que supone elegir unos u otros títulos en este tipo de apéndices. No hay que extrañarse si éste parece incompleto (probablemente lo es), o si se juzga, por el contrario, farragoso (también podría calificarse así en justicia). Tampoco hay que subrayar la dificultad de clasificar toda una serie de obras que podrían, como la mayoría de los artículos de Malkiel, figurar en varios apartados a la vez.

En los libros se ha señalado la edición más reciente y asequible en la mayoría de los casos, pero también se ha dado la fecha de la primera edición, cuando era necesaria para tener una adecuada perspectiva.

ABREVIATURAS

AILC *Anales del Instituto de lingüística,* Universidad de Cuyo, Mendoza, Argentina.

AJPh *The American Journal of Philology,* Baltimore.

Archivum *Archivum,* Revista de la Facultad de Filosofía y Letras de Oviedo.

ArchL *Archivum Linguisticum,* A Review of Comparative Philology and General Linguistics, Glasgow.

ARSR *Academia Română. Sectiunea Literară.* = Bulletin de la Section littéraire de l'Académie Roumaine. Bucarest.

BF   *Boletín de Filología,* Inst. Est. Sup., Montevideo.

BH   *Bibliotheca Hispana,* Revista de información y orientación bibliográficas, Madrid.

BRAE   *Boletín de la Real Academia Española,* Madrid.

CSIC   Consejo Superior de Investigaciones Científicas, Madrid.

ELH   *Enciclopedia lingüística Hispánica,* C.S.I.C., Madrid, 1960 (tomo I), 1962 (suplemento al tomo I), 1967 (tomo II). Obra fundamental, aunque heterogénea.

ForLing   *Forum Linguisticum,* Hamburg.

Hisp   *Hispania,* American Association of Teachers of Spanish and Portuguese, Palo Alto, Washington DC, etc.

HR   *Hispanic Review,* Philadelphia.

Lg   *Language,* Baltimore.

LeS   *Lingua e Stile,* Quaderni dell'Instituto di Glottologia dell'Università degli Studi di Bologna, Bolonia.

Lingua   *Lingua,* Revue Internationale de Linguistique Générale, Haarlem, Holanda.

MLR   *The Modern Language Review,* Cambridge.

NM   *Neuphilologische Mit-*

teilungen, Helsinki, Finlandia.

NRFH   *Nueva Revista de Filología Hispánica,* México.

PIL   *Papers in Linguistics,* Edmonton, Canadá.

PhQ   *Philological Quarterly,* Iowa City (Univ.).

PMLA   *Publications of the Modern Language Association of America,* Baltimore.

RDTP   *Revista de Dialectología y Tradiciones Populares,* Madrid.

RFE   *Revista de Filología Española,* Madrid.

RFH   *Revista de Filología Hispánica,* Buenos Aires.

RH   *Revue Hispanique,* París.

RLiR   *Revue de Linguistique Romane,* París; Strasbourg.

RLR   *Revue des Langues Romanes,* Montpellier.

Romania   *Romania,* París.

RPh   *Romance Philology,* Berkeley, California.

StL   *Studia Linguistica,* Revue de Linguistique Générale et Comparée, Lund, Suecia.

StN   *Studia Neophilologica,* Uppsala, Suecia.

Thesaurus   *Thesaurus,* Boletín del Instituto Caro y Cuervo, Bogotá.

UCPL   *University of California Publications in Linguistics,* Berkeley and Los Angeles.

VKR   *Volkstum und Kultur*

	der Romanen. Sprache, Dichtung, Sitte, Hamburg.	*Word*	*Word,* Journal of the International Linguistic Association, New York.
VR	*Vox Romanica.* Annales Helvetici Explorandis Linguis Romanicis, Zürich.	*ZrPh*	*Zeitschrift für romanische Philologie,* Tübingen.

I. Latín vulgar

1. Manuales y antologías

BATTISTI, C., *Avviamento allo studio del latino volgare,* Bari, Leonardo da Vinci Editrice, 1949

DÍAZ Y DÍAZ, M., *Antología del latín vulgar,* Madrid, ed. Gredos, 2.ª ed. 1962.

GRANDGENT, Charles H., *Introducción al latín vulgar,* Madrid, CSIC, 1970, 1.ª ed. 1928. Traducción de *Introduction to Vulgar Latin,* Boston, 1907.

HAADSMA, R.A. y NUCHELMANS, J., *Précis de latin vulgaire,* 2.ª ed., Grönigen, Wolters, 1966.

HERMAN, Joseph, *Le Latin Vulgaire,* P.U.F., París, 1967.

MAURER, Theororo H., *Gramática histórica do latim vulgar,* Río de Janeiro, Livraria Acadêmica, 1959.

MÜLLER, H.F.-TAYLOR, P., *A crestomathy of Vulgar Latin,* Nueva York, 1932.

ROHLFS, G., *Sermo Vulgaris Latinus, Vulgärtlateinisches Lesebuch,* Halle, 1956; 1.ª, 1951.

VÄÄNÄNEN, Veikko, *Introduction au latin vulgaire,* 2.ª ed., París, 1967. (En español, Gredos, Madrid, 1975, reimpresión.)

VOSSLER, Karl, *Einführung ins Vulgärlatein,* München, Hüber, 1958.

2. Estudios generales y particulares

ANDERSON, James M., "A Study of Syncope in Vulgar Latin", *Word,* 21 (1965), pp. 70-85.

CARNOY, Albert Joseph, *Le Latin d'Espagne d'après les inscriptions,* Hildesheim y Nueva York, Olms, 1971; primera ed., Lovaina, 1902-1903.

COSERIU, Eugenio, *El llamado "latín vulgar" y las primeras diferenciaciones romances,* Montevideo, Universidad, 1954.

GAENG, Paul A, *An Inquiry into Local Variations in Vulgar Latin,* Chapel Hill, University of North Carolina Press, 1968.

HOFFMAN, Johann B., *El latín familiar,* Madrid, CSIC, 1958.

LE COULTRE, J., "La prononciation du latin sous Charlemagne", en *Mélanges Nicole,* Ginebra, 1905, pp. 313-334.

LLOYD, Paul, "On the Definition of Vulgar Latin", *NM,* 80 (1979), pp. 110-122.

LÖFSTEDT, Einar, *Late Latin,* Oslo, Aschenoug, 1959.

MOHL, F.G., *Introduction à la chronologie du latin vulgaire,* Ginebra, Slatkine Reprints, 1974; primera ed. 1899.

MOHRMANN, Christine, *Latin vulgaire, latin des chrétiens, latin médiéval,* París, Klincksieck, 1955.

MÜLLER, H.F., *A Chronology of Vulgar Latin,* Verlag Dr. H. A. Gerstenberg, Hildesheim, 1970; primera ed. 1929.

ROBSON, C.A. "L'*Appendix Probi* et la philologie latine", *MA* (1963), pp. 37-64.

SILVA NETO, Serafim da, *Fontes do Latim Vulgar,* 3.ª ed., Río de Janeiro, Livraria Acadêmica, 1956; primera ed., 1946.

— *História do latim vulgar,* Río de Janeiro, Livro Técnico, 1977; primera ed., 1957.

II. LATÍN

BASSOLS DE CLIMENT, M., *Fonética latina,* C.S.I.C., 1973, Madrid; primera ed., 1962.

— *Sintaxis latina* (2 tomos) C.S.I.C., Madrid, 1966-1967.

DEVOTO, G., *Storia della lingua di Roma,* Bolonia, 1940.

ERNOUT, A., *Morphologie historique du latin,* 3.ª ed. París, Klincksieck, 1974; primera ed., 1927.

— y THOMAS, François, *Syntaxe latine,* 2.ª ed. París, Klincksieck, 1972; primera ed., 1951.

FARIA, Ernesto, *Fonética histórica do latim,* 2.ª ed. Río de Janeiro, Livraria Acadêmica, 1957.

KENT, Roland G., *The Forms of Latin,* Baltimore, Linguistic Society of America, 1946.

— *The Sounds of Latin,* Millwood, NY, Kraus Reprints, 1979; primera ed., Baltimore, 1932.

LEUMANN, M., *Lateinische Laut- und Formenlehre,* Munich, 1963.

LÖFSTEDT, E., *Late Latin,* Oslo, 1959.

MANIET, Albert, *Phonétique historique du latin,* París, Klincksieck, 1975.

MEILLET, Antoine, *Esquisse d'une histoire de la langue latine,* París, Klincksieck, 1977; primera ed., 1928.

NIEDERMANN, M., *Précis de phonétique historique du latin,* 3.ª ed., París, 1953.
NORBERG, D., *Syntaktische Forschungen auf dem Gebiete des Spätlateins und des früheren Mittellateins,* Uppsala, 1943.
— *Beiträge zur spätlateinischen Syntax,* Uppsala, 1944.
PALMER, Leonard R., *The Latin Language,* Londres, Faber & Faber, 1968; primera ed., 1954. Trata también del latín vulgar.
PULGRAM, Ernst, *Italic, Latin, Italian: Texts and Commentaries,* Heidelberg, Winter, 1978.

II. OBRAS GENERALES DE LINGÜÍSTICA ROMÁNICA

1. Manuales clásicos

Reúne esta lista la mayoría de los manuales del XIX y las grandes obras del siglo XX que continúan claramente la tradición de la escuela alemana (neogramáticos y, antes, los histórico-comparatistas puros). Todavía son muy útiles estos conjuntos en los aspectos morfológicos y sintácticos. Aunque en cuestiones concretas de fonología se han superado, en cuestiones de método en puntos específicos son todavía muy aprovechables.

BOURCIEZ, Edouard, *Eléments de linguistique romane,* 3.ª ed., París, Klincksieck, 1967; 1.ª ed. en 1910.
DIEZ, Friedrich, *Grammaire des langues romanes,* Ginebra, Slatkine Reprints, 1973. Reproducción fotográfica de la 3.ª ed., 1874-1876. La versión original alemana, *Grammatik der romanischen Sprachen,* se publicó en Bonn, 1836-1844. Nueva edición en alemán también en 1980.
GRÖBER, Gustav, *Grundriss der romanischen Philologie,* 2 vols., Strasbourg, Trübner, 1888-1906.
KÖRTING, G., *Handbuck der romanischen Philologie,* Leipzig, 1896.
MEYER-LÜBKE, Wilhelm, *Grammaire des langues romanes,* 4 vols., Ginebra, Slatkine Reprints, 1974. Reproducción de la edición original francesa, 1889-1906. Traducción de *Grammatik der romanischen Sprachwissenschaft* que se publicó en Leipzig, 1889-1902.
— *Introducción al estudio de la lingüística romance,* trad. Américo Castro, Madrid, Revista de Filología Española, 1914. Se publicó una 2.ª ed., corregida, en 1926 con el título *Introducción a la lingüística románica,* traducción de *Einführung in das Studium der romanischen Sprachwissenschaft.*

MILLARDET, G., *Linguistique et Dialectologie romanes: problèmes et méthodes,* Montpellier-Paris, 1923.
ZAUNER, Adolf, *Romanische Sprachwissenschaft,* 4.ª ed., 2 vols. Berlín, De Gruyter, 1921-1926; primera ed., 1900.

2.   Manuales modernos

Ofrecen los tópicos clásicos con planteamientos y presentación más modernos.

BEC, Pierre, *Manuel pratique de philologie romane,* 2 vols., París, Picard, 1970. El primer tomo (pp. 187-310) ofrece extensos comentarios filológicos de *El poema de mío Cid.*
BOYD-BOWMAN, Peter, *From Latin to Romance in Sound Charts,* 3.ª ed., Washington, Georgetown University Press, 1980; primera ed., 1954.
LAUSBERG, Heinrich, *Lingüística románica,* 2 vols., Madrid, Gredos, 1970-1973; primera ed., 1965-1966. Traducción de *Romanische Sprachwissenschaft,* 4 vols., Berlín, 1956-1957.
WRIGHT, Roger, *Late Latin and Early Romance in Spain and Carolingian France,* Liverpool, Francis Cairns, 1982. (Publicado mientras se preparaba este manual, va a tener una importante repercusión en este campo.)

3.   Introducciones generales y bibliográficas

Suelen presentar las lenguas románicas, la bibliografía básica, los tópicos y metodología más usados, etc. Algunas obras se fijan solamente en algún problema general, pero no dejan de lado los otros.

CAMPROUX, Ch., *Les Langues romanes,* París, PUF, 1974.
CANFIELD, D. Lincoln, y DAVIS, J. Carey, *An Introduction to Romance Linguistics,* Carbondale, Southern Illinois University Press, 1975.
ELCOCK, W. D., *The Romance Languages,* 2.ª ed., Londres, Faber and Faber, 1975; primera ed., 1960. Ver la reseña de Paul Lloyd, *HR,* 46, pp. 241-244, 1978.
KUHN, A., *Die Romanischen Sprachen,* Bern, A. Francke, 1951.
HALL, Robert A., *An External History of the Romance Languages,* Nueva York, American Elsevier, 1974.
IORDAN, Iorgu, ORR, John, y POSNER, Rebecca, *Lingüística románica,* Madrid, Alcalá, 1967. Traducción y adaptación por M. Alvar de la versión inglesa que se publicó en Londres, 1937. La 2.ª ed. inglesa se publicó en Oxford, Blackwell, 1970.

Posner, Rebecca, *The Romance Languages,* Nueva York, Anchor Books, 1966.

Rohlfs, Gerhard, *Romanische Philologie,* 2 vols., Heidelberg, Winter, 1950-1952.

Savi-López, Paolo, *Orígenes neolatinos,* Barcelona, Labor 1935; primera ed. en italiano, 1916.

Tagliavini, C., *Orígenes de las lenguas neolatinas,* México, Fondo de Cultura Económica, 1973. Traducción de *Le Origini delle lingue neolatine,* 6.ª ed., Bolonia, 1972.

Vidos, Benedek E., *Manual de lingüística románica,* 3.ª ed., Madrid, Aguilar, 1973. Traducción por F. de B. Moll de la versión italiana, *Manuale di linguistica romanica* (1959), que a su vez es traducción del holandés *Handboek tot de Romaanse Taatkunde,* 1956.

Wartburg, Walther von, *La fragmentación lingüística de la Romania,* 2.ª ed., Madrid, Gredos, 1979. Traducción por M. Muñoz Cortés de *Die Ausgliederung der romanischen Sprachräume,* 1950.

III. Obras generales sobre el español

1. Gramática histórica

García de Diego, Vicente, *Gramática histórica española,* 2.ª ed., Madrid, Gredos, 1970. Se publicó primero en Burgos, 1914.

Hanssen, Friedrich, *Gramática histórica de la lengua castellana,* 2.ª ed., Buenos Aires, El Ateneo, 1945, primera ed., Halle, 1913.

Menéndez Pidal, Ramón, *Manual de gramática histórica española,* Madrid, Espasa Calpe, 1980. La versión actual es reproducción fotográfica de la ed. de 1941. Se publicó primero en Madrid, 1904, con el título *Manual elemental de gramática histórica española.*

– *Orígenes del español,* 7.ª ed., Madrid, Espasa-Calpe, 1972; 1.ª ed. 1926.

Metzeltin, Michael, *Altspanisches Elementarbuch. I. Das Altkastilische,* Heidelberg, Winter, 1979.

Otero, Carlos-Peregrín, *Evolución y revolución en romance,* 2 vols., Barcelona, Seix Barral, 1971-1976. Su nuevo enfoque responde a algunas preguntas antes difíciles.

Zauner, Adolph, *Altspanisches Elementarbuch,* 2.ª ed., Heidelberg, Winter, 1921; primera ed., 1905.

2. Historia de la lengua e introducciones generales

Arcelus Ulibarrena, Juana Mary, *Introducción a la filología española,* Florencia, Valmartina, 1977.

BOLAÑO E ISLA, Amancio, *Manual de historia de la lengua española,* 2.ª ed., México, Porrúa, 1971, 1.ª ed., 1959.

CUERVO, R. José, *Disquisiciones sobre filología castellana,* pról. y notas de R. Torres Quintero, Bogotá, 1950.

ENTWISTLE, William J., *Las lenguas de España: castellano, catalán, vasco y gallego-portugués,* Madrid, Istmo, 1973; primera ed. 1936.

LAPESA, Rafael, *Historia de la lengua española,* Madrid, Gredos, 1981. 1.ª edición de 1942, Madrid, Escelicer. Muchas ediciones con la misma editorial.

— *Einführung in der hispanistische Sprachwissenschaft,* Tubinga, Niemeyer, 1973.

OLIVER ASÍN, Jaime, *Iniciación al estudio de la historia de la lengua española,* Zaragoza, 3.ª ed. 1939.

POTTIER, Bernard, *Introduction à l'étude de la linguistique de l'espagnol,* 2.ª ed., Burdeos, 1978.

SPAULDING, Robert K., *How Spanish Grew,* Berkeley, University of California Press, 1967. La versión actual es reproducción de la edición primera de 1943.

TAVANI, G., *Preistoria e Protostoria delle lingue Ispaniche,* L'Aquila, Japadre, 1968.

TREND, J. B., *The Language and History of Spain,* London, 1953.

3. *Problemas generales*

ALONSO, Amado, *Estudios lingüísticos. Temas españoles,* Madrid, Gredos, 1954.

ALONSO, Martín, *Evolución sintáctica del español,* Madrid, Aguilar, 1962.

BADIA I MARGARIT, Antoni, "Por una versión del concepto de «cultismo» en fonética histórica", *Studia Hispanica in Honorem R. Lapesa,* I, pp. 137-152, Madrid, Gredos, 1972.

BALDINGER, Kurt, *La formación de los dominios lingüísticos en la península Ibérica,* 2.ª ed., Madrid, Gredos, 1972; primera ed., 1963, traducción de *Die Ausgliederung der Sprachräume auf der Pyrenäenhalbinsel,* Berlín, 1958.

BUSTOS, TOVAR, J. Jesús de, *Contribución al estudio del cultismo léxico medieval,* Anejos del B.R.A.E., Madrid, 1974.

CASTRO, A., *Glosarios latino-españoles de la Edad Media,* Madrid, RFE, 1936.

CRADDOCK, J., *Latin legacy versus substratum residue. The unstressed "derivational" suffixes in the Romance vernaculars of the Western Mediterranean,* Berkeley, Los Ángeles, University of California Press, 1969.

CORRIENTE, F., *A grammatical sketch of the Spanish Arabic dialect bundle,* Madrid, Instituto Hispano-árabe de Cultura, 1977.

GAMILLSCHEG, E., *Romania Germanica,* 3 vols., Berlin-Leipzig, 1934-1936.

IORDAN, Iorgu, "El lugar del español entre los idiomas romances", *Actas del V Congreso Internacional de Hispanistas,* pp. 49-58, Burdeos, Institut d'Etudes Ibériques, 1977.

MENÉNDEZ PIDAL, R., *Poema del Cid. Texto, gramática y vocabulario,* Madrid, Espasa-Calpe, 1908.

— "Modo de obrar el substrato lingüístico", *RFH,* 24, pp. 1-8, 1950.

— *Toponimia prerrománica hispana,* Madrid, Gredos, 2.ª ed. 1968; primera ed., 1952.

NEUVONEN, E. K., *Los arabismos del español en el siglo XIII,* Helsinki, Societas Orientalis Fennica, 1941.

SANCHIS GUARNER, M., *Introducción a la historia lingüística de Valencia,* Valencia, Instituto Alfonso el Magnánimo, 1949.

IV. FONOLOGÍA HISTÓRICA

1. Tratados generales

ALONSO, Amado, *De la pronunciación medieval a la moderna en español,* 2 vols., últimados por R. Lapesa, Madrid, Gredos, 1955-1969.

BUSTOS, E. de, *Estudios sobre asimilación y disimilación en el iberorrománico,* Madrid, Anejos de la RFE, 1960.

CANFIELD, D. L., *La pronunciación del español en América. Ensayo histórico-descriptivo,* Bogotá, Instituto Caro y Cuervo, 1962.

CUERVO, R. J., "Disquisiciones sobre antigua ortografía y pronunciación castellana", *RH,* II, pp. 1-69, V, pp. 237-307, 1895, también en *Obras completas,* II, Bogotá, Instituto Caro y Cuervo, pp. 240-476, 1954.

DEFERRARI, H. A., *The phonology of Italian, Spanish and French,* Washington D.C., Roy J. Deferrari, 1954.

FORD, J. D. M., *The Old Spanish Sibilants,* Boston, Harvard Studies in Philology and Literature, 1900.

FOUCHE, P., "Études de Philologie Hispanique", *RH,* LXXVII, pp. 1-171, 1929.

GAVEL, H., *Essai sur l'évolution de la prononciation du castillan depuis le XIVe siècle,* París, Champion, 1920.

GRANDA, G. de, *La estructura silábica y su influencia en la evolución fonética del dominio iberorrománico,* Madrid, Anejos de la RFE, 1966.

HARTMAN, Stephen L., "An outline of Spanish historical phonology", *PIL,* 7, pp. 123-192, 1974.

IZZO, Herbert, "Pre-Latin Languages and Sound Changes in Romance: The Case of Old Spanish", *Studies in Romance Linguistics,* pp. 227-253, Rowley, MA, Newbury House, 1977.

KREPINSKY, Maximilian, *Inflexión de las vocales en español,* Madrid, CSIC, 1962.

MACPHERSON, I., *Spanish Phonology. Descriptive and Historical,* Manchester, Manchester University Press, 1975.

MALMBERG, B., *Phonétique Générale et Romance,* The Hague, Mouton, 1971.

MARTINET, André, *Economía de los cambios fonéticos,* Madrid, Gredos, 1974; primera ed. en francés, 1955.

MENÉNDEZ PIDAL, Ramón, *Orígenes del español,* Madrid, Espasa Calpe, 1950; 1.ª ed. 1926.

MICHELENA, L., *Fonética histórica vasca,* San Sebastián, Diputación de Guipúzcoa, 1961.

NAVARRO TOMÁS, Tomás, *Manual de pronunciación española,* Madrid, Centro de estudios históricos, 1932.

— *Estudios de fonología española,* Syracuse U. P., 1946.

PENSADO, Carmen, *El orden histórico de los procesos fonológicos,* I, Salamanca, 1983.

POSNER, R., *Consonantal dissimilation in the Romance Languages,* Oxford, Blackwell's, 1961.

SCHÜRR, F., "La diptongación ibero-románica", *RDTP,* VII, pp. 379-390, 1951.

STEIGER, A., *Contribución a la fonética del hispano-árabe y de los arabismos en el ibero-románico y el siciliano,* Madrid, Anejos de la RFE, 1932.

WRIGHT, Roger, «Linguistic Reasons for Phonetic Archaisms in Romance», *Papers from the Fourth International Conference on Historical Linguistics,* pp. 331-337, Amsterdam.

2. *Estudios particulares*

ALARCOS, Emilio, "Esbozo para una fonología diacrónica del español", *Estudios dedicados a Menéndez Pidal,* Madrid, CSIC, II, pp. 9-39, 1951.

— "Resultados de *g + e,i* en la Península", *Archivum,* pp. 330-342, 1954.

— "Quelques précisions sur la diphtongaison espagnole", *Omagiu lui Iorgu Iordan,* pp. 1-4, Bucarest, Academia Republicci Populare Romîne, 1958.

- "Efectos de la yod sobre la vocal tónica en español", *X Congrès International de Linguistique et Philologie Romane,* Strasbourg, 1962, III, pp. 945-950, París, Klincksieck, 1965.
- *Fonología española,* Madrid, Gredos, 1974; 1.ª ed., 1950.

ALONSO, Amado, "Substratum, superstratum", *RFH,* 3, pp. 185-218, 1941.
- "Una ley fonológica del español", *HR,* 13, pp. 91-101, 1945.
- "Las correspondencias arábigo-españolas en los sistemas de sibilantes", *RFH,* 8, pp. 12-76. 1946.
- "Trueques de sibilantes en antiguo español", *NRFH,* I, pp. 1-12. 1947.
- "Arabe *st* > esp. ç, esp. *st* > ár. *ch*", *PMLA,* LXII, pp. 325-338, 1947. Incluido, con alguno de los anteriores, en *Estudios Lingüísticos. Temas Españoles,* Madrid, Gredos, pp. 128-150, 1951.
- "Cronología de la igualización *c* - *z* en español", *HR,* 19, pp. 43-61, 1951.
- "Historia del *ceceo* y del *seseo* españoles", *Thesaurus,* 7, pp. 111-200, 1951.

ALONSO, Dámaso, "Diptongación castellana y diptongación románica", *ELH,* I supl., pp. 23-45, 1962.
- "B - V en la Península Ibérica", *ELH,* I supl., pp. 55-209, 1962.
- "Sobre las soluciones peninsulares de los esdrújulos latinos, *ELH,* I supl., pp. 55-59, 1963.

BLAYLOCK, Curtis, "The Monophthongization of Latin *ae* in Spanish", *RPh,* 18, pp, 16-26, 1964.
- "Assimilation of Stops to Preceding Resonants in Ibero-Romance", *RPh,* 19, pp. 428-434, 1965.
- "Latin l-, -ll- in the Hispanic Dialects. Retroflexion and Lenition", *RPh,* 21, pp. 392-409, 1968.

BRÜCH, J., "Die Entwicklung des intervokalen *bl* im Spanischen", *VKR,* III, pp. 78-86, 1930.
- "L'évolution de l'*l* devant les consonnes en espagnol", *RFE,* XVII, pp. 1-17, 1930.
- "Une fois de plus *l* placé devant une consonne", *RFE,* XVII, pp. 414-419, 1930.

CASTRO, A., "Sobre *tr* y *dr* en español", *RFE,* VII, pp. 57-60, 1920.

CATALÁN, Diego, "Resultados ápico-palatales y dorso-palatales de *-ll-* y *-nn-*", *RFE,* 38, pp. 1-44, 1954.
- "The End of the Phoneme /z/ in Spanish", *Word,* 13, pp. 283-322, 1957.
- "En torno a la estructura silábica del español de ayer y del español de mañana", *Homenaje a Harri Meier,* pp. 77-110, The Hague, Mouton, 1972.

CONTINI, G., "Sobre la desaparición de la correlación de sonoridad en castellano", *NRFH,* 5, pp. 173-182, 1951.

CORNU, J., "Études de phonologie espagnole et portugaise. *Grey, ley* et *rey* disyllabes dans Berceo, l'Apolonio et l'Alexandre", *Romania,* 9, pp. 71-89, 1886.

CORRIENTE, F., "Los fonemas /p/, /ĉ/, y /g/ en árabe hispano", *VR,* 37, pp. 214-218, 1978.

CRADDOCK, Jerry, "The Contextual Variants of *yod.* An Attempt at Systematization", *Festschrift für Jacob Ornstein. Studies in General Linguistics and Sociolinguistics,* pp. 61-68, Rowley, MA, Newbury House, 1980.

DWORKIN, S. N., "Therapeutic reactions to excessive phonetic erosion. The desdendants of *rigidu* in Hispano and Luso Romance", *RPh,* XXVIII, pp. 462-472, 1974.

— "Derivational Transparency and Sound Change: The Two-Pronged Growth of *-ĭdu* in Hispano-Romance", *RPh,* 31, pp. 605-617, 1978.

— "Phonotactic Awkwardness as an Impediment to Sound Change ", *ForLing,* 3, pp. 46-56, 1978.

— "Phonotactic Awkwardness as a cause of lexical blends: the genesis of Sp. *cola* «tail»", *HR,* 48, pp. 231-237, 1980.

EASTLACK, Ch. L., "The Phonology of 12th century Castilian and its relation to the Phonology of Proto-Romance", *DIL,* 9, pp. 89-124, 1976.

FRAGO GARCÍA, J. A, "Nueva contribución a la historia del reajuste fonológico del español moderno", *Cuadernos de Filología,* II, pp. 53-74, Universidad de Valencia, 1979.

GARCÍA HERNÁNDEZ, B., "El deslizamiento secuencial de *fui = ivi*", *Actas del VI Congreso de Estudios Clásicos,* pp. 331-340, Gredos, Madrid, 1983.

GONZÁLEZ OLLÉ, F., "La sonorización de las consonantes sordas iniciales en vascuence y en romance y la neutralización de k-/g- en español", *Archivum,* XXII, pp. 253-274, 1972.

— "Resultados castellanos de 'kw' y 'gw' latinos. Aspectos fonéticos y fonológicos", *BRAE,* 52, pp. 285-318, 1972.

JORET, C., "Loi des finales en espagnol", *Romania,* I, pp. 444-456, 1872.

KIDDLE, Lawrence B., "The Chronology of the Spanish Sound Change š > x", *Studies in Honor of Lloyd A. Kasten,* pp. 70-71, Madison, Hispanic Seminary of Medieval Studies, 1975.

LAPESA, Rafael, "La apócope de la vocal en castellano antiguo. Intento de explicación histórica", *Estudios dedicados a Menéndez Pidal,* II, pp. 185-226, Madrid, CSIC, 1952.

— "De nuevo sobre la apócope vocálica en castellano medieval", *NRFH,* XXIV, pp. 13-23, 1975.

LÁZARO CARRETER, Fernando, "*f > h* ¿fenómeno ibérico o romance?",

Actas de la Primera Reunión Toponímica Pirenaica, Zaragoza, 1949.

LENFEST, Donald E., "An explanation of the /g/ in *tengo, vengo, pongo, salgo,* and *valgo*", *Hisp,* 61, pp. 894-904, 1978.

LLOYD, P. M., SCHNITZER, R. D., "A statistical Study of the Structure of the Spanish Syllable", *Linguistics,* 37, pp. 58-72, 1967.

MACPHERSON, Ian R., "Delateralization and Phonetic Change. The Old Spanish Palatals [k], [tʃ], [(d) ʒ]", *Studies in Honor of Lloyd A. Kasten,* pp. 155-164, Madison, 1975.

MALKIEL, Yakov, "La *f-* inicial adventicia en español antiguo", *RLR,* 18, p. 161-191, 1955.

— "Towards a Unified system of classification of latin-spanish vowel correspondences", *RPH,* 16, pp. 153-162, 1962.

MALKIEL, Yakov, "The interlocking of narrow sound change, broad phonological pattern, level of transmission, areal configuration and sound symbolism. Diachronic studies in the Hispano-Latin consonant clusters *cl-, pl- fl-, Archivum Linguisticum*", 15, pp. 144-173; 16, pp. 1-23, 1963.

— "Sur quelques fausses applications de la Loi de Verner aux faits romans", *Cahiers Ferdinand de Saussure,* XXIII, pp. 75-87, 1966.

— "Multiple versus simple causation in linguistic change", *To honor Roman Jakobson,* II, pp. 1228-1246, The Hague, Mouton, 1967.

— "The inflectional paradigm as an occasional determinant of sound change", *Directions for historical linguistics: A symposium,* pp. 216-264, Texas, University of Austin Press, 1968.

— "The five sources of epenthetic /j/ in Western Hispano-Romance: a study in multiple causation", *HR,* XXXVII, pp. 239-275, 1969.

— "Morphological analogy as a stimulous for sound change", *LeS,* IV, pp. 305-327, 1969.

— "Derivational transparency as an Occasional Co-Determinant of Sound Change: a New Causal Ingredient in the Distribution of -ç- and -z- in Ancient Hispano-Romance", *RPh,* XXV, pp. 1-52, 1971.

— "Etiological studies in Romance diachronic Phonology", *Acta Linguistica Hafniensia,* XIV, pp. 201-242, 1973.

— "In search of penultimate causes of language change: studies in the avoidance of /z/ in Proto-Spanish", *Current Studies in Romance Linguistics,* UP, pp. 27-36, Washington DC, Georgetown, 1976.

— "Conflicting prosodic inferences from Ascoli's and Darmesteter's Laws?" *RPh,* XXVIII, pp. 483-520, 1974.

— "The Fluctuation Intensity of a Sound Law: Some Vicissitudes of *ĕ* and *o* in Spanish", *RPh,* XXXIV, pp. 48-63, 1980.

— "From Falling to Rising Diphthongs. The Case of Old Spanish *ió* < *éu*", *RPh,* XXIX, pp. 435-500, 1975.

MARTINET, André, "The unvoicing of Old Spanish sibilants", *RPh,* V, pp. 133-156, 1952.

MEIER, H., "Español *piar, piada*", *Verba* 6, pp. 25-28, 1979.

MEYER-LÜBKE, Wilhelm, "La evolución de *c* latina delante de *e e i* en la Península Ibérica", *RFE,* 8, pp. 225-251, 1921.

— "La sonorización de las sordas intervocálicas latinas en español", *RFE,* 11, pp. 1-32, 1924.

MILLARDET, G., "Sur le traitement de *a*-yod en vieil espagnol", *Romania,* XLI, p. 247-259, 1912.

MONTGOMERY, Th., "La apócope en español antiguo y la *i* final latina", *Studia hispanica in honorem R. Lapesa,* II, pp. 351-362, Madrid, Gredos, 1975.

MOURIN, L., "A propos de l'évolution du *x* latin dans la Péninsule Ibérique", *Mélanges de linguistique et de littérature à la mémoire de István Frank,* pp. 472-479, Saarbrücken, Univ. des Saarlandes, 1957.

NARO, A. J., "On *f* > *h* in Castilian and Western Romance", *ZrPh,* 89, pp. 1-13, 1972.

NAVARRO, T., "The Old Aspirated *h* in Spain and the Spanish of America", *Word,* 5, pp. 166-169, 1949.

NELSON, D. E., "Syncopation in El Libro de Alexandre", *PMLA,* 87, pp. 1023-1038, 1972.

PENNY, Ralph, "The Convergence of *b, v* and *-p-* in the Peninsula: A Reappraisal", *Medieval Hispanic Studies Presented to Rita Hamilton,* pp. 149-159, Londres, Tamesis, 1976.

— "The Re-Emergence of /f/ as a Phoneme in Castilian", *ZrPh,* 88, pp. 463-482, 1972.

PIETSCHE, K., "Zur spanischen Grammatick I. Vom auslautenden, unbetonten *y*", *ZrPh,* XXXIV, pp. 641-650, 1910; XXXV, pp. 167-179, 1911.

QUILIS, R. J., "Para la cronología de la fricativa velar sorda", *RFE,* 46, pp. 445-449, 1963.

SÖLL, L., "Der Zusammenfall von *b* und *v* und die Variation der stimmhafte Verschlusslaute im Iberoromanischen", *Beiträge zur romanischen Philologie,* 3, pp. 380-398, 1964.

SPAULDING, Robert K., and PATT, Beatrice, "Data for the Chronology of 'theta' and 'jota'", *HR,* 16, pp. 50-60, 1948.

TILANDER, G., "L'évolution du *x* latin dans la Péninsule Ibérique", *Romania,* LXXXIV, pp. 79-87, 1963.

TOVAR, A., "La sonorización y caída de las intervocálicas y los estratos indoeuropeos en Hispania", *BRAE,* XXVIII, pp. 265-280, 1948.

— "Sobre la cronología de la sonorización y la caída de intervocálicas en la Romania Occidental", *Homenaje a Fritz Krüger,* AILC, I, p. 9-15, Mendoza, 1952.

WAGNER, M. L., "Etimologías españolas y arábigo hispánicas", *RFE,* XXI, pp. 225-247, 1934.

WRIGHT, Roger, "Pretonic Diphtongization in Old Castilian", *VR,* 35, pp. 133-143, 1976.

ZAUNER, A., "Español *pujar* y *soso*", *RFE,* XVI, p. 154-160, 1929.

V. MORFOLOGÍA Y SINTAXIS

AEBISCHER, P., *Matériaux médiévaux pour l'étude du suffixe d'origine germanique -ing dans les langues de la Péninsule Ibérique,* Zaragoza, Instituto de Estudios Pirenaicos, 1949.

ALEMANY BOLUFER, J., *Tratado de la formación de palabras en la lengua castellana. La derivación y composición. Estudio de los sufijos y prefijos empleados en una y otra,* Madrid, Victoriano Suárez, 1920.

ALGEO, James E., "The concessive conjunction in medieval Spanish and Portuguese; its function and development", *RPh,* 26, 1973, pp. 532-545.

ATKINS, Dorothy M., "A reexamination of the Hispanic Radical Changing Verbs", *Estudios dedicados a Menéndez Pidal,* V, pp. 39-65, Madrid, CSIC, 1954.

BADÍA, A., *Los complementos pronominalo-adverbiales derivados de IBI e INDE en la península Ibérica,* Madrid, Anejos de la *RFE,* 1947.

BLAYLOCK, Curtis, "The *-udo* participles in Old Spanish", *Homenaje a Antonio Tovar,* pp. 75-79, Madrid, Gredos, 1972.

— "Los pretéritos fuertes en *-sk-* del español medieval", *Studia Hispanica in Honorem R. Lapesa,* III, pp. 92-96, Madrid, Gredos, 1975.

BONFANTE, G., "The Latin and Romance Weak Perfect", *Lg.,* XVII, pp. 201-211, 1941.

BOUZEL, Jean, "Orígenes del empleo de *estar*", *Estudios dedicados a Menéndez Pidal,* IV, pp. 37-58, Madrid, CSIC, 1953.

CRABB, Daniel M., *A comparative Study of Word Order in Old Spanish and Old French Prose Works,* Washington D.C., The Catholic University of America Press, 1955.

DARDEL, Robert de, *Le parfait fort en roman commun,* Ginebra, 1958.

— *Recherches sur le genre roman des substantifs de la troisième déclinaison,* Ginebra, Droz, 1965.

D'OVIDIO, F., "I riflessi romanzi di *viginti, triginta, quadraginta, quinquaginta, sexaginta, setp(u)aginta, oct(u)aginta, nonaginta, novaginta*", *ZrPh,* VIII, pp. 82-106, 1884.

ENGLAND, John, "'Dixo Rachel e Vidas': Subject-Verb Agreement in Old Spanish", *MLR,* 71, pp. 812-826, 1976.

ESPINOSA, A. M., *Estudios sobre el español de Nuevo Méjico,* Buenos Aires, Biblioteca de dialectología hispanoamericana, I, 1930; II, 1946 (reelaboración y notas de A. Alonso y A. Rosenblat).

GARCÍA ANTEZANA, Jorge, "Aspectos morfológicos y sintácticos de los verbos "ser" y "estar" en el *Libro de Buen Amor", Actas del I Congreso Internacional sobre El Arcipreste de Hita,* pp. 237-247, Barcelona, 1973.

GASSNER, Armin, *Das altspanischen Verbum,* Halle, 1897.

GEORGES, E. S., "Past-participial nouns: their development from Latin to Romance", *RPh,* XXI, pp. 368-391, 1968.

GONZÁLEZ-OLLÉ, F., *Los sufijos diminutivos en el castellano medieval,* Madrid, Anejos de la *RFE,* 1962.

HAKAMIES, Reino, *Étude sur l'origine et l'évolution du diminutif latin et sa survie dans les langues romanes,* Helsinki, Annales Academiae Scientiarum Fennicae, 1951.

HALL, Robert A., Jr., "Spanish Inflection", *Studies in Linguistics,* III, p. 24-36, 1945.

HARRIS, Martin, "The history of the conditional complex from Latin to Spanish; some structural considerations", *ArchL,* pp. 25-33, 1971.

HUTTER, H. S., *The development of the function word system from vulgar latin to modern Spanish* (Descriptive studies in Spanish grammar), Urbana, 1954.

KAHANE, Henry y Renée, "The augmentative feminine in the Romance Languages", *RPh,* II, pp. 135 y ss, 1948-1949.

KURYLOWICZ, J., "La Conjugaison en *-ir* de l'espagnol", en *Omagiu lui Alexandru Rosetti la 10 de ani,* Bucarest, *ARSR,* pp. 357-360, 1965.

LAPESA, Rafael, "Los casos latinos: restos sintácticos y sustitutos en español", *BRAE,* XLIV, p. 57, 1964.

— "Sobre el artículo ante persona en castellano antiguo", *Sprache und Geschichte. Festschrift f. Harri Meier z. 65 Geb.,* pp. 277-296, Munich, 1971.

LEVY, J. F., "Tendential transfer of Old Spanish hedo < *foedu* to the family of heder < *foetere*", *RPh,* XXVII, pp. 204-210, 1973.

MALER, Bertil, *Synonymes romans de l'interrogatif qualis,* Studia Romanica Holmensia, 1949.

MALKIEL, Yakov, "The suffix *-ago* in astur-leonese and galician dialects", *Lg,* 19, pp. 256-258, 1943.

— "The etymology of Sp. *cenceño*", *Studia Philologica,* XLV, pp. 37-49, 1944.

— "The etymology of hispanic *que(i)xar, quejarse*", *Lg,* 21, pp. 142-183, 1945.

— *The derivation of hispanic fealdad(e), fieldad(e) and fialdad(e),* Berkeley, Los Ángeles, UCPL, 1945.

— "Old Spanish nadi(e), otri(e), *HR,* XIII, pp. 204-230, 1945.

— "Probleme des spanischen Adjektiv-abstraktums", *Neuphilologische Mitteilungen,* XLVI, p. 171-191, 1945; XLVII, pp. 13-45, 1946.

- "The etymology of Hispanic *vel(l)ido* and *melindre*", *Lg*, 22, pp. 284-316, 1946.
- "The Romance Word-Family of Latin *ambago*", *Word*, III, pp. 59-72, 1947
- *Three Hispanic word studies: Latin macula in Ibero-Romance, Old Portuguese trigar, Hispanic lo(u)çano*, Berkeley, UCPL, 1947.
- "The Latin base of the Spanish suffix *-eño*", *AJPh*, LXV, pp. 372-381, 1948.
- *Hispanic* alguien *and related formations. A study of the stratification of the romance lexicon in the Iberian Peninsula*, Berkeley, Los Ángeles, UCPL, 1948.
- "La etimología de *cansino*", *NRPH*, II, pp. 186-194, 1948.
- "The etymology of Spanish *maraña*", *BH*, 50, pp. 147-171, 1948.
- "The etymology of Hispanic *restolho, rostoll*", *RPh*, I, pp. 209-234, 1948.
- "Studies in the Hispanic inffix -eg-", *Lg*, 25, pp. 139-165, 1949.
- "The contrast 'tomais' - 'tomavades', 'quereis' - 'queriades' in classical Spanish", *HR*, XVII, pp. 159-165, 1949.
- "Los derivados hispánicos de *tepidus*", *Romania*, LXXIV, pp. 145-176, 1952.
- "Ancient Hispanic vera(s) and mentira(s)", *RPh*, VI, pp. 121-172, 1952.
- "Studies in Hispano-Latin homonymics. *Pessulus, pactus, pectus, despectus, suspectus, fistula* in Ibero-Romance", *Lg*, 28, pp. 299-338, 1952.
- "Apretar, pr(i)eto, perto. Historia de un cruce hispanolatino", *Thesaurus*, IX, pp. 1-135, 1953.
- "A cluster of 4 homophones in Ibero Romance", *HR*, XXI, pp. 20-36, 1953.
- *Studies in the reconstruction of Hispano-Latin word families*, Berkeley, Los Ángeles, UCPL, XI, 1954.
- "En torno a la etimología y evolución de 'cansar', 'canso', 'cansancio'", *NRFH*, IX, pp. 225-276, 1955.
- "Antiguo español y gallego-portugués *troçir*", *NRFH*, X, pp. 385-395, 1956.
- "Los interfijos hispánicos, problema de lingüística histórica y estructural", *Miscelánea homenaje a André Martinet*, II, pp. 107-199, La Laguna, 1958.
- "Old Spanish judezno, morezno, pecadezno", *PhQ*, XXXVII, pp. 95-99, 1958.
- "Toward a reconsideration of the Old Spanish Imperfect in *-ía, -ie*", *HR*, XXVII, pp. 435-481, 1959.
- "Paradigmatic resistance to sound change. The Old Spanish preteri-

te forms *vide, vido,* against the background of the recession of primary *-d-*", *Lg,* 36, pp. 281-346, 1960.
— "Diphthongization, Monophthongization, Metaphony. Studies in their Interaction in the Paradigm of the Old Spanish *-ir* Verbs", *Lang,* 42, pp. 430-472, 1965.
— "Le nivellement morphologique comme point de départ d'une «loi phonétique». La monophtongaison occasionnelle de *ie* et *ue* en ancien espagnol", *Mélanges Frappier,* II, pp. 701-735, Ginebra, Droz, 1970.
— "Sound change rooted in morphological conditions: the case of Old Spanish /sk/ changing to /θk/", *RPh,* XXIII, pp. 188-200, 1970.
— "The rise of nominal augments in Romance", *RPh,* XXVI, pp. 306-334, 1973.
— "New problems in Romance interfixation I: The velar insert in the present tense (with an excursus on *zer, -zir* verbs), *RPh,* XXVII, pp. 304-355, 1974.
— "Multiconditioned sound change and the impact of morphology on phonology", *Lg,* 52, pp. 757-778, 1976.
— "The interlocking of etymology and historical grammar (exemplified with the analysis of Spanish *desleír*)", *Current Progress in Historical Linguistics,* Amsterdam, North Holland, pp. 285-312, 1976.
— "Contacts between *Blasphemare* and *aestimare* (with an excursus on the etymology of Hispanic *tomar*)", *RPh,* XXX, pp. 102-117, 1977.
— "Problems in the diachronic differenciation of near homophones", *Lg,* 55, pp. 1-36, 1979.
— "Points of Abutment of Morphology on Phonology: The Case of Ancient Spanish *esti(e)do* 'stood'", *RPh,* 34, pp. 206-209, 1980.
MANCZAK, Witold, *Espagnol classique "tomais, quereis" mais "tomávades, queríades",* Kwartalnik neofilologiszny, 23, 1976, H. 1-2.
MARTÍNEZ, F. A., *De algunos casos de prefijación en español antiguo,* B.A., col. 8, 1958.
MENDELOFF, Henry, *The evolution of the Conditional sentence contrary to fact in Old Spanish,* Washington D.C., Catholic University Press, 1960.
MENÉNDEZ PIDAL, Ramón, "Sufijos átonos en español medieval", *Bausteine zur romanischen Philologie. Festgabe für A. Mussafia,* pp. 386-400, Halle, Niemeyer, 1905.
MONGE, Félix, *Las frases pronominales de sentido impersonal en español.*
MONTGOMERY, Thomas, "On the development of Spanish *y* from *et*", *Romance Notes,* 8, pp. 137-142, 1966.
— "On the verb system of Biblia Escurialense 6", *HR,* XXXVI, pp. 129-140, 1967.

— "Complementarity of stem vowels in the Spanish second and third conjugations", *RPh,* XXIX, pp. 281-296, 1976.

NEIRA MARTÍNEZ, J., "Las alternancias acentuales de los verbos en *-iar*", *Archivum,* XXIII, pp. 135-147, 1973.

NEISON, D. E., "The domain of the O. Sp. *-er* and *ir* verbs a clue to the provenience of the Alexandre", *RPh,* XXVI, pp. 265-305, 1973.

PATTISON, David G., "The Latin Suffix *-aticu* in Early Old Spanish", *VR,* 32, pp. 60-65, 1973.

— *Early Spanish suffixes,* Oxford, Blackwell's, 1975.

PENNY, Ralph, "Verb-Class as a Determiner of Stem-Vowel in the Historical Morphology of Spanish Verbs", *RLiR,* 36, pp. 343-359, 1972.

POSNER, R., "Romance imperfect and conditional endings: a further contribution", *StN,* XXXVII, pp. 3-10, 1965.

RAMSDEN, H., *Weak-pronoun position in the early romance languages,* Manchester, U.P., 1963.

ROSSI, Teresa María, «Formas de futuro en un romanceamiento bíblico del s. XIII», *Z.F.R.,* 91, H. 3-4, pp. 386-402, 1975.

STAAFF, E., *Les pronoms abréges en espagnol,* Uppsala, 1906.

TOGEBY, K., "Les désinences de l'imparfait (et du parfait) dans les langues romanes", *StN,* XXXVI, pp. 3-8, 1964.

— "L'apophonie des verbes espagnols et portugais en *-ir*", *RPh,* XXVI, pp. 256-264, 1973.

WAGNER, M. L., "Iberoromanische Suffixstudien", *ZrPh,* LXIV, pp. 321-337, 1944.

WALSH, John K., "The hispano-oriental derivational suffix -i", *RPh,* núm 2, XXV, pp. 159-172, 1971.

VI. MANUALES DE DIALECTOLOGÍA

ALVAR, M., *El dialecto aragonés,* Madrid, Gredos, 1953.

— *El dialecto riojano,* Madrid, Gredos, 1976.

GARCÍA DE DIEGO, V., *Manual de dialectología española,* Madrid, Cultura Hispánica, 2.ª ed. 1959.

LOPE BLANCH, Juan M., *El español de América,* Madrid, Alcalá, 1968.

MENÉNDEZ, PIDAL, R., *El dialecto leonés,* Instituto de Estudios Asturianos, Oviedo, 1961 (primera ed. de 1906, *Revista de Archivos, Bibliotecas y Museos*).

ZAMORA VICENTE, A., *Dialectología Española,* Madrid, Gredos, 1967.

Como bibliografía fundamental de dialectología hay que usar:
ALVAR, M., *Dialectología española,* Madrid, CSIC, 1962.

VII. Diccionarios etimológicos

Corominas, J., *Breve diccionario etimológico de la lengua castellana,*
Madrid, Gredos, 1961.
— *Diccionario crítico etimológico de la lengua castellana,* Berna, 1954.
— y Pascual, J. A., *Diccionario crítico-etimológico castellano e hispánico,* Gredos, Madrid, en curso de publicación. Hasta ahora han aparecido cinco tomos.
García de Diego, Vicente, *Diccionario etimológico español e hispánico,* Madrid, Saeta, 1955.
Meyer-Lübke, W., *Romanisches etymologisches Wörterbuch,* Heidelberg, Winter, 1972; primera ed., 1911.

VIII. Comentarios lingüísticos de textos

Alarcos Llorach, E, Hernández, C., Marcos Marín, F., *Comen-
tarios lingüísticos de textos,* I, Universidad de Valladolid, 1979.
Alvar, M., y otros, *El comentario de textos, 4. La poesía medieval,* ed.
Castalia, Madrid 1983.
Ariza Viguera, M., Garrido Medina, J., Torres Nebrera, G.,
Comentario Lingüístico y Literario de textos españoles, Alhambra
universidad, Madrid 1981.
Marcos Marín, F., *El comentario lingüístico,* Cátedra, Madrid, 1977.
— *Comentarios de Lengua española,* Alhambra, Madrid, 1983.

IX. Antologías de textos

Alvar, M., *Textos hispánicos dialectales,* 2 vols., C.S.I.C., Madrid, 1960.
Gifford, D. J., y Hodcroft, F. W., *Textos lingüísticos del medioevo
español,* Oxford, 1959.
González Ollé, F., *Lengua y Literatura Españolas Medievales. Textos
y glosarios,* Ariel, Barcelona, 1980.
Menéndez Pidal, R., *Crestomatía del español medieval,* 2 tomos,
Madrid 1965-1966 (acabada y revisada por R. Lapesa y M. Soledad
de Andrés).

X. Bibliografías

Bialik Huberman, Gisela, *Mil obras de lingüística española e hispanoamericana: Un ensayo de síntesis crítica,* Madrid, Playor, 1973.
Catalán, Diego, *Lingüística Ibero-Románica,* Madrid, Gredos, 1974.

(Es una historia de la lingüística hispánica que puede usarse con provecho como bibliografía comentada.)

FOULCHÉ-DELBOSC, R., y BARRAU-DIHIGO, L., *Manuel de L'Hispanisant,* 2 vols., New York, 1920-1925.

ROHLFS, G., *Manual de filología hispánica,* Bogotá, Caro y Cuervo, 1957.

SERÍS, Homero, *Bibliografía de la lingüística española,* Bogotá, Caro y Cuervo, 1964. Más de 7 500 artículos. Índices muy pormenorizados y útiles.

WOODBRIDGE, Hensley C., y OLSON, Paul R., *A tentative Bibliography of Hispanic Linguistics,* Urbana, Illinois, 1952 (xerocopiado).

Además, y sobre todo, se recomienda consultar las bibliografías que aparecen regularmente en las revistas. Entre éstas, hay que destacar los tomos anuales de *PMLA* y *ZrPH*. También es útil *The Year's Work in Modern Language Studies,* ed. por David A. Wells de The Modern Humanities Research Association. La última edición de la ya citada *Historia de la lengua* de Rafael Lapesa, tiene una buena información bibliográfica.

Hay que destacar de manera especial la bibliografía lingüística que regularmente se publica en Holanda: *Bibliographie Linguistique de l'année,* De Gruyter, La Haya, antes Spectrum, Utrecht.

GLOSARIO DE EXPRESIONES FILOLÓGICAS

absorción, *véase* **asimilación.**

acomodación, *véase* **asimilación.**

alternancia vocálica, *véase* **apofonía.**

analíticas (en los sintagmas *construcciones* **analíticas** o *lenguas* **analíticas**), *véase* **sintéticas.**

anterioridad, *véase* **consecutio temporum.**

antiguo germánico, *véase* **Romania**

aoristo. Se llama así una forma verbal griega, caracterizada fundamentalmente por: a) expresar un hecho pasado temporal; b) carecer para el hablante de relevancia espectual (duración o no de la acción verbal). Suele por ello traducirse con frecuencia por el indefinido castellano.

apócope. Pérdida de uno o varios sonidos al final de una palabra. Por ejemplo, *plaz* < *plaz(e)* o *gran* < *gran(de)*.

apofonía. Modificación que experimenta un fonema o grupos de fonemas en las diferentes formas de un sistema morfológico. Este fenómeno se llama también **alternancia.** Puede ser *vocálica* o *consonántica.* Aquélla, según varíe el *timbre* o la *duración* de la vocal, se subdivide en *cualitativa* o *cuantitativa.* Las diferentes alternancias morfológicas de una vocal se suelen llamar en filología clásica *grados.* Es frecuente que se produzcan alternancias entre un simple y su compuesto, como en latín *facio* y *conficio* ('hago' y 'acabo') o en diferentes casos de la declinación como en *genus, generis,* o en formas de la conjugación, como *cado* 'caigo', *cecidi* 'caí'.

asibilar. Una consonante oclusiva ([k] por ejemplo) se *asibila* cuando desarrolla un elemento de tipo fricativo al que se acaba asimilando normalmente. Es lo que ocurrió con *c* latina ante las vocales *e, i.*

asimilación. Proceso por el que un sonido (futuro asimilado) acomoda total o parcialmente su *timbre,* su *modo* o *punto* de articulación a los de otro más o menos próximo (asimilador). El sonido que propaga todos o algunos de sus rasgos articulatorios ha sido considerado más fuerte. En realidad, no se sabe exactamente qué significa eso. Puede disfrutar de una posición dominante en la estructura de la sílaba o de la palabra (respecto al acento principal, por ejemplo), o puede tener un relieve especial si está en una raíz importante o en un sufijo muy utilizado.

Se distinguen varios tipos de asimilaciones desde diferentes puntos de vista: *total*: El sonido asimilado se iguala al asimilador, como en LC sĕpte > LV sẹtte. *Parcial*: El asimilado acomoda su timbre, abertura, punto o modo de articulación al asimilador, como en LV pra*t*o > esp. pra*d*o, donde la -*t*- **asimila** su cualidad **sorda** a la **sonoridad** vocálica que la rodea. *Progresiva:* El asimilador precede al asimilado como en LV ọnda > cat. ona. *Regresiva*: El asimilado precede al asimilador como en el citado caso de sẹtte < sĕpte. (Este tipo es el más generalizado de las asimilaciones.) *En contacto*: Asimilador y asimilado son dos sonidos contiguos, como sẹtte < sĕpte y ona < onda. *A distancia* (llamada *dilación* por algunos autores): Asimilador y asimilado no están en contacto, como en ten*i*ente > tin*i*ente en el habla popular. Muchos casos de **inflexión** por influjo de la yod o la **metafonía** son ejemplos de asimilación a distancia. Cuando la asimilación es *recíproca,* el asimilador y asimilado propagan y acomodan mutuamente sus rasgos articulatorios. El resultado suele ser un sonido diferente intermedio. La monoptongación (tipo *ai > ei > e*; *au > ou > o*) parece un ejemplo evidente.

Es muy frecuente utilizar los términos más o menos metafóricos de **embebimiento, absorción, contracción** para señalar una asimilación en *contacto* y *total*. **Acomodación** suele, en cambio, aplicarse a la asimilación *parcial*.

caso oblicuo, *véase* **declinaciones.**

consecutio temporum. Es la **correlación temporal** que se establece en la oración compuesta latina entre los tiempos de la frase principal y los de la subordinada, en las oraciones que se construyen con infinitivo o con subjuntivo. La **consecutio temporum** exige: a) Si el núcleo del predicado verbal de la frase principal es un presente o un futuro, en la subordinada la *simultaneidad* se expresará por el presente del núcleo del predicado, la *anterioridad* con el perfecto y la *posterioridad* con el futuro. b) Si el núcleo del predicado de la frase principal es un tiempo del pasado, en la subordinada la *simultaneidad* se expresará con el imperfecto, la *anterioridad* con el pluscuamperfecto y la *posterioridad* con el imperfecto de futuro perifrástico (tipo *acturus essem*).

contracción, *véase* **asimilación.**

cultismo, véase *palabra* **tradicional.**

declinaciones. El conjunto de modificaciones, mediante flexión casual, a las que una forma nominal está sometida para poder desempeñar diferentes funciones en la oración es la declinación. El conjunto de modificaciones a que se ven sometidos los verbos es la *conjugación.* En latín hay cinco declinaciones y, en cada una, seis casos: *nominativo, genitivo, dativo, acusativo, vocativo* y *ablativo.* En otras lenguas flexivas puede haber otros casos. En las lenguas europeas modernas derivadas del latín las funciones están marcadas por el orden de palabras y por las preposiciones, no por morfemas flexivos. En un momento dado, sólo existía en latín vulgar el *nominativo* (función de sujeto y atributo) y el *acusativo,* que desempeñaba el resto de funciones. El nominativo era considerado el caso recto. Todos los otros casos restantes eran *oblicuos.* No debemos extrañarnos si algunos autores distinguen simplemente entre el *nominativo* y el *oblicuo,* cuando el acusativo ya ha asumido todas las funciones de los otros casos.

deponente. En la conjugación latina los morfemas de voz se neutralizaban en ciertos verbos. Había verbos con desinencias pasivas y significado activo (deponentes) y verbos con desinencias activas y significado pasivo (deponentes activos).

diptongación. Proceso por el que un fonema vocálico simple se fractura durante su emisión en dos timbres vocálicos diferentes y se transforma en un fonema complejo: el *diptongo.*

disimilación. Proceso por el que un sonido (futuro disimilado) cambia su *timbre,* su *punto* o su *modo* de articulación para diferenciarse de otro sonido igual o parecido que se encuentre próximo. Igual que la *asimilación,* la *disimilación* puede ser *parcial* o *total.* En este caso, el sonido disimilado desaparece. La disimilación puede tener lugar a *distancia* (la más frecuente) o en *contacto* (*diferenciación* para algunos autores). El resultado de las diptongaciones desde las etapas iniciales es un caso evidente de diferenciación. Un caso de disimilación total es la **haplología:** dos sílabas con consonantes iguales se contraen en una sola.

embebimiento, *véase* **asimilación.**

enclítico. La palabra que se integra sin acento propio al final de un grupo acentual se llama *enclítica.* Así, en *cómelo* el pronombre *lo* es enclítico. **Proclítica,** en cambio, es la palabra que se integra sin acento propio al inicio de un grupo acentual. En *mi casa,* el demostrativo *mi* es *proclítico.*

enfático, *véase* **expresivo.**

epéntesis. El fenómeno por el que se desarrolla un sonido —llamado *epentético*— en el interior de una palabra. Si se trata de una vocal desarrollada en ciertos contextos (*oclusiva* + *líquida,* etc.) se suele hablar de *anáptisis.*

evolución fonética. De todos es conocido que las lenguas cambian. Este cambio puede estudiarse dentro de los subsistemas de cada sistema lingüístico: fonología, morfología y sintaxis. En el dominio fonológico la evolución lingüística se gobierna por el principio general de *regularidad fonética* (ley fonética). Esta regularidad significa en los cambios particulares de cada lengua: a) Un sonido cambia en una misma dirección en todos los miembros de una comunidad lingüística. b) En todas las palabras en las que se produce el cambio sucede en el mismo contorno fonético. Por tanto, las *reglas fonéticas,* que gobiernan un cambio, lo son sin excepción y sin relación con la estructura morfológica de la lengua. Pero, a veces, un cambio fonético desorganiza ciertas estructuras morfológicas. Entonces se producen *reacciones analógicas,* que frenan el cambio fonético o restauran lo que el cambio desorganizó. Son cambios de la *morfología,* ni automáticos, ni regulares y, sobre todo, dependientes de la estructura morfológica. Se considera, por tanto, que la *ley fonética* gobierna la evolución fonética y que la *analogía* está controlando el equilibrio, real o supuesto, de los excesos de la ley fonética.

expresividad. Se comenta de una palabra o frase que tiene *expresividad,* de una manera ambigua, para poner de relieve su valor particularmente afectivo para los hablantes. Todos los mecanismos expresivos de una lengua, también los del léxico, se consideran funcionalmente destinados a subrayar la figura del emisor del mensaje, sus ideas, sentimientos... En ocasiones **enfático** se emplea como sinónimo de expresivo. Otras veces se considera como sinónimo de redundante, elemento gramatical que puede desaparecer sin que el mensaje pierda nada de su información. Naturalmente que el énfasis puede estar al servicio de la expresividad.

haplología, *véase* **disimilación.**

inflexión. Es la modificación del *timbre* vocálico, o del *punto* o *modo* de articulación sonsonántico, por el influjo de una *semivocal* o *semiconsonante* contiguas. En la inflexión vocálica, el sonido responsable de la inflexión suele seguir al inflexionado y, en muchas ocasiones, no es contiguo. En la inflexión consonántica el sonido inflexionante puede preceder al inflexionado y, siempre, es contiguo. Los sonidos que causan inflexión en la evolución del latín al español son la *yod* y el *wau*. La inflexión es una forma de **asimilación.** El efecto más general sobre las vocales castellanas de la inflexión de la yod es la cerrazón, en el caso de las cerradas, y el impedir la **diptongación** en el caso de ǫ y ę. Sobre las consonantes, la **asibilación** y la **palatalización** son dos de los efectos más generalizados de la inflexión.

incoativo. Así se llama cualquier elemento gramatical apto para significar que una acción está en el umbral de su desarrollo. Este término se refiere sobre todo a los fenómenos del aspecto verbal y a ciertos sufijos de la conjugación verbal.

ingresivo, *véase* **incoativo.**

lengua común. Suele llamarse así un código lingüístico que, por sobre las variedades locales de cualquier lengua, sirve de *coiné* comunicativa a una comunidad amplia. Aunque enriquecida con elementos léxicos de otros dialectos o lenguas, la *lengua común* dispone de una norma relativamente rígida. Parece que, efectivamente, el *latín vulgar* se constituyó en *lengua común* del Imperio. Este concepto se relaciona con otros cuantos. En primer lugar, hay que aclarar el concepto de **variedad lingüística.** Una variedad es un código lingüístico relativamente homogéneo, sin considerar ni su posición social ni su dependencia lingüística. El latín vulgar y el clásico pueden concebirse como variedades de la misma lengua, sin considerar una estratificación sociológica, pero, entonces, se contradice esta concepción con el propio nombre de *latín vulgar.* También otros autores con *variedad* se refieren a los diferentes niveles culturales *(registros)* que se pueden distinguir desde la lengua *escrita* literaria hasta la *vulgar.* Parece, hoy por hoy, que el latín clásico y el vulgar son no tanto registros sociológicamente ordenados, como variedades de una misma lengua. En latín clásico se descubren fenómenos que se dan en el vulgar, aunque encubiertos en los textos.

lenguas románicas. Se consideran románicas las lenguas derivadas del latín que conservan la huella de su vocabulario en la sintaxis y, sobre todo, en la estructura morfológica. Desde el occidente hasta el oriente, se encuentran: portugués, gallego, castellano, catalán, provenzal, francés, retorrománico, sardo, italiano, rumano. Además, en el oriente existe el dalmático, extinguido a final del s. XIX. Cada lengua de las señaladas puede dividirse en una serie de diferentes dialectos. Entre los del español, que nos interesa particularmente, hay que distinguir los *dialectos románicos,* las variedades diversas del latín, como el leonés, el castellano, el aragonés y el mozárabe, y los dialectos como el andaluz, dialecto de nueva formación dentro del castellano. La clasificación de las lenguas románicas puede ser varia, de acuerdo con los criterios. Tradicionalmente se distinguía entre la **Romania** occidental y la oriental. En ésta se incluían los dialectos italianos al sur de la línea Spezia-Rimini, el dalmático y el rumano. Se caracterizan fonéticamente por la conservación de las *-p-, -t-, -k-* intervocálicas y por los plurales en vocal *-e, -i,* frente a la sonorización de la Romania occidental y los plurales en *-s.* Sobre otra serie de divisiones se han producido con frecuencia polémicas y pocos acuerdos entre los especialistas. Un caso típico, lo ha representado la agrupación románica del catalán. A principios de siglo algunos romanistas lo agrupaban con las lenguas de tipo galo-románico, francés y provenzal. La escuela de Menéndez Pidal, Amado Alonso —con brillantez— lo agrupa en el dominio iberorrománico. Suele reconocerse hoy día que catalán y provenzal son dos lenguas con especificidad suficiente como para formar juntas un grupo único. Las clasificaciones gozan ahora de menos prestigio que antes. Conscientemente se sabe que son parciales y que sólo pueden dar cuenta de unos cuantos fenómenos de divergencia, nunca de fenómenos de convergencia. Una clasificación general, entre las más discutidas, por ejemplo, es la de R. A. Hall, Jr., "La reconstrucción del Proto-Romance", en *Language*, XXVI, 1950:

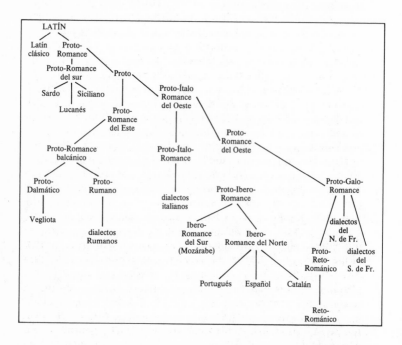

logudorés. El sardo, como hemos indicado, es una **lengua románica.** Suelen distinguirse en el sardo los dialectos siguientes: *logudorés, campidanés, gallurés* y *sasarés.* El favorito de los romanistas, el que corresponde a la documentación medieval, es el logudorés. En los otros la influencia del toscano ha desfigurado las características iniciales.

metafonía. Proceso asimilatorio en el que una vocal tónica se cierra o se abre por el influjo de una vocal final, respectivamente abierta o cerrada: LC *feci* > esp. h*i*ce; asturiano *pilu* (castellano *pelo*) frente a *pelu* (castellano *palo*). En estos últimos ejemplos, la *-i* o la *-u* del preasturiano, correspondientes a la *-e, -o* del castellano, respectivamente, han cerrado las tónicas latinas: *e > i* y *a > e*. Este tipo de asimilación a distancia es llamada por algunos autores *armonía vocálica*.

metátesis. El cambio de lugar de sonidos dentro de la palabra. Puede ser *recíproca,* si dos sonidos intercambian sus posiciones (esp. a. *periglo > peligro*); *sencilla,* a *distancia,* en *contacto...* según que el cambio se produzca en esas condiciones.

monoptongar, *véase* **asimilación.**

morfema flexivo. La mínima unidad lingüística con significado es un *morfema.* Los que pertenecen a inventarios abiertos son *lexemas.* Los que pertenecen a inventarios cerrados, o gramaticales, son *morfemas gramaticales* o, simplemente, *morfemas.* Entre los morfemas gramaticales destacan los *flexivos, morfemas* que siempre van ligados a una raíz y marcan diferentes tipos de funciones gramaticales en los nombres o verbos. Suelen considerarse sufijos, pero nada impide que en ciertas lenguas sean prefijos.

nivel lingüístico. El primer estructuralismo lingüístico distinguió en todas las lenguas los planos de la *expresión* y del *contenido* y, en cada uno de ellos, los niveles *fonológico* y *gramatical.* Las unidades de una lengua, por tanto, pueden considerarse desde los diferentes niveles lingüísticos. En este sentido se utiliza aquí la expresión.

palatalización. Proceso, normalmente de tipo asimilatorio, por el que una consonante, generalmente velar, ha cambiado su punto de articulación hasta hacerse palatal y, cuando ha sido necesario, el modo, pues todas las palatales suelen ser africadas o fricativas. En las lenguas románicas, por ejemplo, la [k] latina ante *e, i* se palatalizó en un momento determinado. *Véase* **asimilación** y **asibilación.**

perífrasis. Conjunto de palabras que se agrupan en un sintagma con el mismo valor léxico y gramatical que una unidad sola de un paradigma: Así, *voy a ir* es una agrupación sintagmática con el mismo valor gramatical que cualquier miembro del paradigma de *futuro* (por eso puede aparecer en el punto del discurso donde aparezca cualquier futuro). Tiene el mismo valor léxico que la unidad *iré.* La perífrasis *la capital de provincia* es sustituible, tiene el mismo valor, que cualquiera de los miembros del paradigma formado por los nombres propios de las capitales de provincia. Se utilizan las perífrasis por razones muy diversas: enfáticas, literarias, sociales, gramaticales. Entre estas últimas se incluyen las perífrasis verbales (tiempos compuestos y voz pasiva en castellano, además de las aspectuales y modales).

prefijo. Cualquier afijo antepuesto a la **raíz** de una palabra. Por ejemplo, *in-hábil* sobre *hábil*.

proclítico, *véase* **enclítico.**

prótesis. Adición al principio de una forma de uno o varios sonidos, normalmente para facilitar la pronunciación. El sonido añadido se llama protético.

raíz. En la gramática tradicional se llama así el conjunto de fonemas irreductibles y común a todas las palabras de una misma familia. La raíz constituye el núcleo de la palabra y está constituida por la parte que queda, extraídos todos los sufijos. Por ejemplo, en el conjunto de palabras formado por *comer, comida, comestible, comí,* etc., percibimos sin dificultad una raíz —irreductible y común— *com-*. En otros casos, entre este núcleo de base y las diferentes formas aparecen otras formas intermedias, llamadas *elementos temáticos,* vocales o consonantes que, junto con la raíz, forman el **tema.**

Romania. Se llama así el conjunto de los países de habla románica que un día formaron parte de la organización política del Imperio Romano. Parece que por primera vez se empezó a utilizar el término en el siglo V, tras la disolución del Imperio en occidente, con un sentido de unidad cultural y espiritual, para diferenciar a los que hablaban lenguas románicas de los "bárbaros" que hablaban otras lenguas. Parece, por tanto, un intento de sacar un partido ideológico de una realidad desagradable: la derrota ante los germanos.

En relación íntima con el término se encuentran otros utilizados como la *Romania perdida* o la *Romania nueva.* Las zonas en las que el Imperio estuvo asentado, pero donde no llegó a consolidarse la lengua latina, se llama Romania perdida. Así sucedió con la provincia británica, con gran parte de la provincia germánica, con todo el norte de África y Asia Menor, con Macedonia (Yugoslavia) o Panonia (Hungría), o con zonas siempre un poco marginadas del poder imperial como Bretaña o el País Vasco. En estas zonas, sin embargo, hay préstamos del latín que evolucionaron de manera muy especial y nos ayudan a comprender, por ejemplo, la pronunciación del latín.

La *Romania nueva* hace referencia a los extensos territorios, originariamente no latinos, en los que se implantaron lenguas románicas: América del Sur, Canadá, Filipinas en su momento, África Portuguesa, etc.

simultaneidad, *véase* **consecutio temporum.**

síncopa. Es la absorción o supresión de un sonido o conjunto de sonidos en el interior de una palabra. En latín vulgar, *caldus* < *cal(i)dus.*

sintéticas. Se llaman así las lenguas que unen los morfemas gramaticales al radical en un complejo fónico. Suelen considerarse opuestas a las *analíticas,* que no cumplen esta condición. Por ejemplo, el latín *patris* es una forma sintética, frente al fr. *du père* o el esp. *del padre.*

sonorización, *véase* **asimilación.**

sufijo. Es el morfema que se añade al final de una **raíz** para formar derivados: *perro: -ito, -uno...* Pero suele emplearse en muchas ocasiones como sustituto de **morfema flexivo**; por eso se llaman sufijos flexivos las desinencias casuales o verbales.

sustrato. Noción referente al contacto lingüístico elaborada por la lingüística tradicional. Se considera que en un territorio en el que han entrado en contacto dos lenguas, y una ha desaparecido, se pueden estudiar varios fenómenos. *Sustrato*: se llama así la lengua desaparecida, si es la primera asentada en el territorio. También se consideran sustrato todas las particularidades lingüísticas, fonéticas, léxicas o sintácticas debidas a la vieja lengua desaparecida. *Superestrato*: se llama así la lengua desaparecida, si es la última llegada a un territorio. Todas las influencias lingüísticas de esta lengua nueva sobre la antigua son elementos superestratísticos. *Adstrato*: las interferencias entre dos lenguas que se hablan en territorios cercanos. Como se desprende de esta exposición, la noción está influida por los conceptos geológicos y geográficos del XIX. Fenómenos de sustrato claros son, por ejemplo, restos de nombres de lenguas desaparecidas. La discusión se establece sobre la capacidad de *obrar* del sustrato para cambiar o producir evoluciones fonéticas. Hay que determinar entonces cómo obra el sustrato, i.e., cómo una lengua desaparecida puede influir en otra. Desde nociones ya abandonadas, como transmisión de hábitos articulatorios, se llega hasta conceptos modernos, como la lealtad lingüística de ciertos grupos sociales hacia cierto tipo de léxico, pronunciaciones o construcciones sintácticas que, en un momento determinado, pueden extenderse al resto de la comunidad de hablantes. Fenómeno de sustrato sería la pérdida de la *f-* en castellano por sustrato *vasco-ibérico*. Fenómenos de *superestrato,* los préstamos árabes o visigodos al castellano. De *adstrato,* los préstamos franceses. Todas estas nociones se sustituyen hoy por otras más operativas de la sociolingüística: lenguas en contacto, diglosia, bilingüismo, etc.

tema. Las formas intermedias que necesitan algunas raíces para recibir los **morfemas flexivos** se llaman temas. Por ejemplo, la **raíz** *com-* admite directamente el sufijo *-ida* y se nominaliza, o el sufijo *-er* y se verbaliza. Pero otras veces se juntan dos raíces antes de recibir el último sufijo, o una raíz más otro afijo antes del último. Este tipo de formaciones son los temas, muy frecuentes en la conjugación, aunque no sólo ahí.

terminación. Denominación tradicional, relativamente imprecisa, utilizada para referirse a la parte final de las palabras, formada por morfemas flexivos u otros sufijos gramaticales.

tradicionales.   (palabras...) La gramática histórica distingue entre palabras de evolución tradicional y **cultismos** o **semicultismos.** Se supone que en cada fase de su historia una **lengua románica** es el latín de ese momento. Con esto se da a entender que ha habido, por consiguiente, una ininterrumpida tradición de generaciones de hablantes que han aprendido como lengua materna una variedad lingüística que, en su origen, era latín vulgar. Todo el vocabulario así trasmitido se considera tradicional. La gramática histórica establece sus leyes fonéticas basándose en palabras tradicionales, a veces también llamadas populares. Los **cultismos** o **semicultismos** son los préstamos del propio latín, que seguía siendo cultivado como lengua litúrgica y lengua de cultura por un grupo de la población, que han entrado en la lengua románica por vía escrita, documental, o por la vía popular, si algunos hablantes han adaptado términos eclesiales o jurídicos muy habituales en la vida cotidiana **(semicultismos).** Pero *cultismo* y *palabra tradicional* no se refieren al nivel sociológico de utilización de la palabra en una lengua, sino a la manera de su transmisión. Hay cultismos como *rápido,* que en las primeras etapas no evolucionó con el caudal de palabras populares, que hoy día es una palabra de uso popular. Además de las palabras tradicionales y los **cultismos** la gramática histórica distingue los *préstamos,* las palabras que han entrado en una lengua procedente de otra. En éstas, lo más importante es estudiar cómo se han adaptado a las leyes morfológicas o fonológicas de la lengua que las ha recibido. Por fin, hay que hacer referencia a toda una serie de palabras que, aparentemente, son populares por su uso, pero desde los primeros momentos aparecen con su evolución como bloqueada, sin evolucionar de acuerdo con las otras populares semejantes. Se incluyen a veces impropiamente entre los cultismos.

variedad lingüística, *véase* **lengua común.**

vasco, *véase* **Romania.**

vocalización.   Proceso por el que un sonido que no lo posee anteriormente, pasa a adquirir el rasgo + *vocálico.*

yotización.   Proceso de **palatalización** de una consonante, por el que se convierte en yod [j]. Ejemplo, en *magistru* > *mayistru,* la g ante *e* se convirtió en yod en latín vulgar. También en el grupo -*kt*- latino la k se yotizó: *fructu* > *fruito* en algunas zonas del español.

ÍNDICE LÉXICO

Se incluyen en esta lista todos los ejemplos españoles examinados en el texto. Sin embargo, solamente aparecen aquí los modelos de los paradigmas nominales o verbales a los que se ha dedicado por alguna razón una atención especial. En caso contrario, han sido omitidos.

Los números se refieren a los párrafos y secciones. Con una *n* cursiva se indica la nota correspondiente a un párrafo.

No se señala aquí el carácter arcaico o no de una forma. Se ha utilizado en la medida de lo posible el orden alfabético moderno.

E

estó 179
estonçe 205c
estopa 132b
estove 194b
estrecho 22, 144a, 160a
estrella 122
estuve 194, 197c
extraño 140a, 160a

F

façe 135b, 136
fácil 169b
fallesçer 187b
fallir 187b
far 169b
favorecer 187d
faz 136
fazer 16b, 126c
fe 32, 116, 129a, 152d
febrero 116
fechar 169a
feligrés 156b
feliz 160b
feo 5, 80a, 116, 129a, 160b
fiel 95a
fiero 131
fierro 116
fiesta(s) 28b, 81b, 116, 155c
fize 196b
fleco 83b
flor 4, 95a, 121
floresçer 187b
florir 187b
foír 176d
fotografiar 169a
fragua 151d
frango 177b
fregar 119
freír 169c
freno 116
frente 29a, 83c, 116, 120

fresno 102, 116, 120, 143, 152c
frexno 143
frío 130a
frito 144b, 204
frucho 144b
fruente 83b, 116
fruito 144b
fruto 144b
fuego 116, 126a
fuelle 133a
fuente 29a, 83b, 116, 152d, 160b
fuera 116
fuerça 136
Fuero Juzgo 156b
fuerte 83a, 95c
fuerza 136
fu [*ir*] 198
fusilar 178
fuyo 178

G

galgo 102, 133b
gallo 117a, 133a
gato 132c, 115a *n*
gelo 168d
género 117c
genio 117c
gente 117c
globo 120
gloria 120
gola 117a
gota 117a, 132c
gozar 138b
gozo 117a
grado 129c
gran 160b
grande 160b
grant 160b
graso 132d
grasso 132d
grey 95d

ÍNDICE TEMÁTICO

Los números se refieren a las páginas. Cuando van en negrita señalan definiciones.

ÍNDICE

Impreso en el mes de septiembre de 1995
en Talleres Gráficos HUROPE, S. L.
Recaredo, 2
08005 Barcelona